"十四五"高等职业教育本科新形态规划教材

Low-Carbon Supply Chain

低碳供应链

丁锋　王玥　◎　主编

上海财经大学出版社

上海学术·经济学出版中心

图书在版编目（CIP）数据

低碳供应链 / 丁锋，王玥主编. -- 上海：上海财经大学出版社，2025.3. --（"十四五"高等职业教育本科新形态规划教材）. -- ISBN 978-7-5642-4518-4

Ⅰ. F252.1

中国国家版本馆 CIP 数据核字第 20241F8S37 号

　　□ 责任编辑　李成军
　　□ 封面设计　贺加贝

低碳供应链

丁　锋　王　玥　主编

上海财经大学出版社出版发行
（上海市中山北一路 369 号　邮编 200083）
网　　址:http://www.sufep.com
电子邮箱:webmaster@sufep.com
全国新华书店经销
上海景条印刷有限公司印刷装订
2025 年 3 月第 1 版　2025 年 3 月第 1 次印刷

787mm×1092mm　1/16　17.25 印张　442 千字
定价:58.00 元

前　言

根据世界气象组织的数据，地球整体升温在300万年间从未超过2.5℃。然而，按照当前的趋势，预计到2100年全球气温将比工业化前的水平高出3℃～5℃，这将引发灾难性的后果，部分影响甚至是长期不可逆的。2016年，全球178个签约方联合签署了《巴黎协定》，设定了一个长远目标，那就是确保全球的平均气温相对于工业化时代的增长不超过2℃，并尽可能努力将其限制在1.5℃之内。为了遏制全球气温的快速上升，就要将二氧化碳排放控制在一定范围内，不同国家和地区先后出台了相关政策。作为世界上最大的碳排放国之一，中国绿色低碳战略的实施不仅对国内的环境治理和经济转型具有重要意义，而且对全球减排努力产生深远影响。2020年9月，中国首次提出了"力争在2030年前实现二氧化碳的峰值，并且在2060年前达到碳中和"的"3060双碳目标"，并在2024年全国两会《政府工作报告》中强调，中国政府将应对气候变化纳入国家战略，作为生态文明建设和经济社会发展全局的重要组成部分。

"双碳"这一宏伟目标的实现，需要从能源结构调整、工业升级到供应链管理等各个层面的深刻变革。为此，中国构建并实施了碳达峰、碳中和"1+N"政策体系，明确了实现双碳目标的时间表和路线图。其中，2024年5月由国务院印发的《2024—2025年节能降碳行动方案》提出了具体的节能降碳目标，包括到2024年单位国内生产总值能源消耗和二氧化碳排放分别降低2.5%左右和3.9%左右，规模以上工业单位增加值能源消耗降低3.5%左右等。

二氧化碳的排放贯穿于供应链的各个环节，包括原材料的采购、生产过程、物流运输以及产品的使用和废弃等。供应链管理作为连接生产与消费的关键路径，在推动绿色低碳发展中扮演着至关重要的角色。2023年12月，《中共中央 国务院关于全面推进美丽中国建设的意见》指出要大力推动经济社会发展绿色化、低碳化，要构建绿色低碳供应链，实现产品全周期的绿色低碳环保。这要求供应链的各参与方降低供应链中每一环节的碳排放，以实现整条供应链上的碳排放总量最低，从而推动整个社会的可持续发展。低碳供应链管理不仅是一种应对气候变化的战略，也是企业实现可持续发展的有效途径。

本书旨在全面探讨低碳供应链管理的理论基础、实践方法和未来趋势，为读者提供一个关于如何构建和优化低碳供应链的综合性指南，以及如何有效地实施和优化低碳供应链管理。

项目一从全球气候变化的现状出发，分析了温室气体排放对环境的影响，以及全球主要经济体在减排降碳方面的努力，并对比了现有的环保相关供应链管理概念，最终总结出低碳供应链管理的定义。项目二详细介绍了低碳供应链的结构，提供了低碳供应链管理的理论框架，并探讨了其在促进企业可持续发展、降低碳排放、减少资源浪费和提高效率方面的关键作用。项目三和项目四深入探讨了供应链中的碳排放核算和碳足迹评估方法。这两个项目为企业如何准确测量和管理碳排放提供了全面的指导和实用的工具，是企业制定减排策略和提高环境绩效的重要参考。项目五和项目六介绍了供应链低碳绩效评价体系和碳管理体系，为企业如何评估和构建有效的碳管理框架提供了理论基础和实践指导。组织、企业、个人的降碳行为需要正向的激励机制，所以项目七和项目八讨论了碳减排的市场机制和非市场机制。这两个项目揭示了组织、企业及至个人如何通过参与碳市场和项目来实现经济效益，同时促进环境的碳减排。项目九探讨了供应链碳金融的概念和实践，这一新兴领域如何为低碳供应链的转型提供资金支持。本项目为读者揭示了碳金融在全球低碳经济中的作用，以及如何利用碳金融工具来推动供应链的绿色转型。项目十聚焦于低碳供应链管理中的关键技术，包括可再生能源、电动化、碳捕捉和封存、数字化技术以及低碳材料等。这些技术的介绍不仅展示了其在降低碳排放方面的潜力，还提供了实施低碳供应链管理的具体技术路径。

本书的编写旨在为政策制定者、企业管理者、学者和所有关心低碳供应链管理及可持续发展的人士提供一个全面的参考。通过深入分析低碳供应链管理的各个方面，我们希望能够激发更多的讨论、研究和实践，共同推动全球供应链向更加绿色、低碳的方向发展。在这个过程中，我们每个人都是行动者，每个选择都承载着对未来的责任。让我们携手合作，共同构建一个更加可持续的社会。

上海中侨职业技术大学丁锋任第一主编，负责全书的总体设计并编写项目一、项目四、项目五、项目六、项目七、项目八；上海中侨职业技术大学王玥编写项目二、项目三、项目十；上海中侨职业技术大学陈军编写项目九；上海中侨职业技术大学李冬梅、高锦涵负责对部分项目内容进行校对和修正。在本书的编写过程中，同济大学霍佳震教授、张炳达教授给予了悉心指导，上海环境能源交易所、上海致达集团山东嘉富能源科技有限公司等单位给予了大力支持，在此表示衷心感谢。在本书的编写过程中，编者还参考了有关文献和网站，在此向相关作者一并表示感谢。

由于时间及编者水平有限，书中疏漏、错误之处在所难免，恳请读者批评指正，以便在后续的修订中不断改进和完善。

编者

2024 年 11 月

目 录

项目一 了解低碳供应链背景 ·· (1)
    任务一　认识温室气体排放影响 ·· (1)
    任务二　熟悉全球变暖应对措施 ·· (11)
    任务三　了解供应链及供应链管理 ·· (17)
    任务四　理解双碳背景下的供应链管理 ·· (20)

项目二 了解低碳供应链概述 ·· (26)
    任务一　了解低碳采购 ·· (26)
    任务二　了解低碳制造 ·· (31)
    任务三　了解低碳支付 ·· (37)
    任务四　了解低碳物流 ·· (39)
    任务五　了解逆向物流 ·· (42)

项目三 运用供应链碳核算 ·· (48)
    任务一　了解碳核算 ··· (48)
    任务二　了解碳排放量计算方法 ·· (52)
    任务三　了解供应链碳核算与报告标准 ·· (55)
    任务四　了解供应链碳核算与报告流程 ·· (61)
    任务五　了解供应链碳核算发展策略 ··· (75)

项目四 理解供应链碳足迹 ·· (80)
    任务一　了解碳足迹与碳标签 ·· (80)
    任务二　掌握产品碳足迹评价 ·· (84)
    任务三　理解供应链碳足迹 ··· (92)
    任务四　熟悉供应链碳足迹实践 ··· (101)

项目五 掌握供应链低碳绩效评价体系 ··· (106)
    任务一　了解供应链绩效评价 ·· (106)
    任务二　了解供应链绩效评价模型 ·· (112)
    任务三　理解供应链低碳绩效评价 ·· (120)
    任务四　运用供应链低碳绩效评价指标 ·· (127)

项目六　领会供应链碳管理体系 ……………………………………………… (133)
  任务一　了解碳管理体系 …………………………………………………… (133)
  任务二　了解碳管理体系的组成 …………………………………………… (136)
  任务三　掌握碳管理体系的建立与实施 …………………………………… (149)
  任务四　熟悉数字化技术在碳管理中的应用 ……………………………… (153)

项目七　理解碳交易及碳市场 …………………………………………………… (161)
  任务一　认识碳交易与碳市场 ……………………………………………… (161)
  任务二　理解配额交易 ……………………………………………………… (165)
  任务三　理解自愿减排交易 ………………………………………………… (168)
  任务四　了解国际碳交易市场 ……………………………………………… (177)
  任务五　了解中国碳交易市场 ……………………………………………… (182)

项目八　理解碳汇与碳普惠 ……………………………………………………… (190)
  任务一　理解碳汇 …………………………………………………………… (190)
  任务二　了解碳汇核算与开发 ……………………………………………… (196)
  任务三　理解碳普惠 ………………………………………………………… (206)
  任务四　熟悉碳普惠的实施 ………………………………………………… (211)

项目九　领会供应链碳金融 ……………………………………………………… (219)
  任务一　了解碳金融 ………………………………………………………… (219)
  任务二　了解碳金融产品 …………………………………………………… (221)
  任务三　理解供应链碳金融 ………………………………………………… (232)
  任务四　熟悉供应链碳金融的发展 ………………………………………… (238)

项目十　了解低碳供应链应用技术 ……………………………………………… (246)
  任务一　了解可再生能源技术 ……………………………………………… (246)
  任务二　了解电动化技术 …………………………………………………… (256)
  任务三　了解碳捕获和封存技术 …………………………………………… (262)
  任务四　了解低碳材料 ……………………………………………………… (266)

项目一　　了解低碳供应链背景

知识学习目标

1. 了解温室气体的概念、产生的原因及来源；
2. 了解全球气候变化趋势及应对全球变暖的措施；
3. 了解供应链及供应链管理的概念；
4. 理解双碳背景下供应链管理的概念。

技能训练目标

1. 学会分析温室气体排放对环境和经济社会活动的影响；
2. 掌握制定和实施气候变化应对策略的方法和工具；
3. 掌握低碳供应链管理的基本策略和方法，学会在供应链各环节中降低碳排放。

素质教育目标

1. 通过对环境问题的认识和理解，增加环境保护意识和可持续发展观念；
2. 通过对气候变化政策和措施的了解，培养国际视野和合作精神；
3. 通过低碳供应链管理概念的认知，培养理论应用于实际问题解决的能力。

视频

本章简介

学习导入

低碳生活
绿建未来

任务一　　认识温室气体排放影响

一、温室气体

温室气体(Greenhouse Gas，GHG)是指大气中能够吸收地面反射的长波辐射，并重新将这些辐射发出的一些气体，例如二氧化碳、水蒸气、大部分制冷剂等。与温室拦截太阳辐射和加热温室内空气的功能相似，它们的功能是让地球表面变得更加温暖。温室气体让地球更加暖和的这种效应，叫作"温室效应"(见图1—1)。

由于在时间和空间分布上水蒸气和臭氧的变化很大，在规划减量措施时通常不会考虑这两类气体的影响，因此温室气体的主要组成部分为二氧化碳(CO_2)、臭氧(O_3)、一氧化二氮(N_2O)、甲烷(CH_4)、氢氟氯碳化物类($CFCs$、$HFCs$、$HCFCs$)、全氟碳化物($PFCs$)及六氟化硫(SF_6)等。

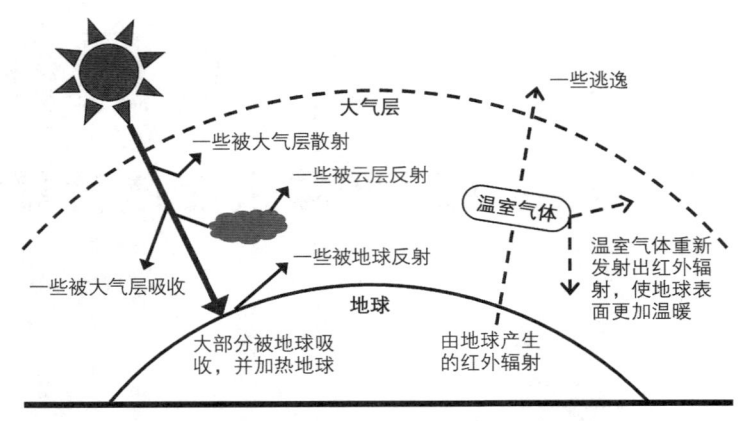

图 1—1　温室气体导致温室效应的原理

1997年在日本京都举行的联合国气候变化纲要公约第三次缔约国大会上,通过了《京都议定书》,该议定书明确规定了以下六种温室气体的减少措施:二氧化碳(CO_2)、甲烷(CH_4)、一氧化二氮(N_2O)、氢氟碳化物(HFCs)、全氟碳化物(PFCs)和六氟化硫(SF_6)。虽然后3种气体引起的温室效应最为强烈,但其在全球升温中所占比例远远低于二氧化碳。如图1—2所示,据国际能源机构(IEA)发布的数据,截至2020年,全球温室气体各组分的排放如下:二氧化碳(CO_2)占比为76%,甲烷(CH_4)占比为16%,一氧化二氮(N_2O)占比为6%,F气体(氟化氢、氟利昂等)占比为2%左右,其他气体(如硫气、氯气等)占比小于1%。

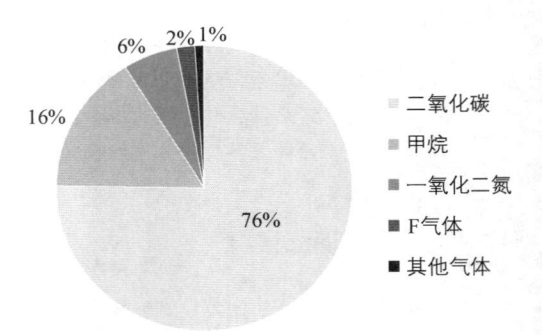

图 1—2　温室气体组成部分占比

从图1-2中看出,目前二氧化碳在世界温室气体排放中所占的比重最大,它的排放对气候变化所产生的影响也最大。为统一衡量总体温室效应,就以人类活动中最常排放的温室气体——二氧化碳当量(CO_2e)为基本单元,衡量温室效应的增强程度,所以"温室气体的排放"又被称为"碳排放"。

二、温室气体排放来源

全球温室气体排放的来源大致可以分为四类:能源使用,农业、林业和土地利用,工业过程和废物处理。其中,能源使用是全球温室气体的主要排放源。世界资源研究所(WRI)统计数据显示,2020年,能源使用产生的温室气体排放量占全球总排放量的73.2%。农业、林业和土地利用排放占比为18.4%,工业材料生产过程中的排放占比为5.2%,废物处理排放占比为3.2%(见表1—1)。

表 1—1　全球温室气体排放源

领域或行业	全球温室气体排放占比(%)	领域或行业	全球温室气体排放占比(%)
能源使用	73.2	工业过程	5.2
农业、林业和土地利用	18.4	废物处理	3.2

在每个大类中,各细分领域及其占比见表1—2。

表1—2　　　　　　　　　　　温室气体排放源分类及占比

领域或行业	全球温室气体排放占比	细分领域及排放占比	子行业分类和具体占比
一、能源使用（电力、热力和交通运输）	73.2%	1. 工业领域的能源使用(24.2%)	钢铁(7.2%) 化学和石化(3.6%) 食品和烟草(1%) 有色金属(0.7%) 纸和纸浆的生产及印刷(0.6%) 机械(0.5%) 其他工业领域的能源消耗(10.6%)
		2. 交通运输行业的能源使用(16.2%)	公路运输(11.9%) 航空(1.9%) 船运(1.7%) 铁路(0.4%) 管道(0.3%)
		3. 建筑行业的能源使用(17.5%)	住宅建筑(10.9%) 商业建筑(6.6%)
		4. 未分配的燃料消耗(7.8%)	
		5. 能源生产过程中的无组织排放(5.8%)	石油和天然气的无组织排放(3.9%) 煤炭的无组织排放(1.9%)
		6. 农业和渔业中的能源使用(1.7%)	
二、农业、林业和土地利用	18.4%	1. 牲畜和粪肥(5.8%) 2. 农作物(3.5%) 3. 农业土壤(4.1%) 4. 林地(2.2%) 5. 耕地(1.4%) 6. 水稻种植(1.3%) 7. 草地(0.1%)	
三、工业过程	5.2%	1. 水泥(3%) 2. 化学品和石化产品(2.2%)	
四、废物处理	3.2%	1. 废水(1.3%) 2. 垃圾填埋场(1.9%)	

（一）能源使用（电力、热力和交通运输）

1. 工业能源(Industry Energy)

（1）钢铁(Iron & Steel)。钢铁制造过程中使用能源产生的排放。

（2）化工和石化(Chemical & Petrochemical)。化肥、药品、制冷剂、石油和天然气开采等制造过程中使用能源产生的排放。

（3）食品和烟草(Food & Tobacco)。烟草产品生产制造和食品加工（将原始农产品转化为最终产品,例如将谷物转化为面包）过程中使用能源产生的排放。

（4）有色金属(Non-ferrous Metals)。有色金属制造过程中使用能源产生的排放,包括铜、铅、铝、镍、钛、锡和锌,以及黄铜等合金。

(5) 纸和纸浆的生产及印刷(Paper, Pulp & Printing)。利用木材制造纸浆和纸的过程中使用能源产生的排放。

(6) 机械(Machinery)。机械生产过程中使用能源产生的排放。

(7) 其他工业(Other Industry)。其他行业包括采矿和采石业、纺织、木制品和运输设备(如汽车制造)生产过程中使用能源产生的排放。

2. 交通运输(Transport)

涵盖了使用电力(视为间接排放)和燃烧化石燃料来驱动运输作业所产生的所有排放。而制造车辆或其他运输工具过程中的排放,已包含在"工业能源"使用中。

(1) 公路运输(Road)。所有形式的公路运输(包括汽车、卡车、公共汽车和摩托车)使用燃料产生的排放。60%的道路交通排放来自乘客出行(汽车、公共汽车和摩托车),其余40%来自公路货运(卡车)。

(2) 航空(Aviation)。航空运输使用燃料产生的排放,包含客运和货运。81%的航空排放量来自旅客旅行,其中国际旅行的排放量占据60%,国内旅行占据40%。其余19%来自货运。

(3) 船运(Ship)。船舶运输使用燃料产生的排放,包含客运和货运。

(4) 铁路(Rail)。铁路运输使用燃料产生的排放,包含客运和货运。

(5) 管道(Pipeline)。无论是国内流通还是跨国流通,通过管道运输燃料和商品(如水或蒸汽、石油、天然气)时,使用能源导致的排放。由于管道质量问题,导致甲烷泄漏直接排放到大气中,被归入"能源生产的无组织排放"这个类别。

3. 建筑能耗(Buildings)

(1) 住宅建筑(Residential)。家庭中照明、电器、烹饪、取暖等使用能源产生的排放。

(2) 商业建筑(Commercial)。办公室、餐厅和商店等商业建筑中照明、电器、烹饪、取暖等使用能源产生的排放。

4. 未分配的燃料燃烧(Unallocated Fuel Combustion)

由其他燃料,包括来自生物质的电力和热能、热电联产(CHP)、现场热源、核工业和抽水蓄能等生产能源时产生的排放。

5. 能源生产过程中的无组织排放(Non-organization Emissions from Energy Production)

无组织排放是指在燃料开采和运输过程中,由于管道维护不善或损坏,导致甲烷发生逸散和意外泄漏。

(1) 石油和天然气的无组织排放(Non-organization Emissions from Oil and Gas)。开采和运输石油和天然气过程中产生的无组织排放。还包括生产商没有有效捕获和运输在开采过程中释放的气体(包括甲烷),所以"故意"将其现场燃烧。但"故意燃烧"通常是一种廉价的方式,根据环境法规,应以合理的方式妥善处理。

(2) 煤炭无组织排放(Non-organization Emissions from Coal)。煤炭开采过程中产生的无组织排放。

6. 农业和渔业中的能源使用(Agriculture & Fishing Energy)

在农业和渔业中使用能源所产生的排放,例如使用燃料运行农业机械和渔船。

(二) 农业、林业和土地利用

在温室气体排放中,农业、林业以及土地利用直接贡献了18.4%的比例。考虑到整个

食品系统,包括制冷、食品加工、包装和运输,它们共同占据了温室气体排放总量的四分之一:

1. 牲畜和粪肥(Livestock & Manure)。反刍类动物,诸如牛与羊,历经一种名为"肠道发酵"的生物过程,微生物在它们消化系统中分解食物时,其副产品就是温室气体——甲烷。这一现象导致牛肉与羊肉产品通常具有较高的碳足迹。因此,减少食用它们是降低饮食排放的有效途径。此外,当动物粪便处于低氧环境中分解时,也会释放出一氧化二氮及甲烷等气体。这通常发生在狭窄区域(如奶牛场、肉牛饲养场、养猪场和家禽场)大规模养殖时,粪便通常被集中存储或在粪便潟湖等管理系统中处理。这里的排放仅指牲畜直接产生的,不包括由于牧场和饲料用地变化导致的影响。

2. 农业土壤(Agricultural Soils)。一氧化二氮主要来自肥料(合成、粪肥或泥浆)施用于土地并通过氮的沉积使土壤中微生物释放而成。

3. 农作物(Farm Crop)。燃烧农业残留物(如稻秆、麦秆、甘蔗秆等植物残余)同样会释放二氧化碳、甲烷和一氧化二氮。

4. 林地(Forest Land)。林木覆盖面积产生变化时产生的二氧化碳净排放量。破坏森林会降低森林固碳的能力,意味着"正排放",重新造林则会固定更多的二氧化碳,被归为"负排放"。所以,林业的净变化就是林业损失与收益之间的差额。

5. 耕地(Cropland)。根据耕地使用的管理(不包括牲畜的放牧地),碳有可能会流失或被固定到土壤和生物质中。耕地退化时也会排放出二氧化碳,在恢复时会固定二氧化碳。

6. 水稻种植(Rice Cultivation)。由于水淹稻田的低氧环境,灌满水的稻田,土壤中的有机物因"厌氧消化"过程会产生甲烷。

7. 草地(Grassland)。当草地退化时,其下的土壤会失去固碳,并转化为二氧化碳排放到大气中。相反,当恢复草地(如退耕还草)时,碳又会被固定在土壤中。

(三) 工业过程

1. 水泥(Cement)。石灰是水泥的一种生产熟料,石灰石($CaCO_3$)转化为石灰(CaO)的过程中会产生副产品——二氧化碳。水泥生产还会使用能源并产生排放,但这些能源使用排放归为"工业能源使用"类。

2. 化学品和石化产品(Chemicals & Petrochemicals):化工石化产品生产过程中也会产生副产品——二氧化碳。例如,生产作为制冷剂成分的氨。当然,化工制造业使用能源产生的排放物也被归为"工业能源使用"类。

(四) 废物处理

1. 废水(Wastewater):废水处理系统负责汇集来自动植物及人类活动产生的废弃物中的有机物质与残留物。这些有机成分在分解过程中会释放出甲烷与一氧化二氮等气体。

2. 垃圾填埋场(Landfills):在低氧环境的垃圾填埋场中,有机物在分解过程中会产生并释放甲烷。

综上所述,许多行业都会造成温室气体排放。这意味着应对气候变化并没有单一或简单的解决方案。仅仅聚焦在电力、运输、制造和禁止森林砍伐是不够的。在占排放量近四分之三的能源使用领域,也没有一个简单的解决方案。即便电力供应领域的碳排放能实现100%的削减,我们仍须致力于供暖和道路运输的全面电气化转型,同时亦需应对航运与航空领域所释放的排放问题。因此,为了实现净零排放,我们必须在多个领域推动创新,因为依赖单一方案显然无法达成能源减排的目标。

三、温室气体排放趋势

据国际能源署(IEA)数据,工业革命前全球二氧化碳的排放量很低。直到20世纪中期,排放量的增加还比较缓慢。牛津大学的综合数据显示,1950年全球二氧化碳排放量仅50亿吨多一点,这与美国当前的总排放量持平。但这一数字在1990年前达到220亿吨。从那时起,碳排放量持续加快上升,目前全球每年的碳排放总量已经超越了360亿吨。最近记录显示,排放量增长趋势虽然逐步减缓,但尚未达到顶峰。

(一)不同区域排放趋势

图1—3展示了不同国家二氧化碳排放的占比趋势。就不同区域而言,在20世纪期间,全球排放量始终是以欧洲和美国为主。1900年,欧洲和美国贡献了超过90%的排放;即便在1950年,欧洲和美国每年的排放量占比仍然超过了85%。但进入20世纪,这种状况已经有了明显的改变。20世纪后半期,随着经济全球化和生产力激增,世界上其他国家排放量大幅增加,尤其是亚洲。在2022年,美国和欧洲的排放总量占比已不足三分之一,而中国当年的排放量为114亿吨,占总数的30.7%。

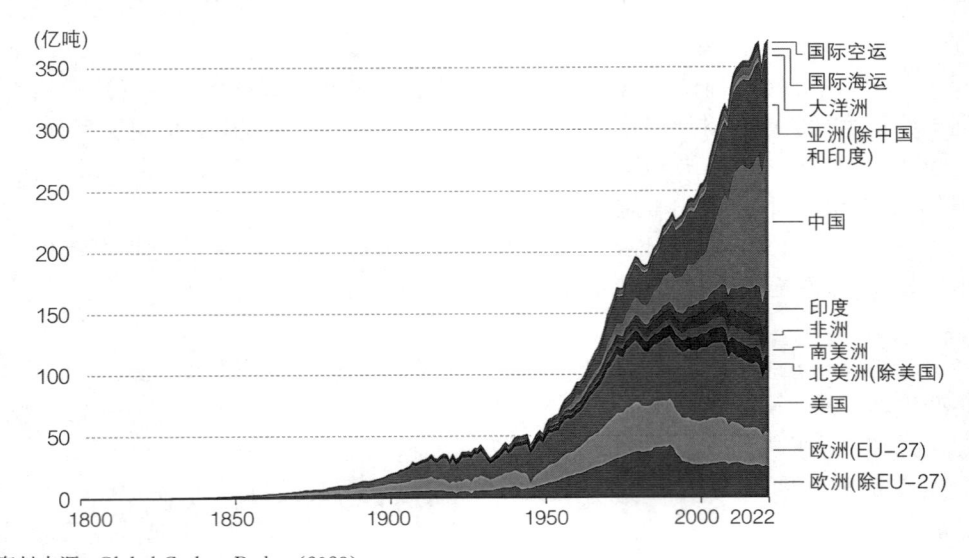

资料来源:Global Carbon Budget(2023)。

图1—3 全球二氧化碳排放占比趋势

从人均排放的角度看,全球人均二氧化碳排放量最大的国家主要来自石油生产国,它们大多数位于中东。以2017年数据为例,卡塔尔的人均排放量为49吨,是世界范围最高的,其次是特立尼达和多巴哥(30吨)、科威特(25吨)、阿拉伯联合酋长国(25吨)、文莱(24吨)、巴林(23吨)和沙特阿拉伯(19吨)。非中东国家中,人均排放量最高的是澳大利亚(17吨),其次是美国(16.2吨)、加拿大(15.6吨)。以上这些国家的人均排放量为4.8吨,比当时全球平均水平高出3倍多。欧洲国家的人均排放量与全球平均水平相差不多,前三名是英国(5.8吨)、法国(5.5吨)、葡萄牙(5.3吨)。

同时,受资源分配和技术生产力的影响,众多发展中国家的人均二氧化碳排放量普遍较低。例如,在撒哈拉以南的非洲贫困地区,如乍得、尼日尔和中非共和国,人均年排放量约0.1

吨。相比之下,美国、澳大利亚居民在短短 2~3 天内的排放量便等同于马里、尼日利亚国民一整年的平均排放量。

就二氧化碳排量的绝对数而言,中国、美国与欧盟居全球前三。

(二)不同来源排放趋势

二氧化碳排放的主要来源是煤炭、石油和天然气这三大化石能源。截至 2022 年,这三类能源产生的二氧化碳排放量变化见图 1—4。同时,全球范围内大规模部署和使用清洁能源,较为有效地减少了全球的二氧化碳排放。

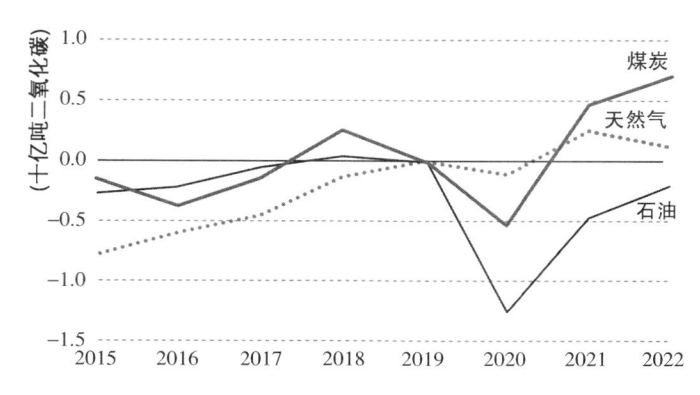

资料来源:IEA。

图 1—4　全球能源消费二氧化碳排放变化

增加清洁能源技术的使用对于遏制全球二氧化碳排放量的进一步攀升至关重要。据国际能源署的报告,太阳能光伏发电和风力发电的显著增长在 2022 年为全球电力部门减少了约 4.65 亿吨的二氧化碳排放。此外,其他清洁能源技术,如电动汽车和热泵等,也共同助力减少了约 8 500 万吨的二氧化碳排放。如果没有这些清洁能源技术的广泛应用,2022 年与能源相关的二氧化碳排放量增长几乎是当前的 3 倍(见图 1—5)。

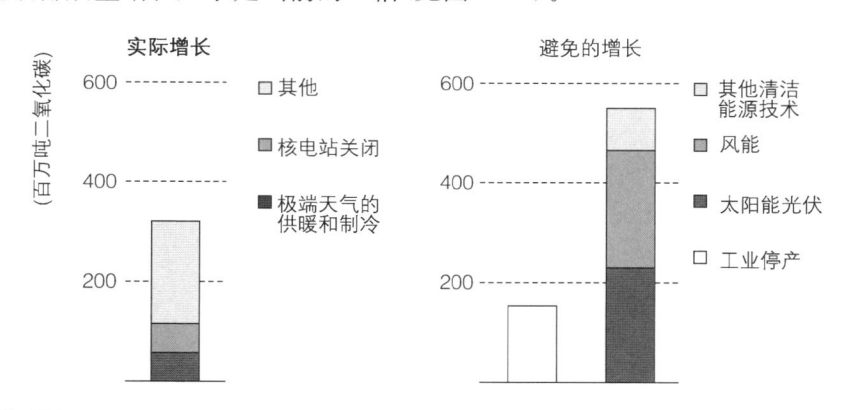

资料来源:IEA。

图 1—5　全球二氧化碳排放变化的主要驱动因素

随着可再生能源在全球范围内的迅速推广和应用,它们满足了全球 90% 的电力需求增长,促使发电行业的碳排放强度出现了明显的下降趋势。

综上所述,为了推动低碳、可持续的能源发展,我们必须进一步加强对可再生能源的重视,并深刻认识到能源转型过程中所面临的复杂性和挑战。

(三)中国温室气体排放情况

如图1—6所示,根据统计的能源数据,自1980年以来,我国的能源消费总量呈现出不断增长的趋势。经过1980年至2001年增速相对较缓的阶段,从2002年至2013年急速增长,但自2013年至2020年间又明显放缓,标志着整个能源消费和碳排放进入了相对稳定的发展阶段。

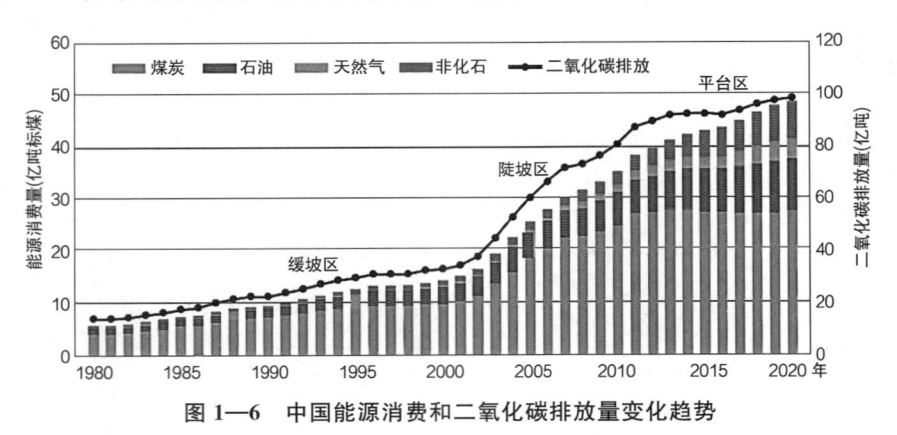

图1—6 中国能源消费和二氧化碳排放量变化趋势

从能源消费结构看,煤炭、石油和天然气等化石能源仍占据主导地位。2020年,我国能源消费总量中,煤炭占比为56.8%,石油占比为18.9%,天然气占比为8.6%,而非化石能源占比为15.7%。

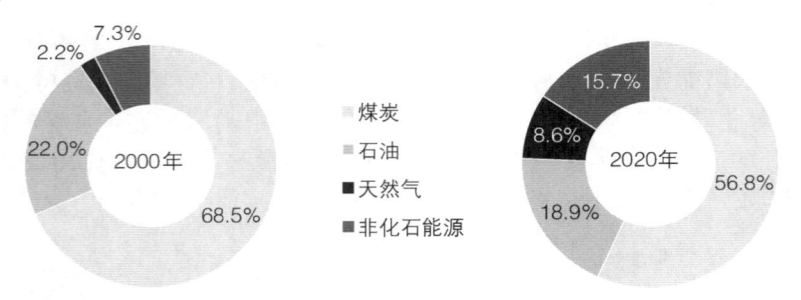

图1—7 中国能源消费结构

随着我国能源消费结构的不断优化,煤炭消费占比正在逐渐降低(见图1—7)。从2000年的68.5%降至2020年的56.8%,这一趋势显示了我国在能源转型方面的努力。与此同时,非化石能源的消费占比正在持续上升,从2000年的7.3%增加至2020年的15.7%,也反映了我国正朝着更加环保、可持续的能源未来迈进。

从排放源头分析,工业领域是我国能源消费和碳排放的主要贡献者。特别是电力、钢铁、水泥、铝冶炼、石化化工和煤化工这六大行业,以及交通和建筑两大领域,它们的碳排放总量占比超过了90%(见图1—8)。针对我国二氧化碳排放量较高的行业和领域,需要全面开展碳排放控制路径、措施和政策等研究,以制定更为有效的减排策略。

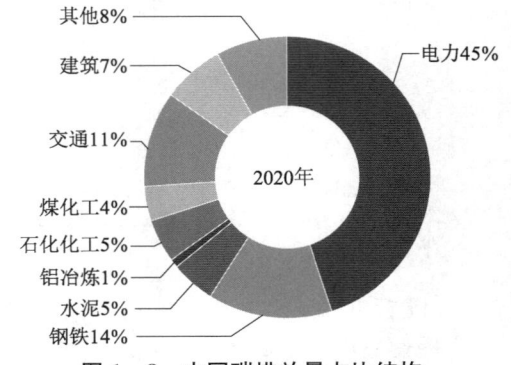

图1—8 中国碳排放量占比结构

四、温室气体的影响

(一) 温室气体的危害

温室气体并非完全有害,若少了温室气体,地球可能会陷入冰封。然而,一旦温室气体过量,将引发一系列后患,尤其造成全球温度的上升。温度上升将导致极端天气频发,许多陆地地区和季节的升温速度将超过全球平均水平,例如北极地区的升温速度可能会高出 2~3 倍。随着全球气候变暖,对粮食资源和水资源的安全生产问题带来的影响愈发严重。当这些风险与其他危机(如流行病、战争等)交织在一起时,局势将变得愈发复杂,难以掌控。这无疑增加了人类生活的不确定性和生态系统的脆弱性。

气候变化正在引发一系列连锁反应,给不同地区带来多种不同的组合性变化,从水循环的加剧到降雨模式的改变。高纬度地区的降水量有所增加,造成更加强烈的暴雨和洪水;而亚热带大部分地区的降水量则呈现减少趋势,局部地区的干旱将更加严重。季风降水也呈现出地域性的差异。

气候变化还将导致高纬度苔原和北方森林退化,以至于二氧化碳浓度增加使海洋酸化,影响海洋生物的生长、发育乃至生存,从而威胁到从藻类到鱼类的庞大生物种群。这些变化不仅对海洋生态系统产生深远影响,还对依赖海洋资源的人类构成威胁。更令人担忧的是,这些变化将持续存在。

进入 21 世纪,沿海地区面临的一个严重问题是海平面的持续上升。这将导致低洼地区频繁遭遇严重的沿海洪水,并对海岸线造成侵蚀。持续变暖将加剧多年冻土的融化、季节性积雪的大幅减少、冰川和冰盖的融化,以及夏季北极海冰的减少等现象。

对于城市来说,气候变化带来的影响可能更为显著。由于热岛效应,城市地区的温度往往比周围地区更高,这进一步加剧了城市热浪等气候问题。此外,强降水事件引发的洪水问题在城市中更为严重,特别是沿海城市还需应对海平面上升带来的威胁。这些因素都表明,城市需要更加关注并采取应对措施来减轻气候变化带来的影响。

(二) 温度升幅的影响

根据世界气象组织的数据,地球整体升温在 300 万年间从未超过 2.5℃。然而,按照当前的趋势,预计到 2100 年全球气温将比工业化前的水平高出 3℃~5℃,这将可能引发灾难性的后果,部分影响甚至可能是长期或不可逆的。如果全球温度上升 1.5℃,会增加高温热浪的发生频率,延长暖季、缩短冷季。如果全球温度上升 2℃,极端高温将更频繁地达到农业生产及人体健康所能耐受的阈值。

1. 气温升幅带来的影响差异

联合国政府间气候变化专门委员会(Intergovernmental Panel on Climate Change,IPCC)制作了一份全球气温升幅对气候影响的专题报告,列举了全球变暖带来的影响。报告显示:

(1) 全球变暖带来的首要影响就是海冰以及格陵兰岛、南极大陆的冰盖加速融化。统计数据显示,如今每过十年,全球冰盖面积就减少约 13%。伴随着大量冰川融水注入海洋,全球海平面显著上升。将全球变暖限制在 1.5℃,全球海平面将上升 26~77 厘米,这比全球升温 2℃导致的海平面上升要低约 10 厘米。这也意味着将减少 1 000 万人免于遭受海水入侵、洪水和基础设施受损等相关影响。但很多岛国认为,控制升温 2℃的目标还不足以避免他们被上升的海平面淹没的风险。

(2) 全球升温 2℃会损失 18% 的昆虫、16% 的植物、8% 的脊椎动物,而升温 1.5℃ 预计将会使损失降低一半以上,即 6% 的昆虫、8% 的植物、4% 的脊椎动物。升温 2℃ 预计将减少

99%以上的珊瑚礁,升温1.5℃预计会将珊瑚礁的损失控制在70%~90%。

(3) 全球升温对海洋渔业的影响体现在,升温2℃预计造成全球年度捕鱼损失超过300万吨,而升温1.5℃预计将会使损失降低一半,减少约150万吨。

(4) 随着温度升高,虫媒疾病和疟疾、腹泻、热应激、心脏缺陷和营养不良等病例将增加。与升温2℃相比,将全球升温限制在1.5℃也将降低疟疾和登革热等一些病媒疾病带来的传播和感染风险。

(5) 升温越高对粮食作物的影响越大,不断升高的二氧化碳浓度会对水稻等作物的营养价值造成负面影响,导致作物产量降低,进而对全球粮食供应造成了冲击。由于蜜蜂和蝴蝶等昆虫因气候变化而数量大幅减少,依赖它们传播花粉的农作物会面临严重减产危机。

(6) 全球升温也会使气候影响叠加,增加复合风险。能源、粮食和水资源面临的风险会在空间和时间上交织,导致更多人口受到影响,尤其在非洲和亚洲,将有更大比例的人口陷入贫困。然而,如果全球升温能被限制在1.5℃,相较升温2℃,到2050年可以减少数亿人陷入贫困和暴露于这些风险中。

2. 不同年龄段的影响差异

在IPCC的报告中,用一张图(见图1—9)直观地呈现了全球平均温度如何在几代人之间发生变化——每一代人都出生在一个越来越温暖的世界:如果以70岁为基准,1950年出生的人生活在升温1.1℃的世界;"80后"则要面对升温1.5℃的诸多风险;而如果我们仍对现状无动于衷,等待下一代的将是升温4℃后灾难般的生活。

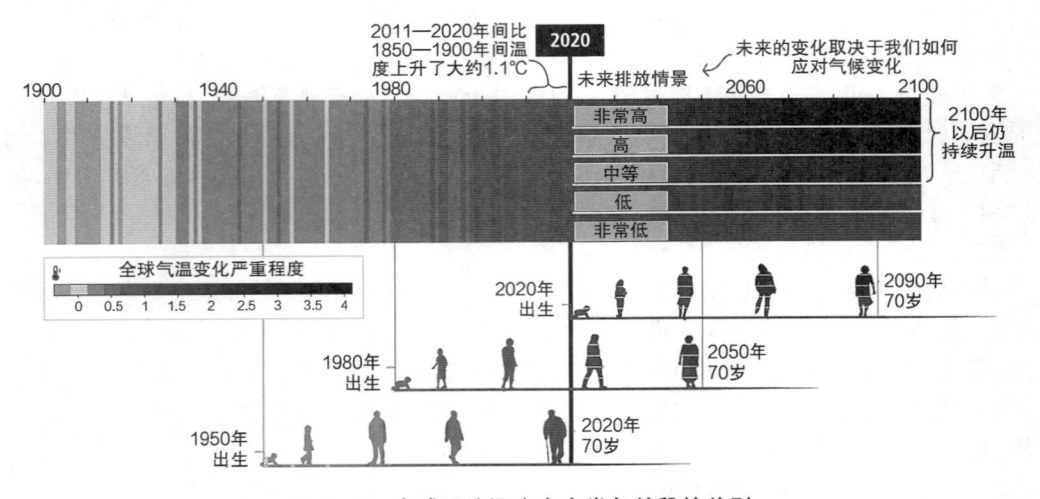

图1—9　全球平均温度在人类年龄段的差别

3. 国际共识

2016年,全球178个签约方联合签署了《巴黎协定》(The Paris Agreement),这是一项针对2020年以后全球气候变化应对措施的统一安排。《巴黎协定》设定了一个长远的目标,那就是确保全球的平均气温相对于工业化时代的增长不超过2℃,并尽可能努力将其限制在1.5℃以内。

2022年4月,IPCC又发布了报告《气候变化2022:减缓气候变化》(以下简称2022气候报告)。2022气候报告指出,在2010—2019年间,全球温室气体年平均排放量逐年上升,在2019年达到了历史最高水平,全球排放量突破590亿吨,相比2010年的525亿吨增长了12%。虽然总排放量仍在上升,但增长速度已经放缓,年均增长率相较再前一个10年下降了将近一半,从2.1%降到1.3%。

2022年气候报告指出,当前情况表明即使所有《巴黎协定》缔约国的气候承诺都得到履行,全球升温仍可能超过1.5℃,使地球走向至少升温2.2℃的轨道,如果这个轨道不改变,末期可能会达到惊人的3.2℃。报告强调,除非我们在所有领域立即采取深度减排措施,立即采取雄心勃勃的行动,否则将全球变暖限制在1.5℃的目标将无法实现。

要使全球变暖幅度不超过1.5℃,我们必须大幅削减温室气体排放。到2030年,全球温室气体排放量需减少约一半,并在2050年实现二氧化碳净零排放。为实现这个目标,要进行能源结构的改革,大幅度减少化石能源的使用,到2050年,煤炭、石油和天然气的使用量分别需减少约95%、60%和45%。此外,必须扩大可再生能源在电网中的应用,以满足日益增长的能源需求。

任务二　熟悉全球变暖应对措施

为了遏制全球气温的快速上涨,就要将二氧化碳排放控制在一定范围内,不同国家和地区先后出台了相关政策。首先了解和减排目标相关的两个概念:碳达峰(Peak Carbon Dioxide Emissions)和碳中和(Carbon Neutrality)。

碳达峰的含义是:在某一个时间点,二氧化碳的排放量达到最高点峰值不再增长,之后逐渐下降。碳达峰是二氧化碳排放量由持续增长转为下降的转折点,象征经济发展与碳排放不再正相关。碳达峰的目标包括达峰的时间和峰值量。

碳中和的含义是,某些政府、公司、商品、行为或者个人通过种植森林、降低能源消耗、减少污染物、购买碳指标等方式,在特定期限里,直接或间接地将释放出的二氧化碳或者温室气体抵消掉,从而实现了正向的排放与反向的吸收平衡,最终实现了"零排放"的目标。越来越多的国家政府采纳净零排放的理念,已经提出了对无碳未来的期待。已经有数十个国家和地区提出了零碳或碳中和的气候目标,能源与气候智库(Energy & Climate Intelligence Unit)跟踪统计了各个国家/地区的进展情况,截至2023年6月,已实现目标的有2个国家,已立法的有25个国家/地区,处于立法中状态的有47个国家,已公开政策宣誓的有10个国家(见表1—3)。

表1—3　　　　　　　　　　全球提出碳中和战略国家/地区情况

进展情况	国家/地区(承诺年)
已实现	苏里南共和国、不丹
已立法	马尔代夫(2030)、芬兰(2035)、奥地利(2040)、冰岛(2040)、德国(2045)、瑞典(2045)、欧盟(2050)、日本(2050)、英国(2050)、法国(2050)、韩国(2050)、加拿大(2050)、西班牙(2050)、澳大利亚(2050)、哥伦比亚(2050)、爱尔兰(2050)、智利(2050)、葡萄牙(2050)、丹麦(2050)、匈牙利(2050)、希腊(2050)、新西兰(2050)、卢森堡(2050)、斐济(2050)、尼日利亚(2060)
立法中	巴巴多斯(2030)、多米尼加(2030)、安提瓜和巴布达(2040)、尼泊尔(2045)、美国(2050)、巴西(2050年)、意大利(2050)、越南(2050)、阿根廷(2050)、阿拉伯联合酋长国(2050)、瑞士(2050)、比利时(2050)、罗马尼亚(2050)、新加坡(2050)、秘鲁(2050)、厄瓜多尔(2050)、斯洛伐克(2050)、巴拿马(2050)、突尼斯(2050)、克罗地亚(2050)、哥斯达黎加(2050)、立陶宛(2050)、斯洛文尼亚(2050)、乌拉圭(2050)、柬埔寨(2050年)、黎巴嫩(2050)、拉脱维亚(2050)、老挝(2050)、巴布亚新几内亚(2050)、塞浦路斯(2050)、马耳他(2050)、利比里亚(2050)、冈比亚(2050)、佛得角(2050)、安道尔(2050)、伯利兹(2050)、瓦努阿图(2050)、马绍尔群岛(2050)、图瓦卢(2050)、摩纳哥(2050)、土耳其(2053)、中国(2060)、俄罗斯联邦(2060)、沙特阿拉伯(2060)、乌克兰(2060)、哈萨克斯坦(2060)、泰国(2065)
政策宣誓	马来西亚(2050)、南非(2050)、阿曼(2050)、斯里兰卡(2050)、爱沙尼亚(2050)、海地(2050)、密克罗尼西亚(2050)、巴林(2060)、印度(2070)、加纳(2070)

为了达到碳中和,各国相继出台了政策法案。

一、欧洲

欧盟自 20 世纪 90 年代以来就致力于实施低碳发展策略。欧盟的碳排放权交易系统(EU-ETS)诞生于 2005 年,它经已变为世界上规模最大、最完善的碳排放权交易平台。欧盟于 2007 年就设定了 2020 年实现"20-20-20"的目标,即相较于 1990 年,2020 年的能源使用效率将增加 20%,二氧化碳排放量将减少 20%,新能源的使用比例将达到 20%。欧盟在 2011 年已经设计出 2050 年的能源和低碳经济路线图。"欧洲绿色协议"于 2019 年 12 月正式生效,并且声明将于 2050 年前达成欧洲的碳排放平衡。欧盟委员会于 2021 年 7 月 14 日发表了一项全面的"Fit for 55"(减碳 55)计划,把到 2030 年欧盟的碳排放量最低下降 55% 的气候目标作为一项法定责任。该计划涵盖了 12 项积极的行动,涵盖能源、工业、交通、建设等领域,并保证在 2030 年年底达成比 1990 年下降 55% 的碳排放目标。这也成为欧盟目前最新、最关键的低碳发展政策(见表 1—4)。

表 1—4　　　　　　　　　　欧盟"Fit for 55"(减碳 55)计划

类别	政策	具体计划
气候	欧盟碳排放权交易系统	与 2005 年相比,新的碳排放上限到 2030 年预计将减少 61%
		免费碳排放配额每年降低 4.2%(目前为 2.2%)
		覆盖范围扩大至海运领域,设立"温室气体强度目标"以及相关机制
		2026 年起,为交通运输和建筑部门建立独立的碳排放交易体系
	减排分担条例(ESR)	与 2005 年相比,2030 年欧盟建筑、交通、农业、废弃品及小型工业各部门的排放量减少 40%
	碳边境调节机制(CBAM)	对在生产过程中碳排放量不符合欧盟标准的进口商品征收关税。避免企业通过将生产转移至欧盟外国家和地区规避欧盟碳交易税
	土地利用、土地利用变化及林业战略(LULUCF)	到 2030 年通过自然碳汇实现 3.1 亿吨固碳量,到 2035 年实现土地利用和农林业碳中和
能源	可再生能源指令(RED)	提高 2030 年可再生能源比例目标:从 32% 提高至 38%~40%
		交通领域减排 13%,引入先进生物燃料及氢和氢基合成燃料
		建筑领域(供暖、制冷)的能源应用中可再生能源的比例至少达到 49% 且每年比例持续提升
		工业领域的可再生能源应用每年增加 1.1 个百分点
	能源效率指令(ETD)	2024—2030 年,所有成员国每年的节能义务达到 1.5%(目前为 0.8%)
		到 2030 年,初级能源消费和最终能源消费效率应分别提升 36% 和 39%
	能源税指令(ETD)	逐步取消在航空业、航运业的化石燃料免税政策
		允许对汽车燃料、取暖燃料和电力征收不同的最低税率,推广环保能源的使用

续表

类别	政策	具体计划
交通	汽车 CO_2 排放标准条例	到2030年,汽车和货车的排放量较2021年将分别下降55%和50%,到2035年,汽车和货车的碳排放量较2021年下降100%,仅销售零排放汽车和货车
	替代燃料基础设施指令(AFID)	在主要高速公路上每60千米设置充电站,每150千米设置加氢站,目标到2030年将有350万个新充电站,到2050年将有1 630万个新充电站
	可持续航空燃料(ReFuelEu)	要求燃料供应商在欧盟机场机载燃料中不断提高可持续航空燃油使用比例
	可持续海运燃料(FuelEu)	从2025年开始,对海运燃料使用的温室气体排放强度设定减排具体目标,到2035年减排13%,到2050年减排75%
社会	社会气候基金(SCF)	设立1 444亿欧元基金用以支持弱势群体、小型企业

在新的时代背景下,国家的竞争优势不仅表现在劳动力的质量和成本、科学研究的技术能力等方面,而且表现在低碳发展能力(例如绿色电力供应能力,充足的碳汇方式等)方面。

二、美国

美国政府的环保政策极大程度上受其执政党和总统的影响,具有不连贯性和不稳定性。现阶段,美国碳中和的主要框架是"3550"计划,以2035年和2050年为关键时间点,其承诺在2035年前通过大规模转向可再生能源实现无碳发电,从而达到电力行业的碳中和目标。到2050年实现全面的碳排放中和。美国历任总统在位期间相关政策见表1—5。

表1—5　　　　　　　　　美国历任总统在位期间碳中和相关政策

总统	在职时间	相关碳排放政策	相关承诺	在职期间碳排放量降幅
小布什	2001—2009年	拒绝签署《京都议定书》	在第二任期内承诺美国到2025年前停止温室气体排放量的增长,但并未采取具体的实质性减排措施	6.4%
奥巴马	2009—2017年	加入《巴黎协定》,提出《清洁电力计划》	主张以市场机制为基础的"总量管制和排放交易",承诺到2025年将温室气体排放量较2005年水平减少26%~28%	4.8%
特朗普	2017—2020年	退出《巴黎协定》	主张实施宽松碳排放政策	0.0%
拜登	2021年至今	重返《巴黎协定》	2030年前碳排放量较2005年至少减半,2035年实现无碳发电,2050年实现全面碳中和	—

未来美国政府仍将集中力度在清洁能源和公共交通方面。

2021年11月19日,美国众议院通过拜登总统1.75万亿美元的《重建更好法案》(Build Back Better Act)。这项法案主要采取延长税收减免期和增加税收抵扣额度的策略,以此大幅推动风电、太阳能、储能、新能源汽车等领域的进步。其中:

1. 光伏风电

(1) 投资抵税减免(ITCs)。30%的抵免税率延长10年,2032年降至26%,2033年降至 22%。

（2）生产抵税减免（PTCs）。2022 年起 PTC 额度恢复 100% 至 2.5 美分/KWh，并延期至 2031 年，2032 年降至 80%，2033 年降至 60%，2033 年后不再拥有 PTC 额度。

2. 储能

这项政策规定，在 2033 年之前，对于储能系统的电力超过 5 KWh，将提供最多 30% 的 ITC。目前，储能项目仅在与光伏、风电项目搭配时，才能够享受 ITC，独立的储能项目（如电网招标的项目、家庭独立于光伏用于削峰填谷的项目等）还无法获得退税。因此，首次制定针对储能项目实现单独的 ITC，具有历史意义。

3. 新能源车

这次法案计划将税收减免的金额提升到最高 1.25 万美元。具体而言，对于在美国国内组装的汽车，在 7 500 美元的消费者税收抵免的基础上将额外增加 4 500 美元。使用美国制造电池的车辆还将额外获得 500 美元的奖金。

三、英国

英国是全球首个通过国内立法设定净零碳排放目标的国家。2019 年 6 月，英国通过了新的《气候变化法案》修订案，并将 2050 年实现零排放的目标纳入了法律体系。

到 2023 年，英国政府已经制定了 5 项碳排放预算，这些预算都是以 1990 年作为参考年份，并且设定了碳排放减少的目标。其中第一个和第二个碳预算已经满足，英国有望超额完成第三个碳预算。然而，根据目前每年大约 2% 的减排速度（除了 2020 年新冠疫情的特殊情况），英国可能无法达到第四次和第五次碳预算标准。2021 年 4 月，英国发布了第六个碳预算期，并提出了一系列策略和计划，以 2035 年达成与 1990 年相比的温室气体减少 78% 的目标，详情请参考表 1—6。

表 1—6　　　　　　　　　　　英国碳预算期

	时间	碳预算水平（百万吨）	基于基准年的减少比例（%）
第一届	2008—2012 年	3 018	23
第二届	2013—2017 年	2 782	29
第三届	2018—2022 年	2 544	35
第四届	2023—2027 年	1 950	50
第五届	2028—2032 年	1 765	57
第六届	2033—2037 年	965	78

2020 年 11 月，英国发布了《绿色工业革命十点计划》，旨在到 2050 年实现零碳排放（见表 1—7）。该计划提出 10 个走向净零排放的计划要点，涵盖清洁能源、交通、公共设施等重点领域。

表 1—7　　　　　　　　　　英国《绿色工业革命十点计划》

类别	计划内容
能源类	发展海上风能，通过海上风力发电为用户供电，到 2030 年，实现海上风电装机达 40 GW
	推动氢能发展，在十年内建设首个完全由氢能供能的城镇，到 2030 年实现 5 GW 的氢能产能
	提供先进核能，发展核能成为清洁能源来源，包括大型核电站及开发新型小型核反应堆

类别	计划内容
交通类	加速向零排放车辆过渡,自 2030 年起,停止售卖新的汽油和柴油汽车及货车;到 2035 年,停止售卖混合动力汽车(比原计划提前 10 年)
	推动绿色出行,推广骑行和步行成为更受欢迎的出行方式,并投资适用于未来的零排放公共交通方式
	推动航空和航海零排放,研究飞机和船舶的零排放技术,助力这些难以减碳的行业实现绿色转型
公共设施类	发展绿色建筑,让住宅、学校和医院变得更加绿色、清洁、节能和保暖;到 2028 年,安装 60 万个热泵
自然环境类	发展碳捕捉、使用与封存技术,成为有害气体捕捉与封存技术的世界领导者,到 2030 年计划清除 1 000 万吨 CO_2
	保护并恢复自然环境,每年种植 3 万公顷树林
创新类	为实现上述新能源目标、开发更多尖端技术,将伦敦金融城发展成为全球绿色金融中心

四、日本

2020 年 10 月,日本首次公开了"2050 碳中和"的声明,宣称到 2050 年将达到全面的碳中和,并且在 2021 年 5 月,这一理念被纳入《全球变暖对策推进法》。

2021 年 4 月,日本宣布新的 2030 年温室气体减排目标,即较 2013 年削减 46%,并努力削减 50% 以上。

2021 年 6 月,日本经济产业省发布最新版《2050 年碳中和绿色成长战略》(见表 1—8)。政府计划动员超过 240 万亿日元(大约 13.5 万亿人民币)的私营资金进行绿色投资,并通过全面的政策手段大力推动绿色产业的发展。在 2020—2030 年,政府将重点提升能源效率和发展可再生能源。而在 2030—2050 年,政府将积极寻找氢能、碳捕获、碳循环等高级别的减排技术。

表 1—8　　　　　　日本《2050 年碳中和绿色成长战略》主要政策工具

政策工具	主要内容
政府基金	设立 2 万亿日元"绿色创新基金"用于新能源和产业科技发展,撬动 15 万亿日元民间资本投入研发和设备
税收优惠	建立碳中和投资税收优惠制度(税收减免或特殊折旧),对于符合条件的企业,在三年内,如果碳生产效率高于 7%,可享受 5% 税收减免或者 50% 特殊折旧;如果高于 10%,可享受 10% 税收减免或者 50% 特殊折旧
	拓展现有的研发税收制度,加大税收优惠力度
	预计在未来 10 年撬动 1.7 万亿日元民间投资
金融	制定碳中和"转型金融"指南
	建立长期的资金支持机制和成果联动型利息优惠制度(规模达 3 年 1 万亿日元)
	设立规模达 800 亿日元的"绿色投资促进基金",为绿色企业提供风险资金支持

续表

政策工具	主要内容
监管改革	在氢能、海上风电、汽车和蓄电池、建筑、运输、物流、碳循环领域进行相关的监管机制改革
	制定减排技术相关的行业标准,并在全球范围内推广
	致力于制定碳交易市场、碳税、碳边境管理等制度
国际合作	加强与欧美国家在创新政策等方面的合作,与新兴国家共同推进全球脱碳,并对第三世界国家加强支持
	通过"东京零碳周"(Tokyo Beyond-Zero Week)加强国际交流与合作
教育	发展致力于碳中和的教育和研究系统
	促进从人文科学到自然科学的跨学科研究与发展,加强大学与社区的联动
	对经济波动效应分析方法进行研究
世博会	紧抓2025年日本世博会机遇,宣传碳中和相关创新技术
青年	成立绿色成长青年工作组,以青年视角研究2050年碳中和相关政策和问题

《2050年碳中和绿色成长战略》就十四个重要领域发布实施规划,针对碳排放供给侧,从能源、交通运输、制造、住宅办公等产业提供碳减排具体路径。

2021年11月26日,日本经济产业省发布《2030年能源供需展望》,大幅提升非化石能源发电占比。2019年,日本发电结构中可再生能源占比为18%,此次展望规划到2030年可再生能源占比达36%～38%。光能和风电为可再生能源发电贡献主要增量。到2030年,光伏计划新增装机29.7～43.8 GW,陆风计划新增装机8.9 GW,海风计划新增装机5 GW。日本计划重构核电政策,到2030年,政府计划恢复核电占比至20%～22%。

五、中国

在2020年9月的第75届联合国大会中,中国首次提出了"力争在2030年前实现二氧化碳的峰值,并且在2060年前达到碳中和"的"双碳"目标。

第一阶段,到2025年,初步构建绿色低碳循环发展的经济体系框架,显著增强关键行业的能源使用效率。与2020年相比,单位GDP的二氧化碳排放量下降18%,单位GDP能耗下降13.5%,非化石能源的使用占比达到20%,森林蓄积量达到180亿立方米,森林覆盖率达到24.1%,为实现碳达峰、碳中和奠定坚实基础。

第二阶段,到2030年,提升重点能耗行业的能源利用效率至国际先进水平,经济社会的绿色转型取得明显进展。与2005年相比,单位GDP的二氧化碳排放量减少65%以上,单位GDP能耗大幅下降,太阳能和风力发电装机总容量超过12亿千瓦,非化石能源使用比例提升至25%,森林蓄积量增至190亿立方米,森林覆盖率提升至25%,全国碳排放总量达到峰值后稳步下降。

第三阶段,到2060年,能源利用效率达到国际领先水平,全面构筑起绿色低碳循环发展的经济体系及清洁、低碳、安全且高效的能源供应系统。实现非化石能源使用占比超过80%,达成碳中和目标。

"双碳"目标的推行使得绿色低碳问题变得越来越受关注,并且预期将在未来相当长的一段时间内对我国的经济、工业和生活产生重大影响。作为中国"十四五"规划的关键任务之一,各个部门和地方已经开始积极制定和推行政策,为未来的碳达峰和碳中和任务设定目标和详细计划。随着双碳"1＋N"政策体系的建立,涵盖多个行业领域的 N 个配套政策文件陆续发布,各地的"双碳"工作执行意见和碳达峰计划也相继公开。这将使"双碳"工作向更深层次发展,进一步对生产和消费产生影响。

拓展阅读

中国双碳"1＋N"政策体系

任务三　了解供应链及供应链管理

一、供应链的概念

"供应链"最初是从英文单词"supply chain"翻译过来的,也有一些专家学者将其命名为"供需链"。许多学者从不同的视角提出了各自的解释。

一个完整的供应链体系由生产、流通、交易和消费各个环节组成,它在生产行为以及所有的商业行为中都切实存在。所有生产和生活的所需品,都经历了一个完整的流程,从起始的原材料、零部件、组合装配、分销及零售直至最后的顾客。近些年来,废弃及退货回收和再利用(又称逆向物流)也纳入供应链全流程。供应链中不仅存在物质资源的制造与使用,还包括非物质形态(如服务)的制造(提供服务)以及使用(享受服务)。

一些人认为,供应链的初期阶段,实际上是制造企业的一个内部流程,即将企业从外部购买的原材料和零部件,经过加工、转化和销售等步骤,运输到零售商,再最终送到消费者的一个过程。传统的供应链理念主要关注企业内部的运营,强调企业自身资源的使用目标。一部分专家将供应链的定义和采购、供应管理紧密结合,以此描绘出它们和供应商的互动关系。这一看法受到了专注研究协同工作、JIT 制造模式、高效率的供应、供应商行为评价等议题专家的高度关注。然而,这种模式只涵盖了供应商和生产商的关系,并且在供应链中的每一家企业都是独立运营的,没有考虑到与其他供应链成员的关联,经常导致企业间的目标产生冲突。

随后,供应链管理的概念开始重视与其他企业的互动,并且更加关心供应链企业的外部环境。学者们认为,供应链应该是通过链条上各个公司的生产、组装、分销、零售等环节,将原材料转化为产品,然后送达最后的消费者的流程,这是一个更广泛、更全面的观点。比如,美国学者史蒂文斯提出:"供应链是通过增值流程和分销途径来管理从供应商到用户的流动,它始于供应的起点,结束于消费的终点。"这些都强调了供应链的全面性,同时也关注供应链内所有参与者的操作一致性(也就是链内各参与者之间的关系)。

再往后的发展,供应链的理念更倾向于强调核心企业之间的网络联系,例如核心企业与供应商、供应商的供应商以及所有的前端关系,以及核心企业与用户、用户的用户和所有的后端关系。当前,许多公司将供应链视作一个网状结构,如丰田、耐克、日产、麦当劳、苹果等,其供应链管理方式都是以这个网状结构的视角理解和执行的。哈里森因此把供应链描述成:"从采购原材料开始,把它们转化成中间产品和最终产品,然后把最终产品销售给消费者的功能网络。"这些理念都在强调一个问题,供应链中的企业应该形成战略伙伴关系。在供应链中,战略合作伙伴的角色至关重要。企业通过构建这样的伙伴关系,能够更高效地与关键的供应商和客户协同工作。

我国对供应链的定义是:供应链是以客户需求为导向,以提高质量和效率为目标,以整合资源为手段,实现产品设计、采购、生产、销售、服务等全过程高效协同的组织形态(国办发〔2017〕84号)。这个定义将供应链的构建视为一种主动的行为,通过有序的行动,有效地融合各种资源,通过相互间的协作,达成最终目标。

我们认为,供应链是一个以核心企业为中心,通过管理信息、物流和资金流动,从购买原材料开始,到生产中间产品(包括零部件)和最终产品,然后通过销售网络将产品运送至消费者手中,形成一个由供应商、生产商、分销商、零售商直至最终客户组成的完整的功能性网络结构。这是一个扩大了的企业架构,涵盖了所有的加盟企业,从原材料的供应开始,经过链条上各个企业的生产、组装、销售等环节,直到最后的客户。供应商与用户的物流、信息和资金链不仅在这个通道中连接起来,物料在供应链中经过加工、包装和运输等步骤,其价值得到提升,为相关企业带来了利润。

二、供应链的结构模型

供应链的理念与传统的企业结构有所区别。供应链的理念超越了公司的边界,将公司管理的视野延伸到上下游的所有合作伙伴。依据供应链的实际运作状况,有一个企业在供应链体系中具有核心作用,它负责调整和协调供应链上的信息流、资金流和物流。从这个视角看,供应链系统的构造可以描绘为图1—10。

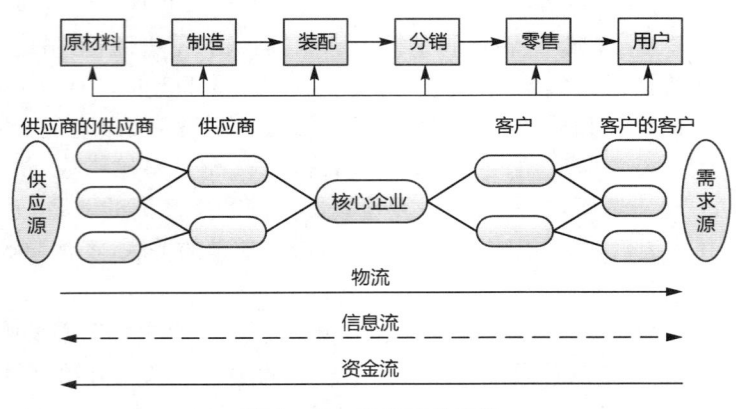

图1—10 供应链的构造

由图1—10所知,供应链是由参与其中的所有节点企业共同构建的,核心企业可以是制造商(例如大众汽车公司)或者零售商(例如沃尔玛),其他节点企业在这个核心企业的需求信息推动下,通过供应链的功能划分和协同(生产、分销、零售等),从供应端的"源"开始,一直延伸到产品消费市场的"汇",从宏观和总体的视角来评估产品的竞争优势。信息、物质和资金的流动持续提升整个供应链的价值。

三、供应链管理的概念

从上述阐述中,可以明确地认识到,供应链是人类生产过程中的一种实际存在。然而,过去的这种供应链系统始终保持着一种自我驱动、松散的运行模式,供应链中的所有企业都各司其职,没有共同的目标。由于过去的市场竞争并未像现在这样激烈,这种自我驱动的供应链系统并未显示出不适应性。但是,随着21世纪的到来,全球经济一体化、市场竞争日益激烈,自发供应链的各种问题也逐渐浮出水面。为了在这样的环境中生存和发展,企业需要寻求更有效的策略。人们意识到,所期望的最佳结果并不能从供应链体系本身自然获得,只有对供应链这一复杂系统进行有效的调整和管理,才能让供应链真正发挥出其应有的作用,从而全面减少产品(服务)的成本。因此,供应链管理(Supply Chain Management,SCM)的理念在这样的背景下诞生并发展起来。

国际上对供应链管理有不同的称呼和定义,例如,有效用户反应(Efficiency Consumer Response,ECR)、快速反应(Quick Response,QR)、虚拟物流(Virtual Logistics,VL)或连续补充(Continuous Replenishment,CR)等。这些概念虽考虑的层面和视角各异,但都是通过策划和管理来实现企业内外的协同工作。实际上,它们在某种程度上都体现了对供应链各项活动进行人为干预和管理的特性,使得过去的自发供应链变成了有意识的供应链系统,以有目标的方式为企业服务。

供应链管理的各种比较典型的定义见表1—9。

表1—9　　　　　　　　　　几种典型的供应链管理的定义

学者	定义
Monczka、Trent 和 Handfiel(1998)	供应链管理是这样一个概念,"它的主要目标是以系统的观点对多项职能和多层供应商进行整合,并对外购、业务流程和物料控制进行管理",要求将传统上分离的职能视为一个整体过程并将其交由一名经理人员负责协调,而且还要求与横贯整个过程各个层次的供应商建立合作伙伴关系
La Londe 和 Masters(1994)	供应链战略包括"供应链上的两个或更多企业达成一项长期协定……信任和承诺发展成伙伴关系……需求和销售信息共享的物流活动的整合……提升对物流过程控制的潜力"
Stevens(1989)	供应链管理的目标是使来自供应商的物流与满足客户需求协同运作,以协调高客户服务水平和低库存、低成本之间的冲突
Houlihan(1988)	供应链管理和传统物料制造控制的区别:①供应链被视为一个统一的过程,链上的各个环节不能分割成诸如制造、采购、分销、销售等职能部门;②供应链管理强调战略决策,"供应"是链上每一个职能的共同目标并具有特别的战略意义,因为它影响整个供应链的成本;③供应链管理强调以不同的观点看待库存,将其看作新的平衡机制;④一种新系统方法——整合而不是接口连接
Cooper 等(1997)	供应链管理是"管理从供应商到最终客户的整个渠道的总体流程的集成哲学"
Mentzer 等(2001)	供应链管理是对传统的企业内部各业务部门之间及企业之间的职能从整个供应链的角度进行系统的、战略性的协调,目的是提高供应链及每个企业的长期绩效
Ling Li(2007)	供应链管理是一组有效整合供应商、制造商、批发商、承运人、零售商和客户的协同决策及活动,以便将正确的产品或服务以正确的数量在正确的时间送到正确的地方,以最低的系统总成本满足客户服务要求

供应链管理是一种综合的管理理念和策略,它负责规划和控制在供应链中从供应商到最终用户的所有流动。比方说,学者伊文斯认为:"供应链管理是一种将供应商、制造商、分销商、零售商,以及最后的用户连接成一个整体的管理方式。"这种方式通过前期的信息传递和后续的物料流动和信息传递来实现。菲利普教授持有的观点是,供应链管理并不仅仅是供应商管理的简称,而是一种创新的管理方法。它将各个企业融合在一起,以提高整个供应链的效率,并强调企业间的协作。最初,人们将供应链管理的焦点集中在库存的控制上,这是一个平衡生

产能力和满足客户需求变动的缓冲策略。它利用多样的协调方法，找出将产品快速、稳定地送达客户手中所需的成本与生产、库存管理成本的均衡，进而确定最优的库存投入，所以其主要职责就是库存和运输的管理。现行的供应链管理模式将供应链中的所有公司视为一个无法割裂的整体，从而让在供应链中承担采购、制造、分销以及销售任务的各个公司构建一个协同进步的有机系统。

综上，本书引用马士华教授对供应链管理的概念定义：供应链管理的目标，是使围绕核心企业的供应链运作达到最佳，并以最低成本确保供应链从采购阶段到满足客户的全部环节，包括工作流(Work Flow)、实体流(Physical Flow)、资金流(Funds Flow)和信息流(Information Flow)等都能够高效地进行，将适宜的商品以公平的价格迅速且精确地交付给客户。

任务四　理解双碳背景下的供应链管理

所有的供应链步骤，包括原材料的采集、生产、销售以及使用，都可能导致废弃物的形成，这不仅给环境带来了巨大的破坏，也对我们的身体健康以及生态系统构成了威胁。在管理供应链的过程中，公司主要关注成本和质量等因素，而没有充分考虑整个产业链对资源环境的影响。鉴于资源环境问题的持续恶化，全球普遍接受了绿色发展的观念，许多国家都提高了环保的监督力度，同时也持续改进管理策略，旨在降低由于经济和社会进步引起的生态环境破坏。基于资源循环和环境友好，供应链管理的概念和内容也得到了革新和升级。

一、闭环供应链(Closed-loop Supply Chain)

当下的公司已深刻理解，在竞争极其剧烈的市场环境中，只有供应链上下游公司的配合协作才能实现成功。换句话说，企业间的竞争已经演变为供应链之间的竞争。在早期，我们对供应链管理的定义并未考虑到环境因素的作用，其主要目标是寻求最大化的经济收益，而忽视了环境的承载力，也未能全面地思考可持续发展、环境和社会效益。由于环境污染和对可持续发展的理解日益深入，许多国家都要求制造商负责处理废弃物。一些国家甚至规定，如果制造商不在本国，进口商就需要负责处理。自2003年起，我国规定电子产品制造商必须负责回收废弃物。

在传统的供应链管理中，我们通常会关注采购、制造和销售等步骤，而对于销售以后的部分关注相对较少。因为市场经济的进步以及相关的法律条例的限制，公司必须拓宽其供应链的管理领域，这不仅涵盖了销售行为、商品在使用过程中的服务与保养，也涉及商品在其寿命结束时的回收、修复或者重新利用等各种行为。这些附加行为可以视为对传统供应链管理观念的拓展。随着产品的使用寿命逐渐减少，公司需要同时关注制造商与消费者之间的正向流动以及消费者与制造商之间的反向流动，也就是构建闭环供应链。随着公众环保认知的提升，闭环供应链管理这一物流概念和现象开始受到关注，但目前尚未形成具有权威性的解释。现行的闭环供应链管理的解释是：在产品的全程生命周期内，需要同时关注正向供应链和逆向供应链行为。有研究者提出，闭环供应链管理的目标是对物资进行封闭处理，以降低废物的排放和剩余物，从而为顾客提供更优质的服务。

综上，闭环供应链管理将"资源—生产—消费—废弃"的开放式流程转变为"资源—生产—消费—再利用"的闭环反馈循环流程。在这个过程中，我们可以降低废物的排放，将经济活动对自然环境的影响减至最低，同时也能以降低成本的方式为顾客提供服务。

二、绿色供应链(Green Supply Chain)

对于闭环供应链管理的探讨,许多研究仅限于逆向物流领域,而没有建立起基本的理论和理论框架来支撑这些策略的实施。因此,在后续的研究过程中,人们逐渐摒弃了仅仅从逆向物流的角度看待问题的局限性观点,转而从全面的视角(即从绿色供应链的角度)来看待问题,全球化经济也需要建立绿色供应链的理念和结构。

西方国家最先开始对"绿色供应链"和"绿色供应链管理"的理论探讨。美国密歇根州立大学的制造研究协会于 1996 年首次在一项名为"环境负责制造(ERM)"的研究中引入了绿色供应链的观念,这也被称为环境意识供应链(ECSC)或环境供应链(ESC),它是一种现代化的管理方法,其核心思想是全面考虑供应链的环境影响和资源利用效率。这个系统是建立在绿色制造理念和供应链管理方法之上的,包括了供应商、制造商、销售商以及消费者。该方案旨在在产品从原材料采集、制造、封装、储存、搬运、使用以及报废处理的全过程中,尽可能减少对环境的负面影响,同时提升资源利用效率。

欧洲学者随后对"绿色供应链"的含义进行了深入探讨。有些学者认为绿色供应链可以被视为以环境友好的方式在全球范围内保证产品生产和分销的物流结构。为了达成这个目标,公司必须投入资金进行物流架构的设计和优化,同时也要权衡利润和环境影响的关系。一些专家认为,绿色供应链或可持续网络可以被视为一种运营管理策略和优化手段,旨在降低产品从原材料到最终产品的全生命周期对环境的影响。

现在,通常所说的绿色供应链,主要是指 21 世纪以后,欧盟提倡的绿色产品所引发的供应链效应。欧盟内的发达国家明白供应链之间紧密的利益联系,他们主动从道德劝导的角度出发,开始制定一些环保的法律,并设定明确的时间表来确保其执行。他们期待通过欧盟广阔的商业市场作为支持,引导全球的制造业步入一个对环境更加友好的新时代。

广义上,绿色供应链是对供应商的产品和环境进行管理,也就是把环保准则融入供应商的运营体系,其主要目标是使自己的产品更加符合环保观念,从而增强市场竞争优势。一些公司在实施策略上,提出了以环保为核心的采购计划、绩效准则或评估流程,并要求所有或大多数供应商遵守。一些公司研究并制定了一份清单,规定供应商在使用的原材料、包装或者污染排放中都不能包含这份清单上的物品。例如聚氯乙烯焚化处理排放的戴奥辛对人体有害。为配合环保诉求,耐克公司于 1998 年要求供应商淘汰将聚氯乙烯作为材料的产品。

综合已有的研究,我们认为,绿色供应链定会在整个供应链的管理过程中纳入环境因素并加以重视和提升。具体来讲,企业需要将对环保效益的追求融入产品设计、材料挑选、生产、销售和回收的每一个步骤,这需要企业间及企业内部各个部门的共同努力。这样做不仅能够提升企业在环保和经济方面的表现,还能确保整个供应链上所有关键节点未来的持续发展。在绿色供应链里,企业致力于通过有效运用资源并强调环保观念,推动供应链的每一步都走向绿色化,并且实现可持续性。这样做旨在尽量减少对环境造成的不良影响,同时也能让供应链内所有部分获取最大的资金利用效益。

对于"绿色供应链管理"(Green Supply Chain Management,GSCM)这一概念,西方学者认为,是将环境保护的思维融入供应链管理,包括产品设计、原材料采购、生产制造、最终交付以及使用结束后的回收管理等。在管理准则的视角下,绿色供应链管理通常需要企业:(1)在内部各个职能部门之间进行协作以优化环境,并通过上游供应商在外部提高环境标准,同时也可以通过消费者需求在内部提高环境标准;(2)在选择供应商时,除了考虑传统的标准(如成本、质量、可靠性等),还需要考虑环境因素;(3)与客户合作,寻找更清洁的生产方式等。中国学者认为,采用绿色供应链管理的策略,是一种基于可持续发展观念的有效手段,以解决企业与环保之间的矛盾。这种方法通过把绿色或环保的观念融入供应链的运营,从而降低了整个供应链的资源浪费和对环境的不良影响,因此,它被视为当代企业达成可持续发展的一种有力手段。

传统的供应链模式主要是一种线性管理,链主企业的相关需求通常只在供应链的上游或下游单向流通,由于缺少环境保护的意识,即便已经到达了产业链的最后一环,也很难将相关产品引入一个新的循环。绿色供应链转变了传统的线性管理方法,相比而言,绿色供应链更加重视产品的整个生命周期,它通常会对产品的设计、制造、销售、使用、回收、处理以及再利用等各个阶段对生态环境的影响进行全面评估。尤其是那些超出使用寿命的产品,绿色供应链更倾向于采取拆解再利用的策略,以促进这些产品再循环。

三、可持续供应链(Sustainable Supply Chain)

可持续供应链是供应链管理和可持续发展两种理念的融合。针对生态环境的挑战,人类社会制定了可持续发展的策略——既要满足现代人的需求,也要确保其能够满足未来子孙的需求。持续发展策略将生态环境和经济增长看作人类社会的两大支柱,两者都不可或缺。

1987年,《我们共同的未来》这份由世界环境与发展委员会(World Commission on Environment and Development,WCED)发布的重要研究报告首次明确了可持续发展的含义:可持续发展是一种既能满足现代人的需求,又不会对后代人满足其需求的能力产生负面影响的发展模式。提出可持续发展的理念是对现阶段人类在经济增长和环境保护上所面临的挑战进行全方位和系统性的分析。它明确表明:过去,我们更加关注发展对环境的影响,但现在,我们更加紧迫地意识到生态的威胁,比如土地的贫瘠、水资源的短缺、空气的污染以及森林的退化,这些都会对人类的进步产生影响。在过去,人们主要关心的是各个国家在经济领域的合作关系,但现在,他们开始更深入地理解各个国家在生态环境上相互依存的重要性。

相较于传统的以人为主导的发展理念,以及通过对自然的控制、压迫和无止境的牺牲来满足人类需求的价值观,可持续发展所倡导的是一种平衡、持续、科学的发展理念。这需要我们从全局的角度理解并处理人口、资源、环境和发展的问题,并研究人类与其所依赖的地球系统共同形成的大系统的运作原理和发展模式。以社会道德的视角公正地分配地球资源,不仅满足当前的进步,也兼顾未来的发展需求。在保障现代人权益的同时,也不会对未来的一代造成伤害。同时坚持以科技为主导的生产力原则,并利用这一原则来推动发展。

可持续发展的理念包含了经济学、社会学、生态学以及人本主义的发展含义。

(1)经济学的含义。人类的进步需要依赖于经济的扩张,但这种扩张应当在自然和生态的承受范围内。"在确保资源品质和服务质量的基础上,实现经济的净收益达到最大化"就是所谓的"可持续发展"。供应链管理活动也遵循经济上的可持续发展政策,因为供应链管理过程中也会消耗能源和资源,会导致环境污染。

(2)社会学的含义。社会的持久进步就是可持续发展,这其中包含了生活品质的提升和优化。只有当人口稳定、经济平衡、政治稳定、社会井然有序,人类才能从中获益,才能实现发展。

(3)生态学的含义。从生态学的视角来看,可持续发展是自然资源和其开发利用之间的均衡。在全球可持续发展讨论会上,可持续发展定义为维护和提升环境系统的生产和更新能力。

（4）人本主义的含义。可持续发展的核心在于保护自然环境，而最终的目标是关注人类的生存和进步。它不只是关注人类现在的利益和进步，更重视人类未来的利益和进步。

简而言之，可持续发展是一种基于环境与自然资源的人类发展策略与方法，其需要在人类的进步过程中保持连贯性，尤其是强调了环境资源的长久积累对进步的关键作用，以及进步对提升人类生活品质的影响。可持续发展的理念终结了长久以来对经济发展与环境和资源冲突的误解，揭示了它们之间的相互关联和因果关系。可持续发展是一个涉及经济、社会、文化、技术与自然环境的综合概念，是自然资源与生态环境的可持续发展，是经济与社会的可持续发展。

四、低碳供应链（Low-carbon Supply Chain）

在前面我们提到，温室气体会对整个生态环境造成影响。无论是"闭环供应链"中倡导的循环利用，还是"绿色供应链"中对供应链各环节的节能增效，到"可持续供应链"中强调的与自然环境相互协调，一切使用化石能源的生产生活都会排放二氧化碳，它出现在供应链的各个活动中，甚至是回收或者逆向环节。在全球气候问题日益严重的情况下，我们应该努力降低温室气体的排放，特别是二氧化碳的排放，这是防止气候恶化、确保人类持久发展的重要策略之一。在包含众多环节的供应链中，各方协同工作，以实现节能减排的目标，这不仅是责任，更是义务。

在《生态经济革命》一书中，美国知名学者布朗首次提出了低碳经济的概念。他强调，"创建可持续发展经济的关键任务就是推动经济的变革"，并建议在面对地球温室化的挑战时，应尽快将以化石燃料（如石油和煤炭）为主导的经济模式转变为以太阳能和氢能为主导的经济模式。

随着全球气候变暖的加剧，低碳经济这一创新理论应运而生，特别是在哥本哈根大会之后，它的重要性和影响力得到了社会各界的普遍认可。低碳经济并无一致的标准，但大多数人都将其视作一种以可持续发展观念为引领的经济模式。这种模式主要依赖于多种方法，如科技革新、政策改革、行业变革、新能源的研究和利用，旨在最大限度地降低对于煤炭、石油等高碳能源的使用，以及降低对大气的污染。这种模式的目标是实现经济和社会的共同进步，同时也注重对生态环境的维护。

低碳经济理论主张在日常生活和工作中，尽力降低碳排放，甚至达到零排放。这种做法能带来最大的生态经济收益，它就像"绿色"理论一样，核心思想就是用最小的环保成本来推动可持续性发展，所以两者之间并无明显差异。

低碳经济的观念在社会上具有深远的影响力和先进性，它对产业、能源、管理等多个领域都产生了深远的影响。在低碳经济中，供应链扮演着重要的角色，这是因为供应链涵盖了从原材料供应商、生产商、分销商直至最终客户的一条全流程，每一步都牵扯到能源的使用以及二氧化碳的释放，有的部门甚至成为二氧化碳排放的主要来源，所以，我们不得不研究供应链如何才能更好地配合低碳经济的发展。

尽管目前尚无明确的定义来描述低碳供应链，然而，人们在理解这个领域的含义上基本上保持了共识，即通过降低环境损耗来推动可持续的进步。低碳供应链的理论基础主要包括生态经济学理论、循环经济理论、逆向物流理论、可持续发展理论和绿色供应链理论等。与绿色供应链相比，低碳供应链更注重"低碳"的具体性和深度。目标在于通过协调上下游所有参与者,降低供应链中每一步骤的碳排放,这些步骤涵盖了从原材料选择、制造、仓储、运输和回收再利用,以实现整条供应链上的碳排放总量最低。其中主要的步骤有低碳设计、低碳采购、低碳生产、低碳销售、低碳仓储与运输以及低碳的逆向物流过程。所以,应在供应链中提升效率、降低污染、推广环保的生产方式,并且通过与上下游企业的协同工作以及公司内部的实行,来达到供应链整体的降碳目标。

从供应链管理的视角看,低碳供应链管理就是将低碳理念融入供应链的每个环节,构建一个从原材料采购、产品设计、产品制造、交付运输以及逆向回收的全生命周期管理体系。与供应链管理相同,低碳供应链管理也需要将目标、元素和行为高度整合。但企业之间的委托—代理关系相当复杂,都拥有各自的主权,也关注自己的经济利益,既协作又竞争,这是一个持久且动态的博弈过程。由于低碳供应链目标的多元化,企业不仅是委托方,也是代理方,这种双重身份导致企业间逆向选择和道德风险的共存。构建一个低碳供应链,不仅需要链主企业和节点企业在产品设计和理念上保持一致,供应商的产品和服务也需要整合。

目前业界尚未对低碳供应链管理做出明确的说明,本书结合生态学理论、供应链管理理论、低碳经济理论和可持续发展理论中比较常用的提法和含义,对低碳供应链和低碳供应链管理做如下定义:

(1) 低碳供应链。它是指通过采取一系列节能减排措施,减少温室气体排放,提高资源利用效率,从而实现整个供应链环境影响最小化的组织结构和运营策略。这一概念强调在产品设计、原材料采购、生产制造、物流配送、产品销售以及废弃物处理等供应链各个环节中,都应考虑环境因素,以减少碳排放、降低碳足迹。

(2) 低碳供应链管理。它是指为了降低供应链整体的碳排放,供应链各环节的参与者共同科学规划、组织、协调和控制在供应链中流通的商流、物流、信息流和资金流等,通过一致合作和技术创新,减少整个供应链的碳排放,以实现低碳经济目标的管理策略。

总的来说,低碳供应链管理是在各类供应链管理理念的基础上,将碳排放作为衡量供应链可持续发展的重要指标。对于绿色供应链管理的各项指标,如绿色、环保、无害等,都被视为"低碳"后的扩展与演变。闭环供应链管理与绿色供应链管理对传统供应链的单线经营方法进行了革新,但是由于其目标的复杂性,它们在实际操作过程中遇到巨大挑战。尽管在低碳经济的背景下,闭环、绿色和可持续性都包含了节能和减排的元素,但低碳的标准更精准,倾向于降低碳排放,其目标也更为明确,这三者之间也并无内涵上的冲突。采用碳排放作为供应链管理的衡量标准是绿色供应链和可持续供应链进一步发展的必要条件,低碳供应链管理在当前具有重大意义。提倡低碳供应链管理,不仅符合当前的环境需求,也是推动经济发展的必然。

参考文献

[1] International Energy Agency. CO$_2$ Emissions in 2022 [R]. 2023-03.
[2] Intergovernmental Panel on Climate Change. Climate Change 2021:The Physical Science Basis [R]. 2021-07.
[3] Intergovernmental Panel on Climate Change. Climate Change 2022:Mitigation of Climate Change [R]. 2022-04.
[4] Intergovernmental Panel on Climate Change. 全球升温 1.5C 特别报告中文版[R]. 2018-10.
[5] United Nations Environment Programme. Emissions Gap Report 2020 [R]. 2020.
[6] Our World in Data. Global Carbon Project-Carbon Dioxide Information Analysis Centre[EB/OL].

https://ourworldindata.org，2023-09-15.
[7] Energy & Climate Intelligence Unit. NET ZERO EMISSIONS RACE[EB/OL]. https://eciu.net/netzerotracker，2023-09-15.
[8] 清华大学气候变化与可持续发展研究院.中国长期低碳发展战略与转型路径研究：综合报告[J].中国人口·资源与环境,2020,30(11)：1-25.
[9] 中国碳中和与清洁空气协同路径年度报告工作组.中国碳中和与清洁空气协同路径2022——减污降碳 协同增效[R].2022-12.
[10] 苏健,梁英波,丁麟,张国生,刘合.碳中和目标下我国能源发展战略探讨[J].中国科学院院刊,2021,36(9)：1001-1009.
[11] 碳中和专业委员会.主要经济体碳中和政策动态汇总(2023年)[EB/OL].https://zhuanlan.zhihu.com/p/630590330,2023-05-07.
[12] 马士华.供应链管理[M].北京：机械工业出版社,2020：11-14.
[13] 杨红娟.低碳供应链管理[M].北京：科学出版社,2013：11-12.
[14] 但斌,刘飞.绿色供应链及其体系结构研究[J].中国机械工程,2000(11)：1232-1234.
[15] 国际能源网能源财经频道.关于"碳排放",你想要的数据都在这儿[EB/OL].https：www.inen.com/finance/html/energy-2246075.shtml,2021-12-11.

思维导图　　　课后习题

项目一

项目二　了解低碳供应链概述

📅 知识学习目标

1. 理解低碳供应链的概念及其在现代经济中的重要性；
2. 掌握供应链各个环节中实施低碳管理的方法；
3. 认识实施低碳供应链管理对企业、环境和社会的效益。

🏅 技能训练目标

1. 培养在供应链管理中做出低碳选择的决策能力；
2. 学会分析和评估供应链各环节中的碳排放情况；
3. 掌握制定和实施供应链低碳化策略的方法。

📜 素质教育目标

1. 通过学习低碳供应链管理，增强环保意识和推动可持续发展的责任感；
2. 培养系统思维，理解个人、企业与环境之间的相互关系；
3. 通过对低碳供应链实践案例的学习，培养解决复杂问题的创新能力。

视频

本章简介

学习导入

京东物流打造绿色低碳供应链新标杆

任务一　了解低碳采购

一、低碳采购概述

在低碳供应链中，低碳采购扮演着至关重要的角色，它是绿色采购理念的一种深化。绿色采购的核心在于，企业在采购过程中积极考虑环境和社会责任因素，优先选择符合环保标准和社会责任要求的产品与服务。这种采购模式不仅有助于推动可持续发展和环境保护，还能显著提升企业的声誉和市场竞争力。它的主要目标是减少采购活动对环境和社会的负面影响，实现经济、社会与环境的和谐共进。随着全球对低碳经济的重视，低碳采购也逐渐成为行业内的热点话题。

低碳采购主要是指企业在供应链管理过程中，在原料采购过程中综合考虑碳排放因素、降低对环境的影响，尽量采购碳排放低的产品或服务，从而实现可持续发展的一种采购方式。低碳采购不仅关注产品的价格和质量,也注重产品的环境性能,例如产品的能源效率、材料的可再生性等。通过低碳采购,企业不仅可以减少对环境的负面影响,也可以降低运营成本,并提高企业的社会责任感和品牌形象。

低碳供应链是绿色供应链的一个子集。显然,采购本身作为供应链的一个重要环节,使得低碳采购成为低碳供应链管理的一个子集。采购是保证企业生产经营正常进行的必要前提,企业在向外部采购物资、设备、服务等时,可以通过选择低碳原材料、提升供应商低碳准入门槛、优化采购流程和提高采购效率等方面来实现低碳采购。

(一)低碳材料

在供应链的整个生命周期中,原材料的使用贯穿了生产流程、产品应用、废弃及回收等各个环节。为了实现低碳采购,原材料的选择应优先考虑低碳材料,这些材料在满足使用性能的同时,尽量减少对不可再生自然资源的依赖。在生产过程中,应追求低能耗、低污染、低排放的目标,确保产品的制造过程对环境影响最小化。此外,产品应具有较长的使用寿命,在使用过程中避免产生有害物质,实现节能减排。当产品不再使用时,应能够方便地回收和再利用,实现资源的多次循环利用。通过这样的方式,我们可以促进供应链的可持续发展,降低对环境的负面影响。

在低碳与可持续的发展要求下,产业所开发的产品在设计前就会考虑如何回收再利用,也会让生产过程符合可持续发展的目标。净零碳排的制造业趋势已促使许多国际品牌大厂积极减碳。基于品牌价值与企业责任,许多指标性终端产品制造厂商在几年前都已经宣示了采用回收或再生材料的达成时间和期限。例如,可口可乐及百事可乐到2030年将100%采用可回收包装、麦当劳于2025年将回收所有使用过的包装垃圾、宜家家居(IKEA)将于2030年全面采用可回收或再生材料。

在净零碳排与循环经济的目标带动下,再生材料将成为未来使用材料的主流,如石化业者与塑料生产厂商加速研发再生原料、导入热裂解技术、化学性或物理性的裂解与聚合技术等,赋予废塑料新价值等。国际大厂包括巴斯夫(BASF)、科思创(Covestro)、赛拉尼斯(Celanese)等,都与供应链伙伴携手合作,积极布局回收再生料的开发与市场推广。塑料制品因热塑性材料的可回收再利用的可持续性发展特性,而受到广泛关注。各大料商都在积极开发对应的PIR/PCR塑料或是生质性塑料以对标产业界的需求。

消费性市场和各经济体系则在探究新的方法来合理利用世界上的有限资源,如将废弃物视为一种资源,在全价值链中尽可能回收再利用,这也推动了生物基等可持续性替代原材料的使用的探索。

在建筑、交通、工业等高碳排行业,选择节能材料,成为减少资源使用、降低能耗、优化生态环境的重要工具和推动力。建筑行业采用中空玻璃、低辐射玻璃、吸热玻璃、热反射玻璃等保温或隔热,减小冬、夏季空调制热或制冷能耗损失。

竹钢以其卓越的拉伸强度而脱颖而出,相较于同等质量的钢材,其拉伸强度可达到钢材的3倍,不仅如此,竹钢的使用寿命更为长久,可达50年之久。大规模生产的竹钢在成本上与传统钢材相当,这使得企业在选用建筑材料时可以不仅考虑性能优越性,还能够实现在经济层面的平衡。陶瓷纤维(硅酸铝纤维)在石化、冶金、有色金属、建材、电力、机械等多个行业中发挥着至关重要的作用。陶瓷纤维具有轻质、耐高温、低热导、容重小、热稳定性好、耐机械振动等一系列特性,使其成为众多工业领域首选的功能性材料之一。在工业应用中,陶瓷纤维广泛用于工业窑炉的耐火保温、管道保温、绝热密封、辐射隔热等多个领域,为高温环境提供了可靠的保护。由于陶瓷纤维有助于降低系统的热量损失,尤其在光热发电系统中,能够高效地将太阳能转化为电能,因此为可再生能源的利用提供了一种创新性的解决方案。随着双碳政策的推进,下游行业对节能减排的需求日益增加,陶瓷纤维作为重要的节能减碳材料,有望逐渐取代传统的高耗能保温隔热材料。

(二)供应商准入门槛

为了确保挑选的供应商符合低碳标准,企业在选择新的供应商时,需要依托一套以碳中和为导向的供应商准入流程和业务政策与指南。以某汽车制造商为例,该企业成功地将碳中和理念融入其供应商准入流程。该企业明确了其可持续发展的目标,这些目标包含了汽车二氧化碳排放量的减少、电动汽车销售量的提升,以及与全球环境信息研究中心(CDP)供应链计划相关的采购份额的增长。该企业坚信"可持续运营"不仅是其核心价值主张,更是对全球环境做出的庄重承诺。为了深化这一承诺,企业在其价值链的上下游制定了明确的排放目标。这意味着从原材料的采集到最终产品的生产、销售和废弃,企业都设定了严格的环保标准。同时,企业还将其对可持续发展的要求明确纳入供应商的行为准则,要求包括但不限于实施气候披露项目、定期发布环境数据,以及提供上传、测量和评估工具,以确保供应商在运营过程中也符合企业的可持续发展目标。企业对供应商进行定期评分,综合考虑其排放量、排放范围和减碳进程,以选择最符合可持续发展标准的供应商。这种基于碳中和理念的供应商选择方式不仅确保了从源头筛选出符合低碳标准的供应商,而且推动整个供应链朝着可持续发展的方向迈进。

(三)数字化采购

数字化采购充分利用大数据高级分析、流程自动化以及创新的协作模型,旨在优化采购职能的运作效率,显著削减成本。数字化作为低碳化的核心驱动力。通过构建数字化平台,企业能够有效整合各方资源,促进上下游企业的协同合作,从而加快产业的低碳化转型和低碳产业的发展步伐。企业不仅可以通过数字化采购平台进行产品碳足迹的可信精算与追溯,从采购开始评估产品碳排放生命周期,还可以跟踪供应商减碳进展、对其减碳举措提出建议、管理碳排放数据等,基于海量数据分析,实现节能降本增效。

二、选择低碳供应商

低碳供应商与一般供应链环境下供应商的区别在于,传统模式下采购企业考虑的重点是供应商的产品质量、快速的反应和送达、价格以及服务等因素。由于传统的供应商选择主要基于资源的优化配置和效率优先的原则,采购企业是供应链的主导者和协调者。而供应商在生产过程中是否符合低碳标准,以及是否对环境造成污染,通常不会被视为影响企业生产表现的因素,因此往往被忽视。在实行低碳供应链管理的过程中,必须把供应商的可持续发展能力、低碳举措、环境友好措施等纳入考察范畴,并作为不可缺少的重点考察因素。

(一)选择低碳供应商的意义

(1)从低碳供应链的构成来看,低碳供应商扮演着特殊且重要的角色,不仅是制造中心,而且是质量控制和成本控制的核心。若采购企业采购的原料未达低碳环保标准,将直接影响最终产品的合规性,可能导致退货或销毁。因此,选择符合低碳标准的供应商是减少甚至避免潜在成本损失的首要条件。

(2)随着社会对低碳环保产品的需求日益增加,消费者更倾向于选择环境友好型产品。这将使致力于发展低碳供应链的企业产品更受欢迎,进而提升其竞争力。从长远来看,低碳产品有望逐渐取代现有产品,成为市场主流。因此,选择低碳供应商对于提升采购企业产品竞争力至关重要。

(3) 优秀的低碳供应商对整体供应链绩效具有显著影响。如能提供高质量的低碳原材料,并提高对采购企业交货期变化的响应速度和灵活性,那么在同等条件下,低碳供应商将比非低碳供应商获得更多时间和利润。

(4) 对于采购企业来说,与低碳供应商建立稳固的伙伴关系,不仅能促进双方的信息交流,共同开发低碳产品和工艺,还能共同承担风险、分享利益,有效防范竞争者或其他外部因素带来的风险。通过构建相互信任的关系,低碳供应商和采购企业可以降低交易和管理成本,实现双赢。

(二) 低碳供应商选择评价指标的建立

1. 指标设计的原则

在供应商选择中涉及因素很多,评价指标及其相互间也存在复杂的关系,因此有必要建立一套具有良好的通用性和可重构性的评价指标体系,低碳供应商选择评价的指标体系是在传统供应商选择理论上建立和发展的,也应遵循全面系统、简明、可比、实用、定性指标与定量指标相结合等原则。

2. 低碳环保指标的建立

在低碳供应链中,对供应商的评价选择尤为关键,其中碳排放量成为不可或缺的考核指标。为实现节能减排目标,供应商需积极推行清洁生产,塑造良好的低碳形象,并遵循"减量化、再循环、再利用"的原则。值得注意的是,不同行业和产品对低碳产品采购策略的关注点各异,导致低碳供应商选择评价体系中的低碳环保指标子因素也有所不同。以下提供的几个方面,旨在为企业在实际选择过程中提供借鉴和参考。

(1) 碳排放量。从能源消耗的角度来看,供应商企业涵盖了能源采购、转换和利用等多个环节。这些企业在消耗能源的过程中,不可避免地会产生温室气体排放。企业的温室气体排放源可大致分为直接和间接两类。直接排放主要源自企业自身拥有或控制的排放源,如锅炉、熔炉、车辆和空调设备等,同时也包括因消耗电力而产生的碳排放。间接排放则是由企业的活动引起,但排放源归其他企业所有或控制,例如原材料的采购和运输、外购电力以及员工的公务出行等。因此,对供应商企业的碳排放进行量化分析至关重要。具体的碳排放量化方法将在项目四详细介绍。

(2) "减量化"指标。"减量化"旨在生产单位产品时尽可能减少原料、燃料和机器设备的使用量,并降低"三废"(废水、废气、废渣)的排放量。这种做法不仅有助于减少碳排放量,还能实现成本节约。因此,在设计企业的减量化指标时,可以考虑单位产值"三废"排放量、单位产值能耗减少量以及物料能源与同行业的消耗量对比等因素。

(3) "再利用"指标。"再利用"强调供应商企业在生产过程中必须妥善处理"三废",以最大限度地提升资源使用效率,减少资源浪费,从而实现废物的有效转化和利用。在构建再利用指标时,可以考虑以下几个方面:"三废"的回收与利用率、包装容器的回收与利用率,以及再循环材料的使用率等。这些指标有助于评估企业在资源再利用方面的表现,并推动其不断改进和提升。

(4) 企业的低碳可持续性指标。在企业的生产经营活动中,能源的消耗是不可避免的,这会对生态环境造成一定的影响,特别是那些环境意识不强且能源消耗大的企业,对环境破坏的程度尤为显著。低碳经济强调实现工艺清洁化,推广使用低碳新能源,如太阳能、风能、核能等,并减少依赖煤炭、石油等传统粗放型能源。此外,企业在环境治理方面的投入以及消费者对低碳产品的接受程度也是关键因素。因此,在评估低碳经济时,可以考虑设置以下指标:新能源使用比例、环境治理投入、低碳产品市场接受度等。这些指标有助于全面评估企业在低碳经济实践中的表现。

3. 低碳供应商选择评价综合指标体系的建立

在低碳供应链环境下建立供应商选择评价指标体系,其目的在于揭示新的环境与竞争条件下的供应商评价特点。低碳供应商选择评价指标体系一般包括供应商资质、产品水平、合作能力以及环保竞争力四个方面(见表2—1)。

表2—1　　　　　　　　　　低碳供应商选择评价指标体系

低碳供应商选择评价指标体系	产品水平	质量水平	产品合格率
			质量管理体系
			质量改善计划
		成本	相对价格水平
			产品获得成本
	企业资质	财务状况	总资产报酬率
			速动比率
			利润增长率
		发展潜力	员工人均培训时间
			装备水平
			科研经费投入率
	合作能力	服务水平	准时交货率
			订单完成率
		信誉水平	企业信誉
		沟通能力	信息化水平
			企业战略目标兼容性
	环保竞争力	低碳环保能力	二氧化碳排放量
			单位产值能耗减少量
			"三废"回收利用率
			环境改善费用

确定了低碳供应商选择评价指标体系后,需要对体系中的指标进行可比性设计,一般定性指标按优、良、中、差等级分别设置相应得分,定量指标给出具体计算公式。对低碳供应商特有的低碳环保能力指标则采用定量方式。

(1) 碳排放量。根据碳排放量的计算方法得出供应商特定统计期内能耗或特定产品或服务的碳排放量。

(2) 单位产值能耗减少量。单位产值能耗是指特定统计期内,企业总的消耗量与总产值之比,如万元产值能耗量=统计期内消耗的能耗/总产值。单位产值能耗减少量特指在低碳供应链背景下,供应商采取相关低碳环保措施后,与之前对比能耗的减少量。

(3)"三废"回收利用率。"三废"回收利用率是指企业在生产和运营过程中,对产生的废气、废水和废渣进行回收利用所占的比例。通过将"三废"转化为有价值的资源,企业不仅能够节约成本,还能有效地推进节能减排工作。"三废"回收利用率等于"三废"回收利用的数量除以生产过程中产生的"三废"总量。

(4)环境改善费用。环境改善费用指某一时期内,通常为一年,企业投入改善环境或环境污染治理的费用,可直接通过企业调查获得相关资料,如引进新的节能减排技术或设施的费用。

4. 低碳供应商选择评价

建立一个合理的低碳供应商选择评价指标体系后,决策者需要分析评价指标结果,以挑选最合适的低碳供应商作为合作伙伴。目前应用于供应商选择评价的方法很多,如成本分析法、神经网络法等。在选择和评价供应商的过程中,本质上是一个涉及多个属性的决策问题。在这个过程中,决策者的主观性和可变性起着重要作用,导致评价体系中各指标的确定和权重存在显著差异。特别是在评估低碳供应商时,由于涉及的多个指标之间存在非线性复杂关系,问题变得更加复杂。为了解决这个问题,企业可以采用数据包络分析法和层次分析法相结合的集成模型。这种方法可以帮助企业在供应商选择与评价过程中做出更加科学和合理的决策。

任务二 了解低碳制造

低碳制造,作为一个可持续发展的制造模式,涵盖了三个核心要素:低碳设计、低碳生产和低碳包装。市场信息分析、产品设计、产品种类和形态特性以及包装、销售和服务不仅影响产品的碳排放,也决定着企业在低碳制造方面的表现。市场信息分析可以帮助企业了解市场需求,从而选择更加环保的产品设计和生产方式。产品设计阶段的碳排放评估能够帮助企业提前识别并解决潜在的环境问题。产品的种类和形态特性同样影响其碳排放,例如,生产高能效的产品可以降低使用阶段的碳排放。此外,包装、销售和服务过程中也需要考虑碳排放问题,例如,通过合理的包装设计和回收策略降低包装废弃物的产生。

在进行制造的准备工作时,或在制造开始之前,适当评估和控制将来各过程的碳排放至关重要,在帮助企业了解当前的环境影响,并制定相应的减排措施的同时,更能通过预测未来的碳排放量,提前采取措施降低或消除碳排放,从而实现更有效的减排。

一、低碳设计

低碳设计是一种创新的理念,旨在整个产品生命周期中最小化碳排放,同时保证产品性能和成本。这种设计理念不仅关注产品的使用阶段,还涉及制造、销售、回收等各个环节,从而全面降低碳排放。低碳设计的核心是节约资源和能源,从源头上减少碳排放,而非依赖后期的处理措施。这意味着在产品设计阶段就需要充分考虑如何降低碳排放,例如选择环保的材料、优化产品设计、提高生产效率等。这些措施可以帮助企业在满足市场需求的同时,降低对环境的影响。在低碳设计过程中,设计师需要全面考虑产品在制造、销售、使用和报废后的碳排放。这意味着设计师需要了解产品的整个生命周期,从原材料的采购到生产、运输、销售和使用,再到最后的回收和处理。通过这种方式,设计师可以更好地优化产品设计和生产过程,降低各个环节的碳排放。为了实现低碳设计,设计师需要与多个部门和团队合作,包括生产、采购、销售、物流等。这些部门需要共同参与低碳化评价准则的制定和实施,以确保整个设计过程的优化和经济性。通过合作和共同参与,企业可以更好地协调各个部门的工作,确保低碳设计的有效实施。此外,低碳设计还需要关注市场动态和消费者需求。随着消费者对环保产品的需求不断增加,企业需要了解市场趋势和消费者偏好,以设计出更符合市场需求的产品。通过关注市场动态和消费者需求,企业可以更好地把握市场机会,提高产品的竞争力。

总之,低碳设计是一种全面、系统的方法,需要从产品生命周期的全局出发,综合考虑各个方面的因素。通过与相关部门的合作和优化整个设计过程,企业可以降低碳排放,实现可持续发展,同时也能够满足消费者对环保产品的需求。

(一)低碳设计的要素

低碳设计要考虑三个主要要素,即成本(用 c 表示)、碳排放量(用 i 表示)、性能(用 p 表示)(见表2—2)。

表 2—2　　　　　　　　　低碳设计的三要素

要素		
	成本	原料成本
		制造成本
		运输成本
		循环再生成本
		处理成本
	碳排放量	碳排放量
	性能	安全
		回收性
		附加值
		便利与否
		精神文化
		审美观
		寿命

低碳设计产品的综合价值可用 p,i,c 来表征,其综合价值指标 $= p/ic$。

为了实现低碳设计,应当努力使产品的性能(p)达到最大化,同时尽可能降低其环境影响(i)和成本(c),从而提升产品的综合价值指标。如果不考虑碳排放对环境影响(i)的作用,仅仅追求性能(p)与成本(c)的最优比,即追求产品性能的最大化和成本的最小化,那么这种设计思路仍然停留在传统的经济价值观念上,忽视了企业可持续发展的重要性。因此,必须摒弃这种陈旧观念,将碳排放作为设计过程中的一个重要考量因素,真正实现低碳设计。这不仅有助于提升产品的综合价值,还能确保企业在可持续发展的道路上稳步前行。

(二)概念设计阶段的低碳设计方法

在产品概念设计阶段,设计者需要以需求为导向,充分考虑产品技术性能、工程成本和环境指标的影响。这一阶段是整个产品设计过程中最为关键的环节,因为它的决策将直接决定产品的基本形态、功能和性能。为了实现低碳设计,设计师需要关注产品的基本形态特征和材料选择。这些因素不仅影响产品的外观和性能,还对产品的环境产生显著影响。

1. 材料选择

材料是低碳设计与制造的核心要素,其碳排放强度直接决定产品的低碳表现。因此,在设计阶段精心挑选并恰当运用低碳材料,对于确保产品最终的低碳特性至关重要。在满足必要的机械性能前提下,优先选择耐久性强、易于回收和再制备的新型复合材料,是实现低碳转型的关键所在。从产品设计源头考虑降低材料在生产过程中可能需要的高能耗工艺也是产品低碳设计要考虑的要素之一。譬如,某些需要铸造、锻造、焊接、热处理、表面处理的材料往往耗能较高,其将产生较严重的环境影响。因此,设计中依据具体情况灵活选用易于设备加工制造的材料能够降低整个生命周期的碳排放。

2. 基本设计特征建模

特征建模技术在低碳设计中发挥核心作用,能够准确表述产品的基础形态信息,确保其在生命周期内有效进行信息的筛选与交流。设计的核心特征,如基本几何、形状、约束及拓扑特征,与产品的碳足迹紧密相连。利用这些特征能够对设计方案的碳排放进行初评,为改善设计提供强有力的依据。未来,研究将集中在与碳足迹密切相关的特征模型的构建、识别与映射等关键领域。在解析算法方面,像动态规划、流程情景等被认为是至关重要的,而信息智能技术,如BP神经网络、人工神经网络、模糊规划、灰色关联等,也将发挥关键作用。在设计阶段确定参数与碳排放量之间的联系和量化关系是一个难题,这通常需要利用分析方法和智能信息技术。未来研究的一个方向是寻找有效手段,将设计属性与碳排放量关联起来,以更有效地解决设计初期信息的不确定性问题。这种研究有助于设计师更好地把握设计计划中的低碳要素,进而优化和调整。

(三)结构设计阶段的低碳设计方法

产品结构设计的目的是根据其功能需求,将各个部件以一定的方式组合起来,形成一个完整的结构体系,包括产品的主要组件结构和装配顺序。在结构设计过程中,设计者需要考虑各种连接方式(如螺纹、销钉、铆接和焊接等)对碳足迹的影响。同时,还需关注不同设计方案在材料使用、装配过程和回收处理方面的碳排放量。多种设计策略,如轻量化设计、模块化、可拆卸性和可再设计技术,在实现低碳设计目标中扮演了关键角色。

1. 基于轻量化的低碳设计

在确保产品性能和质量的同时,优化产品结构布局的轻量化设计有助于达到减少碳排放的目的。这涵盖了一系列措施,如使用轻量化材料、优化结构、改进成型工艺和连接工艺等。这种方法在大型工程机械、航空航天和汽车等领域得到了广泛应用。

2. 基于模块化的低碳设计

模块化设计是将具有基础功能的部分、组件或单元,通过标准化的接口进行选择、连接和组合最终构成产品的方法。低碳模块化设计的价值不仅在于优化产品的结构或功能,更在于通过模块化设计提高产品在整个生命周期内的低碳拆卸性和可再制造性。这种以低碳为导向的模块化设计策略,有助于降低碳排放的负面影响,缩短产品设计与开发的周期,并推动产品的系列化和标准化进程。

3. 基于可拆卸的低碳设计

在满足产品基本功能的前提下,可拆卸性设计在产品开发阶段就考虑到了其结构的易拆解性,这有利于减少温室气体的排放。简化拆卸流程,可以减少在此过程中的材料使用和时间成本。随着对可拆卸性设计研究的不断深化,局部拆卸的理念更加灵活地融入产品的低碳设计。这种方法使产品关键部件能快速更换、维护和回收,提高了设计的灵活性和可持续性。

4. 基于可再制造的低碳设计

在产品设计初期,精心选择材料和优化结构设计,可以确保产品在达到使用寿命后仍能进行再制造和再利用,进而有效延长产品的整体服役周期。这种综合性的设计方法不仅有助于提升产品的可持续性,而且从全生命周期的视角显著增强了其低碳表现。

（四）低碳设计方案决策优化

低碳设计方案的决策优化是一个多学科交叉、多目标追求、多因素考量的复杂决策过程。这一过程的目标是通过评估产品设计中各个选项的技术可行性、经济成本和环境影响,来确定最优的低碳设计方案。关键在于将低碳设计问题转化为计算机可以处理的格式,并以产品全生命周期的数据作为优化的变量。在保证产品品质和性能的基础上,以设计方案的碳排放量为优化目标,通过迭代计算和适当的求解技术,寻找满足要求的最优解。最终,通过决策分析选出最合适的低碳设计方案。整个过程包括：明确设计问题、设定优化目标和解决目标间的冲突、分析低碳设计的优化求解方法、应用低碳设计决策方法等环节。

（五）低碳设计工具研发与应用

低碳设计工具的研发和应用对提高产品低碳设计效率、缩短时间和降低人力成本具有关键意义。基于其功能和应用范围的差异,这些设计工具通常可分为两大类别：针对单元过程的设计工具和生命周期评估工具。单元过程设计工具,如 DX 工具,主要用于辅助特定生命周期阶段或目标的设计。而生命周期评估工具则从产品整个生命周期的角度出发,全方位评估产品的碳足迹。这些低碳设计工具的具体应用和效果见表 2—3,它们在实际应用中为产品的低碳设计提供了有力支持。

表 2—3　　　　　　　　　　低碳设计工具

	设计工具	存在的问题
面向单元过程的设计工具	材料选择工具	单元过程工具中设计阶段或设计目标间存在复杂的耦合和冲突,难以支持产品全生命周期的低碳设计
	基于能值的材料选择和工艺决策工具	
	产品拆卸回收工具	
	产品回收设计工具	
生命周期评价工具	SimaPro、GaBiOpenLCA、Teamv……　SolidWorks SustainabilityEcologiCAD……	独立于企业现有的设计系统,耗时且浪费人力,存在评估结果不够准确及信息同步性差等问题

二、低碳生产

低碳生产技术正处于快速发展阶段,其中最为显著的是清洁生产。20 世纪 80 年代末,发达国家逐步推行清洁生产,旨在改善环境生态。清洁生产要求从根本上解决工业污染问题,即在污染发生之前采取防范措施,而非在污染发生后采取治理措施,使污染物在生产过程中被彻底消除,并实施全程控制。

（一）清洁生产的基本含义

国际上尚未就清洁生产的概念达成一个统一的定义,普遍认可的含义源自 1989 年联合国环境规划署工业与环境规划活动中心的阐述："清洁生产是指将综合预防的环境战略持续地应用于生产过程和产品中,以便减少对人类和环境的风险性。对生产过程而言,清洁生产包括节约原材料和能源,淘汰有毒原材料并在全部排放物和废物离开生产过程之前减少它们的数量和毒性。对产品而言,清洁生产战略旨在减少产品在整个生命周期(包括从原材料提炼到产品的最终处理)中对人类和环境的影响。清洁生产通过应用专门技术,改进工艺技术和改变管理态度来实现。"

通过上述定义可以发现,清洁生产的最终目标是:尽可能地减少资源消耗从而提高资源利用率。这样不仅资源的可持续利用降低了成本,而且企业不再局限于末端治理,而是将清洁生产贯穿到生产到销售的整个环节,因而便从根本上解决了生态环境的破坏问题,使得经济的发展走向了良性循环的轨迹,从而具有了可持续性。

(二)清洁生产技术

对于工业生产而言,清洁生产是非常有必要的,当前工业生产体系的发展模式依旧比较传统,粗放型生产方式产生了大量的能源消耗,造成了严重的工业污染。由于生产过程中忽视了污染防治问题,后续在污染治理过程中会投入大量的人力、物料成本,而且污染的治理周期也比较长,对企业的发展造成了直接的影响。因此清洁生产技术的引入在工业生产中非常必要。

1. 优化生产工艺

在企业生产工艺中,许多制造流程涉及清洗工序,通常包括二级或三级清洗,每次清洗后的废水被直接排放,这不仅导致水资源的浪费,还加剧了水污染的问题。如果能够收集后续清洗产生的相对干净的废水,经过简单净化处理后再将其作为前期清洗水的来源,就不仅可以提高水资源的再利用率,也显著减少了运营成本。

2. 原材料回收利用

在企业运营中,许多材料具备可回收再利用的潜力,比如机加工中产生的切削液。由于切削液使用量较大,一般会直接将其作为废物处理,导致不仅处理成本增加,还需要投入新的切削液,进而提高原材料成本。然而,若企业倡导清洁生产理念,引入过滤净化设备,将废切削液经过处理后再次应用于生产,不仅能够降低原材料成本,同时也显著减少废弃物的产生。采用清洁的工艺技术,使得资源尽可能地有效利用,尽量控制产品使用过程中对于环境的副作用,尽可能低成本高效率地处理必须产生的废弃物,使之对于环境的影响减少到最小,从而最大限度地减少产生对环境有害的废弃物。

3. 清洁生产管理

清洁生产的体现还包括生产管理层面,其中最典型的例子是周转箱等物料容器。由于企业管理不善,员工对清洁生产的认识较为欠缺,通常将这些容器当作一次性消耗品,使用后就将其当作固废处理。这些本可以重复利用的材料并没有得到妥善处理,使用一次后就被弃置,既增加了企业的经济投入,也不符合当前绿色环保生产的理念。提高储运以及生产组织方面的管理效率,制定并保障清洁生产的规章制度和操作规程,可以尽量减少物料能源不必要的流失。另外,加大对环境的审计力度,找出薄弱之处防止污染是实行清洁生产、做到全过程控制的基础。

4. 淘汰高能耗高污染技术和设备

采用落后的工艺和设备生产存在多方面的问题,首先,其物料利用率低,导致资源的明显浪费。同时,这种落后工艺对周围大气和水造成明显的污染性影响,直接降低了环境质量。例如,人工喷粉操作设施,存在低涂料利用率和粉尘污染问题,进一步加重了生产过程的环境负担。为解决这些问题,引入自动喷粉房成为一种有效的改进措施。自动喷粉房不仅能提高涂料利用率,降低原料浪费,还通过自动回收装置有效降低粉尘污染的风险,有效控制生产过程中产生的环境影响。这不仅有利于提高生产效率,还符合可持续发展和绿色环保理念,有助于企业实现长久的可持续发展。采用先进的工艺和设备不仅对环境友好,还能保护生产人员的身体健康,从而为企业的可持续发展打下坚实基础。

不难发现,清洁生产的实质就是指资源在得到充分合理利用的同时废弃物数量最小以及环境副作用最低,从而实现企业经济效益和生产安全有机统一、企业内外部经济性有机统一。同样,在清洁生产技术上深化而来的低碳生产,将更加显著地将"低碳"这一概念融入清洁生产的实质。

三、低碳包装

作为商品流通中不可缺少的环节,包装在产品的保护、物流效率的提高等方面的作用非常重要。我国现正处于迈向低碳经济发展的时代,倡导低碳包装的任务十分艰巨。低碳经济已经对包装提出了新的挑战。低碳包装是以减少包装碳排放为核心的可持续发展理念。它要求从包装材料的选择与取用、包装结构、包装运输、包装回收处理等各个环节考虑包装的低碳化程度,从而对生态环境、节能环保、绿色安全以及二氧化碳的排放选择最佳值。

(一) 低碳包装与绿色包装的区别

相比于低碳包装,绿色包装是更早被提出的,两者的目的都在于提出实现资源节约和环境友好的包装解决方案。然而,由于提出的背景不同,它们的侧重点也有所区别。绿色包装强调在整个包装过程中避免对环境和人体健康造成污染和损害,并且应遵循可持续发展的原则,涵盖产品从生产到废弃的整个过程。目前,国内对绿色包装的评价往往只关注单一的环保属性,而忽略了从产品设计阶段就开始计算碳足迹,减少整个生命周期内的温室气体排放。低碳包装则进一步要求设计师在设计阶段就考虑包装的全生命周期碳排放,并采取相应的减排措施。低碳包装设计旨在实现包装的经济、生态和社会效应的最优化,同时减少能源消耗和碳排放。因此,低碳包装的目标更加明确,即减少包装在整个生命周期中的碳足迹,提升包装材料和环境的利用效率。从这个角度看,低碳包装的设计理念更适应当前的低碳经济和可持续发展趋势。

(二) 过度包装

与低碳包装或绿色包装对立的则是过度包装。它指的是包装超过了商品所需的功能和审美要求,通常表现为包装体积与商品大小不成比例,或者包装成本超过商品售价的20%。在日常生活中,过度包装可能包括过大的包装尺寸、过分的装饰物,如金属、陶瓷、木制品、塑料和绸缎等,以及包装本身的价值超出了商品的价值。随着电子商务和物流行业的迅猛发展,过度包装不仅出现在产品的原始包装上,还出现在产品的销售和运输过程中。为了保护商品在运输过程中不受损害,商家可能会使用过多的塑料填充物、泡沫和胶带等包装材料,导致包装过剩。这种超出必要包装需求的做法不仅给消费者处理包装带来不便,还会导致资源浪费、环境污染和增加垃圾处理成本。

虽然中国目前还没有专门针对过度包装的法律,但有关包装的法律原则和条款已经存在,如《循环经济促进法》《清洁生产促进法》和《固体废物污染环境防治法》等。这些法规中的相关规定在实践中为防止过度包装提供了一定的指导和防范作用。

(三) 低碳包装的设计思路

低碳包装设计要求将低碳理念贯穿于设计思想和方法中。这一设计理念涵盖了简洁性、人文关怀和自然生态三个方面,而在设计方法上则侧重于包装功能的扩展、结构的优化和材料的创新。

1. 简约理念

简洁设计是低碳环保包装的重要趋势,其核心是去除多余装饰,回归设计本质,突出产品本身的价值和特性。低碳包装设计应追求简洁,减少复杂包装,体现"少即是多"的原则。

2. 人文理念

在低碳包装设计中融入人文关怀,意味着在设计过程中考虑人性和文化多样性,尊重消费者的文化背景和地域特色。设计师可以在品牌文化和不同地域文化中融入健康和生态保护的理念,促进消费者理解和接受低碳包装。

3. 自然理念

设计的本质在于文化传统的继承与创新。包装设计是文化活动的一种形式,通过将品牌文化与包装的材料、形状、结构、图案和色彩等因素相结合,可以让消费者体验到品牌背后的文化价值和独特性。包装材料本身也是包装形象的一部分,许多材料具有丰富的文化意义。比如,天然材料通常易于获取和再生,它们不仅反映了历史和文化,也符合低碳和环保的理念。

4. 扩展包装功能

即通过创新设计,增加包装的多功能性,延长其使用寿命,提高后期利用率。多功能包装设计可以整合展示、保存和运输等多种功能,实现一体化包装,增加包装的重复使用率,减少环境污染。

5. 优化包装结构

包装结构设计是包装设计的关键,合理的结构设计可以节约材料,减少体积,降低环境影响。优化包装结构有助于降低生产和运输成本,实现环保和经济效益的双重目标。

6. 创新包装材料

使用可回收材料,如纸张、麻纤维、金属和玻璃,是低碳包装的重要方面。循环利用的包装在完成保护产品的功能后,可以用于其他目的,提高材料利用率,降低成本,节约能源和资源,减少环境污染。

(四)低碳经济对包装行业的要求

在节能降耗方面:一是提高企业的能源利用率,积极运用低碳技术改造原有工艺、技术,提升能效技术、节能技术,做好节约能源工作。二是通过加强科学管理和推进技术进步的各种途径,降低生产成本,从源头上做好包装减量化工作,开发研究绿色包装材料、低碳原料及新材料的开发利用工作。

在降低污染和碳减排方面:一是加大节能减排力度,减少污染物排放。调整和优化能源结构,提高产能的技术与效益,构建绿色文明生产系统。二是生产对生态环境和人体健康无害、能循环复用或再生利用、可促进国民经济持续发展的包装材料。三是企业应承担其社会责任。在保护环境、推行循环经济、低碳经济方面承担一定的社会责任(如包装废弃物回收利用工作、承担碳排放中和等)。

任务三　了解低碳支付

低碳绿色供应链的支付环节实际上是一个交付的过程,它包括两部分,即低碳营销的过程和低碳消费的过程。

一、低碳营销

1992年6月3日,在里约热内卢召开的环境与发展大会上,联合国通过了《环境与发展宣言》和《21世纪议程》,呼吁各国根据本国情况,制定可持续发展战略、计划和对策。以此为契机,一些国家纷纷推出以环保为主题的"绿色计划",并实施绿色营销,要求企业在经营中考虑社会价值观、伦理道德观,以维护自然生态平衡为责任。在环境保护形势日益严峻和低碳经济驱动下,低碳营销崛起成为21世纪的主流营销模式。主动实施低碳营销不仅是企业积极承担社会责任的表现,更是保持竞争优势的重要筹码。作为绿色供应链管理的一部分,低碳营销考虑整个营销过程中的碳排放因素,强调在产品生产、消费和废弃物回收过程中的减排,以满足日益增长的低碳消费需求。在开展低碳营销之前,企业需明确减排目标,积极开发低碳产品、制定低碳价格、建立低碳渠道,并全面考虑以低碳为主要内容的各种因素,以确保企业在可持续发展的道路上取得更为显著的成就。低碳营销是对现代市场营销的扬弃,是市场营销理论发展的新阶段。

1. 开发低碳产品

为实施低碳营销,企业需着力研发低碳产品,将其作为核心,以满足消费者对低碳需求的期望。低碳产品应具备节能和减排功能,如天然竹木制品、太阳能设备、活性炭、电子签章、变频式空调、自行车等。

2. 制定低碳产品价格

低碳产品在其开发过程中,增加了企业在原料、技术、碳排放等方面的成本,根据"污染付费"和"环境有偿使用"的原则,企业用于减排方面的支出,应该计入成本,构成价格的一部分。低碳价格反映减排成本,包括产品所吸收的环保及减排支出的费用,确立环境与生态有价的基本观点,加之低碳包装、低碳促销等活动的费用,低碳产品的定价一般高于同类非低碳产品。具体的价格需要根据国内外市场的供需状况灵活调整。在产品定价过程中,除了要将企业用于减排方面的支出计入成本,还必须考虑政策和市场的多重因素。按照国际惯例,政府通常允许低碳产品的价格相对于同类产品上浮一定比例。在考虑市场因素时,需要充分考虑消费者的支付能力和文化水平。那些拥有一定购买力和文化素养的消费者,为了追求低碳、节能,实现自我价值,愿意额外支付30%~100%的费用,以购买代表时尚和文明的低碳产品。

3. 选择低碳营销渠道

正确有效的低碳渠道是低碳营销的关键环节。因为它涉及低碳产品销售的有效性,会影响低碳价格,并影响企业的低碳形象。此外,它亦涉及低碳产品的质量保证及销售过程中的资源耗损问题。企业着眼于推广低碳产品,积极建立可靠、畅通的低碳分销渠道,以确保低碳产品能够顺利送达消费者手中,并有效防范仿冒。在建立低碳营销渠道的过程中,选择信誉良好的批发商、零售商显得至关重要,并可以通过设立低碳产品专柜、低碳产品专卖商店或低碳连锁店等手段,进一步巩固渠道信誉。低碳渠道作为从生产者到消费者的通道,要求参与者具有强烈的低碳观念,从而促使更多的消费者成为低碳产品的支持者。为确保低碳营销渠道的稳定性,企业需采取现代化的网络销售手段。这意味着建立高效且低碳排放的渠道系统,使其具备跨时空交互、拟人化、高效率的特征,以适应新经济和低碳营销的迅速发展需求。通过这一综合而创新的方式,企业能够更好地推广低碳理念,促进低碳产品的推广和市场占有率的提升。积极开展低碳产品直销活动是推动低碳渠道发展的有效途径,不仅可以缩短销售渠道、减少污染,还能提高产品的可及性,增强消费者对低碳产品的认知。

4. 开展低碳促销

低碳促销作为一种有效的市场策略,通过利用低碳促销媒体传递低碳产品及企业信息,旨在激发和引导消费者的低碳需求,最终达到促成购买行为的目的。以顾客为中心的低碳促销要求企业改变传统广告促销方式,转向整合营销传播,以"营销就是传播"为核心理念。企业通过良性整合广告、公关、营业推广、产品陈列等传播工具,实现与顾客的充分沟通,塑造自身与产品的低碳品牌形象。低碳促销的核心在于通过信息传播赢得公众的信任与支持,同时谋求便利和竞争优势。消费者对绿色产品的信任需要商家提供满意的低碳产品,并通过有效的沟通方式传递。促销作为沟通的纽带和桥梁,具有诱导和创造需求的功能,因此商家需要将产品、企业与节能减排有机联系起来进行低碳促销,注重建立与消费者之间的积极沟通,以提升品牌形象和满足日益增长的低碳消费需求。通过这一全面的低碳促销战略,企业能够在市场中树立环保形象,同时促使消费者更积极地支持和选择低碳产品。

二、低碳消费

低碳经济的实质是污染化的工业文明转向生态化的经济文明的一次大跨越,作为其中的一个重要环节,低碳消费的本质代表着一类环境友好型消费方式,它是以正确的消费伦理观念为基础,要求正确看待消费与自然的关系、正确看待消费中个人与整个社会的利益关系以及正确看待物质层面消费与精神文化层面消费的关系。在目前国内广义层面中,低碳消费方式包括恒温消费方式、经济消费方式、安全消费方式、可持续消费方式以及新领域消费方式。其中,恒温消费是指温室气体排放量在消费过程中最低;经济消费指对资源的消耗最小;安全消费是指消费结果对环境副作用最小;可持续消费是指不危及人类后代的需求;新领域消费是指转向消费新型能源,鼓励开发新低碳技术来研发低碳产品,拓展新的消费领域。

随着低碳趋势的兴起,供应链企业需要更新生产和经营理念,与全球趋势保持一致。企业应该像重视生产流程一样,从逆向的角度重新审视消费过程,寻找更有效的商品和服务交付方式。在构建低碳供应链时,需要精心设计低碳消费流程,合理安排相关业务活动,以满足消费者在不同时间、地点的需求,同时避免浪费企业和消费者的时间和精力以及资源。低碳供应链的建立必须改变传统思维模式,重新思考供应链与消费的联系,以及消费者在供应链中的角色,确保产品和服务的有效性和协同性。

任务四 了解低碳物流

低碳物流的兴起,源于哥本哈根环境大会对低碳的官方倡导。物流作为高端服务业,在响应全球低碳趋势的同时,亦需走上低碳化的道路。

目前,我国物流业在某种程度上仍呈粗放式发展,专业水平相对较低,导致能耗增加、能源浪费,物流成本居高不下,全社会物流费用占GDP比重高达20%,比例远远高于美、日等发达国家,也高于中等发达国家的16%。中国物流问题表现为空驶率高、重复运输、交错运输、无效运输,仓储利用率低,物流信息化程度相对较低。这导致物流设施利用率低,特别是影响蔬菜等商品的流通成本,进而影响物价波动。另外,物流交通组织方式滞后,信息化程度低,运输能力甚至存在40%的空载率,也是商品"卖贱"和"买贵"的原因。作为我国十大重点产业之一,物流业有着巨大的潜力和责任,需要在低碳经济的发展中发挥更为积极的作用。为实现低碳物流,我们必须从低碳运输方式、低碳运输组织和低碳运输设施三个方面入手,通过推动技术创新、提升信息化水平和优化物流组织,为构建低碳物流体系奠定坚实基础,实现物流行业的可持续发展。

一、低碳运输

低碳运输概念由低碳经济发展而来,符合低碳经济的发展理念,低碳运输是货物运输可持续发展的一种必然选择路径。低碳运输以高效益和低污染为主要特点,运用合理的管理手段,优化货运结构,合理利用资源,提高运输能源利用率,最终达到运输效益最高且运输碳排放最低的目的。

(一)传统运输存在的问题

1. 货物运输结构不合理

受到地区运输条件的限制,运输方式的多样性不足,导致货运结构存在差异。公路货运因其灵活性和便捷性而受到青睐;相比之下,铁路和水路运输以低成本和大载重量著称;航空货运则以快速但载重量小为特点。对于中远距离的重型货物运输,铁路运输是最佳选择,而水路运输虽然限制条件较多,但能大量减少运输距离和成本。目前,国内货物与运输方式之间的匹配并不理想,未能充分发挥各种运输方式的优势,公路运输仍为主要方式,有些地区甚至占到货运总量的80%以上,且在选择车型时缺乏对货物实际需求的考量,大多数情况下仍依赖传统的重型卡车。总体而言,目前的货运结构并不支持节能减排。因此,需要减少对公路运输的依赖,转而发展铁路运输,后者是所有运输方式中最节能和低碳的。我们可以通过提升信息化水平,创新运输组织模式,加快运输速度和提高服务质量,以推动铁路运输的发展。

2. 运输工具节能减排成效低

我国在运输工具的技术发展方面与一些发达国家相比仍有差距,目前还未能摆脱高碳运输模式,不利于碳达峰目标的实现。在公路货运领域,重型卡车运输效率低、污染严重且能耗高,是大气污染的主要来源之一。尽管已有政策限制重型卡车的使用,且行业正向轻量化转型,但受运输需求影响,重型卡车的比例仍在上升,而清洁能源车辆在运输中的比例依然很低。尽管新能源基础设施正在完善,技术在不断进步,国家也在推动氢燃料电池电动车的示范运行,并在氢能重卡领域取得了进展,但在新能源技术完全成熟之前,公路货运的节能减排效果有限。铁路运输方面,自2012年起,电力机车已超过内燃机车成为主流,铁路运输的碳排放有所减少。总体来看,为了实现碳达峰,我国需要推动清洁能源运输工具的广泛应用和发展。

(二)低碳运输方式

1. 运输工具低碳化

使用全电动、混合电动等新能源物流车,并持续完善物流站点的基础设施配备(如光伏充电站等)。但新能源物流车全生命周期成本高于燃油物流车,可考虑借助租赁模式、网络货运平台,缓解运输企业的购车压力;对于使用传统能源的车辆,也可以使用低滚阻轮胎、轻量化箱体、对司机驾驶方式进行优化与培训等方法来节省油耗。另外,充分运用高效率、低排放的交通运输设备、机械设备,提高设备的节能和二氧化碳排放量,严格遵守设备节能减排要求,强化废水的处置和废物的循环利用,严格遵守交通设备的排放要求,定期进行设备的检修保养,确保交通运输设备在交通运输中起到关键作用。

2. 运输模式创新

运输模式的创新可以实现低碳运输。例如,多式联运可降低物流运载综合能耗,相对单一公路运,铁路和水运运量大、能耗低,使用多种运力组合(如公水联运)可降低单位重量的运输能耗,助力低碳;甩挂运输是汽车(牵引车)按预定计划,在某个装卸作业场站甩下半挂车,挂上其他半挂车继续运行的运输组织形式,该模式可以使牵引车的停歇等待时间缩短至最低,减少油耗20%~30%,能大幅度降低能源消耗和污染排放;统仓共配是多个快递公司统一仓储,合理配置人员、运力等来提供配送服务,可通过规模化的作业来提升物流源的利用效率,减少不必要的碳排放。

3. 运输距离优化

运输距离优化可通过运输路径规划实现。我们可以通过确定物流节点要素地理位置等方式,优化和提高物流系统的有效性和效率,选择最优配送线路,减少运输距离。例如,采取循环取货模式,按需求方物流时间表规定的时间、路线对多家供应商(含中继地)进行混合装载,提高车辆积载率、减少车次和运输碳排放。距离优化还可以通过装载优化减少运距,即根据运输场景调整装载结构,通过合单等方式优化装箱,提升单位货运量和满载率,减少空驶,提升运力和运载效率,降低碳排放。

二、低碳运输组织

低碳运输组织的构建涉及内部和外部两大层面,其中内部组织的核心在于通过物流信息化建设推动低碳目标的实现。物流信息化运用现代信息技术手段,对物流信息进行深度分析和精准控制,从而实现对物流、商流和资金流的全面管理。这一过程的根本目的在于提升物流运作的自动化水平,优化决策过程,进而实现物流资源的合理配置,降低物流成本,提升服务水平。同时,物流信息化不仅是电子商务快速发展的内在要求,也是物流企业和整个社会物流系统提升核心竞争力的关键。这种信息化主要体现在先进信息技术的应用上,如代码化、电子化、标准化、实时化和数字化等。这些技术的应用使得物流运作更加高效、精确和可靠,为实现低碳运输提供了有力支撑。具体而言,物流信息化在降低运输碳排放方面的作用包括:首先,通过精准预测市场需求,企业能够合理安排运输计划,减少不必要的空驶和重复运输,从而降低运输过程中的能源消耗和碳排放。其次,提高运输工具的实际装载率有助于减少单位运输量的能耗和排放。例如,通过优化装载方案,企业可以确保运输工具在满载状态下运行,避免部分装载导致的能效损失。此外,提升仓储设施的利用率也有助于降低碳排放。通过合理规划仓储布局、提高仓储作业效率等方式,企业可以减少仓储过程中的能源消耗和排放。

外部组织中能实现低碳运输的重要方式是实现共同配送(或协同配送)。共同配送是解决我国物流配送设施布局不合理、利用率低、重复建设等问题的较好解决手段,其实质指物流资源的共享。实现共同配送,既可以有效提高车辆使用率,又能明显改善交通运输状况,进而为全社会创造低碳生活做出贡献。这种"货物配送的集约化"突破了企业物流合理化的限制,充分利用配送企业之间的资源共享,实现了配送服务的规模化和灵活性,是一种高效且环保的全新配送方式。因此,在当前情势下,有效组织和实施协同配送对于减少配送环节的碳排放量具有现实重要性。为了更好地开展协同配送,应从以下几个方面整合:首先是信息共享,企业要想有较大的发展,就必须改变原有的保守观念,树立信息共享、合作共赢的思想。这是有效实施协同配送低碳化的基础。其次是构建物流公共信息平台,平台允许相关物流企业发布、查询和接收物流运作信息,使得任何客户都可以委托并购买物流服务,这为协同配送提供了可能性。最后是公用基础设施的利用,协同配送允许多个物流企业共享物流配送中心等基础设施以及运输渠道,共同使用某一物流设施或设备。这样,不同的物流公司可以将相同目的地的货物集合起来,实现联合配送。这不但提高了车辆实载率,改善了车辆回程配载状况,而且能够实现物流资源的集约化配置及社会运输资源的优化与整合,达到节能减排的目的。

三、低碳运输设施

低碳运输设施的建设主要涉及废旧物流设施设备的循环利用和构建物流商务信息系统等方面。

（1）废旧物流设施循环利用。废旧物流设施的循环利用至关重要。随着物流业的迅猛增长,废旧物流设施的数量也在迅速攀升,简单地报废或遗弃这些设施是对资源的极大浪费。强化废旧物流设施设备的循环再利用,可以显著降低对环境的污染和碳排放量。例如,拆解和回收废旧物流设备,以及改造升级废旧物流设施（如废旧仓库）等措施,都是实现这一目标的有效途径。

（2）使用信息化技术。随着信息技术、互联网技术在我国的快速发展,一些较为成熟可靠的信息化技术也正逐步地应用于货运站（场）。货运站（场）应用的信息化技术包括能提供车辆、驾驶员和货物信息查询、发布、统计分析、管理等服务功能的物流信息平台；能提供车辆运行位置与运行状态监控等调度服务智能运营监控系统,方便货运站（场）货物信息的共享、货物管理的同时,也达到一定的节能效果。

任务五　了解逆向物流

长期以来,一般的企业管理者对回收活动中的收集、运输等过程缺乏重视从而导致相关方面的研究滞后以及技术水平发展缓慢,资源回收活动因此成为消耗大、效果低的"鸡肋",故在企业经营战略中沿供应链的逆向物流在很长一段时间内被排除在外。

自 1990 年以来,随着自然资源开采难度的增加和人类环保意识的日益增强,许多国家纷纷制定了严格的废弃物回收法规。在这样的背景下,逆向物流逐渐成为一种企业战略,并受到企业管理层的高度重视。新型的资源经济观在其中扮演了至关重要的角色,成为逆向物流发展的直接推动力。这种经济观不仅强调了资源的有效利用和循环再生,还推动了企业对废弃物的合理处理和回收利用,进一步促进了可持续发展和环境保护。

拓展阅读

目前,如通用汽车、IBM 等越来越多的跨国企业为了降低退货层面的资源损耗纷纷通过一系列控制措施制定逆向物流的项目,通过废料的回收和重复利用达到降低成本的目的。逆向物流受到重视的根本原因在于其不仅符合政府法规的要求,还体现企业的未来核心竞争力。简而言之,企业对环境的友好其实就是对于自身未来可持续发展的负责。

低碳供应链
实践案例
——顺丰控股

一、逆向物流的内涵

1999 年,美国逆向物流执行委员会主席罗杰斯（Rogers）博士与蒂本·莱姆基（Tibben Lembke）博士联手撰写了首部关于逆向物流的权威著作《逆向：逆向物流的趋势与实践》（*Going Backwards: Reverse Logistics Trends and Practices*）。在这本书中,两位作者为逆向物流下了明确的定义：逆向物流是一种物品从消费地返回到其上一级来源地的流动过程,目的是修复物品缺陷、恢复物品价值或对其进行恰当处理。

我国则在 2001 年颁布了《物流术语》国家标准（GB/T 18354 - 2001）,其中对逆向物流进行了详细分类。根据这一标准,逆向物流主要包括回收物流和废弃物物流两大类。回收物流是指从需求方返回到供应方的过程中不合格物品的返修、退货以及周转使用的包装容器所形成的实体物质流;废弃物物流是指在经济活动中根据实际需要收集、分类、加工、包装、搬运、储存那些失去原有使用价值的物品并将其分送到专门处理场所时的实体物质流。

著作和标准的出台,为逆向物流领域提供了清晰的方向和指导,促进了该领域的持续发展。通过明确逆向物流的定义和分类,企业和组织能够更好地管理和优化其逆向物流流程,从而提高资源利用效率,减少浪费,并更好地满足客户需求。

为了更全面地理解逆向物流的内涵,我们可以从以下几个方面解读:

(1)在流动对象层面,逆向物流呈现出一个"反向"的流动过程。在这一过程中,产品、产品运输容器、包装材料以及相关信息从它们的最终目的地沿着供应链渠道逆向流动。

(2)从流动目的来看,逆向物流旨在重新获取不合格产品的使用价值,或者对最终产品的废弃物进行妥善处理。

(3)在活动构成方面,逆向物流涵盖了回收、重用、翻新、改制、再生循环以及垃圾填埋等多种形式,同时还包括正向物流中的资源缩减环节。

(4)不同定义对逆向物流的侧重点有所不同,但它们共同的核心在于废、次产品及包装材料从最终顾客返回到上一级企业的反向流动。为了确保这些废、次产品的回收效率,并重新获得其使用价值,设计一个有效的逆向流动系统对企业而言至关重要。

二、低碳经济与逆向物流

低碳经济改变了过去逆向物流的资源—产品—废弃物排放所构成的开环型物流系统,将逆向物流的触角由经济效益领域延伸至社会生态领域,形成资源—产品—废弃物—再生资源的闭环型物流系统,逆向物流系统成为经济系统与生态系统之间的"桥梁"。逆向物流系统改变了传统物流单向运作的开放模式,为整个闭环循环模式建立了一个关键节点。物流行业能源消耗较大,因此,推动其降低能耗对于实现低碳经济至关重要。低碳物流的核心理念在于将低碳和环保的思维渗透到物流与供应链的每个环节,从而打造一个全面且绿色的供应链体系。这个体系始于原材料采购,贯穿于产业设计、制造、交付,并延续至产品的全生命周期支持。在这一绿色供应链体系中,逆向物流扮演着举足轻重的角色。逆向物流不仅关注废弃产品或不合格品的回收与再利用,而且注重在整个供应链中实施节能减排、资源循环利用等环保措施。企业可以采取多种措施,如使用环保包装材料、优化运输路线、提高装卸效率等。此外,政府和社会各界也应共同努力,通过制定相关政策、提供资金支持、加强宣传教育等方式,推动物流行业向低碳、绿色方向发展。

同时,逆向物流在低碳经济体系中实现了物流的双向运作模式,为资源的循环利用和废弃物的合理处理提供了重要支持,从而有效缓解了资源浪费和环境污染问题,成为低碳经济发展的重要基础之一。随着低碳经济理念的推广,逆向物流的发展将迎来更为广阔的机遇,因为低碳经济要求对资源进行循环利用,合理处理废弃物,以降低资源消耗,保护环境。低碳经济的进一步发展对供应链各环节产生的废弃物提出了更为细致的要求,需要逆向物流系统的支持来实现废弃物的细化回收和再资源化。因此,随着低碳经济的不断推进,逆向物流的需求逐渐增大,所带来的刺激效应也相应增强,将推动逆向物流的快速发展。逆向物流的发展与低碳经济的日益深入,将共同促进供应链的可持续性发展,为实现更加环保和经济可持续的物流体系贡献积极力量。

三、逆向物流中的主要活动

不同类型的逆向物流处理有不同的方式,因各种问题退货而发生的逆向物流,主要包括以下几种。

(一)回收

即通过有偿或无偿的方式将顾客所持有的产品或包装材料返还到销售方或生产商指定的第三方机构的反向过程。根据回收主体的不同分为制造商模式、零售商模式和第三方回收商模式。

1. 制造商模式

制造商模式是由生产制造商发起的回收模式,一般适用具有高回收价值的废旧产品,如电子电器产品、汽车等。随着我国生产者责任延伸制度的推行以及回收产品的高回收再利用价值,由生产制造商为主体构建的逆向物流网络越来越普遍,该模式下的回收活动包括产品的回收、产品的检测维修和再制造。制造商模式具有的优势是可以利用正向构建的销售网络回收产品,同时由于生产制造商一般是回收自己生产的产品,对产品的工艺流程熟悉度高、具有专业的拆解再加工能力,因此检测拆解后能直接投入应用,减少原材料采购成本且再制造效益较高。

2. 零售商模式

零售商模式一般是由零售商自动发起或者是由生产制造商委托回收形成的一种回收模式。该回收模式主要涉及的物流活动是产品的回收和储存,对零售商的回收处理能力和仓储能力有较高的要求,因此较适合回收中小型产品。由于零售商是连通顾客和产品的最后一公里,相对生产制造商和经销商而言更能准确了解产品使用情况,能有效提高回收效率以及控制回收产品质量,降低回收过程的风险,同时该模式可以让委托零售商回收的生产制造企业专注产品研发生产,增强发挥其核心竞争力。

3. 第三方回收商模式

第三方回收商模式通常是由专门从事废旧产品回收的企业为主体的一种回收模式。在这种模式下,第三方回收商通常是从个体消费者或者政府事业单位和一些大型商超等地方回收废旧产品,将产品简单分类检测后,售卖到二级市场和转卖给拆解中心或者生产再制造商。第三方回收商模式有一个显著的优势就是能够从事大批量多品类废旧产品回收,形成规模经济。但是第三方回收商模式也有不足的地方:这种模式下的盈利主体都是从回收过程中产生,但是回收过程具有复杂不确定性,比如回收质量的高低、回收价格的高低以及回收地点的零散等都会直接影响回收的总体盈利,具有一定风险。

(二)检验与处理决策

采用人为观察或机器检测的方法检测回收产品的外观、包装、性能、类别以及确定废旧产品的破损情况和剩余价值。依据产品的结构特性及性能评估,详细分析回收品的功能。随后,基于这一评估结果,确定一系列合理的处理策略,这些策略可能包括直接再销售、经过翻新或修整后的再销售、零部件的分拆再利用、或是报废处理等。为了确保所选策略与企业实际情况最为契合,还需要对各种方案进行详尽的成本与效益分析。最终,通过综合考量各种因素,我们将制定最符合企业当前状况的处理方案。

(三)产品的分拆

为确保拆卸后的零部件保持其使用价值,必须依据产品结构的独特性,无损地将产品拆解为各个零部件。零部件的处理流程涵盖了清洗、检测、分类和再加工等关键步骤。在此过程中,再制造商会彻底清洗并检测每一个零部件的状态,随后根据检测结果分类。基于分类结果,提出翻新方案并明确需要更换的零部件清单,这些信息将被录入公司的信息数据库。分类是逆向物流系统中尤为复杂的一环,其准确性直接关系到再制造的经济效益。错误地将可再利用的废旧品归类为不可利用品,不仅会大大降低其利用价值,还会无形中增加分类成本。零部件通常被分为四类:一是可直接再用的零部件,这类零部件将直接存入物料仓库,供再制造使用;二是可通过再加工达到使用标准的零部件,这类零部件在翻新改造后将用于再制造;三是可再生零部件,即虽然零部件本身已损毁,但其材料可再生成可用资源,经过加工后成为再生零部件。在再生过程中,主要使用再生材料,必要时也可使用原生材料;四是因经济效益不佳而不可用的零部件,这类零部件可焚烧或进行无害化处理后废弃。

(四)再制造

再制造是相对于传统制造的一个概念。传统制造是将原材料加工成适用的产品,而再制造则是通过对达到使用寿命的产品进行拆卸、检测、修复和技术改造等过程,使其性能达到甚至超越原产品的水平。再制造工程是在产品全寿命周期设计和管理的指导下,以提升废旧产品性能为目标,遵循优质、高效、节能、节材、环保的原则,对废旧产品进行修复和改造的一系列技术措施或工程活动的总称。作为逆向物流系统的核心环节,再制造主要运用物理或化学的高新技术处理回收的废旧零部件,使其性能恢复至与新品相当的水平。这一环节对技术要求较高,在推动科学发展和促进我国经济与社会可持续发展的过程中,再制造在节能、节材、保护环境方面的意义更加凸显。

在再制造流程中坚持优先利用回收零部件的原则。只要回收零部件的数量能满足当前的生产需求,就避免使用原生零部件。当回收零部件的数量不足以支撑生产时,再选择性地补充使用原生零部件。这些原生零部件的来源主要有两个途径:一是直接从市场上采购,二是采购原生材料,然后经过精细加工制成原生零部件。这种方式既实现了资源的有效循环利用,又确保了生产的顺利进行。

如图2—1所示,消费者与制造商之间构成了一个闭环供应链系统,该系统由传统的正向物流和回收处理的逆向物流共同组成。该系统与外界的物质交换主要包括制造商采购原生材

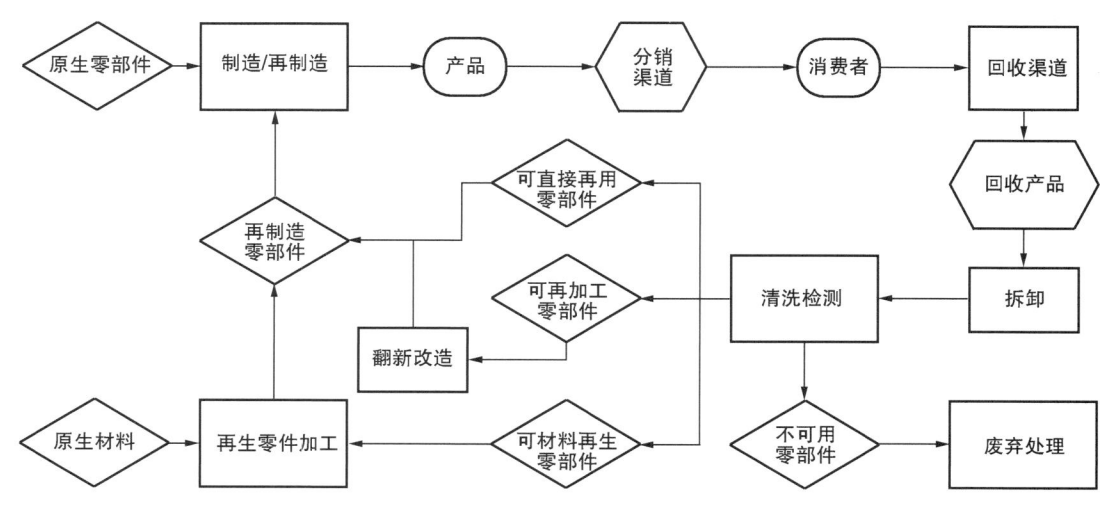

图2—1 逆向物流流程

料和原生零部件,以及制造商将拆卸后不可用的零部件进行废弃处理。

（五）报废处理

该环节是废弃处理过程,主要针对那些没有再利用价值的回收品零部件,具体涉及机械处理、地下掩埋或焚烧等方式。

（六）再分销

再分销是将生产的再制造产品投入销售系统,销售给消费者或者机构。再分销的作用与传统分销基本上没有差异,只是在不同的销售系统中称呼不同。

按不同的逆向物流对象将逆向物流活动归纳为表2—4。

表 2—4　　　　　　　　　　　逆向物流活动

逆向物流对象	逆向物流活动
产品	退回给上游供应商加工后重新销售
	其他渠道出售废品回收再利用
	整修、翻新
	再制造（改制）
	回收原材料
	循环使用
	相赠
	垃圾填埋
包装物	多次重复利用
	翻新
	回收原材料
	再循环
	残值处理再利用
	填埋
	焚烧

参考文献

[1] 彭鑫,李方义,王黎明,等.产品低碳设计方法研究进展[J].计算机集成制造系统,2018,24(11):2846-2856.
[2] 孔琳,李方义,王黎明,等.产品方案低碳设计研究综述与展望[J].机械工程学报,2023,59(07):2-17.
[3] 钱冰冰.清洁生产技术在工业生产中的应用和发展[J].大众标准化,2022(06):181-183.
[4] 范宝栩.我国产品过度包装的环境法律规制研究[D].东北林业大学,2023.
[5] 文岩.生命周期理论下的绿色包装低碳化设计研究[D].广西师范大学,2023.
[6] 林秋风.基于货运结构优化的中国货物运输碳排放仿真研究[D].华北电力大学,2022.
[7] 杨明荣,林玉山.基于低碳物流的协同配送[J].物流工程与管理,2011,33(09):1-2.
[8] 宁斌.基于低碳经济的逆向物流分析与研究[D].山东科技大学,2012.
[9] 曹思思.废旧家电逆向物流网络设计研究[D].重庆大学,2022.

[10] 张伟.再制造逆向物流回收及网络优化设计[D].天津科技大学,2017.
[11] 赵忠.逆向物流运作模式研究[J].上海交通大学出版社 2013.
[12] 文岩.生命周期理论下的绿色包装低碳化设计研究[D].广西师范大学,2022.
[13] 杨履榕.绿色物流发展研究[D].天津财经大学,2005.

项目三　运用供应链碳核算

知识学习目标

1. 理解供应链碳核算的概念及其在实现企业可持续发展中的作用；
2. 掌握不同碳排放核算方法，包括排放因子法、质量平衡法和实测法；
3. 了解国内外碳核算的标准及标准之间的区别和使用范围；
4. 掌握碳排放核算与报告的具体流程和步骤，包括碳排放边界确定、碳排放源分类、碳排放计算及报告编制和审核。

技能训练目标

1. 学会如何对企业的碳排放进行量化分析，识别关键排放环节；
2. 练习使用碳核算工具和方法，进行实际的碳排放数据收集和计算；
3. 学习编制和审核碳排放报告的技能，确保报告的准确性和透明度；
4. 学习如何根据碳核算结果优化供应链管理，提高资源利用效率。

素质教育目标

1. 增强对气候变化问题的认识，提升环境保护和可持续发展的意识；
2. 培养系统性思维，理解碳排放核算在供应链管理中的综合应用；
3. 促进对企业社会责任的理解，鼓励在工作和生活各个环节中实践低碳、环保的行为。

本章简介

学习导入

加快建立国家统一规范的碳排放核算体系

任务一　了解碳核算

一、碳核算的概念

对于企业而言，了解自身的碳排放量及其对环境的影响至关重要，这是制定减排目标和减少化石燃料使用的关键前提。为实现这一目标，碳排放量的核算成为不可或缺的一环。碳核算是衡量工业活动直接向地球生物圈排放以及间接产生的二氧化碳及其当量气体的一种重要手段。企业需要按照既定的监测计划，对与碳排放相关的各类参数进行数据收集、统计和记录，进而计算与累加所有相关数据，从而得到全面的碳排放数据。通过碳核算，企业可以量化自身的碳排放量,清晰掌握自身的"碳家底"。更重要的是,通过对各环节碳排放数据的深入分析,企业能够识别出潜在的减排环节和方式,为实现绿色发展提供有力的数据支撑。这种基于数据的分析不仅有助于企业制定更具针对性的减排策略,还能为企业在环保和可持续发展方面提供决策依据,推动企业走向更加绿色、低碳的未来。

二、碳排放核算的基本原则

碳排放核算的核心是基于一定的核算原则,利用相应的核算方法,构建科学合理的核算指标来核算碳排放,以解决"谁排放了二氧化碳"以及"谁应该为二氧化碳排放承担责任"等问题。构建科学合理的碳排放核算指标应遵循相应的碳排放责任划分原则。碳排放责任的划分通常基于四种典型原则:生产者责任原则(Production-Based Principle)、消费者责任原则(Consumption-Based Principle)、收益责任原则(Income-Based Responsibility)和共担责任原则(Shared Responsibility Principle)。这些原则各有侧重,均旨在明确碳排放责任的归属和分配。生产者责任原则强调生产环节对碳排放的负责,认为生产者应承担其产品生命周期内的碳排放责任。消费者责任原则侧重于消费者的消费行为所产生的碳排放,认为消费者应对其消费行为产生的碳排放负责。而收益责任原则根据经济收益来分配碳排放责任,认为获得经济收益的一方应承担相应的碳排放责任。与前三种单边责任原则不同,共担责任原则倡导多方共同参与和分担责任。在这一原则下,各参与方需按照预定的实施方案和规则,共同承担碳排放责任,形成一种合作与分担的机制。

这些原则为碳排放责任的划分提供了不同的视角和思路,有助于更全面地理解和应对气候变化问题。

(一)生产者责任原则

生产者责任原则的逻辑基础是"污染者付费原则",即所有污染者需为其导致的环境污染支付相应费用。生产者责任原则在碳排放领域往往体现为"领土原则"。根据这一原则,一个国家或地区的碳排放核算,仅涉及其领土范围内的经济主体所产生的碳排放。

《联合国气候变化框架公约》对于碳排放责任的界定是:"国家或地区应该对其行政范围内所排放的所有碳排放承担责任。"这一原则确保了责任的明确性和公平性。相较之下,联合国政府间气候变化专门委员会(IPCC)在责任边界的划定上,则采用了"属地原则"(Territorial Responsibility Principle)。它规定,国家应对其领土内及拥有司法管辖权的地区(包括近海海域)发生的温室气体排放和消除负责。这意味着,生产国需要承担起其责任边界内生产的产品和服务所产生的碳排放责任,这也涵盖了因生产贸易产品或服务而引发的碳排放责任。这一原则强调了国家在其领土内对环境问题的直接责任和影响力,有助于推动各国在应对气候变化方面采取更加积极和有效的措施。

生产者责任原则由核查部门直接测算生产行为所在地与管辖区内的碳排放量,生产地区将承担区域内所有碳排放的核算责任,核算公式为:

$$碳排放责任 = 活动数据 \times 排放因子$$

生产者责任原则的主要优点体现在以下几个方面:第一,约束经济行为。根据新古典经济学理论,将生产活动引起的碳排放视为外部性,通过让生产者承担相关成本,可以有效地约束经济主体的行为,减少碳排放的负面影响。第二,统计体系的一致性。生产者责任原则与现有的碳排放统计体系相一致,如IPCC的碳排放数据都是基于这一原则核算的,这有助于国际比较和政策制定。第三,核算的准确性。由于碳排放的核算更接近统计源,即直接产生排放的生产活动,因此可以减少核算过程中的不确定性,提高数据的可靠性。第四,与经济活动的相关性。基于生产者责任原则核算的碳排放与GDP核算相一致,GDP反映了一国范围内最终产品和服务的总价值,因此这种核算方式更贴近实际的经济活动,有助于更好地理解碳排放与经济增长之间的关系。

生产者责任原则在碳核算中虽然有一定的优势,但也存在一些缺点:第一,碳排放转移问题。生产者责任原则可能导致碳排放从发达国家转移到发展中国家,即"碳泄露"。发达国家可能将碳密集型产品的生产转移到没有减排约束的发展中国家,以减少本土的碳排放量,但这并没有真正减少全球碳排放。第二,忽视消费端责任。该原则只关注生产过程中的碳排放,而忽视了消费者在碳排放中的责任。实际上,消费者的购买行为和生活方式对碳排放有重要影响。第三,行业间转移问题。生产者责任原则可能导致碳排放在行业间转移,特别是能源密集型行业。这些行业的生产过程中会产生大量碳排放,但这些排放可能被转移到其他使用这些能源的行业。第四,国际运输业排放未被计入。根据生产者责任原则,国际运输业产生的碳排放由于发生在国际公共领空或海域,并不计入任何国家的碳排放责任之中,因此这部分碳排放未被有效管理和减少。

(二)消费者责任原则

消费者责任原则是指消费者应该为来自能源、商品以及服务中的隐含碳承担责任,根据这一原则,碳排放与最终商品和服务相关,即使该商品和服务来自进口。消费者原则与碳排放足迹的概念类似,都着眼于消费者在最终产品消费过程中所产生的直接或间接碳排放对整体生态环境造成的影响。

在消费者责任原则下,核算的焦点转向了消费者所购买的最终商品。这意味着,商品生产过程中产生的所有二氧化碳排放量都将被计入商品消费所在地区。这一原则通过以下核算公式来体现:

$$排放责任 = 地区内碳排放总量 + 进口隐含碳 - 出口隐含碳$$

消费者责任原则在碳排放核算中具有以下优点:第一,解决碳泄露、碳转移问题。此原则允许计算由国际贸易引起的碳排放,有助于解决碳泄露问题,使清洁发展机制等政策得以实施;也可以核算区域内生产要素、相关商品和服务中的隐含碳,解决碳排放的产业间转移问题或区域内转移问题。第二,提供国际谈判参考。尽管确定贸易碳排放责任归属存在困难,基于消费者责任原则的碳排放清单为国际气候变化谈判提供了重要参考信息。第三,鼓励发展中国家参与。消费者责任原则促进了发展中国家的参与,提升了发展中国家与发达国家之间的国际合作水平。第四,提升消费者减排意识。该原则提高了消费者的环境意识,让消费者认识到自己的消费行为和选择对碳排放有直接影响。

消费者责任原则的缺点主要包括:第一,核算复杂。该原则要求在不同行业间分配碳排放,增加了计算的复杂度和不确定性。第二,政策实施难度大。根据消费者责任原则确定的碳减排责任需要在不同国家和地区间分配,通常只能通过谈判来协商碳减排政策,很难通过行政手段制定统一的政策。第三,影响生产者减碳积极性。可能会减弱生产者创造更清洁和高效生产流程的动力,生产者不会主动减少碳排放。第四,消费者意识不足。理论上消费者可以通过选择减少碳排放,但现实中可能因缺乏激励措施或政策约束,没有实质性的消费限制,而忽视他们的环境责任。这就导致消费者对环境问题的认识不足,影响他们的购买决策,限制了低碳生产者的市场竞争力。

（三）收益责任原则

收益责任原则下通过计算生产过程中需要投入的要素所产生的碳排放总量进行碳核算，核算公式为：消费者作为最终产品的需求者和生产要素的供应者，在供应链中扮演着举足轻重的角色。他们位于供应链的两端，既影响上游生产者的决策，也参与下游消费市场的形成。消费者责任原则是从"自下而上"的视角提出的，其核心是核算最终消费所隐含的碳排放，也就是供应链中在最终消费之前的所有碳排放。因此，消费者责任原则也被称为上游排放原则。相对而言，收益责任原则则是一种"自上而下"的分配原则，它考虑的是由生产要素的投入所引致的碳排放，即计量供应链中要素投入在下游产生的所有碳排放。尽管消费者责任原则和收益责任原则在表面上看起来是对立的，但它们实际上是一体两面的关系。在收益责任原则下，碳核算通过计算生产过程中需要投入的要素所产生的碳排放总量来进行。具体的核算公式为：

$$\frac{碳排放}{责任} = \frac{国内碳排放}{总量} + \frac{出口产品引致的国外}{产业链下游碳排放量} - \frac{进口产品引致的本国}{产业链下游碳排放量}$$

这一原则下的碳排放政策旨在激励要素供给者选择碳排放强度更低的下游生产者，从而实现碳减排的目标。与消费者责任原则类似，收益责任原则为碳减排政策的制定提供了另一种视角。然而，这两种原则都面临着责任边界和国家主权边界不一致的问题。在收益责任原则下，国家更倾向于与碳排放强度更低的国家进行贸易合作。这是因为，根据收益责任原则的核算公式，出口产品引致的国外产业链下游碳排放量越小，对国家碳排放责任的核算越有利。这促使各国在寻找国际贸易伙伴时，更加青睐那些低排放的商品生产国。这种趋势有助于推动全球碳排放的减少和环保意识的提升。

例如，在收益责任原则下，一个能源国家在为商品提供生产要素的同时，也许同时在寻找一个生产国。在碳排放责任归属于能源国的前提下，减排技术更发达、生产商品产生碳排放量更少的国家将具备较高的商品生产竞争性。由于收益责任原则与消费者原则互为"镜像关系"，收益责任原则的推广同样将面临地区行政管理的难题。如果消费者原则与收益责任原则推广不当，那么将会造成另一种方式的国家气候博弈。

（四）共担责任原则

基于消费者责任原则的碳排放核算方法主要着眼于消费者端，然而，这并不意味着生产者会自动减少其碳排放。实际上，由于信息不对称和缺乏足够的激励政策，消费者在选择产品时可能无法充分考虑到其环境影响，从而难以选择到最清洁的产品。这种情况下，消费者的环境责任感可能会被忽视，导致减排效果不尽如人意。为了克服这一局限性，有学者提出了共担责任原则。顾名思义，这一原则强调生产者和消费者应共同承担碳排放责任。这意味着，在减少碳排放的过程中，生产者和消费者都需要发挥其作用，形成合力，以更有效地应对气候变化和环境问题。

共担责任原则，是通过贸易地区间的进口与出口计算出各地区间的碳排放责任分担比例，进而配合计算系数得出分摊后的碳排放量，核算公式为：

$$碳排放责任 = 消费者碳排放责任 + (1-分配比例) \times 生产者碳排放责任$$

共担责任原则逐渐成为近些年研究碳排放责任分摊的主要方向，这与该原则本身的优点密不可分。首先，共担责任原则是基于双方在贸易中获得收益为基础的，更满足公平性的特点。有学者计算了1995—2011年中日两国在消费者责任原则、生产者责任原则和共担责任原则下的碳排放总量和行业碳排放量和公平性,发现共担责任原则的碳排放公平性最高。其次,共担责任原则在减排效果方面有显著作用,该原则能够鼓励供应链上各生产环节相互配合以减少碳排放,作为一种有效的激励机制理论上具有较好的减排效果。共担责任原则是目前较为合理的碳排放责任划分原则,可以同时对生产者与消费者在核算上进行碳排放限制,通过合理的碳排放配比,让生产与消费双方分得对应的碳排放责任权重。然而,共担责任原则的学术理论虽较为完善,但其推行难点在于如何计算出碳排放配比。另外,共担责任原则在施行时也会面临计算烦琐的问题。

从当前的全球碳排放责任核算体系来看,国家间官方的二氧化碳排放量核查体系来自政府间气候变化专门委员会(IPCC),其核查原则基于生产者责任原则。虽然学术层面已经存在比生产者原则更优的核算原则,但在实际施行过程中会面临重重问题,越合理的碳排放原则越难落地。生产者责任原则以辖区内碳排放量核算为实践理论,可实施性最强,目前还是国内外使用最多的责任分配原则。

三、碳排放核算指标应具备的特征

(1) 可加性(Additivity),环境责任应当是可累加的,即一个经济主体(如国家或公司)的总环境责任应等于其所有子单位责任的总和。若无法满足此条件,则环境责任无法被有效分解,从而使得环境政策难以落实。

(2) 标准化条件(Normalization Condition),每个经济主体的环境责任应与其对环境造成的压力相匹配。

(3) 核算间接效应(Accounting of Indirect Effects),在评估环境责任时,不仅要包含直接的环境影响,还应考虑间接影响。

(4) 经济因果关系(Economic Causality),如果一个经济主体因环境污染而获得利益,则应承担相应的责任。

(5) 单调性(Monotonicity),随着经济主体活动导致的环境压力的增加,其承担的环境责任也应相应增长。

(6) 生产者—消费者对称性(Producer-consumer Symmetry),经济主体作为生产者和消费者的角色互换不应影响其承担的环境责任。在经济体系中,每个经济主体都通过提供产品而成为生产者,同时通过购买商品和服务而成为消费者。因此,必须明确其在两种角色下的环境责任。

任务二　了解碳排放量计算方法

目前,温室气体排放量的核算方法和模型主要针对宏观和微观两个层面。宏观层面的方法适用于大范围和广区域的评估,而微观层面的方法则针对各个具体的排放源进行详细的核算。当前,广泛应用的温室气体排放量核算方法主要包括排放因子法、质量平衡法和实测法,这些方法大多基于 IPCC 等权威机构的指导方法。此外,还有基于生命周期方法的温室气体排放量估算。针对特定情况,也有一些专门设计的方法。

一、排放因子法

排放因子法(Emission-Factor Approach)作为 IPCC 提出的首种碳排放估算手段,目前已被广泛应用。该方法的核心是根据碳排放清单,为每种排放源构建活动数据(Activity Data,AD)与排放因子(Emission Factor,EF),通过活动数据与排放因子的乘积来估算该排放源的碳排放量。计算公式为:

$$温室气体(GHG)排放 = 活动数据(AD) \times 排放因子(EF)$$

其中,活动数据(AD)指的是导致温室气体排放的生产或消费活动的活动量,如各种化石燃料的消耗量、石灰石原料的消耗量、净购入的电量和蒸汽量等。排放因子(EF)是与活动水平数据相对应的系数,包括单位热值含碳量或元素碳含量、氧化率等,它表示单位生产或消费活动量的温室气体排放系数。EF 可以直接采用 IPCC、美国环境保护署、欧洲环境机构等提供的已知数据(即缺省值),也可以根据代表性的测量数据(实测值)推算。表 3—1 为排放因子数据获取的来源。

表 3—1　　　　　　　　　　　排放因子数值获取来源

文献类别	出处	备注
IPCC 指南	IPCC	提供普适性的缺省因子
IPCC 排放因子数据库(Emission Factors Database)	IPCC	提供普适性缺省因子和各国实践工作中采用的数据
国际排放因子数据库:美国环境保护署(USEPA)	美国环境保护署	提供有用的缺省因子或可用于交叉检验
EMEP/CORINAIR 排放清单指导手册	欧洲环境机构(EEA)	提供有用的缺省因子或可用于交叉检验
来自经同行评议的国际或国内杂志的数据	国家参考图书馆、环境出版社、环境新闻杂志	较可靠和有针对性,但可得性和时效性较差
其他具体的研究成果、普查、调查、测量和监测数据	大学等研究机构	需要检验数据的标准性和代表性

我国已根据实际情况设定了国家参数。例如,《工业其他行业企业温室气体排放核算方法与报告指南(试行)》的附录二提供了常见化石燃料特性参数的缺省值数据。

尽管排放因子法在国家、省份、城市、企业等宏观核算层面具有广泛应用,并能宏观把控特定区域的整体情况,但由于地区能源品质的差异以及不同企业使用不同种类化石燃料在单位热值含碳量、燃烧充分度等方面的差异,使用排放因子法可能会导致数据精确度降低。因此,在实际工作中,需要结合其他方法和技术手段来提高温室气体排放量的核算精度。

二、质量平衡法

质量平衡法(Mass-Balance Approach),亦称物料平衡法,是一种近年来新兴且日益受到关注的碳排放量核算方法。其核心在于根据每年国家生产生活中所使用的新化学物质和设备,精确计算为满足新设备能力或替换旧设备所需去除的气体而消耗的新化学物质份额。这种方法的主要优势在于它能够真实反映碳排放发生地的实际排放量,不仅能够有效区分各类设施之间的差异,还可以精确分辨单个和部分设备之间的排放差异。特别是在设备不断更新的年份间,质量平衡法展现出了其简便而高效的特点。计算公式为:

$$\begin{matrix}\text{二氧化碳}\\\text{排放}\end{matrix}=\left(\begin{matrix}\text{原料}\\\text{投入量}\end{matrix}\times\begin{matrix}\text{原料}\\\text{含碳量}\end{matrix}-\begin{matrix}\text{产品}\\\text{产出量}\end{matrix}\times\begin{matrix}\text{产品}\\\text{含碳量}\end{matrix}-\begin{matrix}\text{废物}\\\text{输出量}\end{matrix}\times\begin{matrix}\text{废物}\\\text{含碳量}\end{matrix}\right)\times 44/12$$

其中,44/12为二氧化碳与碳的相对分子质量比值。简单而言,质量平衡法是通过输入碳含量减去非二氧化碳形式的碳输出量,从而得出溢出的碳含量,进而计算出碳排放量。

质量平衡法主要适用于基于具体设施和工艺流程的碳质量平衡法计算排放量。它不仅能够真实反映碳排放发生地的实际排放量,还可以有效区分不同设施之间的排放差异,以及单个和部分设备之间的排放区别。尤其在设备不断更新的年代,这种方法的应用更为简便和实用。虽然对于企业碳排放的主要核算方法通常为排放因子法,但在特定的工业生产过程中,如脱硫过程排放、化工生产企业过程排放等非化石燃料燃烧过程,可以根据实际情况选择使用碳平衡法计算。

三、实测法

实测法(Experiment Approach)是一种基于排放源现场实测基础数据的碳排放量核算方法。这种方法中间环节较少,结果准确,但数据获取相对困难,需要较大的投入。计算公式为:

$$G = K \times Q \times C$$

其中,G表示某气体排放量;Q表示介质流量;C表示介质中某气体浓度;K表示公式中单位换算系数。

实测法,作为一种评估碳排放量的方法,主要包括现场测量和非现场测量两种形式。这两种测量方式各有特点,其中现场测量通常能够提供更精确的数据,因为它直接在排放源进行,能够直接捕捉到排放的实际情况。现场测量通常是在烟气排放连续监测系统(CEMS)中集成碳排放监测模块,通过实时监测浓度和流速来直接测量排放量。而非现场测量则是通过采集样品并送至相关监测部门,利用专业的检测设备和技术进行定量分析。值得注意的是,由于非现场实测过程中采样气体可能发生吸附反应、解离等问题,因此现场测量的准确性通常要高于非现场测量。然而,这种测量方式也受到样品采集和处理流程的影响,如果采样和处理不当,就可能会影响测量结果的准确性。

美国在碳排放测量方面的推广力度相当大,为了更准确地掌握碳排放情况,美国环境保护署在2009年《温室气体排放报告强制条例》中规定该国要求年排放量超过2.5万吨的排放源必须安装烟气排放连续监测系统(CEMS),通过这一举措提高碳排放测量的准确性和实时性,从而更好地制定减排策略。欧盟碳排放交易系统自2005年开始运行,该系统主要监测CO_2排放量,以推动减排目标的实现。然而,尽管该系统已经运行多年,但目前23个国家中仅有155个排放机组(占比1.5%)使用了CEMS,主要是法国、德国、捷克。这可能是因为CEMS的安装和运营成本较高,或者是技术上的限制。在中国,火电厂已经普遍安装了CEMS,这为使用CEMS监测CO_2排放量提供了坚实的基础。值得一提的是,国内首个电力行业碳排放精准计量系统已经在江苏上线,这标志着中国在碳排放测量方面取得了重要进展。随着技术的不断进步和成本的降低,预期CEMS将在全国范围内得到普及,从而为碳排放的测量和减排工作提供更有力的支持。

此外,为了进一步提高碳排放量核算的准确性和可靠性,未来可以考虑将多种核算方法相结合,如结合排放因子法、质量平衡法和实测法等,以充分利用各种方法的优势并弥补其不足。同时,随着技术的不断进步和成本的降低,实测法在未来有望得到更广泛的应用和推广。

三种核算方法比较见表3—2。

表3—2　　　　　　　　　　　三种核算方法比较

类别	优点	缺点	使用尺度	适用对象	应用现状
排放因子法	核算方法易于理解,计算公式相对成熟,有大量的活动数据和排放系数数据库可供参考	处理排放系统内部变化时的适应性较弱	宏观、中观、微观	适用于排放变化相对平稳、自然排放源简单,或可以忽略其内部复杂性的情景	应用广泛,认可度高
质量平衡法	清晰地区分不同的设施、设备和自然排放源的差异	在评估过程中,需要考虑的排放环节较多,可能导致系统性误差,且相关数据难以获取,缺乏权威性	宏观、中观、微观	适用于经济发展快、排放设施更新迭代频繁,或自然排放源复杂的情境	作为一种新兴的方法,其理论框架尚未完全统一,存在多种操作方式,其结论通常需要进一步的讨论和验证
实测法	中间环节较少,结果相对准确	收集数据面临挑战,需要大量的投入,并且容易受到样本收集和处理过程中的代表性和测量准确性的影响	微观	适用于小区域、具有简单生产链的碳排放源,或者在小区域内有能力直接获取原始监测数据的自然排放源	这种方法历史悠久,范围较广泛,尽管其方法上的缺陷较小,但获取数据的难度最高

任务三　　了解供应链碳核算与报告标准

企业在碳减排行动中肩负着重要使命,统一的、被广泛认可的规范和标准可以帮助企业科学有效地计量碳减排的实际效果,实现减排效果可测量、可报告、可核查,同时确保企业完成的减排量具有公信力、可交易。下面介绍国内外广泛使用的碳核算与报告标准。需要说明的是,碳核算工作最终需要以报告的形式呈现结果,因此标准内容均涵盖了核算体系和报告要求。

一、国际企业碳核算和报告标准

企业(组织)的碳排放核算指对该组织在定义空间和时间边界内的活动所产生或引发的温室气体排放量的核算。目前,国际上广泛使用的企业或项目碳排放核算标准主要包括《温室气体核算体系:企业核算与报告标准(2011)》以及ISO 14064系列标准。这些标准为企业提供了明确的指导和框架,以准确、一致地评估和报告其碳排放情况,从而推动企业在应对气候变化方面采取积极行动。

(一)《温室气体核算体系:企业核算与报告标准(2011)》

温室气体核算体系(Greenhouse Gas Protocol, GHG Protocol)是一个由多方利益相关者共同推动的全球性项目,旨在为企业、组织和项目提供标准化的温室气体排放核算方法。这一体系由世界资源研究所(WRI)、170家国际公司以及世界可持续发展工商理事会(WBCSD)联合发起,旨在改善人类社会的生存方式,保护环境以满足未来世代的需求。

温室气体核算体系并非一个孤立的核算机制,而是一个综合性的框架,包括一系列标准、指南和计算工具,这些元素各自独立但相互补充,共同构成了企业、组织、项目等量化和报告温室气体排放量的基础。这一体系旨在促进全球低碳经济的发展,通过统一的核算方法,减少企业在温室气体排放量评估方面的成本。它涵盖了《京都议定书》中提到的六种温室气体,为企业或减排项目提供了标准化的核算方法,进而降低了核算过程中的复杂性和成本。同时,这一体系也为企业和组织参与自愿性或强制性的碳减排项目提供了必要的基础数据和核算方法。该体系的三大核心标准分别是《温室气体核算体系:企业核算与报告标准(2011)》《温室气体核算体系:产品寿命周期核算和报告标准(2011)》以及《温室气体核算体系:企业价值链(范围三)核算与报告标准(2011)》。这些标准为企业和组织提供了全面的温室气体排放量核算指导,从企业的日常运营到产品的全生命周期,再到整个价值链的温室气体排放,都进行了详尽的规定和指导。此外,这一体系还鼓励企业积极采取减排措施,通过准确、透明的温室气体排放量报告,推动企业在全球范围内实现碳减排目标,为应对气候变化做出积极贡献。

《温室气体核算体系:企业核算与报告标准(2011)》(以下简称《企业标准》)是一个基于终端消耗的碳核算标准,其面向对象广泛,涵盖所有经济部门中的各类规模企业以及不属于企业的组织和机构,如非政府组织、政府机构和大学等。此外,该标准还为相关政策的制定者以及温室气体计划的设计者提供了重要参考。《企业标准》不仅为制作温室气体排放清单的公司和其他机构提供了明确的指导和建议,而且全面覆盖了《京都议定书》所规定的六种主要温室气体。这一标准将排放源细分为直接排放、间接排放和其他间接排放三种不同类型,从而有效避免了重复计算的问题,为企业和组织提供了标准化、透明化的温室气体核算方法。

《企业标准》的制定是为了实现以下目标:

(1) 协助企业采用规范化的方法和准则,编制准确且公正地反映其温室气体排放情况的报告。

(2) 精简流程并减少编制温室气体排放报告所需的成本。

(3) 提供信息以支持企业制定有效的温室气体管理和减排策略。

(4) 协助企业获取参与自愿性或强制性温室气体报告计划所需的数据。

(5) 增强不同企业及温室气体项目在气体排放核算和报告方面的一致性和透明度。

(6) 企业和相关利益方因采用统一标准而共同获益。

对于企业而言,当它们能够按照内部和外部的不同需求,精准地编制温室气体排放清单时,这将会带来显著的成本节约。这种一致性不仅有助于企业内部的决策制定和资源优化,还能满足外部审计、合规和报告的要求,从而避免了重复工作和额外的成本支出。

对于其他类型的机构,采用统一的核算标准同样至关重要。通过遵循共同的标准,这些机构可以确保报告的温室气体排放数据在格式、内容和方法上保持一致,从而增加信息的透明度和易懂性。这种标准化的报告方式不仅便于内部管理和监控,还能让外部利益相关者更容易理解和比较不同机构的碳排放情况。随着时间的推移,这种一致性和标准化还将使得数据的追踪和比较变得更加便捷,有助于推动各机构在温室气体减排方面的持续改进和合作。

(二)《温室气体核算体系:企业价值链(范围三)核算与报告标准(2011)》

为了制定有效的企业可持续发展战略,深入了解企业的温室气体排放情况至关重要。当前,大多数企业在排放核算时主要聚焦于经营活动的直接排放以及电力、热力消耗所产生的排放,却往往忽视了在整个价值链中更广泛范围内的排放。事实上,对于许多企业而言,其最大的排放可能来源于价值链的上下游环节,而这部分数据的缺失可能导致企业错过关键的减排机会。

《温室气体核算体系：企业价值链（范围三）核算与报告标准》（简称《范围三标准》）是国际公认的唯一企业价值链排放核算方法。它最早在国际上提出了企业价值链温室气体排放的概念与核算方法，与《企业标准》共同构成了企业开展温室气体排放核算工作的完整体系。这一标准不仅有助于企业全面识别全价值链上的排放来源，还能发现潜在的减排机会，引领该领域的国际前沿工作。自 2011 年 10 月发布以来，世界资源研究所通过提供技术指导、培训等方式积极推动其应用。根据最近的调查结果，参与调查的 49 个国家的 120 多家企业中，约有 53% 的企业已经采用这一标准来核算其价值链排放情况。

《范围三标准》为企业和其他组织编制和公开报告温室气体排放清单，包括价值链活动产生的间接排放提供了要求和指南。核算的内容为在报告期内（通常为一年）企业价值链活动产生的六种主要温室气体排放。该标准的基本目标在于提供标准化的具体方法，以帮助企业全面了解其价值链排放影响，进而将精力集中在最大的温室气体减排机会上，使企业的活动及产品购买、销售和生产决策更加具有可持续性。以下是该标准的制定目的：

（1）通过使用标准化的方法和原则，帮助企业从成本—收益的角度编制一份真实且公正的范围三（指其他间接温室气体排放，温室气体排放范围将在本项目任务四详细阐述）温室气体清单。

（2）通过了解价值链排放及其相关风险和机遇帮助企业制定管理和降低范围三排放的有效策略。

（3）根据标准化的报告要求，为企业价值链排放提供一致且透明的公开报告。

该标准并不仅仅是一个技术核算标准，它还可以针对企业需要，服务于多个商业目标。企业可以通过阶段性方法逐步应用标准，持续提高温室气体清单的质量，从而在执行标准的过程中实现价值最大化。

（三）ISO 14064 系列

ISO 14064 是由国际标准化组织（ISO）于 2006 年制定并发布的一系列重要标准。作为 ISO 14000 环境管理系列标准的关键分支，ISO 14064 为非强制性标准，为组织和减排项目设定了最低基本要求。这一标准的采用完全基于自愿，它鼓励企业和组织根据自身需求超越这些基本要求，并优先考虑满足自身特定的减排目标。

ISO 14064 是首个针对自愿核实温室气体（GHG）排放报告的国际标准，为组织层面上的气体排放与移除提供了量化、报告和监测的规范及其指南。它借鉴了《温室气体核算体系：企业核算与报告标准》的主要概念和要求，同时参考了 PAS 2050:2008 的内容，与之保持兼容。ISO 14064 的核心目标在于减少温室气体排放，推动计量、监控、报告和验证的标准化进程，从而提高温室气体报告的可信度和一致性。ISO 14064 涵盖了六种主要温室气体。通过采用这一标准化的方法，组织能够明确自身的减排责任和风险，并辅助设计、研究和实施减排计划与行动。

ISO 14064 系列标准由三部分构成。

ISO 14064-1:《组织的温室气体排放和消减的量化、监测和报告规范》详细规定了在组织（或企业）层面上设计、制定、管理和报告温室气体清单的原则和要求。这包括确定温室气体的排放边界、量化排放和清除，以及识别和改进温室气体管理措施或活动等方面的具体指导。

ISO 14064-2:《项目的温室气体排放和消减的量化、监测和报告规范》针对旨在减少 GHG 排放或增加 GHG 清除的项目（或基于项目的活动），提供了项目基准线情景的确定、监测、量化和报告的原则和要求。它为 GHG 项目的审定和核查提供了基础。

ISO 14064-3:《温室气体声明验证和确认指导规范》详细规定了 GHG 排放清单的核查以及 GHG 项目的审定或核查的原则和要求。它阐明了 GHG 的审定和核查过程,并提供了具体的实施指导。

这三个标准相互统一,分别适用于组织、温室气体项目和审定员及核查员(见图 3—1)。ISO 14064-1 与 ISO 14064-2 是平行的两项标准,分别针对组织温室气体清单的设计和编制以及温室气体相关项目的设计和实施。而 ISO 14064-3 则为组织和项目的温室气体清单的审定和核查过程提供了统一的要求,显示了这三个标准之间的紧密联系。

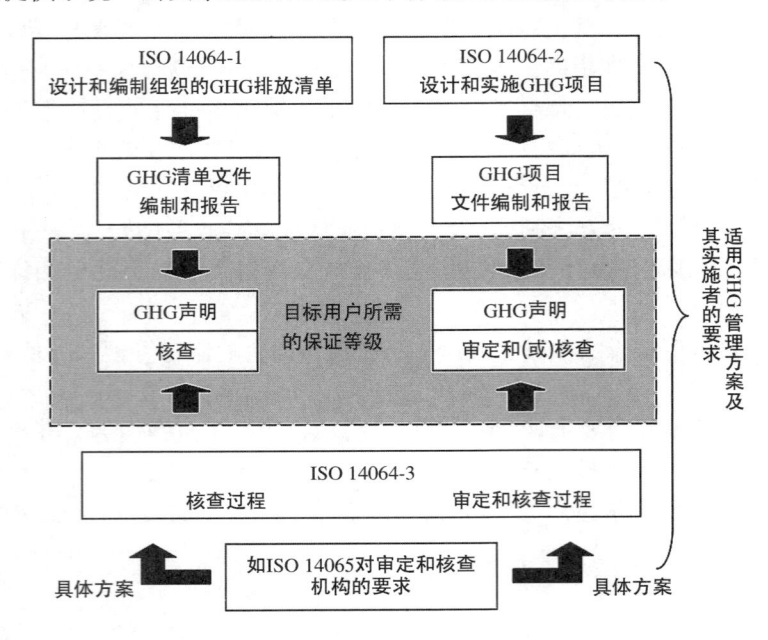

图 3—1　ISO 14064 各部分之间的关系

资料来源:ISO 14064。

在国外,ISO 14064 已经建立了广泛的市场基础。例如,在美国的多数州,企业可以依据 ISO 14064 的指导,实施温室气体方案以量化并报告其温室气体排放情况。这些方案包括美国气候注册办(The Climate Registry)、气候行动储备(Climate Action Reserve)以及自愿碳减排交易标准(Voluntary Carbon Standard)等。在欧美地区,越来越多的企业开始按照这一标准量化和报告其温室气体排放量。相比之下,ISO 14064 标准的实践在我国尚处于起步阶段,具有巨大的发展潜力和市场前景。

二、中国行业企业温室气体排放核算方法与报告指南

《中国行业企业温室气体排放核算方法与报告指南》(简称《行业指南》)是系列指南(见表 3—3),由国家发展和改革委员会委托国家应对气候变化战略研究与国际合作中心,结合《2006 年 IPCC 国家温室气体清单指南》和《省级温室气体清单编制指南》共同制定。这套指南在 2013 年至 2015 年间分批由国家发展和改革委员会办公厅印发,覆盖了首批 10 个、第二批 4 个和第三批 10 个行业,总计 24 个行业的企业温室气体核算方法与报告指南(试行)。这些指南旨在为碳排放权交易、建立企业温室气体排放报告制度等提供重要的参考依据。《行业指南》根据不同行业的特性和标准,适用于不同行业的企业或其他独立核算的法人组织。根据指

南,企业需要全面核算和报告其在运营过程中具有控制权的所有生产场所和设施所产生的温室气体排放。指南的行业分类基于我国的国民经济行业分类标准,每个行业指南都明确了其适用范围,为核算企业提供了清晰的指导。同时,针对国内不同行业的特点,指南还详细列出了温室气体核算的注意事项,使其更加符合我国的实际情况,成为专门针对国内行业企业的温室气体核算指南。这 24 个《行业指南》的发布,为我国构建温室气体统计核算制度,形成国家、地方、企业三级温室气体排放核算工作体系,实施重点企业直接报送温室气体排放数据制度,以及建立全国碳排放权交易市场等关键改革任务提供了坚实的支撑。为了进一步统一温室气体核算标准,2015 年国家标准化管理委员会发布了《工业企业温室气体排放核算和报告通则》(GB/T 32150-2015),并针对发电、钢铁、民航、化工等 10 个重点行业制定了相应的企业温室气体排放核算和报告要求的国家标准。这些标准自 2016 年 6 月 1 日起开始实施,为解决温室气体核算标准不统一问题提供了有力支持。随着碳市场的不断发展和运行,企业在"碳"排放量化方面的需求日益凸显。因此,急需开发适用于碳市场的碳排放核算方法和报告指南,以满足企业在温室气体排放管理和报告方面的实际需求。这不仅有助于提升企业的环境责任意识和可持续发展能力,还能为政府制定更加科学合理的碳市场政策和措施提供有力依据。

表 3—3　　　　　　　　中国行业企业温室气体排放核算方法与报告指南列表

发布日期	发布机构	名称
2013 年 10 月	国家发展和改革委员会办公厅	《中国发电企业温室气体排放核算方法与报告指南(试行)》
		《中国电网企业温室气体排放核算方法与报告指南(试行)》
		《中国钢铁生产企业温室气体排放核算方法与报告指南(试行)》
		《中国化工生产企业温室气体排放核算方法与报告指南(试行)》
2013 年 10 月	国家发展和改革委员会办公厅	《中国电解铝生产企业温室气体排放核算方法与报告指南(试行)》
		《中国镁冶炼企业温室气体排放核算方法与报告指南(试行)》
		《中国平板玻璃生产企业温室气体排放核算方法与报告指南(试行)》
		《中国水泥生产企业温室气体排放核算方法与报告指南(试行)》
		《中国陶瓷生产企业温室气体排放核算方法与报告指南(试行)》
		《中国民航企业温室气体排放核算方法与报告格式指南(试行)》
2014 年 12 月	国家发展和改革委员会办公厅	《中国石油和天然气生产企业温室气体排放核算方法与报告指南(试行)》
		《中国石油化工企业温室气体排放核算方法与报告指南(试行)》
		《中国独立焦化企业温室气体排放核算方法与报告指南(试行)》
		《中国煤炭生产企业温室气体排放核算方法与报告指南(试行)》
2015 年 7 月	国家发展和改革委员会办公厅	《造纸和纸制品生产企业温室气体排放核算方法与报告指南(试行)》
		《其他有色金属冶炼和压延加工业企业温室气体排放核算方法与报告指南(试行)》
		《电子设备制造企业温室气体排放核算方法与报告指南(试行)》
		《机械设备制造企业温室气体排放核算方法与报告指南(试行)》
		《矿山企业温室气体排放核算方法与报告指南(试行)》

续表

发布日期	发布机构	名称
2015年7月	国家发展和改革委员会办公厅	《食品、烟草及酒、饮料和精制茶企业温室气体排放核算方法与报告指南（试行）》
		《公共建筑运营单位（企业）温室气体排放核算方法和报告指南（试行）》
		《陆上交通运输企业温室气体排放核算方法与报告指南（试行）》
		《氟化工企业温室气体排放核算方法与报告指南（试行）》
		《工业其他行业企业温室气体排放核算方法与报告指南（试行）》
2016年6月	中华人民共和国国家质量监督检验检疫总局、中国国家标准化管理委员会	《工业企业温室气体排放核算和报告通则》
		《温室气体排放核算与报告要求 第1部分：发电企业》
		《温室气体排放核算与报告要求 第2部分：电网企业》
		《温室气体排放核算与报告要求 第3部分：镁冶炼企业》
		《温室气体排放核算与报告要求 第4部分：铝冶炼企业》
		《温室气体排放核算与报告要求 第5部分：钢铁生产企业》
		《温室气体排放核算与报告要求 第6部分：民用航空企业》
		《温室气体排放核算与报告要求 第7部分：平板玻璃生产企业》
		《温室气体排放核算与报告要求 第8部分：水泥生产企业》
		《温室气体排放核算与报告要求 第9部分：陶瓷生产企业》
		《温室气体排放核算与报告要求 第10部分：化工生产企业》

▶▶ 知识点补充：温室气体核算体系（GHG Protocol）三大标准的关系

这三个标准主要针对的对象在细节上有一定的差异（见表3—4）。

表3—4　　　　　《企业标准》《范围三标准》和《产品标准》适用对象分析表

	《企业标准》	《范围三标准》	《产品标准》
适用对象	(1) 所有经济部门中的任何规模的企业； (2) 除企业之外的组织和机构，包括公立的和私立的，如非政府组织、政府机构和大学； (3) 相关政策的制定者和温室气体计划的设计者	(1) 所有经济部门的任何规模的企业； (2) 除企业之外的组织和机构，包括公立的和私立的，如政府机构、非营利组织、保证方和核查方以及大学	所有经济部门的企业和组织，主要了解其产品设计、制造、销售、购买的温室气体情况，或者帮助企业或组织使用的产品的温室气体清单

这三大主要标准是相互补充的关系（见图3—2）。首先，《范围三标准》是以《企业标准》为基础，补充规范《企业标准》中划分的核算范围中范围三的温室气体情况，两者属于补充关系，通常一起使用。其次，《产品标准》是面向企业的单个产品来核算

图3—2　《企业标准》《范围三标准》和《产品标准》关系示意图

产品生命周期的温室气体排放,可识别所选产品的生命周期中的最佳减缓机会,是前两个标准中作为企业价值链的核算角度上的补充核算标准。这三项标准共同提供了一个价值链温室气体核算的综合性方法,进一步制定和选择产品层面和企业层面上的温室气体减排战略。

任务四　了解供应链碳核算与报告流程

供应链碳排放核算主要核算流程包括碳排放边界确定、碳排放源分类、碳排放量计算及碳排放报告编制和审核(见图3—3)。一套流程化的方法可以帮助企业了解其生产和价值链上的碳排放水平,有利于企业制定减少碳排放的有效策略,使企业活动及产品购买、销售和生产决策更加具有可持续性。

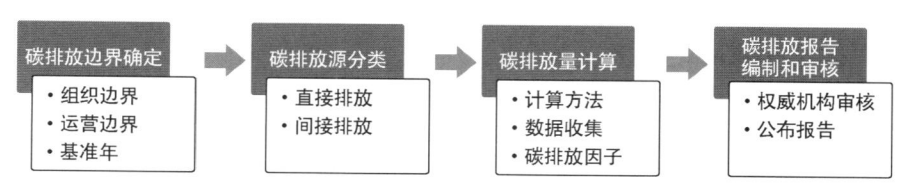

图3—3　基于终端消耗的企业/项目碳排放核算

一、核算与报告的原则和目的

(一)核算与报告的原则

为确保碳排放清单真实与公允地反映一个企业的碳排放情况,需要设定并遵循一定的原则。以下是国内外相关标准要求的企业碳核算与报告的基础原则。

1. 相关性

为确保碳排放报告准确呈现企业的碳排放状况,满足企业内外决策者的信息需求。相关性的关键一环是确定合适的排放边界,这应体现企业的实际业务和经济活动,而非仅仅基于法律结构。边界的选择应基于企业的具体情况、信息的预期用途以及用户的具体需求来决定。在选择排放清单边界时,应当考虑多种因素,如(1)组织结构:控制权(运营与财务)、所有权、法律协议、合资等;(2)运营边界:现场与非现场活动、工艺流程服务和影响;(3)业务范畴:活动性质、地理位置、行业部门、信息用途和用户。

2. 完整性

为了创建一份全面且有价值的排放清单和报告,需要对所有包含在既定范围内的碳排放源及其相关活动进行详细的核算和报告。然而,在实际操作过程中,可能会面临数据不完整或者数据收集成本过高的问题。因此,应当尽可能公开那些未包含在内的排放源和活动,并说明其原因。

3. 一致性

使用者需要持续追踪和对比碳排放信息,以此来识别企业的发展趋势和评估它们的绩效。使用统一的核算方法、排放清单的边界以及计算方法学,可以更加便捷地比较分析企业长期的排放状况。此外,还需要按照时间顺序,清楚地记录所有相关数据、排放清单的边界、方法和其他相关因素的变动。

4. 透明性

透明性涉及信息披露的程度,包括与碳排放清单相关的工艺、流程、假设和局限性等信息,依据明确的记录和档案,以清晰、真实、中立且易于理解的方式公开。记录、整理和分析信息的方法应当允许内部审核人员和外部审核人员验证其可靠性。任何特殊的排除或计入事项都应明确标出并解释其原因,同时,假设条件、所采用的方法学以及引用的数据都应提供参考来源。提供的信息应该足够详尽,以便第三方能够使用相同的原始数据得出一致的结论。一份"透明"的报告能够让人清楚地掌握报告企业的具体情况,并对其绩效做出有价值的评估。独立的外部审核是确保透明度、验证企业是否已经建立了一套适当的审计制度并有记录的有效手段。

5. 准确性

报告的数据精度需要足够高,以便目标用户在依据所提供的信息做出决策时,能够对其可靠性有合理的信任。在可能的范围内,应努力确保碳排放的测量、估计和计算不会系统性地偏离实际排放水平,同时在可操作的范围内尽可能减少不确定性。计算方法的选择应当最小化不确定性的量级。报告中采取的措施若能保证排放核算的精确性,将有助于提升清单的可信度并增强透明度。

以上五项原则是碳核算与报告的基础,采用这些原则除了能保证真实反映一个企业的碳排放情况外,在进行碳核算和报告遇到特殊或模棱两可的问题时显得尤为重要。

(二)明确核算和报告的目的

企业在进行碳排放核算和报告时,通常希望这些活动能够服务于多个目标,从而确保其在当前的运营和未来的发展中都能发挥重要作用。因此,企业在设计碳排放核算和报告方案时,应该具备前瞻性和灵活性,以便为不同的用户提供有针对性的信息,满足不同的需求。这一设计思路将直接影响企业后续核算与报告工作的方式、程度和结果。

企业进行碳排放核算的意义包括但不限于:

1. 加强对企业碳排放状况的了解与管理,识别风险并发现潜在的减排机会

通过全面的碳排放核算,企业可以更加深入地了解其排放状况和潜在风险,从而识别出减排机会。在当前环境下,随着保险业和股东对碳排放的关注度不断提升,以及旨在减少碳排放的环境法规和政策的不断出台,企业的碳排放风险已经成为一个不容忽视的管理问题。在未来,即使某些企业并未直接受到碳排放法规的管制,但其价值链中的显著碳排放仍可能导致上游成本增加或下游销售额减少。因此,投资者可能会将企业在上游或下游运营中产生的显著间接排放视为需要管理和减少的潜在负担。通过碳排放核算和报告,企业可以掌握自身的碳排放现状,发现减少碳排放的关键环节,并设定未来的碳排放管理目标。

2. 满足强制性碳排放控制的需求

碳排放核算与报告也是企业满足强制性碳排放控制需求的重要手段。一些国家和地区政府要求碳排放者定期报告其排放情况,以满足国家级或地方级的碳排放控制要求与碳排放权交易需求。例如,在欧洲,纳入《综合污染预防与控制法案》管辖的设施必须报告超过特定阈值的六种温室气体的排放情况;在加拿大安大略省,《安大略第127号法规》要求报告温室气体排放情况。同样,中国政府为了规范碳排放权交易市场,要求重点排放行业(发电、石化、化工、建材、钢铁、有色、造纸、航空等)的温室气体排放量达到2.6万吨二氧化碳当量(综合能源消费量约1万吨标准煤)及以上的企业进行碳排放报告和核查活动。通过遵循这些规定,企业可以确保自身符合政府要求,避免可能面临的法律风险和合规问题。

3. 参与自愿性温室气体行动

碳排放核算和报告还可以为企业参与自愿性温室气体行动提供支持。虽然碳排放核算和报告可以是强制性的，但企业也可以选择自愿进行。通过向产业链上的其他企业提供本企业的碳排放情况，企业可以提升其在市场中的竞争力。同时，一份可信的碳排放报告也有助于确保企业早期的自愿性减排行动得到未来管制性计划的认可。此外，企业还可以通过参与自愿性碳排放行动获得相关的认证和标识，进一步提升其环保形象和品牌价值。此外，碳交易是实现碳资产收益的有效手段，企业参与自愿性碳减排可以进入碳交易市场，从而通过碳资产交易获得经济收益。

二、确定碳排放边界

碳核算边界指与企业的生产经营活动相关的碳排放的范围。为确保碳核算的准确性和有效性，企业首先需要明确其碳核算的边界范围。这一范围通常包括组织边界和运行边界两部分。

企业应依据其运营的业务来界定组织边界。企业需要明确哪些业务及运营活动将被包含在其温室气体排放的计算和报告范围内。为此，企业可以通过股权比例法或控制权法来整合其温室气体排放数据。在股权比例法中，企业依据其在各业务中的持股比例计算温室气体排放量；而在控制权法中，企业则计算其控制的所有业务产生的温室气体排放量。企业集团的组织边界包括其子公司、投资公司、合资企业等所有持有股份的独立法人或组织。

运营边界则主要关注企业的营运活动。在组织边界设定后，企业需要在企业一级确定运营边界，以便统一确认和区分各运营层级的直接和间接排放（见图3—4）。根据排放源在组织边界之内或之外的情况，企业可以定义直接排放和间接排放的范畴。通常情况下，大多数国际温室气体排放报告倡议建议企业至少核算直接排放和使用电力造成的间接排放。此外，不包含在企业组织边界内，但由企业部分或全部所有或控制的租赁资产、投资和特许经营权产生的排放也应纳入企业运营边界。

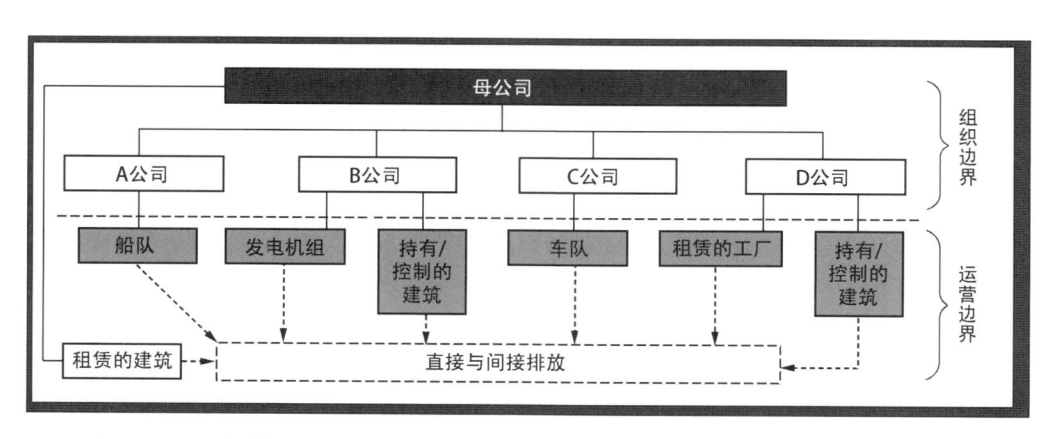

资料来源：《温室气体核算体系：企业核算与报告标准（2011）》。

图3—4 公司的组织与运营边界

为了确保碳核算数据在时间上的可比性，企业还需要选择一个基准年。基准年是一个特定的历史时段，用来将不同时期的碳排放或清除与其他碳相关信息参照比较。基准年的碳量化可以基于一个特定时期(如一年)内的值,也可以基于若干个时期(如若干个年份)的平均值。确定基准年时,企业应尽量选择最早可获得可靠数据的时间点。同时,企业也需建立一个用以重新核算基准年的排放量的政策,一旦数据、报告范围、计算方法或相关因素有重大变动,就需重新核算基准年的排放量。需要注意的是,企业通常只核算其某一阶段终端消费产生的碳排放量,如一家企业某一年度的碳排放量核算报告。而产品碳排放的核算则覆盖整个生命周期各阶段的消耗产生的排放,如一个产品从设计、生产、运输、使用、回收再利用或最终处置的全过程中涉及的原材料、外部能源消耗及处置所产生的碳排放。因此根据 PAS 2050 标准,产品碳排放的核算期限一般为 100 年。这种全面的核算方法可以帮助企业更全面地理解其生产和经营活动对环境的影响,并据此制定更有效的减排策略。

三、碳排放源分类

(一) 碳排放范围

为便于描述碳排放源,提高透明度以及为不同类型的机构和不同类型的气候政策与商业目标服务,需要设定碳排放和核算范围,以此确保两家或更多公司在同一范围内不会重复核算排量,也有助于公司更好地管理所有碳排放的风险和机会。

目前国际上普遍使用的是 GHG Protocol 的温室气体排放范围划分规则,即将温室气体排放分为三个"范围"(Scope)。

范围一:温室气体直接排放

范围一排放是来自公司拥有和控制的资源的直接排放,例如公司拥有或控制的锅炉、熔炉及车辆等产生的燃烧排放,拥有或控制的工艺设备进行化工生产所产生的排放,生物质燃烧产生的直接二氧化碳排放不计入范围一。范围一排放分为四个领域:

(1) 固定燃烧。来源包括用于加热建筑物的锅炉、燃气炉和燃气热电联产(CHP)工厂。最常见的燃料是天然气、液化石油气(LPG)、瓦斯油(又名红色柴油)和燃烧油(煤油)。《京都议定书》涵盖的所有产生温室气体排放的燃料都必须包含在范围一中。

(2) 移动燃烧。燃烧产生温室气体的燃料的组织拥有或租赁的所有车辆都属于范围一。通常这些车辆是由汽油或柴油发动机驱动的汽车、货车、卡车和摩托车。随着交通替代燃料的采用,如液化石油气(LPG)、液化天然气(LNG)、生物燃料、生物柴油和生物乙醇及全电动汽车(EV)或插电式混合动力汽车(PHEV)的普及,这些替代燃料和企业拥有的车队的排放纳入范围二。

(3) 无组织排放。无组织排放来自有意或无意的泄漏,如设备的接缝、密封件、包装和垫圈的泄漏,煤矿矿井和通风装置排放的甲烷,使用冷藏和空调设备过程中产生的氢氟碳化物(HFC)排放,以及天然气运输过程中的甲烷泄漏。

(4) 过程排放。过程排放是指在工业过程和现场制造过程中释放的温室气体。例如,在水泥制造过程中产生 CO_2、工厂烟雾、化学品等。

范围二:温室气体间接排放

范围二核算一家企业所消耗的外购能源(包括电力、蒸汽、加热和冷却)产生的间接温室气体排放。外购能源是指通过采购或其他方式进入该企业组织边界内的能源。间接温室气体排放是指由公司活动导致的、但发生在其他公司拥有或控制的排放源的排放。范围二的排放实际上产生于电力、热力、冷却等生产设施。

对于许多公司而言,外购能源不仅是其最大的温室气体排放源之一,而且是实现减排目标的关键部分。通过核算范围二的排放,企业能够更全面地评估改变能源使用方式和降低温室气体排放成本的相关风险与机会。企业从公用事业公司或其他供应商处购买的能源在生产和分配过程中会产生范围二排放。因此,对于那些高度依赖化石燃料的电力组合(例如,供应商大量燃烧煤炭生产电力)的企业来说,其范围二排放量会明显高于使用生物质、可再生电力或天然气等清洁能源的企业。

为了降低范围二排放,企业可以采取多种措施。首先,投资能效技术和节能措施是减少能源使用量的有效方法。通过采用先进的节能技术和设备,企业可以提高能源利用效率,降低能源消耗,从而减少温室气体排放。其次,企业可以与供应商合作,推动其采用更清洁、低碳的能源生产方式。例如,与供应商签订长期合同,鼓励其投资可再生能源项目,减少化石燃料的使用,从而降低范围二排放。此外,企业还可以考虑采用绿色电力证书等市场机制抵消其部分范围二排放。这不仅有助于企业实现减排目标,还可以提升其在可持续发展方面的声誉和竞争力。

范围三:其他间接温室气体排放

范围三排放是报告公司价值链中发生的所有间接排放(不包括在范围二中)。范围三的排放是一家公司活动的结果但并不是产生于该公司拥有或控制的排放源,范围三排放来自价值链中其他实体(如材料供应商、第三方物流供应商、废物管理供应商、旅行供应商、承租人和出租人、特许经营商、零售商、雇员和客户)拥有或控制的排放源。

范围三的排放包括以下内容:外购原料与燃料的开采和生产,相关的运输活动,运输外购的原料或商品,运输外购的燃料,职员差旅,职员上下班通勤,运输出售的产品,运输废弃物范围二之外与电力有关的活动,开采、生产和运输用于生产电力的燃料,外购转售给最终用户的电力,生产被输配系统消耗的电力,租赁资产,特许和外包活动,使用售出的产品和服务,废弃物处理,处理运营过程中产生的废弃物,处理外购原料和燃料生产时产生的废弃物,处理寿命周期结束的售出产品等。总的来说,范围三的排放源可分为上游排放和下游排放两类,上游排放主要是与购买或收购商品和服务相关的间接排放(见表3—5),下游排放主要是与售出商品和服务相关的间接排放(见表3—6)。

表3—5　　　　　　上游排放——与购买或收购商品和服务相关的间接排放

	类别	说明
1	外购商品和服务	企业从第三方购买的货物和服务的生产和运输产生的排放。例如,企业购买的纸张从原材料开采到生产出厂的全部排放
2	资本商品	生产、运输和使用资本货物产生的排放,如建筑物、机器和设备生产时产生的排放
3	未包含在范围一或范围二中的燃料和能源相关排放	使用燃料和能源产生的排放及提炼、加工和运输燃料所产生的排放。例如,企业购买的柴油在生产过程中产生的排放
4	上游运输与配送	企业订购的产品和材料在运输时产生的排放,包括配送、储存。例如,企业购买了原材料,该原材料从一级供应商运输至企业产生的排放
5	运营中产生的废弃物	企业经营活动产生废弃物的第三方处理和处置排放。例如,企业生产过程中产生的固废运营至垃圾填埋场处理,这一过程产生的排放
6	商务出行	员工使用第三方车辆进行与业务相关活动的出行所产生的排放。例如,参加外地会议乘坐飞机,该航班运行产生的排放

续表

	类别	说明
7	员工通勤	员工往返住地与工作地之间的交通排放。例如,使用私人车辆或公共交通产生的排放。另外,远程办公产生的排放也可纳入
8	上游资产租赁	使用租赁资产产生的排放。例如,企业租赁了一辆汽车,该汽车燃油产生的排放

表 3—6　　　　　　　　下游排放——与售出商品和服务相关的间接排放

	类别	说明
1	下游运输与配送	企业产品使用非报告企业拥有或控制的车辆和设备运输至最终消费者产生的排放,包括配送、零售和储存。例如,某商超采购了企业产品,储存在仓库中,然后从仓库运输至售卖地点,该运输产生的排放
2	销售产品的加工	企业售出中间产品后,第三方对售出的中间产品进行加工而产生的排放。例如,某企业生产了塑料颗粒,下游厂商将颗粒加工为塑料瓶,该过程产生的排放
3	销售产品的使用	企业出售产品或服务在使用中产生的排放。例如,某企业出售了汽车,汽车燃油产生的排放
4	销售产品的废弃处理	企业售出产品在其寿命结束时的处置或回收所产生的排放。例如,产品报废后进行填埋处理产生的排放
5	下游资产租赁	企业作为出租方拥有并出租产生的排放,例如,企业出租汽车给客户,该汽车燃油产生的排放
6	特许经营	来自特许经营者经营的排放,以及与特许经营者使用企业产品或服务相关的任何排放。例如,企业授权经销商可以使用其商标,经销商在范围一和二的排放可以纳入企业范围三的排放
7	投资	企业投资产生的,未包括在范围一、二中的排放。例如,金融机构投资一家灯泡生产商,生产商在范围一、二的排放需纳入金融机构范围三"投资"类别的排放

企业总碳排放量分类结构见图 3—5。

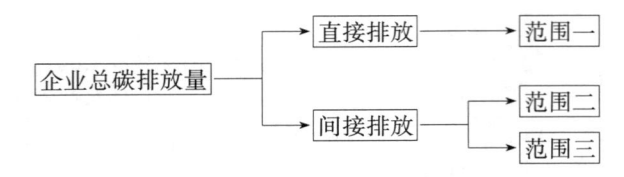

图 3—5　企业总碳排放量分类结构

简言之,范围一排放是公司直接燃烧产生的碳排放,范围二排放是公司购买的能源产生的碳排放,而范围三则是这两者以外公司产生的所有碳排放(见图 3—6)。一个完整的碳排放清单包括范围一、范围二和范围三。对于企业来说,范围一、范围二和范围三相互独立,在各范围之间不存在重复计算的情况。换言之,一家企业的范围三清单不包括同一家企业已核算在范围一和范围二内的排放。加总起来,一家企业的范围一、范围二和范围三的排放代表了与企业活动相关的全部碳排放。目前,组织视角下的碳核查要求范围一和二为必须披露的内容,范围三为可选披露范围,暂未做强制性要求(见表 3—7)。

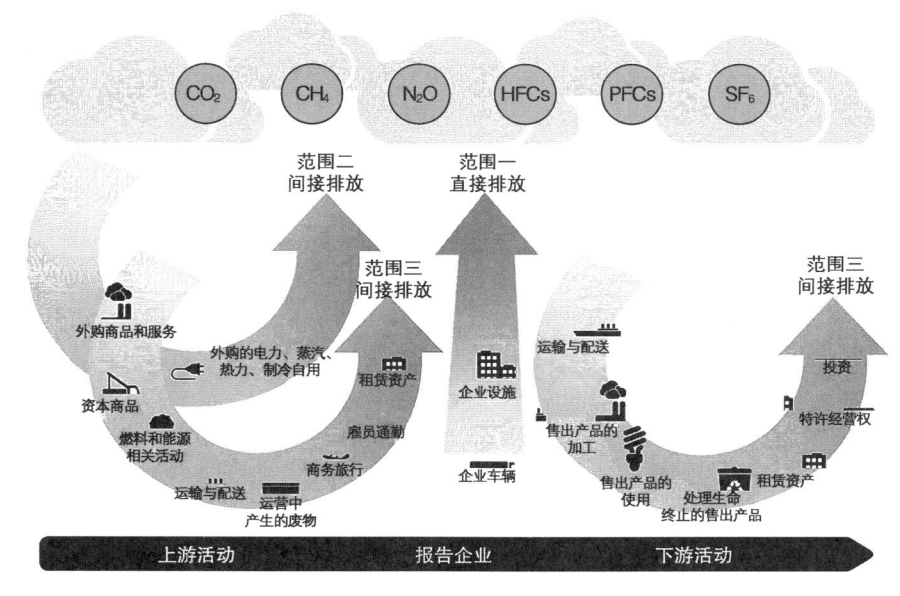

资料来源：《温室气体核算体系：企业核算与报告标准(2011)》。

图 3—6 公司的组织与运营边界

表 3—7　　　　　　　　　　　　　碳核算各范围的企业活动

排放范围	定义	碳排放活动	披露要求
范围一	温室气体直接排放——企业燃烧燃料直接产生的温室气体排放	自有锅炉 自有熔炉 自有车辆 化工生产	必须披露
范围二	温室气体间接排放——由其他企业生产并由核算企业购入的电力、热力和制冷所产生的温室气体排放	外购电力 外购蒸汽 外购热力 外购冷却	必须披露
范围三	其他间接排放——除范围一、范围二，由企业运作造成的间接排放，包括上下游排放	外购商品和服务 资本货物 燃料和能源相关活动 上游运输和分销 运营中产生的废弃物 商务旅行 员工通勤 上游租赁资产 下游运输和分销 售出商品加工 售出商品使用 售出商品报废处理 下游租赁资产 特许经营 投资 其他	选择性披露

许多企业在进行碳排放核算时,往往能够包括大部分直接排放(范围一)和能源间接排放(范围二),但这两方面的排放通常只占整体排放的一小部分,即5%~10%。而范围三的排放则包括了更广泛的内容,如供应链上游的排放和产品使用及处置的下游排放。这些排放通常发生在企业外部,使得企业收集数据和精确核算变得非常困难。在实际操作中,由于数据收集和核算的复杂性,许多企业往往不愿意承认范围三的排放责任,或者缺乏准确核算的能力。如果企业只关注直接排放和能源间接排放,而忽略了整个供应链的间接排放,那么实现低碳经济、碳达峰和碳中和的目标将变得非常困难。以一家服务企业为例,它在运营过程中可能没有直接的碳排放,因此被认为是零碳排放的绿色企业。但是,如果该企业在运营中大量使用空调来调节办公区的温度,从而消耗大量电力,那么发电过程中的碳排放实际上被转移到了电力供应商,而没有被计入该企业的碳排放。这种转移在供应链中非常普遍,每个环节都可能通过不同方式将碳排放转嫁给上游供应商或下游客户,导致整体碳排放难以得到有效控制和减少。因此,企业需要明确碳排放核算的范围,不仅要关注直接排放,还要重视范围三的间接排放。通过有效核算范围三的排放,企业可以推动内部低碳转型,激励研发低碳技术和产品,同时也有助于选择绿色供应商和客户。这样,企业可以在全供应链范围内整体规划碳排放,最终促进整个社会的绿色发展。

(二)确认碳排放源

在明确好碳排放范围后,企业可以采取以下步骤进行碳排放源的分类:

1. 碳排放种类

即二氧化碳、甲烷、氧化亚氮、氟化、全化烃以及六氟化硫。

2. 确认排放源种类

根据上文的碳排放范围,企业碳核算主要包含范围一和范围二,即直接排放和间接排放下的外购能源,直接排放包括以下类型,对于不同类型下排放源及对应的温室气体种类在表3—8中列出。

(1)固定燃烧。固定设备内部的燃料燃烧,如锅炉熔炉、燃烧器、涡轮、加热器、焚烧炉、引擎和燃烧塔等。

(2)移动燃烧。运输工具的燃料燃烧,如汽车、火车、飞机、汽船、轮船、驳船、船舶等。

(3)工艺排放。物理或化学工艺产生的排放,如水泥生产过程中熟料煅烧环节产生的二氧化碳,石化工艺中催化裂化产生的二氧化碳,以及炼铝产生的全氟碳化物等。

(4)无组织排放。设备的接缝、密封件、包装和垫圈等发生的有意和无意的泄漏,以及煤堆废水处理、维修区、冷却塔、各类气体处理设施等产生的无组织排放。

表3—8　　　　　　　温室气体源与温室气体种类示意表(不限于)

核算边界	温室气体源类型	排放源举例	
		排放源	温室气体种类
燃料燃烧排放	固定燃烧源	电站锅炉 燃气轮机 工业锅炉 熔炼炉	CO_2
	移动燃烧源	汽车 火车 船舶 飞机	CO_2

续表

核算边界	温室气体源类型	排放源举例	
		排放源	温室气体种类
过程排放	生产过程排放源	氧化铝回转炉 合成氨造气炉 水泥回转窑 水泥立窑	CO_2、CH_4、N_2O
	废弃物处理处置过程排放源	污水处理系统	CO_2、CH_4
	逸散排放源	矿坑 天然气处理设施 变压器	CH_4、SF_6
购入的电力与热力产生的排放	由报告主体外输入的电力、热力或蒸汽消耗源	电加热炉窑 电动机系统 泵系统 风机系统 变压器 调压器 压缩机械 制热设备 制冷设备 交流电焊机 照明设备	CO_2、SF_6
特殊排放	生物质燃料燃烧源	生物燃料汽车 生物燃料飞机 生物质锅炉	CO_2、CH_4
	产品隐含碳	钢铁产品	CO_2

3. 识别排放范围

首先,企业需识别上述四类排放源中的直接排放源,即范围一的排放。工艺排放通常只发生在某些特定行业(如石油天然气、炼铝和水泥等)。有工艺排放并持有或控制发电设施的制造企业,很可能有上述四类主要排放源类别的直接排放。基于办公室工作的企业一般不会直接产生温室气体排放,除非其持有运营车辆、燃烧装置或冷藏和空调设备。

接下来的步骤是识别范围二的排放,即由于消耗外购的电力、热力或蒸汽所产生的间接排放源。几乎所有企业都会在服务过程中消耗外购的电力而产生间接排放。

识别范围三的排放目前是选择性步骤,包括识别尚未包含于范围一或范围二中的企业上游和下游活动产生的其他间接排放,以及与外包/合同制造、租赁或特许经营有关的排放。

四、碳排放量计算

(一)选择温室气体排放量计算方法

企业通过监测温室气体浓度和流速直接测量排放量的方法使用并不普遍。更常见的是采用基于化学计量法或具体设施或工艺流程的质量（物料）平衡法计算排放量。最普遍的温室气体排放量计算方法是采用有记录的排放因子计算。排放因子是经过计算得出的、排放源活动水平与温室气体排放量之间的比率。IPCC指南（IPCC，1996）指出了多个等级的计算方法和技术，从使用通用的排放因子到直接监测等。

许多情况下，尤其是无法直接监测或直接监测费用过高时，也可以根据燃料消耗量计算出精确的排放数据。即使较小的用户通常也知道其燃料消耗量，然后通过碳含量缺省值或定期燃料取样等更精确的方式获取燃料碳含量，从而计算出排放数据。企业应当采用适合其情况且可行的最精确的计算方法

（二）活动水平数据收集与选择碳排放因子

企业应当基于所选择的核算方法，审慎地选取和汇集温室气体活动数据。依据数据类型的优先级（如表3—9所示），企业应以优先级从高到低的顺序选取与收集数据。通过这样的方式，企业能够确保数据的准确性和完整性，为后续的碳核算工作提供坚实的基础。

表3—9　　　　　　　　　　碳排放活动数据收集优先级

数据类型	描述	优先级
原始数据	直接通过测量和监控手段获取的数据	高
二次数据	依据原始数据折算得出的信息，如基于年度购买量和库存变化计算的数据，依据财务记录推算的数据等	中
替代数据	参考类似过程或活动的数据，如估算制冷剂散溢量时可以借鉴相似制冷设备的制冷剂充填数据等	低

企业的主要排放源活动数据及其来源详见表3—10。相比于范围一和范围二的排放资料，搜集范围三的排放资料可能需要企业内外的供应商与合作伙伴更广泛地参与。此外，企业还需动员内部多个部门参与，包括采购、能源、制造、销售、研发、产品设计、物流和会计等。范围三还涉及碳排放量的分配问题，例如，为企业供应部件的供应商可能服务于众多不同客户，生产多种多样的产品，但活动数据通常是从供应商的整体角度收集的。在这种情形下，需要将供应商的活动数据或排放数据在不同产品之间合理分配。通过这种方式，客户可以了解到其购买的产品占供应商生产总量的百分比，从而确定归因于他们购买的特定产品的排放量。

表3—10　　　　　　　　　　企业碳排放核算数据来源

碳排放源	数据来源
固定燃烧源	企业能源平衡表
移动燃烧源	企业能源平衡表
过程排放源	原料消耗表、水平衡表（废水量） 废水监测报表（BOD、COD浓度） 财务报表（原料购买量/购买额）
逸散排放源	监测报表

续表

碳排放源	数据来源
购入电力、热力或蒸汽	企业能源平衡表 财务报表（相关销售额） 采购发票或凭证
生物燃料运输设备	企业能源平衡表财务报表（生物燃料消耗量/运输货物重量、里程） 采购发票或凭证
固碳产品	产品产量表 财务报表（产值）
上游运输和配送	来自第三方运输和配送供应商的特定活动能耗或排放数据 实际旅行距离 特定承运工具排放因子
运营中产生的废弃物	来自废弃物管理公司的特定场地排放数据 特定企业产生的废弃物吨数 特定企业的排放因子
处理寿命终止的售出产品	从消费者处收集的处理率具体数据 从废弃物管理提供商处收集的排放率或能耗具体数据

企业活动水平数据收集后，选择合适的排放因子才能计算碳排放，企业在获取碳排放因子时，应考虑如下因素：(1)来源明确，有公信力；(2)适用性；(3)时效性。

碳排放因子获取优先级见表 3—11。

表 3—11　　　　　　　　　　　碳排放因子获取优先级

数据类型	描述	优先级
排放因子实测值或测算值	通过工厂内的直接测量、能量平衡或物料平衡等技术手段获得的排放系数或其他相关参数	高
排放因子参考值	使用相关指南或文件推荐的标准排放因子	低

中小企业以及大型企业，通常可以通过公布的排放因子，结合购买的商业燃料量（如天然气和取暖油）计算范围一的温室气体排放。范围二的温室气体排放通常是基于电表记录的电力消耗量，以及电力供应商、当地电网或其他相关机构提供的排放系数核算。范围三则通常依赖于燃料消耗量或乘客里程等活动数据，以及公布的或第三方提供的排放系数估算。在有特定排放源或设施的详细排放系数时，应优先采用这些具体数据，而不是使用一般性的排放系数。

工业企业可以选择更多的核算方法和工具。建议这些企业参考温室气体核算体系网站上的指导，或咨询其所属行业的专业协会（如国际铝业协会、国际钢铁协会、美国石油学会、世界可持续发展工商理事会的水泥可持续性倡议、国际石油工业环境保护协会等）以获取特定行业的核算标准。

（三）计算与汇总碳排放量

企业应根据所选定的核算方法计算碳排放量。所有碳排放量均应折算为二氧化碳当量。

1. 燃料燃烧排放

按照燃料种类分别计算其燃烧产生的温室气体排放量，并以二氧化碳当量为单位加总：

$$E_{燃烧} = \sum_i E_{燃烧i}$$

式中：$E_{燃烧}$——燃料燃烧产生的温室气体排放量总和，单位为吨二氧化碳当量(tCO_2e)；

$E_{燃烧i}$——第 i 种燃料燃烧产生的温室气体排放，单位为吨二氧化碳当量(tCO_2e)。

2. 过程排放

按照过程分别计算其产生的温室气体排放量，并以二氧化碳当量为单位加总：

$$E_{过程} = \sum_i E_{过程i}$$

式中：$E_{过程}$——过程温室气体排放量总和，单位为吨二氧化碳当量(tCO_2e)；

$E_{过程i}$——第 i 个过程产生的温室气体排放，单位为吨二氧化碳当量(tCO_2e)。

3. 购入电力、热力产生的排放

购入电力、热力产生的二氧化碳排放通过报告主体购入的电力、热力量与排放因子的乘积获得：

$$E_{购入电} = AD_{购入电} \times EF_{电} \times GWP$$
$$E_{购入热} = AD_{购入热} \times EF_{热} \times GWP$$

式中：$E_{购入电}$——购入的电力所产生的二氧化碳排放，单位为吨二氧化碳(tCO_2)；

$AD_{购入电}$——购入的电力量，单位为兆瓦时(MWh)；

$EF_{电}$——电力生产排放因子，单位为吨二氧化碳每兆瓦时(tCO_2/MWh)；

$E_{购入热}$——购入的热力所产生的二氧化碳排放，单位为吨二氧化碳(tCO_2)；

$AD_{购入热}$——购入的热力量，单位为吉焦(GJ)；

$EF_{热}$——热力生产排放因子，单位为吨二氧化碳每吉焦(tCO_2/GJ)；

GWP——全球变暖潜势，数值可参考政府间气候变化专门委员会(IPCC)提供的数据。

4. 输出电力、热力产生的排放

输出的电力、热力产生的二氧化碳排放通过报告主体输出的电力、热力量与排放因子的乘积获得：

$$E_{输出电} = AD_{输出电} \times EF_{电} \times GWP$$
$$E_{输出热} = AD_{输出热} \times EF_{热} \times GWP$$

式中：$E_{输出电}$——输出的电力所产生的二氧化碳排放，单位为吨二氧化碳(tCO_2)；

$AD_{输出电}$——输出的电力量，单位为兆瓦时(MWh)；

$EF_{电}$——电力生产排放因子，单位为吨二氧化碳每兆瓦时(tCO_2/MWh)；

$E_{输出热}$——输出的热力所产生的二氧化碳排放，单位为吨二氧化碳(tCO_2)；

$AD_{输出热}$——输出的热力量，单位为吉焦(GJ)；

$EF_{热}$——热力生产排放因子，单位为吨二氧化碳每吉焦(tCO_2/GJ)；

GWP——全球变暖潜势，数值可参考政府间气候变化专门委员会(IPCC)提供的数据。

5. 其他碳排放

这里的其他碳排放为除上述碳排放外的企业其余碳排放，其他碳排放包含在范围三，由于范围三涉及的碳排放类别较多,计算方法各不相同,因此统一记为 $E_{其他}$。

6. 碳排放总量

碳排放总量公式如下:

$$E = E_{燃烧} + E_{过程} + E_{购入电} - E_{输出电} + E_{购入热} - E_{输出热} - E_{回收利用} + E_{其他}$$

式中:E ——碳排放总量,单位为吨二氧化碳当量(tCO_2e);

$E_{燃烧}$ ——燃料燃烧产生的碳排放量总和,单位为吨二氧化碳当量(tCO_2e);

$E_{过程}$ ——过程碳排放量总和,单位为吨二氧化碳当量(tCO_2e);

$E_{购入电}$ ——购入的电力所产生的二氧化碳排放,单位为吨二氧化碳当量(tCO_2e);

$E_{输出电}$ ——输出的电力所产生的二氧化碳排放,单位为吨二氧化碳当量(tCO_2e);

$E_{购入热}$ ——购入的热力所产生的二氧化碳排放,单位为吨二氧化碳当量(tCO_2e);

$E_{输出热}$ ——输出的热力所产生的二氧化碳排放,单位为吨二氧化碳当量(tCO_2e);

$E_{回收利用}$ ——燃料燃烧、工艺过程产生的温室气体经回收作为生产原料自用或作为产品外供所对应的碳排放量,单位为吨二氧化碳当量(tCO_2e);

$E_{其他}$ ——除上述碳排放外的企业其余碳排放,单位为吨二氧化碳当量(tCO_2e)。

(四)核算工作的质量保证

为了确保核算数据的精确性,需要实施严格的质量保证措施来强化温室气体数据的管理工作。这主要涵盖以下几个方面:

(1)确立一套完备的企业温室气体排放核算与报告准则,该准则需明确负责该任务的机构与人员,详细规定工作流程和内容,并设定清晰的工作周期与时间节点。同时,应指定具备专业知识和技能的专职人员,专门负责企业的温室气体排放核算与报告工作,以保证数据的准确性和专业性。

(2)对企业的各种温室气体排放源,依据其影响程度和重要性分类和评级,进而编制详尽的温室气体排放源清单。对于不同级别的排放源,需提出具体活动数据和排放因子数据的获取要求,确保数据的全面性和代表性。这包括对主要排放源的深入分析和对次要排放源的合理评估。

(3)全面评估现有的监测能力,并在此基础上不断提升监测技术和水平。制定详尽的监测计划,覆盖活动数据的实时监测以及燃料低位发热量等关键参数的定期检测。定期维护、校准和管理计量器具、检测设备和在线监测仪表,并详细记录存档,以保证设备的准确性和可靠性。

(4)构建完善的温室气体数据记录管理体系,明确数据来源、获取时间、责任人等信息的管理和记录要求。这一体系应确保数据的可追溯性,方便对数据的来源和流向进行追溯和验证。同时,还需建立数据质量控制机制,对数据进行定期的质量检查和评估。

(5)设立企业温室气体排放报告的内部审核机制,定期对温室气体排放数据进行交叉验证和审核。企业通过这一机制,识别可能存在的数据误差风险,并提出相应的解决策略,以确保数据的准确性和可靠性。此外,还应建立数据修正和更新的机制,及时修正和更改发现的数据问题。

企业通过这些措施的实施,可以全面提升温室气体数据的质量管理水平,为碳核算工作提供坚实的数据支撑。

五、碳排放报告编制和审核

（一）碳排放报告的编制

一份可信的碳排放报告需要完整、一致、准确和透明地反映所有相关信息，因此公开的碳排放报告至少应包括以下几个方面。再次强调范围三目前没有强制披露的要求，企业可以根据实际情况选择性编制范围三报告，但需要明确说明：

1. 概述

根据碳排放核算和报告的目的与要求，确定碳排放报告的具体内容。

2. 报告主体基本信息

报告主体基本信息应包括企业名称、单位性质、报告年度、所属行业、统一社会信用代码、法定代表人、填报负责人和联系人信息等。

3. 碳排放量

报告主体需报告其在核算和报告期间的总碳排放量，包括燃料燃烧、过程排放、外购电力和热力产生的排放量，以及范围三排放量。同时，应详细说明特殊情况，例如生物质燃料燃烧的二氧化碳排放和固碳产品中的隐含排放。

4. 活动数据及来源

报告主体应提供生产过程中使用的各类燃料的消耗量、低发热值、过程排放数据、外购电力和热力的量，以及供应链中的其他排放数据。

5. 排放因子数据及来源

报告主体需报告燃料的单位热量含碳量、碳氧化率、过程排放因子、外购电力和热力的生产排放因子，以及供应链中其他排放的排放因子，并指明这些数据的来源。

拓展阅读
中国发电企业温室气体排放报告的格式模板

（二）碳排放三方审核

碳排放三方审核，也称为碳排放核查，是评估碳排放报告的准确性和完整性的过程，以确保报告符合既定的碳排放核算和报告标准。通常这种审核由独立的外部机构执行，有些企业为了提升温室气体排放报告的质量，可能会由不参与温室气体核算和报告流程的内部人员内部审核。对于外部利益相关者来说，第三方的审核可以显著提高碳排放报告的可靠性。在外部审核之前，企业进行内部审核是有益的，这有助于积累经验，并为外部审核人员提供有价值的信息。

拓展阅读：企业温室气体排放核算与报告填写说明——钢铁生产

拓展阅读：文件评审表

拓展阅读：现场检查清单

拓展阅读：不符合项清单

拓展阅读：核查结论

碳排放核查流程通常包括对相关文件的审查和现场核查两个主要部分。核查的关键在于确认核算边界、数据的真实性和准确性是否符合既定的碳排放核算与报告原则。我国碳排放核查主要参照《企业温室气体排放报告核查指南》（以下简称《指南》），该《指南》详细规定了核查的原则、依据、程序、要点、复核以及信息公开等方面的内容。具体核查工作流程及相关文件见图3—7。

项目三　运用供应链碳核算

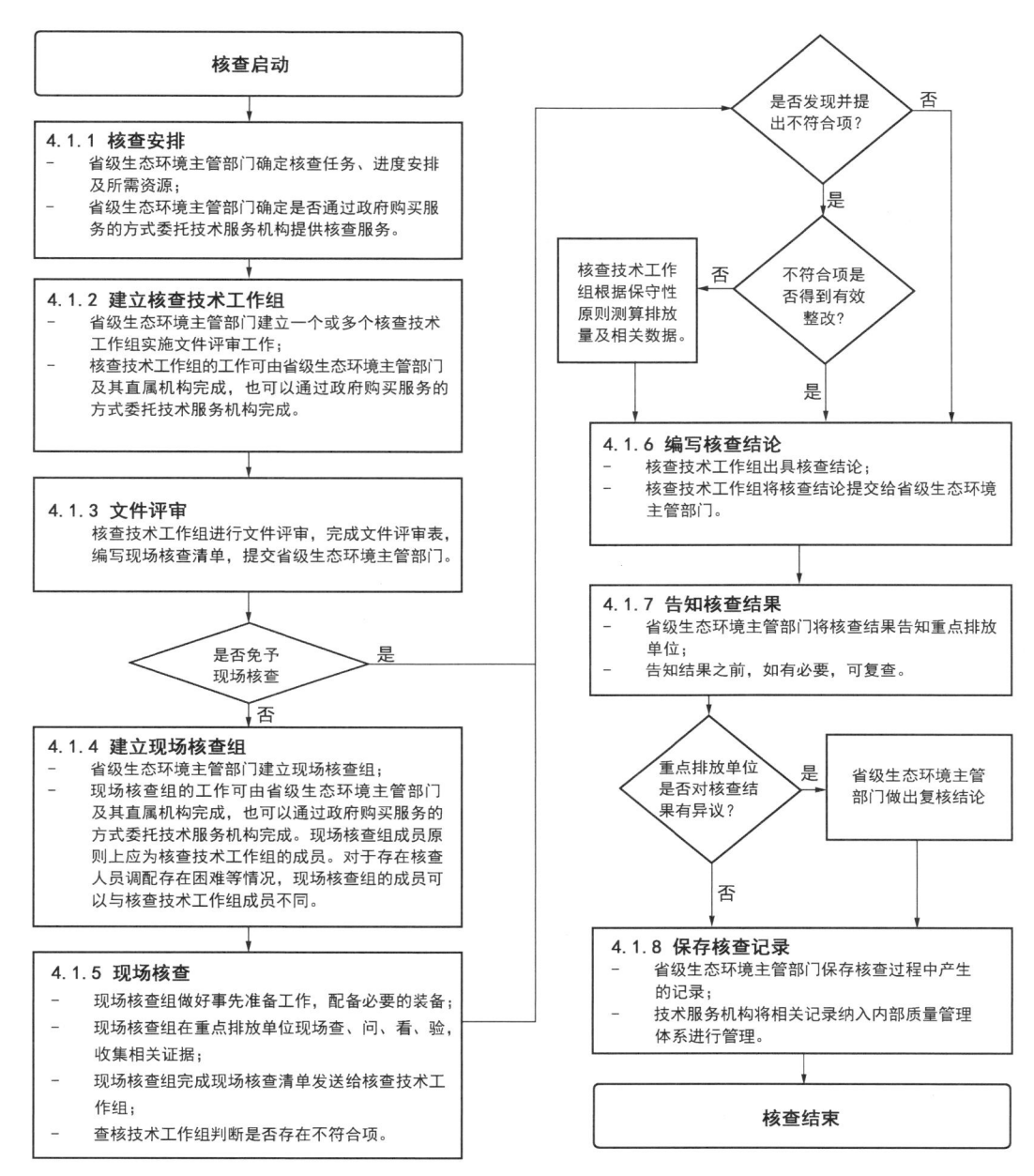

图 3—7　我国企业碳核查工作流程

任务五　了解供应链碳核算发展策略

当前，全球86%的碳排放源于生产端，而消费端仅占14%。因此，要实现碳减排目标，降低生产端的碳排放至关重要。通过建立绿色低碳甚至零碳的供应链体系，利用市场手段是生产端减排的有效方式。特别是对于供应链排放占比较高的企业来说，量化范围三温室气体并开展减排工作是降低碳排放的必由之路。

为了确保企业碳排放核算结果的准确性和数据的有效性，企业必须采用适当的范围三碳排放核算方法。这要求企业详细追踪每个产品在其整个生命周期中的碳排放数据,并选择恰当的核算方法。只有通过这种方式,企业才能获取有助于其决策的碳排放信息。在核算碳排放的过程中,企业不仅要重视那些可以直接追踪的排放数据,即范围一和范围二,还必须更加重视整个产品供应链中涉及的范围三排放数据。这需要企业按照供应链的流程,逐步累加各个环节的碳排放量,并精确核算。这样的核算方式使得企业能够准确地记录供应链每个环节的实际碳排放量,并简化数据收集的复杂性。这种核算方式超越了传统产品生命周期评估的界限,真实地展现了全供应链各环节的碳排放状况。它不仅为产品定价提供了参考,而且有助于引导消费者选择符合其环保偏好的产品。此外,这种方法减少了依赖技术参数或排放标准估算碳排放数据可能带来的误差。更重要的是,它引发的连锁反应能够激励供应链上各企业相互监督和促进,共同为实现整个供应链的减排目标而努力。

但目前范围三的碳排放量并未做强制披露要求,企业进行范围三碳核算的积极性并不高,除了政策要求外,核算体系复杂、不健全也是企业态度消极的主要原因。因此推动和加快构建供应链核算体系的建立对于实现碳减排目标具有重要意义。

一、构建供应链碳核算体系

当前,新一代信息技术和数字经济呈现出迅猛的发展态势,为供应链管理提供了坚实的技术支撑。为了更有效地推动供应链的碳核算工作,我们应当充分利用这些数字化信息技术,对供应链碳核算体系进行精细化、科学化的制度设计。同时,积极引导和激励第三方机构参与碳核算与认证服务,以提供更为专业、权威的支持。通过这些举措,我们可以从多个维度构建出一个全面、高效的供应链核算体系,不断促进实现绿色可持续发展。

(一)全面建立企业碳核算账户

随着全球气候变化问题日益受到重视,国际社会正在采取行动,例如欧盟推出的"绿色新政"等减排措施,这些政策对全球供应链产生了显著影响,促使企业开始核算自身的碳排放。面对这一趋势,企业需要提高碳排放核算的能力,以便准确了解自己的碳足迹,并制定有效的减排措施。

我国政府已经建立了一套碳排放核算和报告的技术规范,并构建了包括"核算—报告—核查—清缴"在内的制度框架。目前,这些规范和制度主要针对重点排放单位,而非所有企业。为了达到生产过程碳中和的目标,所有企业都应纳入碳核算体系,从而全面监控和理解各个行业的碳排放情况。

为了实现这一目标,改进供应链管理,鼓励企业在生产过程中减少碳排放,并加强供应链上下游企业之间的合作,构建低碳或零碳的供应链成为一个有效的解决方案。例如,可以在汽车这一全球性产业中开始试点,利用国家碳排放权注册登记系统为参与试点的企业建立账户,核算、报告和核查碳排放。这样可以确保数据的准确性和透明度,为企业的减排措施提供支持。同时,供应链中的核心企业可以利用其影响力和资源,促进整个供应链向低碳或零碳转型。政府也可以提供政策支持和激励措施,鼓励更多企业参与碳排放核算试点。

(二)广泛开展碳计量与认证服务

全球对碳排放问题的关注不断增加,促使越来越多的企业投身于碳核算的行列,这直接引发了对碳计量和碳认证服务需求的持续增长。为响应这一市场需求,我们需要加速培养具备相应资质的第三方机构,这些机构应能够提供碳计量和碳认证服务,并且在实际操作中不断提高服务水平。

在供应链日益全球化的背景下,加强与国际碳计量和碳认证标准的衔接,推动与其他国家在碳计量和碳认证结果上的互认变得尤为重要。这不仅能够为跨国企业提供更便捷的服务,还有助于推动全球碳市场的健康成长。

数字技术的迅猛发展也为我们提供了新机遇,大数据、云计算、区块链等技术应用于企业的碳核算、计量和认证,将极大提升碳排放数据的处理速度和精确度,为企业的碳排放核算、计量、认证、审核以及减排决策提供坚实的数据支撑。

同时,我们应该抓住新型数字化基础设施建设和企业数字化转型的机遇,强化企业碳排放数据平台的建设。该平台需要实现数据的自动采集、核验、传输、计算和可视化,从而提升碳排放活动数据采集的精确度和效率。借助这样的平台,企业能够实时监控不同产品线、不同部门以及研发、生产、管理等不同活动类型的动态排放数据,为企业的碳排放管理提供强有力的支持。

总体而言,通过加速培养第三方机构、加强与国际标准的对接、推动数字技术的运用,以及强化碳排放数据平台的建设等措施,我们可以有效地提高企业在碳核算、计量和认证方面的能力,为全球应对气候变化的挑战做出积极的贡献。

二、运用供应链碳核算体系

在完成上述两项关键任务后,我们就具备了为企业层面碳排放制定具体政策的基础条件。通过构建产业供应链碳核算体系,我们可以进一步扩充减排政策的工具箱,确保其内容更为丰富和全面。在此基础上,借助市场机制的激励作用,可以推动供应链上各个环节的企业积极采取减排措施。

(一)低碳供应链标识认证与管理评价

为了有效应对气候变化和推动可持续发展,需要从供应链管理的角度着手,特别关注那些拥有众多供应商且在市场上具有强影响力的核心企业。这些核心企业在整个供应链中扮演着至关重要的角色,它们的决策和行动将对整个供应链的碳排放产生深远影响。因此,选择这些核心企业进行低碳供应链管理是推进全球减碳工作的重要一环。

在供应链管理中,必须全面核算与管理设计、采购、生产、物流等多个业务环节的碳排放。此外,还需依据产品整个生命周期内的总碳排放量来实施"低碳产品"的标识和认证工作。这将有助于消费者在购买产品时更加关注其碳排放情况,从而引导市场需求向低碳产品倾斜。在国际上,众多行业协会已经开始实施产品碳标识制度,比如在服装产品上标明整个生产链产生的碳排放量。这种做法不仅有助于提高消费者的环保意识,还能激励企业采取更加环保的生产方式。为了鼓励企业积极参与低碳供应链管理,还可以在消费端采取一系列措施引导消费者购买低碳标识产品,如提供消费补贴等。这将激励企业采购更多的低碳零部件,并积极参与供应商的绿色研发制造过程。

在生产端,对低碳供应链进行第三方评价也是非常重要的一环。这有助于确保供应链上的企业真正采取有效的减排措施,并为其他企业提供可借鉴的经验和案例。对于评价优秀的企业,可以给予他们优先享受国家支持政策的权利,例如提供税收优惠、资金支持等。这将进一步激励企业积极参与低碳供应链管理,推动整个行业的绿色转型和发展。

(二)市场准入的碳排放标准

行业协会和产业技术创新战略联盟等组织在推动供应链碳排放管理方面发挥着至关重要的作用。为了引领产业向低碳化转型,这些团体可以率先制定基于当前技术状况和行业内最佳实践的不同行业供应链同类产品的碳排放限制标准。对于超出碳排放限制标准的产品和生产者,协会或联盟的成员应坚决抵制,不采购、不使用、不推广这些高碳排放的产品。市场的自发调节,形成对高碳排放产品和企业的压力,促使其主动采取减排措施。随着条件的成熟,这些团体标准可逐步升级为行业标准、地方标准乃至国家标准,并在更广泛的范围内推广实施。这将有助于统一行业规范,提升整个供应链的碳排放管理水平。

从国家层面来看,也可以针对重点产业供应链提出明确的强制性减排要求,淘汰不符合碳排放限制标准的企业。同时,低碳市场准入标准应随着技术的不断进步而及时更新和提高,以确保标准始终与碳达峰、碳中和的目标保持一致。这样,随着时间的推移,供应链的碳排放水平将逐步降低,最终实现碳中和的目标。

(三)"碳增值税"政策

碳税是基于经济主体碳排放量的税种,其税基直接与企业的碳排放量挂钩。在全球范围内,包括芬兰、丹麦、日本、法国、加拿大和南非等国家,已经实施了碳税政策,将其作为减少温室气体排放、推动绿色经济发展的关键手段。近年,欧盟还计划征收碳边境调节税,旨在将碳税的影响范围扩大到域外,进一步推动全球碳减排的进程。

我国对碳税也进行过深入研究,但由于当时条件尚不成熟,尚未正式实施。然而,随着供应链碳核算体系的逐步建立与完善,碳税的税基确定问题得到了有效解决,为征收碳税创造了有利条件。这一体系能够精确衡量各企业在生产过程中的碳排放量,使得碳税的征收更加科学和公正。

在税收属性上,碳税具有流转税的特点,可以借鉴增值税的征收模式。这意味着在供应链中,各企业仅需对碳排放的"增值"部分承担纳税义务。具体来说,企业的应交碳税是销项碳税与进项碳税相抵扣后的余额,这有助于降低企业的税收负担,同时确保碳税政策的有效实施。考虑到碳税与增值税之间的紧密联系,还可以探讨将碳税纳入增值税统一征收的可能性。这样的做法不仅能简化税收流程,降低征收成本,还能更好地发挥税收在促进绿色经济发展中的杠杆作用。实施碳税政策,可以有效引导企业减少碳排放,推动供应链向低碳、零碳方向转型,推进全球气候治理目标的实现。

(四)碳排放权交易制度

我国当前的碳排放权交易制度主要集中在重点排放单位,这种情况在某种程度上限制了碳市场的规模和多样性。随着供应链碳核算体系的逐步构建和企业碳核算账户的设立,在未来,碳交易制度将有望向更广泛的市场主体开放,吸引更多企业积极参与碳市场。供应链碳核算体系的建立也将为碳交易市场注入新的活力,为其带来更广阔的发展空间。预计市场的交易量和活跃度将大幅提升,推动碳交易市场逐步向成熟金融市场的方向迈进。在这一过程中,数字技术,尤其是区块链技术,将扮演至关重要的角色。当区块链等数字技术足够成熟时,可以考虑发行类似于数字货币概念的数字碳配额。在供应链中,企业在交付产品时,需要将所使用的数字碳配额整合到产品中,从而实现终端产品全流程的碳配额可追踪性。这意味着从原材料采购到生产、运输、销售等各个环节的碳排放都能得到准确计量和记录。当企业的碳配额耗尽时,它们需要在碳市场上购买额外的配额以保持合规。这种实时清算和实时交易的模式将进一步提高碳市场的流动性和运作效率。

随着碳配额的供需情况在交易市场中变得更加透明,碳配额将逐渐展现出其投资价值。这不仅将吸引更多投资者涌入碳市场,还将推动碳市场向更加成熟、稳定的金融市场发展。最终,一个高效、透明且活跃的碳市场将有力促进我国碳减排工作的进展,为实现碳中和目标提供坚实的支撑。

参考文献

[1] 魏守道.碳排放责任划分原则的研究进展[J].湖北经济学院学报,2019,17(5):89-95.
[2] 陈庆能.中国行业碳排放的核算和分解[D].浙江大学,2018.
[3] 金玉鸽.共担原则下中国对外贸易碳排放责任研究[D].北京理工大学,2018.
[4] 余晓泓,詹夏颜.全球碳排放责任划分原则研究述评[J].科技和产业,2016,16(5):137-143.
[5] 李毅.浦东新区总体规划碳排放核算研究[D].西安建筑科技大学,2020.
[6] 庄智.国外碳排放核算标准现状与分析[J].粉煤灰,2011,23(4):42-45.
[7] 陈庆能.中国行业碳排放的核算和分解:基于投入产出结构分解分析视角[D].浙江大学,2018.
[8] 刘明达,蒙吉军,刘碧寒.国内外碳排放核算方法研究进展[J].热带地理,2014,34(2):248-258.
[9] 李戎,王炜,林琳,等.印染企业温室气体排放科学评价(一)[J].印染,2014(16):5.
[10] 谈多娇,胡志鹏.碳排放核算与碳绩效评价——以"范围三"为研究对象[J].财会月刊,2022(13):4.
[11] 孟美文.碳足迹分析在电力企业节能减排中的应用[D].内蒙古大学,2024.
[12] 世界可持续发展工商理事会.温室气体核算体系:企业核算与报告标准[M].北京:经济科学出版社,2012.
[13] 世界可持续发展工商理事会.企业价值链(范围三)核算与报告标准[M].北京:中国标准出版社,2013.
[14] 国际标准化组织.ISO 14064 温室气体[D].日内瓦:国际标准化组织,2006.
[15] 国家发展和改革委员会.省级温室气体清单编制指南(试行)[S].国家发展和改革委员会,2011.

项目四　理解供应链碳足迹

📅 知识学习目标

1. 了解碳足迹、碳标签的概念、分类以及区别；
2. 了解产品碳足迹评价的方法和标准，理解主要标准间的区别和使用场景；
3. 了解供应链碳足迹评估的概念，理解供应链碳足迹核查的方法和步骤；
4. 了解供应链碳足迹管理在不同行业的实际应用。

🖋 技能训练目标

1. 学会使用碳足迹核算工具和方法，对供应链中各个环节进行碳排放的量化分析；
2. 掌握供应链碳足迹核查的流程，包括确定核查范围、绘制过程图和确定系统边界；
3. 培养制定和实施供应链碳减排策略的能力，包括改进生产工艺和优化物流网络；
4. 学会编制供应链碳足迹报告，包括数据的验证、核查和报告的撰写。

🔍 素质教育目标

1. 学习供应链碳足迹，增强个人对环境保护的认识和责任感；
2. 了解国内外碳足迹标准要求，拓宽国际视野，理解全球气候行动的重要性；
3. 用案例培养分析问题和提出解决方案的综合能力，以及团队合作精神。

本章简介

学习导入

碳足迹介绍

任务一　了解碳足迹与碳标签

一、碳足迹

（一）碳足迹的定义

碳足迹(Carbon Footprint)起源于生态经济学家威廉·里斯(William Rees)在1992年提出的"生态足迹"理念，是指因个体或团体、企业或组织、国家或地区以及产品在一定时间内，由于生产过程与消费活动直接或间接产生的温室气体排放量总和。通常使用二氧化碳当量(CO_2 equivalent，CO_2 eq)来量化上述活动中产生的温室气体排放总量，进而评估这些活动对环境的影响。碳足迹的概念以及对其的理解尚在持续发展和完善中，不同机构和学者对它的定义各有侧重。机构通常根据评价对象的背景和职能来定义碳足迹,学者们则倾向于从生命周期评估的角度来定义。

人们通常将"碳足迹"与基于能源的化石燃料燃烧产生的温室气体排放联系起来。严格来说,这种观点并不准确,温室气体排放的来源不仅是因为化石燃料的燃烧。根据组织或产品的特性,其他如工业生产、农业活动、土地利用及变化、森林砍伐和垃圾处理等排放源同样应该纳入碳足迹的计算。

碳足迹也不等同于碳排放,它们的区别体现在以下几个方面:

(1)碳排放是指生产经营过程中直接向外界排放的温室气体总量。这些温室气体主要由二氧化碳构成,因此,"碳排放"也可以被理解为"二氧化碳排放"。而碳足迹,则是指在生产过程和消费活动中所排放的温室气体总量,这不仅包括直接排放,还包括间接排放。

(2)从度量单位的角度来看,碳足迹和碳排放都使用质量单位,但它们的内涵仍有一定区别。一些学者认为,作为生态足迹的一部分,碳足迹应该用面积单位来衡量。

(3)碳排放的计算相对简单,只需明确排放边界,通常指特定主体(如一家企业)所有涉及能耗和排放的设备设施,在一定时间内的温室气体排放量有多少。而碳足迹涉及的范围大得多,例如,一本书的碳足迹需要考虑从造纸、印刷、运输、销售到最终丢弃和分解的每个环节的碳排放。这种通过全生命周期来评估对象所产生的直接和间接温室气体排放,使得碳足迹的计算更为复杂。因此,相对于碳排放,碳足迹的内容更全面,从核算结果来说,碳足迹包括了碳排放。我们可以认为碳排放是碳足迹的一个充分条件,这有助于更好地理解和定义碳足迹。

(二)碳足迹的分析

在概念上,"碳足迹分析"与"温室气体清单"是基本相同的。碳足迹分析是一种衡量温室气体排放过程的方法,它涵盖了温室气体的来源、组成和排放量。同时,还包括了温室气体的吸收和去除率,以计算净排放量。

碳足迹分析一般通过审核或评估过程来完成,包括追踪、量化数据以及检查相关设施的使用情况。当发现碳足迹高的环节时,企业通过重新分配资源、减少能源使用和改进生产流程或设备,从而减少能源消耗和温室气体排放。总体而言,碳足迹分析通常涵盖以下几个方面:

(1)研究企业运营过程中能源消耗和温室气体排放过程。

(2)提出一些建议,以提高企业运营过程的效率,减少能源消耗、温室气体排放以及能源成本。

(3)为企业提供一份详尽的、可供参考的、作为补充建议的供应商列表。

(三)碳足迹的分类

(1)根据应用层面和范围(分析尺度)分类,碳足迹可以分为"国家碳足迹""城市碳足迹""组织碳足迹""公司碳足迹""家庭碳足迹""商品碳足迹"和"个人碳足迹"。这有助于了解各个层面的碳足迹情况,从而制定相应的减排政策。一些常用的此类碳足迹解释如下:

① 城市碳足迹。城市碳足迹可以通过计算其所有居民和活动所产生的碳排放量来得出。例如,一个城市的碳足迹可能包括居民日常出行、建筑能源消耗、废弃物处理、工业生产等所产生的碳排放。通过推广公共交通、绿色建筑、循环经济、可再生能源等措施,城市可以降低自己的碳足迹。

② 组织碳足迹。组织碳足迹可以通过计算其所有运营活动所产生的碳排放量来得出,包括办公场所的能源消耗、员工出差、会议、采购等。例如,一个企业的碳足迹可能包括其生产设施、员工商务旅行、办公用品采购的碳排放等。通过实施节能减排措施、推广低碳办公、开展碳

交易等方式,组织可以降低自己的碳足迹。

③ 产品碳足迹。产品碳足迹可以通过计算产品的全生命周期内的碳排放量来得出,包括原材料采购、制造、运输、销售、使用和废弃等阶段。例如,一款手机的碳足迹可能包括生产过程中的能源消耗和排放、运输过程中的燃油消耗、手机使用过程中的电力消耗以及废弃后的处理所产生的碳排放。通过改进生产工艺、使用可再生能源、推广循环经济等方式,企业可以降低产品的碳足迹。产品碳足迹是应用最广且使用频率最高的概念。

④ 个人碳足迹。一个人的碳足迹可以通过计算其日常生活中的各种活动和消费所产生的碳排放量来得出。例如,一个人的碳足迹可能包括其乘坐飞机、驾驶汽车、使用电力和热力、购买商品等所产生的碳排放。通过减少能源消耗、选择公共交通、购买低碳产品等方式,个人可以降低自己的碳足迹。

(2)根据其形成途径,可以把碳足迹分为:第一碳足迹(也称直接碳足迹)与第二碳足迹(又称间接碳足迹)两类。第一碳足迹是由于直接使用能源产生的,例如煤、汽油等矿物燃料的使用;第二碳足迹则是由间接能源消费导致的,比如交通工具所释放出的二氧化碳。

(3)根据不同的部门划分,碳足迹可以分为能源领域的碳足迹、工业过程和产品使用领域的碳足迹、农林及土地利用变动领域的碳足迹以及废弃领域的碳足迹。这有助于了解各个行业的碳排放情况,从而针对重点领域采取减排措施。

(4)按照国际贸易相关活动的不同,碳足迹可分为国际贸易品生产碳足迹和运输碳足迹。这种分类方式有助于了解国际贸易对全球碳排放的影响。

可以看到,无论以何种分类方式区分不同的碳足迹,基于生命周期评价即意味着从设计、原材料加工、生产、包装、运输、销售、使用、维修、再循环、废弃处置等供应链全过程中收集和计算碳排放的数据,涉及供应商、制造商、销售商和用户,所以碳足迹概念涉及供应链的全局。

二、碳标签

(一)碳标签的定义

碳标签(Carbon Labelling),即碳足迹标签,是在商品上标注碳足迹的一种方式。在产品标签上量化展示产品整个生命周期(包括原材料获取、生产、储存、运输、分销、使用、废弃和回收)的温室气体总排放量,以标签形式向消费者传达产品的碳信息。其目的是推广低碳技术,以减少温室气体排放,减轻气候变化的影响。碳耗用得越多,二氧化碳制造得越多,碳足迹就越大,从而标注在产品上的碳标签量也就越大;反之,碳标签量就越小。

(二)碳标签的分类

对碳标签分类,不仅可以使消费者了解产品的碳信息,也便于政府、企业管理碳标签。根据不同的分类标准,碳标签可以分为以下几类(见表4—1)。

表 4—1　　　　　　　　　　　　　　碳标签的分类

分类标准	类别	具体内容
表现形式	碳标识标签	仅仅表明产品在整个生命周期内的二氧化碳排放量低于某个既定标准,没有公布明确的二氧化碳排放量的数值
	碳得分标签	计算产品在整个生命周期内的碳足迹并公布
	碳等级标签	计算产品在整个生命周期内的碳排放量,与同行业平均水平比较然后确定其在行业中所处的等级

续表

分类标准	类别	具体内容
对参与主体的约束力	自愿型	参与主体自愿给产品贴上碳标签。大多数发达国家推行的碳标签制度属于自愿型碳标签
	强制型	参与主体在政府强制力约束下给产品贴上碳标签
属性	公共碳标签	计划所有者是政府。大多数碳标签实施者是政府机构
	私有碳标签	由私人公司经营,政府只发挥有限的作用

(三)碳标签的发展

碳标签的概念起源于20世纪90年代欧洲的两项生态标签计划:纺织品的生态环境标签和电子产品的能效标签。这两个标签成功地结合了行政措施的强制性和市场机制的引导性,推动了企业进行技术创新,减少了产品对环境的影响,并取得了显著的成效。基于此,在全球气候变暖的大背景下,碳标签制度应运而生。

21世纪初,世界上主要国家纷纷开始探索碳标签制度,英国是最早推出产品碳标签制度的国家。目前,全球已有英国、美国、德国、法国、瑞典、日本等多个国家和地区逐渐建立起碳标签制度。不同国家推出的碳标签制度在标签名称、产品类别、揭示内容等方面有所不同,世界上主要发达国家的碳标签制度见表4—2。

表4—2 主要发达国家碳标签制度

国家	时间	标签名称	产品类别	揭示内容
英国	2007年	碳足迹	B2B、C2C所有产品与服务	CO_2e 承诺未来减量
德国	2008年	产品碳足迹	B2C所有产品与服务	衡量/评价所有产品和服务
法国	2008年	Bilan CO_2	E. Leclerc公司自售/B2C产品	CO_2e
	2008年	Groupe Casino	B2C所有Casino自售产品	CO_2e 分级
美国	2011年	碳中和标签	B2C所有产品和服务	宣告碳中和
	2011年	Climate Conscious	B2C所有产品和服务	CO_2e
	2011年	碳标签	B2C所有产品和服务	分级宣告达到标准

2018年,中国启动了"碳足迹标签"推动计划。2018年8月,中国电子节能技术协会低碳经济专业委员会(LCA)牵头组织制定了《中国电器电子产品碳足迹评价》团体标准。2018年11月15日中国电子节能技术协会(CEESTA)、中国质量认证中心(CQC)及国家低碳认证技术委员会在湖北武汉联合举办了2018年电器电子产品碳标签国际会议。同期发布《中国电器电子产品碳标签评价规范通则》团体标准,确定了中国首例电器电子行业"碳足迹标签"试点计划。

2019年8月,作为推动中国碳标签发展的先行者,中国碳标签产业创新联盟成立,其正逐渐成为全球低碳发展的重要力量。2021年9月,中国电子节能技术协会发布了《行业统一推行的产品碳标签自愿性评价实施规则(暂行)》,这促进了碳标签评价工作的快速发展。2022年1月,《企业碳标签评价通则》(T/DZJN 75-2022)发布,这是中国首个以企业为主导的碳标签评价团体标准。该标准从低碳管理体系建设、设备节能、低碳技术应用与创新等方面,提出了明确的评价准则。

(四) 碳标签的意义

"碳标签"主要针对出口产品。虽然碳标签主要旨在激励消费群体与产品供应商采取行动维护生态平衡及应对全球变暖问题,但其效果更多依赖公众的社会道德和社会责任。执行碳标签的过程必须确认生产过程中的温室气体的释放量,此举会增加企业额外的支出负担,同时也会导致商品的价格有所上升。那么为什么还要推行碳标签呢?

1. 倡导绿色理念,引领消费新风尚

随着人们对气候变化的日益关注,人们对消费品"碳标签"的兴趣和需求也越来越大。英国碳信托公司(Carbon Trust)是碳标签的先驱,该公司的一项调查发现,在接受调查的1万名欧洲消费者中,有三分之二的人支持碳标签。

碳标签的广泛应用将推动消费者购买低碳、节能和环保的产品。碳标签是一种有效的手段,它鼓励全民参与到低碳生活中来,引导他们选择环保的低碳产品,从而推动社会的消费行为和消费结构向全面的绿色低碳转变。

2. 减碳,助力企业绿色转型

对公司而言,如果客户倾向于采取更符合生态保护的购物方式,那么这会促使它们提升科技水平并提高竞争能力。加入碳标签不仅能为公司提供一条可持续经营的路径,同时也能激发其寻求降低碳排放及节约能源的技术革新,并且也有助于推进公司的绿色转变,加速建立起以环保为主导的生产系统。履行社会义务,获得政府与公众的支持,同样是一种决策与创新,可以协助公司优化产品链条,打造绿色运输网络,进一步健全绿色可持续性的销售渠道,从而助力实现低碳工业和低碳经济发展。

同时,碳标签将产生产业驱动效应。碳标签作为市场上的绿色量化指标,会提高企业、政府或其他机构提供的产品或服务的环境标准,使有标签的产品比无标签的产品更具竞争力。

3. 应对进出口贸易新壁垒的重要工具

目前,发达经济体正在设置各种碳壁垒,以阻碍发展中国家的对外贸易和经济发展,如欧盟发起的碳边境监管机制,限制贸易产品的碳排放。2011年4月,日本要求农产品贴上碳标签,向消费者展示生产过程中的碳排放量,成为首个实施碳标签制度的国家。一些国家也有类似的碳标签计划,引导消费者购买低碳农产品。

此外,世界上许多知名企业都将"低碳"作为其供应链的必要条件。例如,沃尔玛和乐购都要求其供应商提供碳标签。随着国际上碳标签制度的推广和实施,对全球贸易,尤其是发展中国家的对外贸易,将会产生深远的影响。因此,实施碳标签制度的国家越早,企业就能越早控制产品生命周期的碳排放,从而减小绿色贸易限制的影响。

◎ 实践练习

查询熟悉多个国家或地区的碳标签标识。

任务二 掌握产品碳足迹评价

一、产品碳足迹的作用

(一) 对各参与者的意义

产品碳足迹研究直接关联消费需求,贯穿供应链各环节,对企业决策和消费者选择都具有指导作用,是实现"碳中和"目标的关键一环。因此,其在各类碳足迹研究中具有重要的研究和实用价值。对于政府、企业、消费者来说,开展产品碳足迹研究具有重要的现实意义和长远价值。具体表现在:

(1) 直接关联消费行为。产品碳足迹直接关联到消费者的购买选择,因为消费者是产品生命周期中最终使用阶段的主要参与者。通过了解产品的碳足迹,消费者可以做出更加环保的选择,从而推动市场需求向低碳产品转移。

(2) 促进供应链管理。产品碳足迹的评估要求从原材料的采集到最终产品的生产、分销和消费的每一个环节都要考量。这促使企业更严格地管理和优化供应链,以减少整个供应链的碳排放。

(3) 支持政策制定。政策制定者可以利用产品碳足迹的数据设计和实施有效的环境政策,如碳税、排放交易制度等,激励企业减少碳排放,推动产业升级和技术创新。

(4) 推动绿色创新。产品碳足迹的评估鼓励企业在产品设计和生产过程中采用更环保的材料和技术,从而推动绿色技术和产品的创新。

(5) 国际贸易中的竞争优势。随着全球对气候变化问题的关注加深,低碳产品越来越受到国际市场的青睐。产品碳足迹的评估有助于企业证明其产品的环保性,增强在国际贸易中的竞争力。

(6) 增强企业透明度和责任。通过公开产品的碳足迹信息,企业可以展示其对环境责任的担当,增强公众信任,提升品牌形象。

(7) 促进可持续发展目标的实现。产品碳足迹的评估与联合国可持续发展目标中的气候行动目标相契合,有助于监测和评估各国和企业在减少温室气体排放方面的进展,推动全球可持续发展。

综上所述,产品碳足迹的研究和实用价值在于其能够直接影响消费者的选择、促进企业的环境管理、支持政策制定和实施、推动绿色创新、增强企业的国际竞争力,并有助于实现全球可持续发展目标。因此,产品碳足迹在所有碳足迹类别中占据了核心地位,接下来我们详细了解产品碳足迹的评价标准。

(二) 产品碳足迹对企业的助力

1. 应对绿色贸易壁垒,提升企业在国际贸易竞争中的优势

通过产品碳足迹认证,制造企业可适应欧盟碳边境调节机制(Carbon Border Adjustment Mechanism,CBAM)和《美国清洁竞争法案》(Clean Competition Act,CCA)等相关碳关税政策规定,助力企业跨过国际碳关税和碳政策门槛,在日益激烈的国际竞争中取得一席之地。

2. 打造产品差异化,提高产品竞争力

产品碳足迹认证可以向用户展示产品的碳排放情况,打造品牌产品差异化,有利于紧密连接低碳用户,提升企业绿色低碳品牌价值,引导低碳消费,倡导低碳价值观。

3. 构建产业绿色供应链,降本增效

产品碳足迹认证帮助企业改进和完善自身碳排放管理,同时了解供应链上下游的碳排放情况,针对性地提出改进措施,降低成本与节能减排,加速企业实现减碳目标。

4. 符合市场需求,增加客户价值

产品碳足迹认证可满足品牌商、供应商对产品低碳环保的市场需求,有利于提升企业的综合绩效,加强与客户之间的关系,进而提升客户价值。

5. 促进企业 ESG 宣传，提升企业形象和品牌声誉

产品碳足迹认证是一种新的品牌策略传播渠道，企业可以向公众、投资者和其他利益相关方彰显自身应对企业在应对气候变化上的决心与行动，提升企业形象。同时，开展产品碳足迹认证有利于上市企业 ESG 信息的披露，促进企业自身 ESG 理念宣传，增强投资者的投资信心。

二、产品碳足迹评价标准

（一）评价标准分类

目前产品碳足迹评价涉及如下类型：

（1）国际标准。即在全球范围内受到公认并且应用相对广泛的标准。例如，国际标准化组织（ISO）发布的《ISO 14067：产品碳足迹量化与交流的要求与指导技术规范》。

（2）地方标准。如果所评估的产品或服务仅在某个特定地区销售或生产，则可能需要采用该地区的标准，因为在一些国家或地区，可能存在与能源供应、交通或废物处理相关的法规和政策，这些都会影响碳足迹计算。例如，深圳市市场监督管理局发布的《DB4403T285-2022 产品碳足迹评价技术规范——手机》。

（3）行业标准。对于某些特定行业，可能需要采用行业标准。这些标准可以更好地反映行业特定的过程、材料和技术，并提供更准确的数据和方法。例如，中国工信部发布的《SJ/T 11735-2019 产品碳足迹—产品种类规则—便携式计算机》。

（4）团体标准。在某些情况下，由于某种原因，组织或团体可能会开发自己的标准。例如，某些企业可能会与其他公司合作，以开发行业内的共同碳足迹计算标准。这些标准通常是基于国际标准的，并包括特定行业或组织的需求和要求。例如，中国电子节能技术协会发布的《TDZJN 77-2022 锂离子电池产品碳足迹评价导则》。

由此可知，产品的碳足迹评估体系涵盖的种类众多，同时，各个国家和团体制定并发布了适用于各种系统的碳足迹计算规范，这些规范间的差别使得各评估体系中的碳排放数据无法实现一致性和互通性，从而影响全球贸易与供应链的信息传递及比较效果。可见，为了促进经济合作交流和减轻环境壁垒影响，产品碳足迹评价不仅需要在国家或地区层面建立统一的核算标准，更需要提升在国际贸易中的使用价值。接下来，我们将详细展示产品碳足迹评价国际标准的内容和知识点。

（二）三大国际标准

目前，在全球范围内受到公认并且应用相对广泛的有以下三个国际标准：

1.《产品与服务的生命周期温室气体排放评价规范》（PAS 2050）

PAS 2050 是由英国标准协会（BSI）、碳信托公司（Carbon Trust）和英国食品与乡村事务部（Defra）在 2008 年共同发布的国际标准，是最早提供具体计算方法的标准之一，也是目前广泛使用的产品碳足迹评估标准。该标准主要用于评估产品和服务在其整个生命周期中产生的温室气体排放量，提供了明确的分析单位、系统边界、数据要求和计算方法。2011 年发布的 PAS2050 修订版，与 2008 年的原版相比，更加具有针对性，并且适用于更广泛的组织机构。

2.《温室气体核算体系》（GHG Protocol）

GHG Protocol 是由世界资源研究所（WRI）和世界可持续发展工商理事会（WBCSD）共同发布的一套公开的温室气体排放标准，涵盖了产品和供应链。该核算体系自 2004 年起逐步推出，并于 2011 年 10 月正式发布，它包括了企业核算、项目核算、产品核算、范围三核算等标准。

其中,产品核算标准和范围三核算标准都采用了生命周期评估方法。产品核算标准针对单个产品,计算其整个生命周期内的温室气体排放。而范围三核算标准则基于企业或组织,计算企业价值链中的温室气体排放。GHG Protocol 提供了详尽的碳足迹评估、报告指导以及使用指南,旨在帮助企业或组织在产品设计、制造、销售、消费和回收等环节制定碳减排策略。

3.《温室气体—产品碳足迹—量化要求和指南》(ISO 14067)

ISO 14067 是由国际标准化组织(ISO)基于 PAS 2050 标准发展而来的,该标准为产品碳足迹的核算提供了基本要求和指导,被认为具有更广泛的适用性。2012 年 10 月 4 日,ISO 在其官方网站上公布了该标准的草案,其正式版本于 2013 年发布。在该标准中,产品碳足迹被定义为:使用生命周期评估方法计算的产品体系中温室气体排放和清除的总量,以二氧化碳当量(CO_2eq)来表示。该标准每 5 年进行一次审查。

三、主要评价标准的对比

(一) 发展历程和相互关系

图 4—1 展示了三种产品的碳排放量全球标准发展的过程及其关联情况。国际标准化机构(ISO)在 2006 年推出了 ISO 14040 与 ISO 14044 这两项规定,它们提供了一个基本的架构和理念来支持生命周期的评估(LCA),并为此后所有关于碳排放量的计算及制定相关准则打下了坚实的基础。

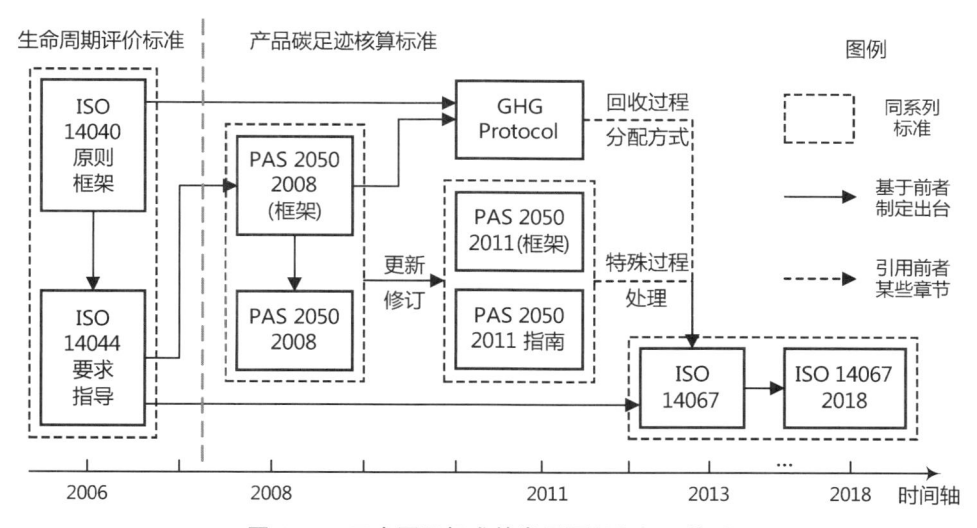

图 4—1 三大国际标准的发展历程和相互关系

自 2008 年 PAS 2050 发布以来,它首次把生命周期评估(LCA)理念融入其中,并对温室气体的产生和消减流程做了一定程度的深化。在此基础上,PAS 2050(2011)版本增加了一些额外的规定,以增强其与其他标准的统一性。如同 ISO 14044 和 ISO 14040 之间的关系,PAS 2050 指南和 PAS 2050 也存在相似之处:它们都基于基础框架和原理为具体的细节提供详尽的增补和实践指南。而 PAS 2050 自身的内容已经相当丰富,但 PAS 2050 指南则根据实操步骤和方法给出了更为细致明确的指引。

2011 年出台的 GHG Protocol,借鉴了 PAS 2050(2008)的内容,并且同样增添了补充性的条款要求,同时还细化并强调了一些被 ISO14044 和 PAS 2050 忽视的概念阐述,如关于产品"功能单位"以及"基准流"详细定义方式和概念等。PAS 2050 以及 GHG Protocol 在系统边界设定步骤上(即是否考虑和核算某项排放、过程与贡献时),同时要求:不仅要根据生命周期评价方法(LCA)来设定,同时应当考虑"归因过程",即依据归因方式(追溯排放的起因和源头)而非仅仅采用结果方法(仅依据最终的排放结果)来设定系统边界。

历时 4 年,2013 年由国际标准化组织(ISO)依据 PAS 2050 标准发展而来的 ISO 14067 正式出台。最初草案由环境管理技术委员会(ISO/TC207)于 2009 年 6 月提出,2012 年 10 月,ISO 官方网站上公布了国际标准草案版。ISO 14067 的主体部分是依照 ISO 14040 和 ISO 14044 提出的生命周期评价的基本步骤和框架。其中有两个小章节则部分引用和参照了前面所介绍的两个标准:"特殊过程的处理"来自 PAS 2050(2011),"回收分配"来源于 GHG Protocol。从整个产品碳足迹的发展历程来看,在 ISO 14040 和 ISO 14044 提供的生命周期评价的基本框架和原则之上,PAS 2050 首先提出专门针对产品碳足迹核算的相关规范,可视作产品碳足迹标准的始祖。

GHG Protocol 则是在前面两者的基础上,弥补了前面两者的不足。其主要目的是为企业、公司核算产品碳足迹提供详细指导和规范。

在之前碳足迹标准的基础上,ISO 14067 出台。其步骤和结构实质上与生命周期评价(LCA)基本一致,内容上部分参考了前面的三套标准。不过它的出台与发布使得产品碳足迹核算的全球影响力得到了提高。企业界在 ISO 14067 标准颁布后可以使用统一的规范来评估产品的碳排放,这有助于推进绿色商品或服务评价,其他产品碳足迹的标准将会被废止或者根据这一国际标准修订。

(二)标准结构上的差别

ISO 14067 是以 ISO 14040 和 ISO 14044 为基础,发展制定的专门针对产品碳足迹的生命周期评价标准,因此其核算步骤与生命周期评价的四个基本步骤保持一致,但是在各步骤的具体内容上有一定的调整:

(1)目标和范围界定。该标准特别强调产品种类规范(Product Category Rules,PCR),即针对每一类产品,应当依据或建立专门的 PCR 设定目标和边界。

(2)清单分析。该标准针对碳足迹计算,在 ISO14040 和 ISO14044 的基础上增添了相关特殊碳排放过程的处理规定,例如是否需要在清单中包含生物碳、化石碳和土壤碳,以及如何具体核算。

(3)影响评价。由于该标准仅针对碳足迹的环境影响进行评估,因此不再考虑和涉及对于生命周期过程中引起的其他多种环境影响的处理(如归一化、特征化、加权等),即在此仅涉及两个步骤:一是将之前计算得到的温室气体排放量乘以相应的全球变暖潜能值(GWP)以得到各种温室气体排放的二氧化碳当量,二是将所有温室气体排放的二氧化碳当量加总,得到最后的碳足迹。

(4)结果解释。该标准于这一步骤上基本上与生命周期评价的第四步骤内容一致。

PAS 2050 指南和 GHG Protocol 两个标准则是将生命周期评价的步骤的位置、一些相对宽泛的术语和概念进行了一些调整与修改,使其更加直观明确,并有利于针对产品碳足迹评价的实际操作与执行。PAS 2050 指南重新划分评价步骤,从清单分析环节将数据收集以及其质量控制的内容剥离出来,单独成章;而清单分析中剩下的排放计算以及后一步的影响评价则被合并为一个步骤——"碳足迹计算",名称上更简单、清晰和具体,同时如此划分也更利于对于计算环节的指导。GHG Protocol 则是在步骤上的划分更加细致清晰,将产品碳足迹的核算工作所需处理的重点环节一步一步展开,一共分成了 12 个步骤,每一个步骤再配以具体的规定和详细的图例阐述和指导。三大标准的结构差异具体见图 4—2。

LCA	ISO 14067	PAS 2050 (指南)	GHG Protocol
目标与范围的定义	步骤1 目标与范围 (Goal and scope) 1.目标的定义 2.范围的定义 (1)产品 (2)功能单位 (3)系统边界 (4)数据及质量要求	步骤1 范围 (Scoping) 1.描述需要评价的产品和单位 2.绘制产品生命周期图 3.设定研究边界 4.将数据收集活动的先后次序步骤安排妥当	步骤1 商业目标的制定 (Define business goal) 步骤2,3 检查原则与框架 (Review principle & fundamental) 步骤4 范围定义 (Define the scope) 1.定义GHG种类 2.确定产品、单位及基准流 步骤5 边界设定 (Set the boundary)
清单分析	步骤2 清单分析 (Inventory analysis) 1.收集数据 2.数据质量验证 3.数据的单元过程和功能单位 4.系统边界的提升与改善 5.分配 6.特殊GHG的排放和清除处理	步骤2 数据收集 (Data collection) 1.建立数据收集计划 2.收集初级活动数据 3.收集次级排放因子以及其他数据来填补数据缺漏 4.检查数据和数据质量评价 步骤3 碳足迹计算 (Footprint calculation) 1.汇编活动数据和平衡物质流 2.活动数据(AD)乘以排放因子(EF)	步骤6 数据收集和质量评估 (Collect data, assess data quality) 步骤7 分配 (Perform allocation) 步骤8 不确定分析 (Assess uncertainty) 步骤9 清单结果计算 (Calculate inventory results) 1.计算温室气体排放
影响评价	步骤3 影响评价 (Impact assessment) 1.乘以100年的全球变暖潜能值(GWP) 2.将影响加总	3.乘以100年的全球变暖潜能值(GWP)并累计影响 4.检查计算并记录所有数据来源以及相关假设	2.乘以100年的全球变暖潜能值(GWP)并累计影响 3.将影响加总
结果解释	步骤4 解释 (Interpretation) 1.识别重要问题 2.评估结果并注意完整性、敏感性与一致性检验 3.结论与建议	步骤4 结果解释及减排驱动 (Interpreting footprint results and driving reductions) 1.识别热点(hotspots) 2.敏感性检测分析 3.识别减排机会 4.确保透明度以及交流	步骤10 保证 (Perform assurance) 步骤11 报告清单结果 (Report inventory results) 步骤12 设定减排目标 (Set reduction targets)

图 4—2 三大国际标准结构上的差别

(三)标准的应用场景

基于对标准的解读和梳理,在此从标准的服务对象、概念规定、方法及参数等相应规定和指导作用等方面总结三个标准的主要特征。

(1) PAS 2050 服务对象主要为商业认证,同时也可应用于消费者和其他组织,具备良好的实用性,清晰简洁的概念和具体细致的指导是其特点之一。具体体现在以下三个方面:

① 概念方面。标准概念简单明确,对于数据类型的选择更侧重于活动数据和排放因子的明确规定。

例如,在数据类型的选择中,并非像其他标准那样按照直接测量和间接获取的数据获取方式来对数据分类,而是直接针对计算需要采用的活动数据和排放因子进行明确规定:活动数据多为初级数据,而排放因子多为次级数据,这样的规定让标准的操作使用人员更容易理解并执行数据收集工作。

② 方法层面。指导具体细致,尤其在产品延迟排放的计算上提供了具体的核算方法。

例如,对于产品延迟排放(在使用过程或废弃物处置过程中的排放)的加权平均影响的计算,三个标准中只有 PAS 2050 给出了具体的核算方法,尽管此点在最新的 PAS(2011 版)中已经不再强制性要求。

③ 参数层面。该标准提供的参数都是有具体值和指标的。

例如,截断规则(过程或物质排放超过总排放的 1% 则应当包含并核算)、初级(直接观测)数据应当在数据收集中占的比例(如不小于 10%)等。综上所述,PAS 2050 对于标准的使用人员而言,是一个非常实用且容易执行的标准。

(2) GHG Protocol 是为了满足公司企业的商业目标而制定的标准,它不仅在概念上十分全面,而且具有很高的灵活性。主要体现在以下两个方面:

① 概念层面。该标准的概念十分全面,分类细致。

例如,分析单位可划分为基准流和功能单位两类,前者用于中间产品的分析,后者则用于最终产品的分析。

数据分为 3 大类型:直接测量数据(按照其获取方式定义:直接观测或测量)、活动数据和排放因子。其中活动数据(AD)又包括过程和财务两种类型。排放因子(EF)包括两种类型:由投入产出法计算得到的和过程生命周期评价计算得到的。

再例如,不确定性包括 3 种类型:参数、场景和模型不确定性。其中参数的不确定性包括四类参数的不确定性:直接测量数据、排放因子、活动数据以及全球变暖潜能(GWP)值。

在当前三种产品碳足迹标准中,GHG Protocol 的概念和分类最为细致全面。

② 方法层面。该标准在数据收集、计算等方法上相对开放灵活,选择性强。

例如,在数据收集中,优先选取的数据的参考标准和考虑(非排放)因素。可能导致高昂费用或影响公司的长期策略的关键环节,都会被视为首要的选择来执行数据采集任务。

该标准的截断规则规定:若某个特定流程,其在整个生命周期中的任何一部分,抑或是在整体生命周期中产生的总体质量、体积及二氧化碳排放并不关键,就可以将其排除出计算范围。由此可见,关于"不重要"的界定和参照方法相当多样化且富有弹性,这取决于具体的计量目标。

总结来看,GHG Protocol 在实际应用方面十分灵活,使企业能够根据自身的核算需求自主决定需测量的项目和排放源,然而这也带来了主观性的增强和对比度相对下降的可能性。

(3) ISO 14067 标准具备广泛适用性,涵盖从企业到个人研究的所有领域。

① 概念层面。该标准建立在 ISO 14040 和 ISO 14044 的生命周期评价的基本步骤和框架基础上,省略了部分生命周期影响评价(LCIA)的内容,同时添加了处理碳排放的特殊过程的相关指导,增强标准的针对性和目的性。

② 方法和参数层面。ISO 14067 目前在很多方面缺乏明确的方法参考和定量的参数规定(例如,关于含碳产品延迟排放的影响,该标准规定产品延迟 10 年以上的排放,应当考虑延迟时间的影响,但没有提供任何核算方法,只要求列举核算时使用的方法),甚至在有些方面(如是否考虑固定资产的影响)缺乏相关的阐释和描述,这就给标准使用人员,尤其是没有受过严格培训的人员的标准使用带来了较大的困难,使其在解读过程中产生歧义而最终导致计算结

果不确定。

因此,较 PAS 2050 和 GHG Protocol 而言,ISO 14067 标准对于产品碳足迹核算的实际指导性稍弱。

四、产品碳足迹的发展

产品碳足迹评价正在从理论走向实践,并将在推动绿色生产和消费、实现碳中和目标等方面发挥越来越重要的作用,产品碳足迹评价将呈现出以下发展趋势:

1. 标准化与规范化

随着碳足迹评价应用的不断扩展,消费者和投资者对企业环境责任的要求日益增加,其标准化和规范化将成为未来的重要趋势。国际组织和各国政府将继续完善碳足迹评价的标准和指南,提高评估的准确性和可靠性。同时,认证机构也将加强对碳足迹评价结果的审核和认证,确保评估结果的客观性和公正性。为了避免不同国家和地区标准的分歧,各方将加强协调与合作,推动产品碳足迹评价标准的国际统一,实现评价结果的全球互认。

2. 数字化与智能化

随着大数据、云计算、人工智能等技术的快速发展,产品碳足迹评价将更加依赖于数字化工具和自动化流程。企业可以利用这些先进技术实时监测和动态分析产品的碳足迹,及时发现并解决环境问题。同时,通过智能化算法,企业还可以对产品的碳足迹进行优化设计,降低其环境影响。这将提高评价的准确性和效率,降低成本,并使得更多的中小企业能够进行碳足迹评价。新兴技术,如区块链,可以被用于确保碳足迹数据的真实性和不可篡改性。这将增加碳足迹评价的可信度,并可能为碳交易市场带来新的机遇。

3. 跨部门与跨领域合作

应对气候变化需要全球合作,产品碳足迹评价将成为国际合作的重要工具。通过共享数据和最佳实践,各国可以共同提高碳足迹评价的质量和应用效果。碳足迹评价涉及多个部门和领域,需要各方共同参与和协作。政府、企业、研究机构和社会组织等将加强跨部门、跨领域的合作,共同推动碳足迹评价的发展和应用。通过合作,各方可以共享资源、交流经验、共同解决问题,推动碳足迹评价在更广泛的范围内应用。

4. 应用领域不断拓展

产品碳足迹评价将推动供应链的整合和优化。企业不仅会评估自身的碳排放,还会要求供应商提供碳足迹数据,以确保整个供应链的低碳化。碳足迹评价将更深入地融入产品设计和创新过程。通过在设计阶段就考虑产品的碳足迹,企业可以开发出更环保的产品,满足市场需求,同时减少对环境的影响。除了实物产品,服务业、金融业等无形产品和活动的碳足迹评价也将得到重视。同时,评价范围还将延伸至上游供应链和下游使用端,实现全生命周期的全面覆盖。

5. 消费者深度参与

随着消费者环保意识的提高,他们将更加关注产品的碳足迹信息,会越来越倾向于选择环保和可持续发展的产品。消费者将积极参与碳足迹评价的过程,通过购买环保产品、反馈环境问题等方式,推动企业改进其环境表现。同时,消费者还可以监督和评价碳足迹评价结果,确保评估结果的公正性和准确性。企业可能会通过标签、应用程序等方式,让消费者更容易获取产品的碳足迹信息,从而影响购买决策。

产品碳足迹评价作为应对气候变化的重要工具,其发展和未来趋势显示出数字化、标准化、供应链整合和全球合作等特点。随着技术的不断进步和全球对气候变化问题的共同关注，产品碳足迹评价将在推动可持续发展和实现低碳经济转型中发挥越来越重要的作用。

任务三　理解供应链碳足迹

一、供应链碳足迹评价

（一）供应链碳足迹的概念

供应链碳足迹是指一个产品从原材料的提取、加工到最终产品制造、分销、使用直至废弃处理的整个供应链过程中产生的温室气体排放总量。

供应链碳足迹涵盖了产品生命周期中的所有直接和间接排放，包括上游的原材料供应和下游的产品使用及废弃阶段。它考虑了供应链上游和下游各个环节所产生的碳排放，反映了整个供应链系统对气候变化的影响。

供应链碳足迹的评估有助于识别和量化整个供应链中的碳排放热点，从而为减少碳排放提供策略和行动方向。

（二）与产品碳足迹评价的异同

与产品碳足迹相比，供应链碳足迹具有更广泛的范围和更深入的层次，产品碳足迹更侧重于单一产品在其整个生命周期内的温室气体排放。供应链碳足迹和产品碳足迹的主要异同点体现在如下几个方面：

（1）范围。供应链碳足迹关注的是整个供应链的碳排放，包括上游供应商和下游分销商、零售商的排放，而产品碳足迹则专注于单一产品的全生命周期排放。

（2）目的。供应链碳足迹的评估有助于企业从宏观角度理解和管理整个供应链的环境影响，促进供应链的绿色低碳转型。产品碳足迹则更多用于衡量和比较单一产品的环保性能，指导消费者的购买决策和企业的产品改进。

（3）应用。供应链碳足迹的管理可以帮助企业在全球范围内优化供应链配置，减少物流和原材料采购中的碳排放。产品碳足迹则常用于产品标签、环保认证和市场准入，以及作为企业减排目标和报告的一部分。

总的来说，供应链碳足迹是一个更宏观、更全面的概念，而产品碳足迹则更加微观和专注。两者相辅相成，共同推动企业和社会朝着可持续发展的方向前进。

二、生命周期评价法

无论是供应链碳足迹评价还是产品碳足迹评价，都是基于全生命周期评价的理论。生命周期评价（Life Cycle Assessment，LCA）广泛用于评估产品或服务在整个生命周期对环境的影响，以及资源和能源的使用情况，旨在找出对环境造成最低负面影响的选择方案。它需要评价原材料的生产、制造、分配、使用和处理过程，包括所有必需的中间运输步骤或者由于产品存在而产生的中间环节（见图4—3）。所有

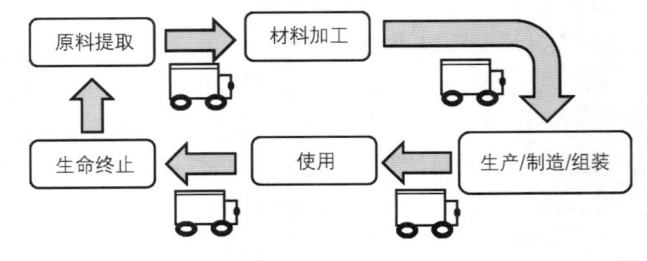

图4—3　产品生命周期评价过程

步骤或环节的总和就是产品的生命周期。生命周期评价概念可以用于优化一种单个产品的环境效应或一个企业的环境效应。

生命周期评价法可以深入研究众多环境影响因素(见表4—3),生命周期可持续性分析(LCSA)被视为主要的可持续发展手段,这是由于它考虑了经济、社会和环境三个关键支撑点。生命周期分析中可以考虑很多不同种类的生命周期可持续性影响。碳足迹分析仅仅用于测量气候变化的影响,而其他环境、社会和经济影响或许对于特定问题或分析决策的制定而言更加相关和重要。

表4—3　　　　　　　　　　生命周期的环境、社会和经济影响

环境效应	社会效应	经济效应
气候变化	人权	人工成本
资源消耗	工作条件	原料成本
土地利用	健康和安全	
水资源利用	文化遗产	
生物多样性	管理	
酸化		

生命周期评价法是为了分析产品和服务而产生的,但理论上,生命周期评价法的框架可以用来评估任何实体,如个人、工业、组织、团体或国家的碳足迹。当生命周期评价和全球变暖的影响类型被用于产品以及除了运行和生命周期结束阶段的分析时,碳足迹或许可以用隐含碳来代替。隐含碳用来测量所有阶段的温室气体排放,从原材料的开采到中间材料的生产到最终产品。类似的,一种产品的隐含能源指产品生产过程中所有使用的能源。

相较于计算碳排放量的技术手段,估计法的结果并不如其准确,但在特定情况下具有独特的价值。而生命周期评估法则是一种评测工具,适用于对产品和服务全生命周期的能量耗费和环境效应的分析,包括从原料采集至最后处理的所有环节,即从"摇篮到坟墓"(一般指的是产品从原材料采购、生产、仓储、运输、销售到最终废弃处理的整个过程)的能源消耗和环境影响。

当前广泛使用的生命周期评估方式根据系统的范围设置和模型理论可划分为:过程生命周期评价法、投入产出生命周期评价法、混合生命周期评价法。

(一) 过程生命周期评价法

依据1998年ISO颁布的《生命周期评价原则与框架》(ISO 14040),过程生命周期评价(Process-based,PLCA)是最传统的生命周期评价方法,也是目前应用最广泛的评价方法。它主要分为四个基本步骤,分别是:目标定义和范围的界定、清单分析、影响评价和结果解释,而每个基本步骤又包含一系列具体的步骤流程。

过程生命周期评价法采用"自下而上"的计算模型,通过清单分析和实地调研或者数据库资料收集,获取产品或服务在整个生命周期中的输入和输出数据,以评估其碳排放和环境影响。过程生命周期评价法常用于具体产品或服务方面(微观层面)的碳足迹计算。虽然该方法能够较为准确地评估碳足迹和环境影响,并且可根据具体目标设置评价目标和范围的精确度,但由于边界设定的主观性和截断误差等问题,评价结果可能存在不足和矛盾。

(二) 投入产出生命周期评价法

投入产出生命周期评价法(Input-output LCA,I-O LCA),通过引入经济投入产出表解决

了过程生命周期评价方法在边界设定和清单分析方面的不足。这种方法也被称为经济投入产出生命周期评价法(Economic-input-output LCA，EIO-LCA)，旨在评估产品生产过程中产生的碳排放。

投入产出生命周期评价法主要采用"自上而下"的计算模型，利用投入产出表来核算碳足迹，并应用平衡方程式来揭示生产活动与经济主体间的联系。因为这种方法在核算过程中需要的物力资源较少，成本相对较低，所以特别适合于宏观层面的碳足迹计算，比如国家和企业的评估，很少用来研究单个产业产品的影响。

投入产出法的基本思想是将一个经济系统划分为若干个部门或行业，通过构建投入产出表来描述各部门或行业之间的投入和产出关系。在这个基础上，可以利用投入产出表中的数据计算各部门的碳排放量，并进一步追溯到具体产品的碳足迹。

1. 投入产出生命周期评价法的计算步骤

(1) 构建投入产出表。收集各部门的投入和产出数据，构建一个包含各部门之间经济联系的投入产出表。

(2) 计算直接碳排放系数。根据各部门或行业的能源消耗和碳排放因子，计算各部门的直接碳排放系数，即单位产出的碳排放量。

(3) 计算间接碳排放。利用投入产出表中的数据和直接碳排放系数，计算各部门之间由于相互关联而产生的间接碳排放。

(4) 分配碳排放到产品。将各部门的总碳排放(直接和间接)按照一定比例分配到具体的产品上，得到每个产品的碳足迹。

需要注意的是，投入产出生命周期评价法虽然可以从宏观层面评估产品的碳足迹，但可能无法准确反映微观层面的具体情况。此外，该方法也受到数据可得性和准确性的限制。

2. 投入产出生命周期评价法的优缺点

投入产出生命周期评价法能够全面衡量产品或服务的碳足迹及其环境效应。因此，在碳足迹计算中的优势主要包括：

(1) 能够利用投入产出表提供的信息，计算经济变化对环境产生的直接和间接影响。

(2) 考虑了整个生产链的碳排放，而不仅仅是单个产品或生产过程。

然而，由于受限于投入产出表的时间性和准确度，它的评估结果并不理想。投入产出生命周期评价法也存在局限性：

(1) 计算模型基于货币价值和物质单位之间的联系构建，但具有相同价值的产品在生产过程中可能隐含着不同的碳排放量，这可能导致计算结果出现偏差。

(2) 由于同一企业可能生产多种产品，而这些产品的二氧化碳排放量可能差异很大，因此使用这种方法计算可能会带来较大的误差。

(3) 投入产出生命周期评价法得到的计算结果仅限于行业层面的数据，无法提供具体产品的详细信息，因此这种方法只适用于评估某个企业或产业的碳足迹，而不适合用来计算单一产品的碳足迹。

因此，在使用投入产出生命周期评价法评估产品碳足迹时，需要综合考虑其适用范围和局限性，并结合其他方法综合分析和验证。

(三) 混合生命周期评价法

混合生命周期评价法(Hybrid-LCA，HLCA)是一种创新性的环境评估工具，它结合了过程生命周期评价法和投入产出生命周期评价法的优势，旨在更全面、精准地评估产品或服务在整个生命周期内的环境影响。这种评价法不仅规避了单一方法可能带来的截断误差,还能更有针对性地评价具体产品及其整个生命周期阶段(包括使用和废弃阶段)。

混合生命周期评价法的主要特点在于其混合性,即将两种或多种不同的评价方法相结合,以充分利用各自的优势并弥补彼此的不足。过程生命周期评价法注重产品或服务生产过程中的详细物料和能量流动,能够揭示生产过程中的环境热点;而投入产出生命周期评价法则从宏观经济角度出发,关注产品或服务在更大系统内的环境影响。通过将这两种方法相结合,混合生命周期评价法能够在微观和宏观层面上提供更全面、深入的环境影响分析。

混合生命周期评价法的主要特点:

(1) 数据来源多元化。它融合了过程生命周期评价法中基于实际生产数据的底层数据,以及投入产出分析中基于经济数据的顶层数据,从而弥补了单一方法的数据缺失。

(2) 系统边界扩展。通过引入投入产出分析,可以将评价范围扩展到整个供应链上下游,涵盖那些难以获取过程数据的间接活动和排放。

(3) 不确定性降低。多种方法的结合有助于减少单一方法带来的系统误差和遗漏,提高结果的可靠性。

(4) 灵活性强。可根据具体情况选择合适的混合策略,平衡数据质量、分析精度和工作量。

在具体应用上,混合生命周期评价法可以根据实际需要,采取不同的混合方式和模型,如分层混合、基于投入产出的混合和集成混合等。这些模型各具特点,能够在不同程度上满足环境评估的需求。然而,需要注意的是,不同的混合方式和模型可能导致评价结果存在一定的差异,也会有应用的限制。例如,前两种混合模型(分层混合和基于投入产出的混合)可能造成重复计算,不利于投入产出表系统分析功能的发挥;而集成混合模型则由于对数据要求较高,计算难度较大,目前尚停留在假说阶段。因此,在实际应用中需要充分考虑这些因素,并结合具体的研究对象和目标选择合适的评价方法和模型。

(四) 三种评价方法的应用场景

三种生命周期评价方法的优缺点汇总见表4—4。

表 4—4　　　　　　　　　　三种生命周期评价法对比

方法	优点	缺陷
过程生命周期评价法	精确地评估产品或服务的碳足迹和环境影响,可以根据具体目标设定其评价目标和范围的精确度	边界设定主观性强以及截断误差等问题,其评价结果可能不够准确,甚至出现矛盾的结论
投入产出生命周期评价法	较完整地核算产品或服务的碳足迹和环境影响	受投入产出表的制约,时效性不强,同时不一定能够很好地与评价对象相互对应
混合生命周期评价法	可规避截断误差,还能更有针对性地评价具体产品及其整个生命周期阶段的碳排放	对数据要求较高,难度较大

由各自的优缺点可以得出它们各自适用的应用场景。

(1) 过程生命周期评价法的应用场景主要集中在微观层面,特别关注产品或服务从原材料获取、生产、使用到废弃处置的详细过程。它适用于那些需要深入了解特定产品或服务在其生命周期内环境影响的情况。例如,在产品设计阶段,过程生命周期评价法可以帮助设计师选择环境影响最小的材料和工艺;在生产过程中,它可以指导企业采取清洁生产和节能减排措施;在产品使用和废弃阶段,过程生命周期评价法可以为企业提供延长产品寿命和减少废弃物排放的策略。

(2) 投入产出生命周期评价法则更侧重于宏观层面,关注产品或服务在更大系统内的环境影响。它适用于评估经济部门或整个经济系统的环境影响,以及产品或服务在更大范围内的环境影响。投入产出生命周期评价法可以帮助政策制定者了解不同经济部门的环境负担,从而制定针对性的环保政策;对于企业而言,它有助于分析供应链中的环境热点,选择环保供应商,降低资源浪费。

(3) 混合生命周期评价法结合了过程生命周期评价法和投入产出生命周期评价法的优势,既关注微观层面的详细过程,又考虑宏观层面的系统影响。这使得混合生命周期评价法在应对复杂环境问题时具有更强的适用性。例如,在评估新型能源技术的环境影响时,混合生命周期评价法可以综合考虑技术本身的性能、生产过程的环境负担以及在整个能源系统中的应用效果;在评估全球气候变化政策的影响时,混合生命周期评价法可以分析不同政策对整个经济系统和环境系统的综合影响。

总的来说,过程生命周期评价法适用于单一工艺评估,投入产出生命周期评价法适合整个供应链评估,而混合生命周期评价法则能够平衡数据质量和系统边界。这三种方法各有优势和局限性,实际应用中可能会根据具体情况和需求选择,或者将它们结合起来使用,以获得更准确和全面的评价结果。

三、供应链碳足迹核查

供应链碳足迹核查是一种评估方法,旨在量化和验证一个产品或服务从原材料获取到最终消费和废弃处理的整个供应链过程中产生的温室气体排放。这一过程不仅包括直接排放,如工厂生产过程中的能源消耗,还包括间接排放,如上游原材料供应商的排放和下游运输、使用阶段的排放。供应链碳足迹核查的目的是为企业提供一个清晰的环境影响图景,帮助它们识别减排机会,制定减排策略,并对外报告其环境绩效。目前的供应链核查流程是围绕某一具体产品的全生命周期开展的,本书将从产品的供应链碳足迹过程来阐述具体的步骤。

拓展阅读

产品碳足迹核查报告——一种木器清底漆

(一) 确定核查范围和目标

在开始核查之前,首先需要明确核查的范围,这包括确定要核查的产品或服务、涉及的供应链环节以及时间跨度等。这通常涉及确定一个或多个特定的产品生命周期阶段,如原材料获取、生产制造、运输、仓储、销售、使用和废弃处理。

但为了保证目标单位的准确性及可比性,还要将这些日常描述的对象单位细化,如一个500毫升的玻璃茶杯,一部使用时长为1 000小时的手机等。准确定义产品的功能单位,就是这一步的内容。

在确定功能单位时,需要考虑以下几个因素:

(1) 产品的主要功能。确定产品提供的主要功能是什么,例如,对于电子产品,功能单位可以是每个设备的使用年限或每个设备的功耗。

(2) 使用者需求。了解用户对产品的需求,以便将功能单位与用户需求相匹配。例如,对于食品产品,功能单位可以是每个食品单位的营养价值。

(3) 可比性。功能单位应该具有可比性,即不同产品之间可以通过功能单位比较。确保不同产品的功能单位在数量上或效用上是可比的。

（4）实际可操作性。功能单位应该是实际可操作的，易于测量和计算。同时，功能单位应该能够反映产品的核心功能，以准确地评估其碳足迹。

综合考虑以上因素，确定适当的功能单位对于产品供应链碳足迹核算的准确性和可比性至关重要。它不仅提供了一个衡量产品碳足迹的基准，还有助于识别和评估碳减排的潜力。

（二）了解生产过程及绘制过程图

确定了具体的核查目标和范围后，要详细了解该产品或服务的具体生产过程及绘制详细的过程图。

关于过程图的绘制，我们可以这样想象：在产品生产的时候会有许多道工序，每道工序都会有许多输入项，如各种原材料、各种能源等；每道工序也会有一个或者多个输出项，至少会有目标产品或者中间产品，除此之外还可能有副产品，以及废水、废气或者固体废弃物。我们将所有工序的输入项和输出项全部画出来，就可以得到产品的过程图（见图4—4）。

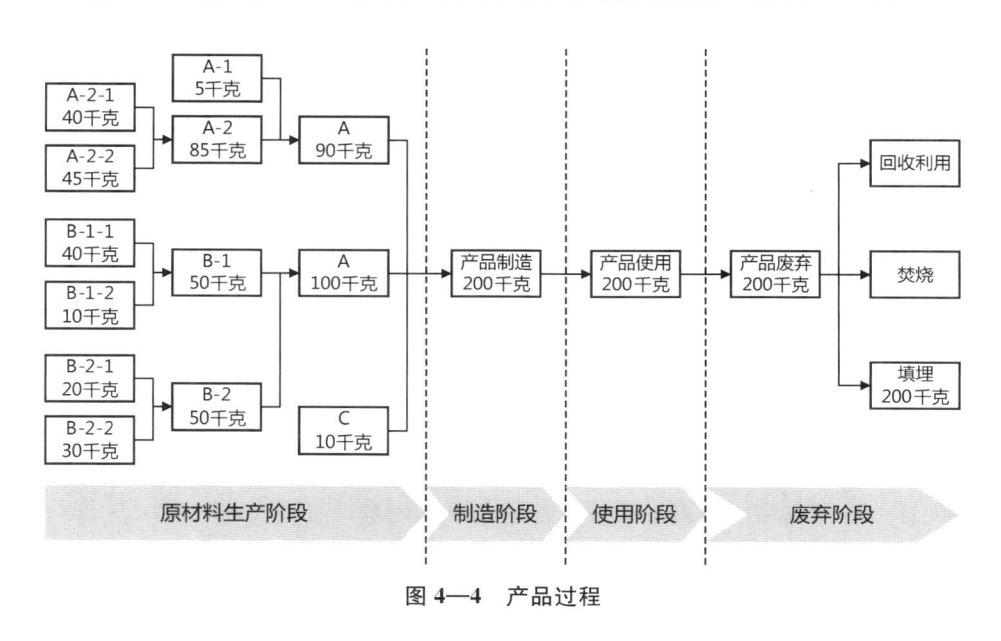

图4—4 产品过程

将每个环节和过程以图形方式表示，并标注它们之间的关联和顺序。使用符号、箭头和文字等清晰地描述每个环节和过程的输入、输出、能源消耗、排放等关键信息。

这一步有两个目的，第一个目的是通过过程图绘制来描绘产品整个生命周期经历了哪些过程，以及这些过程分别都排放了哪些温室气体。这个过程图实际上就是产品碳足迹核算的数据模型。第二个目的是确定数据核算的边界，因为过程图在绘制过程中理论上是可以无限延伸的，为了计算的可操作性，我们需要明确计算的边界，这个边界最终也是通过过程图来体现的。

目前，产品供应链碳足迹计算的边界通常有以下两种：

（1）摇篮到大门。主要针对B2B产品（企业对企业），涵盖从原材料获取、产品生产到产品出厂期间的温室气体排放总量。一般适用于非终端消费的产品，如钢铁、水泥、化学品原料等。

(2) 摇篮到坟墓。主要针对 B2C 产品（企业对消费者），涵盖从原材料获取、产品生产、销售、使用和最终废弃处置期间的温室气体排放总量。一般适用于消费端的产品，如汽车、电脑等。

（三）确定系统边界

一个产品生命周期的系统边界对该产品碳排放计算的影响很大，所以我们需要慎重划定系统边界。确定产品供应链碳足迹核算的边界，即哪些环节和过程应该纳入考虑，哪些可以被排除在外。边界可以根据组织的目标、可操作性和可控性等因素来确定。

考虑系统边界应包含：

(1) 考虑直接和间接排放。确定边界时，需要考虑产品生命周期中产生的直接和间接温室气体排放。直接排放是指与产品制造和使用直接相关的排放，如能源消耗、废物处理等。间接排放是指与产品生命周期其他环节相关的排放。

(2) 考虑运营边界。边界确定时，还需要考虑产品生命周期的上游和下游环节，供应链的上游（原材料采购）、核心（自身运营）和下游（产品销售及使用）哪些部分将被纳入评估。这样可以全面评估产品的碳足迹，并避免将责任转移给其他环节。

(3) 考虑组织边界。指明哪些实体将被纳入核查范围，如母公司、子公司或合资企业。

根据 PAS 2050 关于系统边界的介绍，应当首先考虑以 ISO 14025 制定的某个产品的种类规则的系统边界为我们产品的主要边界。

当然，对于一些强制性的产品碳足迹规则（如 PEF），通常会给出特定产品的系统边界，这种情况下，我们需要严格按照相关指南划定的系统边界来计算产品供应链碳足迹。

（四）选择核算方法及收集数据

在完成过程图的绘制和系统边界的确定后，根据核查目的和数据可获得性，选择合适的核算方法，即上一节讲到的过程生命周期评价法、投入产出生命周期评价法及混合生命周期评价法。每种方法都有其优缺点，需要权衡精确度和可行性。

接下来为了确定每个过程的碳排放，就需要收集每个过程的活动水平数据。数据收集是核查过程中最为关键的一步。这包括从各个供应链环节收集能源消耗、原材料使用、运输方式、产品使用效率等数据。数据来源可以是企业内部记录、供应商提供的信息、行业平均数据或者公开的环境数据库。

产品供应链碳足迹的数据收集方式与组织层面上的数据收集方式有较大差别。它以过程图中每个单元过程为数据收集的最小单位，然后收集每个过程的所有物质、能量及排放的输入项和输出项的所有数据。

一个产品从原材料开采到最终废弃整个过程短则三四层，长则数十层。我们不可能每一个环节都到厂家收集一手数据。比如一罐饮料，为了获得铝罐数据，可能需要到生产铝罐的厂家收集，再往上找到生产铝锭的厂家收集数据，直到最终找到开采铝矿的厂家收集数据，这样做是毫无效率的。

所以在收集数据之前，需要先引入两个概念：初级活动水平数据和次级活动水平数据。

1. 初级活动水平数据

初级活动水平数据又称一级数据或现场数据。它来自组织所拥有、运行或控制的那些过程中实际产生的数据。比如前面提到的一罐饮料，它在制造过程中产生的碳排放应包含在系统边界内。而这些碳排放数据是应由工厂直接提供的、只适用于该工厂的数据。

以下是一些常见的初级数据收集范围：

(1)原材料消耗。了解产品生命周期中所使用的原材料种类和数量。可以通过查看公司内部的采购记录、库存管理系统或与供应商沟通来获取这些数据。

(2)能源使用。收集与产品生产过程相关的能源消耗数据，如电力、燃气、蒸汽等。可以通过查看能源账单、设备能耗记录或与能源供应商联系来获取这些数据。

(3)运输方式。了解产品在供应链中的运输方式和距离。可以通过查看物流管理系统、运输合同或与物流供应商沟通来获取这些数据。

(4)废物处理。收集产品生产过程中产生的废物种类和处理方式。可以通过查看废物管理记录、环保报告或与废物处理服务提供商联系来获取这些数据。

(5)数据调查问卷。设计并发送数据调查问卷给相关的部门、供应商和合作伙伴，以收集必要的数据。问卷可以包括有关原材料来源、能源使用、运输方式和废物处理等方面的信息。

在收集初级数据时，需要确保数据的准确性和完整性。

2. 次级活动水平数据

次级活动水平数据又称二级数据或背景数据。理论上，凡不是来自特定现场的数据，都可以称为次级数据，如文献数据、估算数据等。但在实际的计算过程中，次级数据通常来自政府发布的权威数据库。

瑞士 Ecoinvent 数据库、欧洲生命周期文献数据库(ELCD)、德国 GaBi 扩展数据库(GaBi Databases)、美国 NREL-USLCI 数据库(U. S. LCI)、韩国 LCI 数据库(KLCI Databases)等是国外广泛使用的 LCA 数据库。

目前为止，我国并没有得到国际公认的标准化的、统一的信息平台或管理体系。国内开展 LCA 研究和应用需要中国本土的基础数据库。国内首个公开发布的本地生命周期基础数据库(Chinese Reference Life Cycle Database，CLCD)由四川大学建立，并由亿科环境不断更新完善。还有许多机构和公司正在研发自己的 LCA 数据集。例如由中科院环境科学研究所建立的中型规模化生产设施排放物影响评估模型(CASRCEES)，上海交通大学的车辆替换能源全寿命期评价工具包，及钢铁巨头宝武推出的商业产品的生态足迹分析软件等。

拓展阅读

常见 LCA 数据库

在确定次级数据时应考虑以下因素：

(1)地域代表性。即选定的次级数据能否更好地反映当地的排放情况。比如钢材的次级数据，一个代表欧盟的平均值，另一个代表中国的平均值，还有一个代表钢材生产所在省份的平均值，那么钢材生产所在省份的次级数据是优选项，其次是中国平均值，最后才是欧盟平均值。

(2)时间代表性。即选定的次级数据能否代表当时的排放水平，年代越久远，代表性就越差。因为一般数据库中的数据量太大，更新一次是个大工程。

(3)技术代表性。即选定的次级数据能否代表对应产品的生产技术。我们仍然以钢材来举例。钢材的生产技术主要有两种：一种是长流程炼钢，这种技术是从铁矿石冶炼开始到最终钢材成品的生产；另一种是短流程炼钢，这种技术是从废钢冶炼开始到最终钢材成品的生产。虽然最终的产品外观都一样，但前者的碳足迹是后者的四倍以上。

(4)数据权威性。即选定的次级数据能否得到报告对象或者利益相关方的认可。权威性是相对的，欧盟的数据库放到中国不一定就是最权威的，同样本地的数据也不一定能得到欧盟的认可。

(五) 计算与分析碳足迹

根据收集到的数据,使用适当的排放因子(如每单位能源消耗的 CO_2 排放量)将各种输入和活动转换为温室气体排放量。排放因子可能来自政府发布的数据库、行业协会或者专业机构,如 IPCC 指南或 ISO 14040/14044 标准。根据收集的活动数据和选定的排放因子,计算各个排放源的温室气体排放量。可能需要对不同温室气体的排放量进行换算,以获得总的二氧化碳当量排放量。

整个过程图的每个过程并非只有一个输出项,可能涉及副产物或者循环过程,所以产品供应链碳足迹的计算并不像组织层面的碳排放计算一样,对每个过程简单相加,一般情况下,需要借助专门的计算软件。

我们通过软件计算碳足迹时,首先录入产品的功能单位;然后绘制产品的过程图及划定系统边界。这一步在软件中通常称为建立 LCA 数据模型。完成数据建模以后,我们就可以根据已经收集好的初级数据和次级数据录入数据了。

通常对于次级数据,这些计算软件都是自带的,所以只需要在软件的数据库中选取。

不过,一些数据库是绑定自己的碳足迹计算软件一起售卖的,不单独出售数据库,如果我们想要使用该数据库中的数据,只能在这个数据库自带的软件中计算碳足迹。常见软件见表4—5。

表 4—5 常见的 LCA 计算软件

软件	国家	简介
GaBi	德国	GaBi 软件由德国 Thinkstep 公司开发,是最早开发的 LCA 软件之一,同时 Gabi 也自建 LCA 数据库,广泛应用于各领域,是目前常用的 LCA 分析软件
SimaPro	荷兰	SimaPro 软件由荷兰 Leiden 大学环境科学中心开发,各环节的评估过程与结果均可以用系统流量方式表示,且界面相对友好,降低了使用难度
openLCA	德国	open LCA 软件是由德国柏林的 GreenDelta 公司运营的免费开源软件。它拥有 GIS(地理信息系统);可计算环境、社会和经济指标,有插件能够提供除此之外更具体的元素;其开放式架构简化了数据的导入和导出以及与其他 IT 环境的集成,同时可以链接到其他建模软件或者对自身进行扩展
eBalance	中国	eBalance 是成都亿科环境科技有限公司于 2010 年开发的碳足迹 LCA 专业软件,之后在此基础上开发了在线软件 eFootpnnt,可满足欧盟产品环境足迹(PEF)指南的要求。早期主要用于高校及研究机构,目前也广泛用于咨询机构和各行业企业
碳云	中国	碳云是由碳阻迹北京科技有限公司研发的一款综合性碳核算软件,整合了 Ecoinvent、Defra/DECC 等国际主流数据库,支持多种碳核算模型,实现排放因子智能匹配
碳擎	中国	碳擎是由江苏擎天工业互联网有限公司推出的碳足迹核算软件。提供碳足迹清册报告自动生成、碳足迹电子看板碳排放数据分析以及基于区块链的线上第三方核证等功能,兼容国内外主流 LCA 数据库,预置了主流模型,并化繁为简地承载了碳足迹建模等专业过程
吉碳云	中国	吉碳云是由吉利控股集团自主研发的碳足迹核算软件,内嵌国外 GaBi、Ecoinvent 及国内 CACLD 数据库。可以实现图像化过程图绘制及多用户数据基建,主要应用于制造业、物流运输业、循环再利用企业以及多级供应链企业

（六）验证核查及报告编制

在完成数据分析和计算后，企业需要对结果进行验证和核查，包括对数据来源的审查、计算方法的合理性评估，以及可能的现场审核。这可以通过与第三方机构合作进行独立核查，或者采用其他可靠的验证方法实现。验证和核查的目的是确保供应链碳足迹核查结果的准确性和可靠性，避免因为数据错误或计算偏差导致的结果失真。

经过验证和核查后，企业需要编制供应链碳足迹报告，核查结果需要以清晰、透明的方式向利益相关方报告，包括企业管理层、投资者、消费者和监管机构。报告中应包含详细的核查数据、分析结果、减排策略等内容，以便利益相关者了解企业的环保表现。报告的发布有助于提升企业的透明度和信誉度，增强消费者和投资者的信心。

（七）实施策略并持续改进

基于核查结果，企业可以制定具体的减排策略，如改进生产工艺、采用清洁能源、优化物流网络、提高产品使用效率等。实施这些策略后，应定期重新核查碳足迹，以监测减排效果并持续改进。

供应链碳足迹核查是一个动态的过程，随着企业运营和市场条件的变化，核查的范围和方法可能需要调整。此外，随着对气候变化认识的深入和相关政策的发展，核查标准和要求也可能发生变化。因此，企业应建立一个持续的碳足迹管理和核查机制，需要定期对供应链进行碳足迹核查，及时发现并解决新的问题和挑战。

任务四　熟悉供应链碳足迹实践

案例学习是理解和掌握供应链碳足迹知识的重要手段，它通过具体、实际的业务场景来展示供应链碳足迹的概念、评估方法和减排策略的应用。深入分析实际案例，可以清晰地看到供应链中各个环节的碳排放情况，包括原材料采购、生产制造、物流运输、销售等环节。这有助于将理论知识与实际操作相结合，更深入地理解供应链碳足迹的概念、核算方法和影响因素。

一、碳足迹管理实践

（一）电动汽车碳足迹管理：特斯拉

电动汽车作为替代传统燃油汽车的新型交通工具，其碳足迹管理实践是一个很典型的案例。随着全球对减少温室气体排放和推动可持续发展的关注增加，电动汽车的碳足迹逐渐成为评估其环境影响的重要指标。特斯拉作为全球领先的电动汽车制造商，致力于减少其产品在整个生命周期中的碳足迹。以下是特斯拉采取的一些实践措施：

1. 能源获取

特斯拉电动汽车的成功离不开其创新的能源获取方式。特斯拉采用自家设计的超级充电站（Supercharger）为电动汽车提供电力。这些充电站使用可再生能源（如太阳能）供电，减少了传统电网中对化石燃料的依赖，从而显著降低了能源获取阶段的碳排放。

特斯拉投资建设大规模充电基础设施网络，如超级充电站，鼓励电动汽车用户更频繁地使用公共充电设施，减少家庭充电过程中的碳排放。

2. 车辆生产

在车辆生产方面，首先，采用了轻量化材料，如铝合金和碳纤维复合材料，减少车身重量，从而降低能耗。其次，采用低碳排放的生产工艺，特斯拉的工厂采用了大量的自动化和智能化技术，减少了生产过程中的能源消耗和人力成本。此外，特斯拉还通过优化供应链管理，确保供应商符合环保标准，进一步降低了车辆生产阶段的碳排放。

3. 电池技术

特斯拉电动汽车的电池技术是其碳足迹管理实践中的一大亮点。特斯拉与电池供应商合作，优化电池生产工艺，减少能源消耗和原材料浪费，降低生产过程中的碳排放。与第三方合作，开发电池二级利用市场，如用于储能系统等，延长电池使用寿命。

此外，特斯拉不断优化其电动汽车的能源效率，通过改进电池管理系统和车辆动力学，提高每公里行驶里程所需的电能。优化充电效率，减少充电过程中的能源损失。

4. 回收利用

特斯拉重视电动汽车的回收利用，通过建立完善的回收体系，推出电池回收计划，鼓励用户将旧电池和零部件回收再利用。这不仅减少了新电池生产过程中的碳排放和废弃物对环境的污染，而且通过回收利用实现了资源的循环利用，进一步降低了产品生命周期的碳排放。

5. 驾驶行为

特斯拉电动汽车的用户可以通过智能驾驶系统来优化驾驶行为，降低碳排放。智能驾驶系统可以根据实时路况和驾驶习惯，智能调整车辆的运行状态和能源消耗，从而实现节能减排的目标。此外，特斯拉还通过提供低碳驾驶培训等方式，鼓励用户采取低碳驾驶行为。

6. 用户教育和碳积分奖励

特斯拉通过其应用程序和在线平台提供用户教育，指导用户如何更高效地驾驶电动汽车，减少能源消耗。同时，特斯拉实施碳积分奖励计划，鼓励用户减少碳排放，并通过积分兑换免费充电等福利。

特斯拉电动汽车的碳足迹管理实践涵盖了能源获取、车辆生产、电池技术、回收利用和驾驶行为等方面。通过采用创新的能源获取方式、低碳的生产工艺、高效的电池技术和回收利用体系，以及鼓励用户采取低碳驾驶行为，特斯拉成功地降低了其电动汽车的碳足迹。同时，也推动了整个电动汽车行业的可持续发展，为推动低碳经济的发展做出了积极贡献。

（二）家电行业碳足迹管理：海尔

随着全球对可持续发展和减少碳排放的关注度不断提高，海尔持续加强其碳足迹管理实践，推动中国家电行业的绿色发展。海尔作为中国家电行业的领军企业，近年来在减少产品碳足迹方面进行了多方面积极的探索和实践。

1. 绿色设计与制造

海尔注重在产品设计和制造阶段就考虑环境影响。海尔采用绿色设计理念，优化产品结构，减少材料使用，并优先选择可再生、可回收或环境友好的原材料。在生产过程中，海尔积极引入先进的节能技术和清洁生产方式，降低能源消耗和排放。

2. 能效标准与认证

海尔致力于提高其产品的能效水平，以满足国内外能效标准和认证要求。他们积极参与制定和修订相关能效标准，推动行业的技术进步和绿色发展。海尔的产品还通过了多项国内外能效认证，如中国能效标识、欧洲能效标识等，证明了其产品在能效方面的卓越表现。

3. 循环经济实践

海尔注重产品的再利用和回收。他们建立了完善的回收体系，鼓励消费者将废旧家电回收给海尔再利用或拆解处理。回收的废旧家电经过检测和分类后，可以进行再制造、再销售或材料回收，从而实现资源的循环利用和减少环境污染。

4. 绿色供应链管理

海尔重视供应链的碳足迹管理。他们与供应商合作，推动供应商采用环保的生产工艺和材料，减少供应链中的碳排放。同时，海尔还建立了一套供应链碳排放评估体系，定期评估和监督供应商的碳排放，确保供应链的绿色可持续发展。

5. 用户教育和宣传

海尔通过其官方网站、产品包装和线下活动向用户宣传节能和环保的重要性。他们还提供节能使用指南和维修服务，帮助用户正确使用和维护家电产品，降低能源消耗和碳排放。

实践措施使海尔公司在减少家电产品碳足迹方面取得了显著成效，不仅获得了国家级奖项的认可，还通过产品的碳足迹认证、节能技术创新和循环经济的实践等方式，积极推动了行业的绿色发展。

（1）国家级奖项的认可。海尔凭借其在建筑节能领域的创新实践，荣获了国家级管理成果一等奖。

（2）产品的碳足迹认证。海尔洗衣机旗下的中子和美洗衣机获得了CTI颁发的产品碳足迹证书。这是行业首次获得碳足迹认证的产品，意味着该洗衣机在整个生命周期中的碳排放量得到了有效的监控和认证，对于推动行业的绿色发展具有积极意义。

（3）节能技术创新。海尔注重节能技术的创新和应用。例如，他们推出的"降碳、零碳、负碳"方案，通过采用节能引领的"磁气悬浮"科技、物联多联机、热泵中央空调等核心技术，并结合"楼宇大脑"实现跨系统智慧管理，为用户带来节能50%以上的体验。这些创新技术不仅提高了产品的能效水平，还降低了产品的碳足迹。

二、供应链碳足迹实践

通过前述知识学习，我们了解了什么是供应链碳足迹以及如何管理碳足迹，接下来选择一款电动自行车作为研究对象，掌握具体产品的供应链碳足迹分析和管理是如何实施的。

1. 产品选择与背景

随着人们对环保意识的提高，电动自行车作为一种低碳出行方式，越来越受到消费者的青睐。评估电动自行车的碳足迹，有助于了解其全生命周期的碳排放情况，为进一步优化提供依据。

2. 生产流程分析

（1）原材料获取阶段。电动自行车的生产需要用到钢铁、塑料等原材料。这些原材料的生产过程中会产生一定的碳排放。

（2）零部件制造阶段。电动自行车的零部件（如电机、电池、车架等）在生产过程中会产生一定的碳排放。

（3）整车组装阶段。在电动自行车的组装过程中，会产生一定的能源消耗和碳排放。

（4）配送与销售阶段。产品在运输和销售过程中会产生一定的碳排放。

（5）使用阶段。电动自行车在使用过程中，电池的充放电会产生碳排放。

（6）废弃处理阶段。电动自行车废弃后，其处理方式对碳排放有重要影响。

3. 碳排放计算

基于投入产出生命周期评价法，计算出各阶段的碳排放数据。结合收集到的数据，计算出产品的碳足迹。

4. 碳足迹优化建议

根据计算出的碳足迹结果，提出以下优化建议：

(1) 选用更环保的原材料，降低原材料获取阶段的碳排放。
(2) 优化生产工艺，降低零部件制造阶段的碳排放。
(3) 提高能源利用效率，降低整车组装阶段的碳排放。
(4) 优化运输和销售网络，降低配送与销售阶段的碳排放。
(5) 推广使用低碳充电方式，降低使用阶段的碳排放。
(6) 鼓励废弃电池回收再利用，降低废弃处理阶段的碳排放。

5. 改进措施实施

根据提出的优化建议，制定具体的改进措施并实施。具体措施包括：采用环保材料替代现有材料，优化生产工艺降低能耗，推广低碳充电方式等。

6. 效果评估与反馈

对改进措施的实施效果进行评估，通过对比改进前后的碳足迹数据，评估改进措施的有效性。同时，收集用户反馈，了解改进措施在实际应用中的表现和存在的问题，为持续改进提供依据。

7. 持续监测与改进

持续监测产品碳足迹，定期评估碳足迹的变化情况。根据监测结果，及时调整和优化改进措施，确保碳足迹持续降低。同时，将监测结果反馈给企业相关部门，促进企业内部对碳足迹管理的重视和持续改进。

拓展实践

智能手机的碳足迹分析

目的：评估一款智能手机在其全生命周期内的碳排放量，以便了解其对气候变化的影响，并为制定减排策略提供依据。

方法：采用生命周期评价法计算碳足迹。首先确定手机的生命周期范围，包括原材料生产、制造、运输、销售、使用和废弃等阶段。然后收集每个阶段的相关数据，如能源消耗、排放因子等。接着，使用这些数据计算每个阶段的碳排放量，并将它们相加得到总碳足迹。

结果：经过计算，该款智能手机的总碳足迹为××千克二氧化碳当量。其中，原材料生产阶段的碳排放量最大，占总碳足迹的××%；其次是制造和运输阶段，分别占总碳足迹的××%和××%；使用和废弃阶段的碳排放量相对较低，分别占总碳足迹的××%和××%。

分析：原材料生产阶段的碳排放量较高，主要是因为智能手机的生产需要大量的金属、塑料等原材料，这些原材料的生产过程中会消耗大量的能源并产生排放。制造和运输阶段也有较大的碳排放量，主要是因为手机的生产和运输过程中需要使用大量能源和交通工具。相比之下，使用和废弃阶段的碳排放量较低，但也不能忽视，因为手机在使用过程中需要充电，而废弃后的处理也会产生一定的排放。

结论：该款智能手机的碳足迹相对较高，需要采取措施降低其碳排放量。例如，可以优化原材料的生产过程，减少能源消耗和排放；改进制造工艺，提高能源利用效率；推广可再生能源和低碳交通方式，减少运输过程中的碳排放；鼓励消费者合理使用手机，减少充电次数和废弃后的处理排放。这些措施可以有效降低智能手机的碳足迹，减少其对气候变化的影响。

参考文献

[1] 佚名.一文讲透碳足迹的概念、核算、标准[J].资源再生，2023(4)：16-19.

[2] 科学出版社. 碳足迹分析[EB/OL]. https://blog.sciencenet.cn/blog-528739-972827.html. 2016-04.
[3] 邹伦贵. 碳足迹认证LCA数据库应用现状研究[J]. 中国质量,2023(8):92-95.
[4] 王瑞珂. 碳标签法律制度研究[D]. 郑州大学,2023.
[5] 兰梓睿. 发达国家碳标签制度的创新模式及对我国启示[J]. 环境保护,2020,48(12):71-73.
[6] 弗朗凯蒂(Franchetti, M. J.),阿普尔(Apul, D.). 碳足迹分析:概念、方法、实施与案例研究[M]. 张志强,等译. 北京:科学出版社,2018.
[7] 李楠. 产品碳足迹标准对比及其供应链上的影响研究[D]. 北京林业大学,2020.
[8] 陈莎,刘尊文,宋红茹. 产品碳足迹评价研究与实践[M]. 北京:中国标准出版社,2018.

项目五　掌握供应链低碳绩效评价体系

📅 知识学习目标

1. 了解供应链绩效评价的概念、重要性以及它在低碳供应链管理中的作用；
2. 了解不同的供应链绩效评价模型，理解它们在低碳供应链中的应用场景；
3. 了解生命周期理论与供应链之间的关系，理解供应链低碳绩效评价的程序；
4. 了解供应链低碳绩效评价指标体系的构建原则及结构。

本章简介

技能训练目标

1. 学会如何运用绩效评价的方法和工具来衡量和提升供应链的低碳管理效率；
2. 学会选择和应用合适的绩效评价模型来优化低碳供应链的管理和决策过程；
3. 掌握如何构建和运用供应链低碳绩效评价体系来指导企业减少碳排放；
4. 学会如何根据评价指标对低碳供应链进行量化分析和综合评估。

学习导入

北森绩效云

素质教育目标

1. 强调供应链绩效评价中的社会责任部分，培养学生的社会责任感；
2. 供应链绩效评价需要综合考虑多个因素和维度，从而培养系统性分析问题的能力；
3. 在供应链绩效评价中强调诚信的重要性，培养学生的诚信意识和职业道德。

任务一　了解供应链绩效评价

一、供应链绩效评价概述

（一）绩效评价

从语言学的视角看，绩效就是表现和收益。在将其纳入科学评估的领域时，仅仅依赖词汇的解释是不够的，必须明确其内涵以展示其基本特性。

（1）绩效是实际存在的，是人们行为活动的产物。

（2）实际效果是由行动产生的结果，即绩效。

（3）绩效是指某个主体对特定客体产生的影响，并且存在正面和负面的绩效。

(4) 成果反映了投入和产出的比较关系。

(5) 绩效具备一定的可衡量性。它是一个度量指标，并非完全无法衡量的事物，也不能称为绩效。

总的来说，绩效的含义可以简单地表述为：绩效是由实践活动产生的对人类有益的结果、其与劳动投入成正比且可衡量。

评价一般是指根据目标来评估对象关系系统的特性，进而将这些特性转换成可量化的客观指标或者主观上的效益（即符合主体需求状况），这一过程旨在明确其价值的所在。

绩效评估是一种管理控制手段，它运用数量统计及运筹学等方法，根据既定的指标体系与统一评价标准，遵循规定的流程，结合定量与定性分析，对特定对象在某一时间段内的成效与业绩实施客观、公正且精确的全面评价，旨在如实反映当前状况并预估未来发展趋向。

绩效评价的主要目标如下：

(1) 确认被评价者是否具备价值及其价值的大小。

(2) 为评估主体做出决策提供参考，从而使得这些决策更有利于主体的发展。

(3) 将评价结果反馈给被评估者，寻找并改正其中的缺陷，以提升价值。

（二）供应链绩效评价

对于每项任务而言，都需要度量和评价每项任务产生的结果，以此来确定其效能及存在的价值。在供应链管理的背景下，为确保供应链的健康运行，有必要全面且科学地审视并评定供应链的运营绩效。要对供应链的表现做出评价，首当其冲的是明晰供应链表现的定义涵盖了哪些内容要素，这构成了供应链表现评价的基本框架和前提。

佐卡伊和海恩斯（Zokaei and Hines，2007）提出，供应链绩效具有两个维度：有效性和效率。有效性是执行正确的任务，而效率是正确地执行任务。供应链的有效性体现在顾客满意度上，而效率与流程绩效相关，反映了供应链资源消耗的多少。增强价值主张（例如增加产品功能或根据消费者需求调整供应链配置）可以提升有效性，减少浪费可以提高效率，有观点认为供应链效率也依赖于价值主张的整体有效性。但现有对供应链的优化研究仍主要集中于提高效率，如优化产能、降低成本、确保及时交付和减少库存。这些举措能对顾客满意度和供应链有效性产生积极作用，例如，准时制（JIT）的应用不仅能减少库存成本，还能提升交付表现。虽然对高效供应链的需求日益上升，但仅通过减少浪费来实现是不足的。诸如丰田等卓越的供应链，其核心目标在于提升顾客满意度和服务水平，而非单纯降低成本。有些学者认为，供应链管理是一种综合管理模式，应指导供应链上所有企业重点发展能为顾客带来个性化价值的创新能力。在此背景下，理解顾客特性及共同致力于提升顾客满意度，对于供应链管理的成功至关重要。因此，当前供应链管理的重要趋势是，在评估供应链绩效时，既要考量供应链效率，也需重视供应链的有效性，因为后者能提升顾客满意度。

基于价值链视角，霍佳震等（2005）对整合式供应链绩效进行了界定，其含义是：供应链各成员通过信息协调和共享，在供应链基础设施、人力资源和技术开发等内外资源的支持下，通过物流管理、生产操作、市场营销、顾客服务、信息开发等活动增加和创造价值。为了达到上述目标，供应链成员采取的各项活动，即是过程绩效。

供应链绩效评价是供应链管理的重要内容，对于确立供应链的目标达成情况及提升决策支援能力至关重要。虽然供应链管理理念已历经三十多年的演进过程，且针对供应链绩效评价的研究有所累积，然而因为供应链仍未有明确的定义，所以供应链绩效评价定义并未一致化，而且关于供应链绩效评价内容的划定仍然相当不足，缺少体系化的理解。

供应链绩效评价可以度量其总体和各个环节公司长期及短期的策略实施情况，同时为决定供应链的健康运行提供了依据。作为供应链管理的核心理念，供应链表现评定已经吸引了众多国内外专家和研究团队深入研究，然而目前尚未有明确一致的定义或全面的内容来描述它。

供应链企业的绩效是相对的，需要通过横向的空间比较和纵向的时间比较来评估其优劣。空间比较是在某一特定状态下对不同供应链或其成员企业绩效的比较，用以识别和评价它们绩效的差异。时间比较则是在不同时间点上对供应链或其成员企业绩效的跟踪，用以观察绩效随时间的变化。在评价绩效时，如果可能，应尽量同时使用这两种比较方法。

基于前面提到的绩效评价概念，并考虑到供应链自身的特性，我们可以这么理解：供应链绩效评价主要针对供应链目标而展开，涵盖了整个链条，特别是关键企业的运作情况及其各个部分间的业务联系等方面的前瞻性、实时性和回顾性的分析与评定。对于供应链的绩效评价来说，其关注焦点在于为实现供应链目标提供支持；从对象角度看，它包含了整条供应链及其所有参与者；从地域视角出发，这覆盖了内部分析、外部分析以及全局性能分析；从内涵上讲，则需要衡量各类表现出经营状态和业务关联度的指标；最后，我们还需考虑到时序因素，即包括预先阶段、过程中的管理以及最终的结果反馈。

（三）供应链绩效评价的作用

绩效评价的主要目的包含两点：首先是确定各个计划是否达到其设定的功能标准，并能在适应内部和外部限制的环境下达成系统的目标；其次是根据既定的评价指标体系评估参与评选的项目，以提供决策依据，以便做出最佳的选择，从而决定项目的执行策略。

供应链绩效评价有如下作用：

（1）供应链绩效评价有助于节点企业清晰地认识到自己在供应链中的位置和作用。在评价供应链绩效时，需要对链上节点企业进行定位，并考察它们与供应链上下游企业的协作状况。在构建和执行绩效评价体系时，与节点企业的充分沟通，可以帮助它们准确了解自己的责任和与关联企业的协作方式。明确自己的定位后，这些节点企业就能够更精确地制定符合自身情况的战略目标，并通过绩效评价确保这些目标与供应链的整体目标相一致。

（2）供应链绩效评价能够极大地激发节点企业的活力。评价的核心目的之一是通过反馈来激励被评价的企业。根据绩效评价结果，可以对表现优异的企业给予奖励，以充分认可它们的努力，进而鼓励它们为提高整个供应链的绩效做出更大贡献。

（3）供应链绩效评价能够提供一个用以评估供应链整体运作效果的客观视角。这种评价不仅覆盖单个节点企业的绩效，也涉及整个供应链的综合表现。这一评价可以清晰地了解供应链在面对环境变化和各种不确定因素时的调整能力，并通过与竞争对手供应链绩效的对比，帮助决策者了解自身供应链的总体表现是否具有优势。如果存在不足，就可以明确差距所在，进而采取针对性措施优化，以增强供应链的整体竞争力。

总而言之，供应链绩效评价对整个供应链运营情况、各节点公司间的合作及各个公司的经营状态所做的综合评价，不仅仅是为了获取某个特定组织或者整条产业链的具体运行数据，更为关键的是通过这种方式改善并提升供需关系的效率与质量，为改进供给侧管理的系统化提供了理论支持。

（四）供应链绩效评价的内容

供应链绩效评价就是对供应链的运营状况进行必要的度量，并依据度量结果评价供应链的运行绩效。为了能有效地评价供应链的实施给企业群体带来的效益，供应链绩效评价主要

包括以下四个部分:
(1) 评价供应链内各企业

供应链是一个由众多节点企业构成的网络结构,核心仍然是各个企业本身,深入理解每个企业的特性,考虑各自的表现,这是衡量供应链绩效的关键因素之一。对于内部企业的评价可以激发各参与企业的积极性,目标在于吸纳优质企业并排除劣质企业,减少供应链网络崩溃的风险,从而确保所有企业的权益。然而这种评价必须从全局视角出发,注重企业为整个供应链运行带来的效益。

(2) 评价供应链内各企业合作关系

供应链各环节的企业通过合同等方式构建联合体,使彼此间的关联稳定化,此种策略性的联结方式对供应链效率评定的持续影响不容忽视。所以,供应链内各企业合作关系的评估应重点考虑供应链中上游公司(如供应商)向下游公司(如制造商)提供的商品与服务品质,以顾客满意度为标准来衡量上下游公司的协作伙伴关系的优劣。通常情况下,一家企业可能会被多条供应链覆盖,同时承担多种职责,也无法明确区分在每条供应链的投入,从而使供应链的关系解析变得复杂,导致在评估过程中的相关信息收集变得困难。

(3) 评价供应链内各企业激励关系

供应链激励在整个供应链管理的环节中占据了关键地位,其目标在于激发供应链中的各个参与者,如核心企业对其附属企业的刺激,同时也包含供应方、生产商及经销商间的互动激励。构建有效的激励系统,能够鼓舞各方的主动性和创造力,提升企业的进取意识,充分发挥各自潜力,以确保供应链的总体效益。实施供应链激励时,必须有明确的标准来衡量,而这个标准则基于评估的结果和被激励者的具体状况,以此决定采用哪一种激励方式。

(4) 评价整个供应链综合绩效

随着供应链间的竞争愈发剧烈,人们对于供应链整体绩效的关注也在不断增强。评估供应链整体绩效,可以深入理解供应链运行的状态并发现核心问题,从而为在市场上建立、操作和维持供应链健康发展提供保障。当对供应链进行整体绩效评价时,选择的衡量标准应能体现整个供应链的运转状态而非仅针对单一节点企业,包括顾客满意度、时间周期、费用支出及资源分配等方面的问题。

二、供应链绩效评价的关注点

(一) 供应链绩效评价的特点

供应链管理是一种全面的管理模式,通过反馈信息和物料流动,将供应商、制造商、分销商以及最终用户连接在一起。因此,供应链的绩效评价具有如下特性:

(1) 依据供应链管理运行模式的基础属性和目标,供应链绩效评价的指标应能准确地反映供应链的整体运作状况以及各节点企业间的运营联系,而不是仅通过评估单一供应商的运营状态,来揭示整个供应链的优化情况。

(2) 除了对公司内部运营的基础评价,供应链管理的绩效评价更倾向于关注对外部的监测和控制,以确保公司在内部和外部的绩效达到统一。

(3) 只有通过确保供应链各环节间的密切联系、迅速识别并解决潜在的问题以降低风险及损害,才有可能维持供应链网络的稳定。然而,仅仅依赖于事后的分析与评价,一旦出现问题,其造成的损失将无法挽回,且采取补救措施的时间往往延迟较久,这无疑对维护供应链网络关系的健康发展不利。因此,需要的是实时的评价,不仅要关注财务数据,还需要包含能体现当前状况的特征指标。

（4）评估体系对于供应链绩效给予了高度重视，其主要原因在于该领域涵盖的内容广泛且复杂，因此必须全面地权衡各个要素的影响。这不仅是因为供应链的目标包含多种元素，包括内部分析和外部分析，也包括财务与非财务的数据。仅依赖单个指标评价整个供应链是不够的，应基于供应链策略的目标，构建一系列指标以全方位展示供应链的成本效益、灵活程度、稳定性和反应速度，同时要关注客户满意度的表现。

（二）供应链绩效评价应遵循的原则

伴随着供应链管理的理论探索持续进步及其实践深度拓展，为能准确且公正地展现供应链运行情况，需要构建一套适合它的供应链绩效评价方法，并确定相应的绩效评价指标体系。供应链绩效评价指标均具有自身特性，涵盖的内容也超过企业自身的评价范围，它不仅能替代会计数据，也能提供一些手段以衡量供应商能否迅速回应下游公司或者市场的需求。在实施过程中，创建有效的供应链绩效评价指标体系应遵守以下原则：

（1）要强调关键性，深度分析主要的绩效评价指标。

（2）使用的绩效指标体系要能够反映供应链业务流程。

（3）评价指标应能够揭示整个供应链的运作状态，而不仅仅代表单一节点公司的运营状况。

（4）应尽可能地使用实时分析和评估的手段，将绩效评估的范围扩展到能够反映供应链实际运作状况的信息上，因为这比仅进行事后分析更具有价值。

（5）绩效评价指标需要能揭示供应商、生产商和消费者的关系，并将评估范围扩展到供应链中的相关企业。

（三）组织角度下的供应链绩效评价

从供应链组织的角度来看，绩效评价和业务流程的重塑是一致的。在建立特定的供应链组织结构之后，对供应链组织绩效的评价以及提升整体重构效果都显得极其关键。需要具备下面的特性：

（1）柔性。为应对市场的激烈竞争并提升服务客户的能力，供应链采取了灵活的组织模式。这种模式旨在快速回应顾客的需求，例如交付时间、品质及特定的产品或服务需求。同时，需要借助像互联网这样的信息技术增强供应链的弹性，从而加速企业间的响应速度与市场信息的反馈速度。因此，柔性的高低就成为评价供应链组织结构合理性的一个指标。

（2）集成度。与传统的单一公司相比，供应链是一个整合了各公司的系统，这使其可以分享彼此的资源并实现优势互补，从而产生综合性的利益。而所谓的"供应链集成度"则指的是各个公司之间信息融合、物流协同以及管理的深度及其所产生的效应等。这个度的深浅或总体优势的影响大小，主要取决于信息的融合和管理的结合，也就是必须建立起信息的中枢和管理的核心。

（3）协调性。作为一种跨企业的整合网络，供应链涉及各个公司的独立经济目标，因此其协调程度相较于公司内部门间的协同更为繁复且挑战更大。这其中包含了两个方面的协调：一是关于利益的协调，即需要在建立供应链组织架构的时候就明确各方之间收益如何分摊；二是管理的协调，要求供应链能够满足由其组织形态所需的规划与管控需求，并借助信息科技提高物流及信息的流通效率，从而减低整体供应链运营成本，提升市场反应速率。

（4）简洁性。作为一种包含运输和信息的网络系统同时又是一种提升效益的方式，建立有效的供应链并非随意的行为。供应链中每个环节都应是增值过程，非增值过程不仅增加了供应链管理的难度和产品/服务成本,还降低了供应链的柔性,影响了供应链企业的竞争实力。所以当规划出合适的公司组成及流程的时候,需要谨慎挑选适合的企业并且仔细评估每一步骤是否有真实的收益增长行为出现。

(5) 稳定性。供应链的组织结构形式较为稳定,主要受到两个关键因素的影响:首先是供应链内的公司,它们需要具备强大的实力和竞争力,以确保能够在激烈的市场竞争环境下持续生存下去。其次则是供应链组织结构,例如链条的长度等元素,过长的链条可能导致信息在传输过程中出现偏移或失真,从而引发整体供应链的不稳定性,进而降低了它的稳定程度。

(四) 采购角度下的供应链绩效评价

有很多研究从采购供应的角度探讨供应链评价。在这种视角下,供应链管理与传统的采购物料部门发展而来的供应基础(Supply Base)集成战略是一致的。其核心思想是扩展传统企业活动,通过一致的优化和效率目标挑选交易伙伴,建立供应链战略合作伙伴关系。实际上,供应链管理旨在基于合作伙伴关系共同构建一个虚拟企业,使管理流程和运作更加有效。

从采购供应的角度评价供应链绩效主要包括以下四个方面。

(1) 对提前期的评价。减少购买前的等待时间需要解决许多因素,如过于冗长的调试准备阶段、持续的设备中断、工作日的冲突安排、供应商的不稳定交货时间和大量库存等问题,这些都会增加购买前的时间长度。如果购买前的时间太长,就会出现供应链上的运输周转时间、生产周期和存储周期变长的情况,从而带来更高的费用支出。

(2) 对柔性的评价。柔性是指系统针对内外部干扰导致的变化做出调整的能力。供应链运行在充满未知的环境中,所以当顾客的需求有所转变的时候,供应商的灵活性就会变成他们存活下去的重要保障。奈杰尔·斯莱克(Nigelaud Slack)定义了两种柔性:范围柔性(Range Flexibility)和响应柔性(Responsiveness Flexibility)。范围柔性指的是变动的幅度和范围,而响应柔性则指的是变动的时间,即其响应速度。具备高水平的柔性有助于提升客户满意度,强化对需求变化的适应能力,减少过时订单和错失商机的风险,同时也有助于提高开发新市场和新产品的能力。

(3) 对鲁棒性的评价。鲁棒性是指变化过程中的稳健性和强壮度。对于供应商来说,这表示即便客户的需求有所变动,他们仍能确保商品品质、准时交付并维持正常的运作,以此来保障整个供应链的平稳运转。

(4) 对成本的评价。从供应链整体运营的角度出发,采购供应所产生的成本一般是通过供应链总成本来体现,这其中包含了供应链沟通成本、总体存货支出以及各个环节企业的外运总开销,以此衡量供应链运行的绩效。具体而言,供应链沟通成本涵盖了不同公司间的通信花费、供应链信息的研发与保养费用等;而供应链总体存货支出则涉及各个环节公司的半成品与成品存货费用、各部门间的在途存货费用;最后,每个阶段的企业外运总开销就是指全部物流点企业内部交通费用之和。

(五) 物流角度下的供应链绩效评价

从这个角度看,人们在评价物流系统的运行绩效时提出了很多基于时间、阶段的库存管理工具和计划,如物料需求计划、制造资源计划、配送需求计划等,用于提高物流的可视性,降低需求不确定性。物流的优化可以推动整个供应链的客户服务水平提升、库存量减少以及运输成本降低。

物流角度下的供应链绩效评价包括如下指标:

（1）物流速度指标。物流速度是指物流业务中各项行动的数据传输、计划更新和执行速度。

① 数据传输速度。在各类业务中，关键信息（如计划、预测、项目联系等）的传递速度。

② 计划更新速度。计划调整和重新规划的速度，以及是否具备足够的运输和产品调整能力来满足计划进度变化的需求。

③ 需求执行效率。即满足客户服务需求的效率，可以通过缩短生产、包装和运输的时间提高物流需求执行效率。

（2）物流的可变性。它反映了对客户物流需求变动的柔性，以及对客户定制化和运输需求变化的处理能力。

（3）物流的可视性。物流的可视性描述了供应链系统中合作伙伴共享信息的程度，以及合作伙伴进入企业内部服务器获取相关信息的程度。主要目标是提升整个供应链流程的清晰度，以避免因信息遮蔽所导致的物流阻塞或更严重的问题。物流的可视性可以分为企业内部和企业之间两个方面。公司关键成员及各部门可以通过获取制造流程及其预估数据来提升定制服务的质量。对于公司的工作人员来说，信息的公开透明让他们更加明确自己在整体团队中所处的位置。供应链间的可见度为了解协作方与消费者的存货量、销售策略、商品销量等情况提供实时资讯，从而让公司能快速把握供应链的状态，积极调整规划并优化物流管理等工作，以提高供应链的绩效。

任务二　了解供应链绩效评价模型

针对传统以财务评价来进行供应链管理所存在的问题和不足，涌现出多种供应链绩效评价方法，如 ROF 法、供应链运作参考模型（SCOR）、作业成本法（ABC 成本法）和平衡计分卡等。

一、ROF 法

比蒙（Beamon）于 1999 年提出了 ROF 法，他通过文献综述发现，当时对供应链绩效的衡量主要依赖单一指标，如成本或时间，单指标评价是不够全面的。为了避免传统绩效评价中出现的问题，且反映出供应链的战略目标，他提出了三个方面的绩效评价指标：资源（Resources）、产出（Output）以及柔性（Flexibility）。

从表 5—1 可以看出，资源的评价主要是衡量效率，它是高效生产的关键；产出的评价反映了顾客服务水平，必须足够高以保持供应链的增值性；柔性的评价则反映了应对环境变化的响应能力，需要能够迅速应对变化。它们之间相互作用，又彼此平衡。

表 5—1　　　　　　　　　　ROF 法绩效评价指标体系

绩效评价类别	评价目标	评价目的
资源	高效率的资源使用	高效的资源管理是实现盈利的关键
产出	高水平的顾客服务	如果没有可接受的服务水平，顾客就会转向其他供应链
柔性	有能力响应变化的环境	在变化环境中，供应链必须能够对变化做出快速响应

ROF 供应链绩效评价模型的三类指标具体分析如下。

1. 资源

资源的测度包括库存水平、人员要求、设备利用率、能源消耗和成本。通常使用综合效率指标或最低需求(量)来进行资源评价。供应链管理的一个核心目标是实现资源的最小化,资源过多可能导致系统需求的人为膨胀,但资源不足则可能会对产出和系统的柔性产生负面影响。主要用以下几个指标来进行供应链资源的评价:

(1) 总成本(Total Cost),即所有消耗资源的成本总和。

(2) 制造成本(Manufacturing Cost),即制造生产的成本总和,也包括维护和返工成本以及劳动力成本。

(3) 分销成本(Distribution Costs),即分销的成本总和,例如运输成本、流通成本。

(4) 存货成本(Inventory Cost),即与持有存货相关的成本总和,包括在制品成本和成品成本、存货投资(持有存货的投资价值)、存货损失(过期或腐烂变质存货的成本)。

(5) 投资回报率(Return on Investment,ROI),即企业投入所获得的回报比例,用来评价企业的盈利能力。

2. 产出

产出的测度包括产品质量、客户响应和最终产品的数量。产出评价中有些指标是可量化的,比如生产特定产品所需的时间、生产的品种数量等。然而,也有一些指标是定性的,比如顾客满意度。企业的战略目标一般也要满足顾客的需求,所以产出的评价指标不仅要符合组织的战略目标,也要与客户的目标和价值观相对应。

常用的产出评价指标主要有利润、销售收入、订单满足率、生产前置时间(表示制造产品所需时间)、客户响应时间、准时交货率、延迟交货率、运送错误率、客户抱怨等。

3. 柔性

面对供应商、制造商和客户在数量和进度上的波动时,柔性能够衡量供应链系统的适应能力。通常,供应链所处的环境具有很大的不确定性,具有柔性的供应链系统可以降低延迟交付的比率从而减少销售的损失,所以柔性对于供应链系统来说极其关键。而产出指标对于确定系统的柔性也非常重要。

二、供应链运作参考模型(SCOR)

1. SCOR模型的来源

供应链运作参考模型(Supply Chain Operations Reference,SCOR)是目前被广泛认可的供应链绩效评价方式,适用于各种工业领域的供应链运作,由美国供应链协会(Supply Chain Council,SCC)研发并推广。

1996年,美国两家知名的咨询机构——PRTM和AMR携手一些领先及国际企业共同创建了供应链协会(SCC),旨在协助各行各业的企业实行有效的供应链管理,推动他们由职能导向的管理模式转向以流程为主导的管理方式。为此,他们联合制定了供应链运作参考模型,并对该模型进行了详细解释、规划和试验。

SCOR是首个用来评估跨公司供应链绩效管理的模型,它明确了标准流程,并提出了最佳的业绩指标。这使得企业能够与其他公司对比,识别自身的不足,找到改善效率的路径,从而最终推动供应链绩效和管理水平的提高。

SCOR模型融合了企业流程再造、标准化和流程评估的理念,构建了一个多功能框架,其核心内容涵盖管理流程的规范化、标准流程间的关系架构、实现最佳绩效的管理实践以及流程成效评估标准的建立,同时也包含对特性和功能的标准化集成。该模型把供应链活动分解为几个基本环节:计划、采购、生产、配送及退货(见图5—1)。

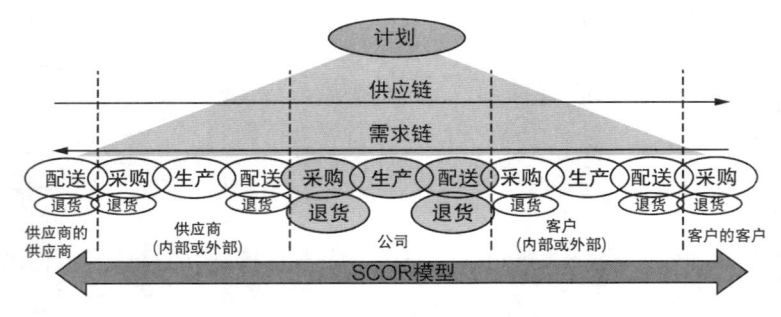

图 5—1 SCOR 模型流程框架

"从供应商的供应商至客户的客户"是 SCOR 展示的供应链管理理念,涵盖了自订购至支付的全部顾客互动过程(包括来自供应商的供应商至客户的客户),以及整个物流转移过程和所有的市场交流,并掌握着整体的需求情况及每个订单的执行。

2. SCOR 的层次

根据 SCOR 的理念,供应链被分为定义层、配置层、流程元素层等多个层次,且为每个层次的每个过程均设定了明确的业绩衡量指标和最佳业务表现标准。SCOR 的三个主要层次如下:

(1) 第一层是定义层,定义了供应链运作参考模型的范围和内容,主要将供应链的全过程划分为五个核心环节:计划(Plan)、采购(Source)、生产(Make)、配送(Deliver)和退货(Return)。供应链上各节点企业的业务流程重组都是按照这五个流程进行的。企业通过对这一层的分析,可以做出基本的战略决策。

(2) 第二层称为配置层,包含了可能构成供应链的 30 个核心流程范畴,企业可以根据自身需求选择配置层中的标准流程单元搭建自己的供应链。

(3) 第三层是流程元素层,它为配置层提供了关键流程元素的详细信息。这层的主要目标是优化其供应链,提供更具操作性的信息。

每个阶段的 SCOR 均设有绩效衡量指标,一般是从以下五点对绩效进行评定:可靠度、响应速度、敏捷性、总成本和资产管理效率(见表5—2)。公司可通过对这五点的考核判断自身是否实现了预期的市场竞争力目标。这些指标可进一步细分到各个层面。

表 5—2　　　　　　　　SCOR 定义的供应链绩效

绩效属性	定义
可靠度	按预期执行任务的能力,可靠性侧重于过程结果的可预测性。可靠性的典型指标包括准时、正确的数量、良好的质量
响应速度	执行任务的速度,向客户提供产品的速度。例如,周期时间
敏捷性	应对外部影响的能力,快速响应市场变化从而获得或保持竞争优势的能力。敏捷性指标包括可适应性和风险总体价值
成本	供应链流程的运行总成本,包括人工成本、材料成本、销售成本以及管理和运输成本
管理效率(资产)	有效利用资产的能力。供应链中的资产管理策略(例如减少库存和外包),评价指标有供应和产能利用率及库存天数

3. SCOR 的流程

该流程的主要内容如下：

（1）计划。

① 评估供应链资源、整合和安排满足需求的顺序、评估分销需求、制定库存计划以及确认生产、物料和关键能力的需求供应计划。

② 关于基础问题的计划，包括自主采购决策、构筑供应链长期能力和资源规划、公司规划、产品输入输出以及产品线管理。

（2）外购。

① 获取、验收和保存外购的原材料。

② 处理外购所涉及的问题，包括供应商认证、合同管理、外购件质量、内部运输以及货款支付等。

（3）制造。

① 制造任务包括接收原材料、生产和检测产品、包装、储存以及发货管理。

② 制造环节的基础问题有工程变动、设备和设施的配置、生产现状、车间操作计划以及短期生产能力。

（4）交货。

① 需求管理团队的预测、推广策略、销售计划、数据收集与分析、产品定价、客户满意度评估以及有效客户反馈。

② 订单处理包括订单的输入、产品的配置、建立并保持客户数据库、保持产品价格信息的维护、管理应收应付款项，以及收据与发票的管理等。

③ 储存管理负责接收和保养成品，货物的收集与包装，产品的运输以及标签的管理等。

④ 管理安装活动、调试和检验等事宜。

⑤ 影响交货基础的流通渠道问题有商业规则、订货规则、库存管理和交货数量管理。

三、作业成本法（ABC 成本法）

1. 作业成本法的概念

作业成本法（Activity-Based Costing，ABC 成本法）是一种基于价值链分析的成本模型，由迈克尔·波特（Michael Porter）于 1985 年提出，他认为企业可以看作一连串战略行为——"作业"的组合。价值链是各个企业的作业共同组成的一条"增值链"，其表现形式是供应链，迈克尔·波特指出作业是连接供应链上各个企业的纽带，也是企业取得成本领先，形成差异化竞争优势的重要环节。这一时期对供应链成本管理，更多关注的是作业和流程，通过作业环（企业内部）和作业链（企业与企业之间）的合理配置和流程重塑，去除和尽可能减少不增值作业，不断提高效率，最大限度降低成本。

ABC 成本法是按照"作业"来归集间接费用，先将资源耗费按作业归集，形成作业成本库，再以"作业"为桥梁，将作业成本分配给产品或用户的一种方法。作业成本法基本理念是："作业消耗资源，产品消耗作业"，作业是成本管理的重点。

基于 ABC 成本法的供应链绩效评价模型更专注于评估供应链的成本绩效，它将业务流程分解成多个作业，并基于作业消耗资源、产品消耗作业的原则，更准确地将资源消耗分配到产品和其他成本对象上，将评价指标与业务流程及材料、人力、设备等资源消耗更紧密地联系起来。因此，ABC 成本法使得组织或供应链能够更准确地评估特定客户或针对特定市场的产品成本,以及供应链业务流程的生产效率。此外,这种评价模型也可满足基于价值增值、供应链产品开发等供应链管理运作新模式的需求。

传统的成本核算模式以产品制造成本随产品制作过程移动作为其基本计算依据,并按产量或者工作时间分摊产品间的间接成本。然而,ABC成本法则主张应把生产成本的测定放在可视为成本驱动因素的工作任务中,这样就强调了关键工作的重要性。这不仅有助于更为准确地评估整个供应链的成本和工作分布情况,也为其提供了坚实的基础。尽管ABC成本法并非用作取代常规的成本衡量方式,但它却能为供应链绩效评价提供新的视角。

ABC成本法在供应链绩效评价中的应用也存在很多不足。从本质上说,这种模型只是基于业务流程的财务绩效评价。因此,虽然ABC成本法可以为供应链财务绩效的评价提供基础数据,却不适合用来评估供应链其他维度绩效和供应链的整体绩效。

2. 作业成本法的内容

（1）资源（Resource）

资源即在作业实施过程中被消耗的经济要素,是为了生产作业或产品而发生的各项支出,如工资、材料费用等。

公司可视为一种输入和输出的操作体系,它需要同外部环境发生物资互动。而这些互动所涉及的元素包括公司的各种成本要素,例如现金、原料、劳动力和能源等,它们都被归类为资源类别。然而,并非所有的资源都会被消耗掉,即使有部分被消耗掉了也未必能对产品的生成有所贡献。在作业成本法下,将有助于产品形成的资源耗费计入成本,无助于产品形成的耗费归集到期间费用。

（2）作业（Activity）

作业是为了达到一定目的,一个组织在特定范围进行的消耗资源的活动。这是一套可以反复执行的任务、活动或职责,例如产品的研发设计、原材料的运输、订单的接收和分配、员工的技术教育、机器设备的调试保养、各种存货质量的检测等。

根据其运营的业务领域,作业可以按照经营业务范围划分为单位作业（Unit-level Activity）、批别级作业（Batch-level Activity）、产品作业（Product-sustaining Activity）和维持性作业（Sustaining Activity）。

① 单位作业。单位作业,即有益于单位产品的作业活动,受益对象为单位产品,其资源消耗量与产量成正比。如单件产品加工直接耗费的材料、人工费用。

② 批别级作业。批别级作业,即有益于某一批产品的作业活动,受益对象是某一批产品,其成本与产量无关,而与产品的批数正相关。如对每批产品的生产调度、质量检验、订单处理等。

③ 产品作业。产品作业,即有益于某种产品中每一个单位的作业活动,受益对象为产品中的每一个单位,其成本随产品的种类或产品线的数量呈比例变化,而与产量的大小及批数多少无关。如对每一种产品编制材料清单、进行包装设计等。

④ 维持性作业。除以上三种作业以外,其他为维持生产能力而发生的作业,属于维持性作业。它是使某一单位、部门受益的作业,与产品种类及产量无关,例如冬天的取暖、夏天的降温、厂房的维修管理、车间的照明、安全的检查等。在对作业分类后,按照各项作业设立相应成本库,用以归集其资源耗费。

3. 作业成本法的一般程序

（1）分析供应链管理流程。供应链管理流程可以分为客户关系和服务、采购供应、生产加工、供应商关系、产品开发、客户信息及退货等管理。各个管理流程涉及不同的作业,例如,供应流程包括供应商选择、订货、材料验收及入库等作业;配送流程包括运输、打包、分拣、装卸和单据传递等作业。

(2) 划分作业,确定作业成本库。根据作业建立相应作业成本库,供应链流程复杂程度的大小决定着成本库数量的多少,流程复杂,作业量大,则需建立的成本库也相对较多。集成化设计管理供应链,可以减少作业量,进而降低驱动成本。

(3) 确定成本动因,按动因归集成本,计算产品成本。

① 确定成本动因。成本动因是促使耗费产生的因素。例如,材料采购库的成本驱动因素包含供应商和订单数量。选择的成本驱动因素与供应链成本的精确度有着密切关系,关键环节涉及的作业库所需要的成本驱动因素也越多,两者之间呈正比例关系。

② 按动因分配成本。按照成本动因把资源归集到同质成本库并计算确定成本动因费率,将归集的各成本分配到最终产品或劳务上。

③ 计算直接成本。单独建立直接成本作业库汇总计算材料、人工费用。

④ 计算产品成本。根据动因成本与直接成本之和,计算得出最终产品或劳务的作业成本,完成作业成本的计算。

四、平衡计分卡(BSC)

1. 平衡计分卡的定义

平衡计分卡(Balanced Score Card,BSC)的概念来源于20世纪90年代初的"未来组织绩效衡量方法"项目,由哈佛商学院的罗伯特·卡普兰(Robert Kaplan)和诺朗诺顿研究所所长、美国复兴全球战略集团创始人戴维·诺顿(David Norton)共同研究并将其转换为供应链的绩效评价系统工具。BSC在财务指标的基础上增加了未来驱动因素,包括客户因素、内部业务流程、员工的学习和成长,超越了仅使用财务指标来衡量业绩的传统方法。这种方法基于企业战略的总体发展,将四个不同角度下的目标、指标和行动计划整合在一起,形成了一种战略管理和实施的框架体系。其核心目标是将企业战略转化为具体可行的、可衡量的行动步骤,以创造企业的竞争优势。

平衡计分卡的基本理念在于各个衡量标准间的均衡关系,包括短期的与长远的、财务与非财务、落后于当前的与引领未来的、内向管理与外向影响等方面的协调一致。公司的经营策略开始转向关注如何同时达成既定的战略计划,而不再仅仅是专注于事物的最终成果。平衡计分卡具备四项核心特性:

(1) 通过平衡计分卡,公司竞争力的各个方面的指标得以单一展示,避免了次优行为的产生,从而使我们对公司绩效有更深入的理解。

(2) 平衡计分卡假定和企业未来信息系统紧密相关。

(3) 平衡计分卡并不只是简单地列举了各项指标,而是将它们划分为四个类别,每一种类别都为公司的业绩评估提供了特定的视角。

(4) 选择绩效指标必须以与公司战略密切相关为前提。

在实际操作阶段,个体往往会寻求对各种绩效评估标准的均衡处理,并以此来展示整个供应链策略实施的效果,这有助于揭示出整合、跨越流程的指标与诊断性的指标间的相互影响关系,尤其是公司战略在绩效评估中的关键地位。

2. 平衡计分卡的内容

BSC的内容可以从以下四个角度描述,它们代表了三个主要的利益相关群体——股东、客户、内部员工,如此确保组织从系统观的角度反映战略的实施。

（1）客户角度。企业若要实现长期且卓越的企业经营成果,就需要提供能满足消费者需求的产品和服务。客户角度是考察企业在市场竞争中的表现和满足客户需求的能力,评价指标主要包括市场份额、客户获得率、客户保有率、客户满意度等。

（2）内部流程运作角度。此角度是平衡计分卡与传统绩效评价的显著区别之一。尽管传统评级系统已经包含了一些考核因素(如产出前置时间、产品品质回馈比等),但通常仅关注单个部门的表现,对这些要素的优化可能只能够保证企业的存活,却无法赋予其独特竞争力。然而,BSC是从投资人和消费者的需求出发,通过分析整个价值链上的各个环节考虑如何经营才能满足或超越客户的需求。这个角度考虑四个主要的绩效指标：质量导向的评价、基于时间的评价、柔性导向的评价和成本指标。

（3）改进学习角度。这个角度为其他方面的绩效突破提供了手段。BSC的主要目标与优点在于防止短视主义,凸显未来的投资重要性,并不仅仅停留在传统设备更新换代层面,而是在更大程度上关注员工系统的建设及工作流程的改善。其重点是研究现有的能力和满足需求能力的差异,把焦点放在内在的技术和能力方面,这种差距可以通过员工训练、技术革新、产品和服务的方式得到填补。这个角度下的评价指标包含流程改进效率、新产品销售比率、新产品开发循环期等。

（4）财务角度。BSC把财务维度作为所有目标评价的核心。企业在各个方面的改进是实现目标的手段而非目标本身,所有改进措施都应指向财务目标。如果将每个评价指标视作综合绩效评价体系的一环,那么最终的成果仍然是"提升财务绩效"。这个角度下,根据产品和服务生命周期的不同阶段来选择评价指标,如在成长期选择销量、新客户数量和流程改进指标,在成熟期选择现金流、投资回收期和经济增加值(EVA)指标,在收获期应选择侧重于现金流分析的指标,如收益额等。

平衡计分卡在这四个角度的主要目标及其相互关系见图5—2。

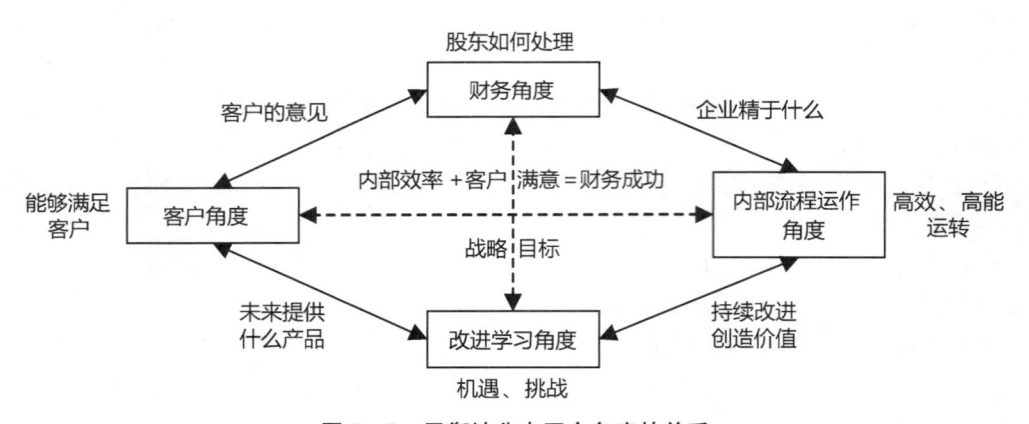

图5—2 平衡计分卡四个角度的关系

平衡计分卡在供应链绩效评价的应用中又增加了下面两个角度：

（5）供应商角度。供应商管理是供应链管理中的基本环节。它依赖于对核心企业的供应商及其相关信息的有效整合和运用,包括对供应商的历史和现状、提供的产品和服务、资金、合同、信息交流、合作项目、合作关系以及相关业务决策的全面管理和支持。目标是最大化收益、最小化供应链交易成本以及构筑稳固的供应商关系,并促进供应商之间的紧密合作、利益共享和风险共担。

随着时间的推移,在产品设计、产品质量、库存水平、提前期、交货等方面,供应商对制造商的影响日益显著,对供应链的竞争力至关重要。优秀的供应商能提供全面的服务,确保供货质量和顺利配送,从而保障整个供应链的成功。制造商可以与优秀的供应商建立紧密的合作伙伴关系,让供应商在新产品设计阶段参与采购和制造活动,实现设计和制造的协同,以降低供应链总成本。同时,及时了解供应商的问题并反馈推动其改进,可以提升供应链的整体绩效,为之后的供应活动奠定基础。

(6) 信息角度。尽管供应链的主要任务在于削减开支和提升服务质量,但其成功的关键因素仍旧在于保障相关数据的及时性和实用性。对于供应链公司来说,构建一个供应链平衡计分卡可以被视为一种信息技术,它能够传输公司的策略目标并且评估供应链管理的绩效。所以,为了达到这个目的,公司需要快速保持数据的高效准确,通过高品质的数据来减轻"牛鞭"效应,实现深层次的数据分享,同时利用灵活的管理方式应对市场的不稳定状况。

数据涵盖了所有与存货、物流、设备及其消费者相关的资讯并进行了深入剖析。由于其对于其他各环节的影响至关重要,因此可以称之为供应链运作中的关键驱动力之一;而这种影响力也间接提升了整体供需响应速度并且提高了收益率的可能性。比如,根据顾客的需求模型调整产品的产量或储存策略,这样当他们的确有此种商品所需的时候就能立即获得。这样的做法大大增强了市场的应变力。此外,这类消费趋势的信息也能进一步提高供给端效益,原因在于企业可以通过精准预判销售情况进而仅按实际销量规模组织产能输出。再如,使用此类讯息可协助决策层挑选最优或次优但依然符合服务标准的选择项作为备选项(即降低成本)等措施,有助于增加营收潜力。

这六个角度在供应链平衡计分卡中的内部关联可以概括为:改进学习(持续发展)是基础,信息作为支撑其发展的工具,供应商提供了保障,业务流程运作构成了持续发展的根本,赢取客户则是实现持续发展的核心,而财务状况则决定了最后的经营目标。

3. 供应链平衡计分卡的设计步骤

构建科学的绩效评价体系需依据供应链的真实状况并按照严谨的规划流程来设计,供应链平衡计分卡绩效评价体系的设计主要包含以下八个步骤。

(1) 明确评价主体。供应链绩效评价体系的建立首先要明确评价的主体,即谁将使用这个评价体系来衡量绩效。评价主体可能是企业、股东、客户或其他利益相关者。了解评价主体的需求和期望是设计有效评价体系的前提。

(2) 分析供应链的整体使命和核心价值观,同时考虑外部竞争环境的影响。供应链愿景和战略发展目标的制定基于整体的使命、价值观和外部环境,根据这些情况,将供应链绩效评价体系分解为战略、关键成功因素和关键绩效指标三个层级。

(3) 基于供应链的整体愿景和战略,确定实现目标的具体策略,并将战略层面细化为供应商、客户、业务流程、财务、信息和持续发展六个维度。

(4) 根据供应链战略层面的目标,确定每个维度的关键成功因素,并基于这些成功因素设计关键绩效评价指标。

(5) 进行数据收集和预处理,计算实际的指标值。供应链绩效评价系统的实施需要根据供应链的长度和实际评价需要来确定数据收集的范围。由于绩效评价覆盖整个供应链,这增加了收集数据的难度。在数据收集过程中,可能会遇到数据错误、冗余、缺失以及一致性问题,这时需要运用数据挖掘技术对原始数据进行纠错、去冗余、填补缺失值和属性归一化处理。

(6) 设定评价的标准,并对指标值进行标准化处理。

(7) 选择权重设定的方法,计算关键绩效指标对于战略层面各维度的权重,以及各维度对于供应链整体战略的权重。

(8) 计算各维度的评价结果及供应链的整体评价结果。根据关键绩效指标的实际值及其在各维度中的权重,计算出各维度的评价结果,然后综合这些结果得出供应链的整体绩效评价结果。

任务三 理解供应链低碳绩效评价

不同学者已从各种角度,运用多种方法对供应链及其绩效评价进行了研究。但相比一般的供应链,对于低碳供应链的研究更注重其对环境产生的影响。即不仅要确保供应链上各企业的经济效益,还要考虑环境因素,并在经济与环境之间寻找适当的平衡。目前,一种被广泛用于环境评估的方法就是生命周期评估法。许多专家已经使用此种方法来衡量和评定供应链的碳排放状况。

拓展阅读
小米的低碳供应链评估管理

一、生命周期理论与供应链

(一) 生命周期理论概述

1. 生命周期理论

生命周期这一理念被普遍运用于各个方面,尤其在政治、经济、环境、科技和社会等多个领域频繁可见。简要概括来说,它指的是一种涵盖了从出生至死亡的全过程。对某一特定物品而言,这意味着不仅包含着原料获取和处理的生产环节,同时也覆盖了储存、运输及消费阶段,甚至延伸到了该商品最终可能的回收与再利用直至回归自然的终结点。这种循环构成了一种完整的产品"生命"历程。

2. 生命周期评价

对生命周期评价(LCA)的定义有很多,最具代表性的有以下三种:

(1) 根据国际环境毒理学和化学学会的定义,LCA 是一种客观评价产品、工艺或活动对环境造成负荷的过程。它通过识别能源和材料的使用并将其量化,揭示排放对环境的影响,寻找改善环境的机会。这种评估覆盖了产品、工艺或活动的整个生命周期,包括原材料获取、加工、生产、运输、分配、使用、维护、回收和再利用以及最终处置。

(2) 根据联合国环境规划署的定义,LCA 是一种工具,用于评价一个产品系统从原材料获取和加工,到产品生产、包装、销售、使用、维护和再使用,直至回收和最终废物处理的整个生命周期阶段里对环境的影响。

(3) 根据国际标准化组织的定义,LCA 是评价和汇编一个产品系统在其生命周期中的输入、输出及其潜在的环境影响。

3. 生命周期评价的发展

生命周期评价起源于 20 世纪 60 年代,当时正值能源危机爆发并给社会带来重大影响,因此美国与英国开始深层次地探讨能源使用问题,从而逐渐形成了生命周期评价的基本理念和观念。此后,原本在生态系统领域的生命周期评价得到广泛运用。

LCA 的发展历程主要有以下三个阶段:

(1) 起步阶段

自 20 世纪 70 年代初开始,对环境的影响问题主要聚焦在包装垃圾,例如美国中西部研究所(MRI)对可口可乐公司生产的饮品容器做出了评价研究,这项研究旨在追踪和计量整个生产流程,包括原料开采、产品制造直至最后的产品处理阶段。从而开启了LCA的广泛研究和发展历程。

(2) 探索阶段

自20世纪70年代中后期起,对LCA的研究开始受到关注并得到一定的支持,包括人力与物质资源的投资。在这个时期,主要关注的领域为能源及固态垃圾处理。基于相关理念,部分欧美研究中心和顾问公司已经开始了关于废弃物管理的策略探究,深入探讨环境污染物的释放量、资源耗费等问题,从而促进了LCA的发展。

(3) 发展成熟阶段

环保问题的紧迫性日益增长,对经济发展的负面影响越来越明显,直接威胁到人们的生活质量,因此公众对环保问题的关注不断提升,这推动了LCA技术的显著进步。1990年8月,国际环境毒理学和化学学会(SETAC)组织召开了首次生命周期评价国际研讨会,第一次提出"生命周期评价"这一概念,并成立了专门的LCA顾问组,专注于LCA方法论和应用研究。自1990年起,SETAC在世界各地的不同国家和地区举办了超过20期的LCA研讨班,并发布了若干关键性的指导文件,极大地促进了LCA方法论的发展、完善以及应用的规范化。其中,1993年发布的《LCA原始资料》是当时对LCA活动最全面的综述报告。1998年,联合国环境规划署在美国旧金山举办了主题为"走向LCA的全球使用"的研讨会,目的是促使LCA在更多区域和领域的应用,以支持可持续发展。会议提出了一系列在全球范围内应用LCA的建议和行动计划,覆盖了教育、公共政策、科学研究、交流以及方法学开发等多个领域。

同时,欧洲一些国家也颁布了促进LCA的政策和法规,如"生态标志计划""生态管理与审计法规"和"包装及包装废物管理准则"等。众多应用案例也随之出现,例如日本完成了数十种产品的生命周期评价。

1993年6月,国际标准化组织(ISO)成立了环境管理技术委员会TC207,由其负责制定生命周期评价的标准。1997年8月,首个LCA的国际标准《生命周期评价原则与框架》(ISO14040)发布,之后又陆续发布了《生命周期评价——目的与范围的确定及清单分析》(ISO14041)、《生命周期评价——生命周期影响评价》(ISO14042)、《生命周期评价——生命周期解释》(ISO14043)、《生命周期评价——ISO14042应用示例》(ISO/TR14047)和《生命周期评价——ISO14041应用示例》(ISO/TR14049)。

(二) 企业生命周期理论

企业自成立起会经历诞生、成长、成熟甚至衰退、破产等不同阶段,呈现出生命周期的过程。企业在各个生命周期阶段具有不同的特征,只有深入了解企业当前所处的阶段及其特点,才能识别出企业发展遇到的障碍,采取相应的调整措施,以延长企业的生命周期。企业生命周期理论的研究也有较长的历史,众多国内外学者对此进行了深入研究。

美国学者J. W. 戈登尼率先将生命周期理论应用于管理学领域,之后的1972年,美国哈佛大学的拉瑞·葛瑞纳(Larry Greiner)教授在其撰写的《组织成长的演变和变革》一文中,首次完整地提出企业生命周期理论并进行了详细阐述。自此,企业生命周期理论成为研究的热点,吸引许多研究者和机构进行了广泛研究,并最终形成了一套完整的理论体系。该体系的主要四大理论为企业生命周期归因论、对策论、仿生—进化论和阶段论。

企业生命周期归因论研究的代表人物是肯·巴斯金,他找出了影响企业生命周期阶段的关键因素,以揭示如何延长企业的生命周期。企业生命周期对策论研究的代表人物是彼得·

圣吉,他利用系统动力学方法分析了生命周期内企业如何发展优势。温特是企业生命周期仿生—进化论的主要代表人物,他认为企业的组织结构具有类似生命体的特征。四大理论中影响最显著的是企业周期阶段论,其研究的代表人物是拉瑞·葛瑞纳和伊查克·爱迪斯,他们主要分析了企业在生命周期各个阶段的特征及其划分的依据。(1)拉瑞·葛瑞纳的阶段论。拉瑞·葛瑞纳把企业的发展过程视为在"演变"与"变革"两个阶段间的循环交替。他进一步将组织发展模型细化为五个阶段,分别为创业阶段、指导阶段、分权阶段、协调阶段和合作阶段。(2)伊查克·爱迪斯的阶段论。伊查克·爱迪斯认为企业生命周期的划分依据是企业的可控性和灵活性,他将企业生命周期分为成长、再生成熟和衰退三个阶段,每个阶段又再具体分为几个具有共同特征的时期。

在中国学者对于企业生命周期的研究中,陈佳贵教授首次提出以企业规模作为生命周期阶段划分的标准,从而将企业生命周期分为六个阶段:孕育期、求生存期、高速发展期、成熟期、衰退期和蜕变期。在衰退期,企业可能面临两种不同的命运,即企业的衰亡或企业的蜕变。

关于企业生命周期理论的研究结果都表明,企业的确存在着生命周期,并经历了诞生、成长、衰退和死亡的过程。所以,研究企业生命周期的意义在于,通过描述企业的发展轨迹以及每个阶段所表现出的特征,从而明确公司处于哪一特定阶段,识别其中可能存在的问题,并制订相应的策略以推动公司快速、健康、持久发展。

(三)产品生命周期理论

美国哈佛大学教授雷蒙德·弗农(Raymond Vernon)于1966年在其《产品周期中的国际投资与国际贸易》一文中首次提出产品生命周期理论(Product Life Cycle,PLC),他认为产品同样具有生命周期,需要经历孕育、成长、成熟和衰退的阶段。他将产品的生命周期主要分为三个阶段:新产品阶段、成熟产品阶段和标准化产品阶段。在弗农教授研究的基础上,费雪(Fisher)教授根据产品生命周期的需求特征,将产品分为两类:一类是生命周期较长且需求稳定的功能型产品;另一类是生命周期较短且需求不确定的创新型产品。

综合目前各研究理论,PLC代表了某个商品自诞生至消亡的所有环节,涵盖了生产所需原始资源的收集和处理,直至其被运送到下一个企业或消费者手中,乃至实际应用中的消耗及淘汰,并再次回归大自然的过程。新产品的发展也同样经过这几个关键步骤:创新研发、版本更替、稳定增长期,直至最终被市场淘汰。

(四)供应链生命周期理论

1. 生命周期与供应链的关系

从诞生到消亡,供应链也具有自然的生命周期。供应链生命周期理论代表了供应链整个供需网络的演化过程,也包括在这期间各环节企业间的互动关系及其特性,揭示了供应链演进的过程和在此过程中遇到的问题。针对这些问题,应提出有效的策略来推动供应链的快速、健康且长久发展。

2. 供应链各生命周期阶段特点

供应链由各节点企业组成,其生产的产品在链条上流动,所以供应链的生命周期与企业生命周期、产品生命周期都有着密切的联系。为了更好地分析和理解这种联系,本书采用周红梅教授的理论,将供应链生命周期分为四个阶段:孕育期、成长期、成熟期和衰退期。每个阶段都具有其独特的属性。

(1)孕育期。由于外部环境变化和自身发展需求,核心企业开始与供应链的上下游伙伴合作,利用各自的资源优势来增强整体的竞争力,这就是供应链形成的初期,即孕育期。此时供应链已具雏形,但成员间的信任度不高。如何扩大市场份额和建立稳定的合作关系是该阶段的关键任务。

(2) 成长期。供应链形成后,为了提升供应链的效率和效益,同时在一定程度上减少风险,成员间的合作变得更加规范,关系更加稳定,这时供应链进入快速发展期,即成长期。在这一阶段,强化信息共享、提升对市场及客户需求变动的响应速度至关重要。因此,该阶段的关键是提高信息共享率、客户需求满足率和降低管理成本。

(3) 成熟期。供应链的巅峰时期是成熟期。此时,成员间的合作已非常正式,企业可以利用自身和合作伙伴的资源优势,使整个供应链的竞争力达到最强、效益最大化、成本最低,资源和能源的利用效率也达到最高,市场规模到达顶峰。该阶段的关键是提高客户满意度、维持市场地位、保持供应链的灵活性和稳定性。

(4) 衰退期。产品生命周期与供应链紧密相连,当产品开始失去市场并逐步退出市场时,构建在该产品上的供应链也开始走向衰退。在这一阶段,供应链的技术水平已落后于替代产品,生存的关键是技术迭代和转型,同时如何获取资源也是供应链在衰退期面临的挑战。

3. 生命周期在低碳供应链中的应用

供应链涵盖了企业自初始原材料采购、产品设计、生产、销售、运输、使用、维修、回收直至废弃处理的全流程。所以,对供应链整体碳排放的评估必须包含对以上各阶段影响因素的考量。LCA 采用的是"从摇篮到坟墓"的分析方式,这种相似性使得 LCA 能够有效识别供应链中与可持续发展不一致的环节。所以从核心公司的决策视角出发,可以利用 LCA 去解析供应链上下的所有环节对其生态环境产生的影响(见图 5—3),为低碳供应链管理提供支持。

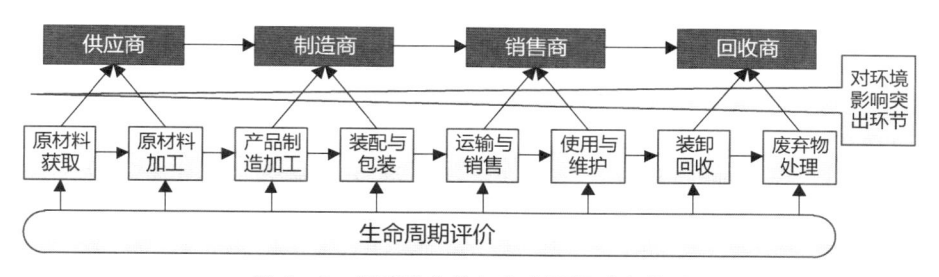

图 5—3 低碳供应链与生命周期对应关系

LCA 与低碳供应链之间联系紧密且互补。LCA 旨在"评估产品、工艺及活动在全生命周期中对环境的影响"。在对低碳供应链进行生命周期清单分析的过程中,应特别关注各阶段对自然资源和能源的消耗以及温室气体的排放情况,并统计水质、空气质量、固态垃圾和其他污染物的排放状况(见图 5—4),从而识别出对环境影响较大的供应链环节,这有助于企业采取有效措施推动低碳供应链管理,减少二氧化碳和其他污染物的排放。

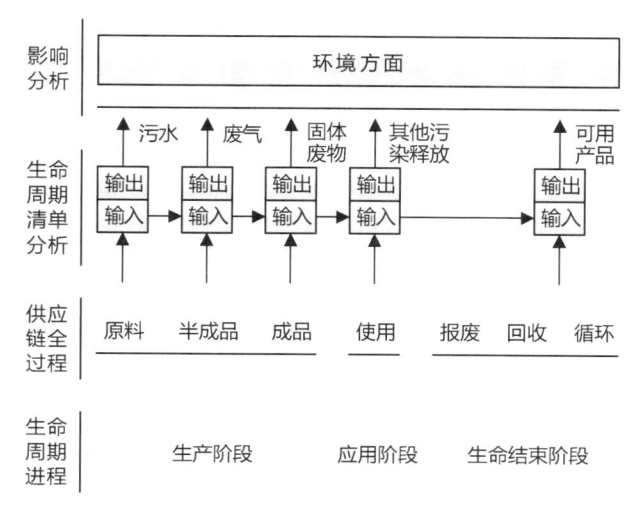

图 5—4 LCA 在供应链碳排放评价中的应用

二、供应链低碳绩效评价概述

（一）供应链低碳绩效评价定义

基于供应链绩效评价的定义和生命周期理论在低碳供应链上的应用，本书认为：供应链低碳绩效评价是对企业在供应链全生命周期内实施低碳管理策略的综合效果进行评估和度量。其核心目的是通过量化分析供应链各环节在降低碳排放、提高能源利用效率以及促进可持续发展方面的表现，准确反映供应链的实际低碳成效。

供应链低碳绩效评价贯穿供应链的全生命周期，包括原材料采购、生产制造、物流运输、产品使用和最终处置等各个环节。它是衡量供应链可持续发展目标实现程度的重要工具，有助于企业树立良好的社会形象，提高竞争力。

这种评价方法不仅关注传统的供应链绩效指标，如成本、效率、质量和服务水平，更重要的是将环境影响纳入考量范畴，特别关注温室气体排放减少和资源使用优化。通过建立科学的评价体系和数据收集机制，企业可以全面了解供应链低碳绩效，找出问题并制定改进措施，从而在未来的绿色发展中占据有利位置。

（二）与传统供应链绩效评价的区别

"低碳供应链管理"是在传统的供应链体系上进行了拓展与深化，以满足社会的长期稳定性和公司的可持续经营为基础，融入了"低碳观念"。它涵盖了产品的所有阶段，包括原料采购、制造、使用及废弃物处理等环节，并对其进行低碳化改造，以此来提升供应链的环境友好度。此举旨在降低能源的使用率和碳排量，从而达到供应链系统的最佳状态。由此可以看出，供应链低碳绩效具有更高的复杂程度，不仅包含了常规的供应链绩效评价，同时强调如下几点：

（1）"低碳理念"覆盖产品的整个生命周期。要求在供应链整个生命周期的各个活动阶段都考虑低碳因素，并在此基础上更加注重系统性的设计各个环节，以保证各阶段的低碳性，进而综合评价整个供应链低碳化程度。

（2）低碳供应链更加突出了信息的价值。由于消费者的需求复杂多变，位于整个产业链中后端的企业面临越来越多的挑战与压力。在此情况下，相比传统供需关系而言，更需要重视的是其所蕴含的信息资源及其潜在的影响力。通过互联网技术支持的数据流转可以实现从原料提供者（如供应商）到最终使用者的全流程互联共享；这种实时动态反馈机制能够直接影响并优化商品种类及产量安排以满足市场要求，同时减少无效过程和浪费，节约运营费用和降低资源消耗，并且缩小因消息不对等而导致的效率损失，进而加快构建或重新组织高效能的绿色供给体系。高效的信息管理系统是低碳供应链管理形成现代化、集成化的必要内容和动力，是提高供应链低碳绩效的必要工具。

（3）对于低碳供应链来说，其主要关注点在于它如何履行对社会的进步和社会环境优化的责任和义务。传统意义上的供应链评估仅仅考虑的是它们为各个参与公司创造的价值，却忽视了这些链条可能给社会及环境造成的负面影响。随着世界范围内的环境问题愈发严重，如大量二氧化碳和其他温室气体的释放，人类越来越重视有效地使用资源、节省能源、积极处理废物并实现循环再用，以降低碳排放。所以，在供应链低碳绩效评价时，关于低碳节能和能耗的使用是重要的考量因素之一。此外，在关心每个公司自我利益的时候，也应注意到低碳供应链对整个社会的影响力。

（三）供应链低碳绩效评价特点

供应链低碳绩效评价就是综合分析和测量供应链各节点的经营状况和节点间的相互关

系,对供应链在一定期间内的经济和环境效益进行综合评价。供应链低碳绩效评价应服务于其管理的目标,其绩效评价的对象包括供应链整体和各节点企业。低碳供应链除了具备绿色供应链绩效评价的特点之外,还应具备以下几个方面的特点:

1. 在产品的整个生命周期中考虑低碳性

低碳供应链要求在设计一开始就要充分考虑到产品整个生命周期,即从产品理念形成到报废处理的所有因素,主要包括产品的概念设计、成本质量、生产进度、客户需求、资源利用、废气物的产生(主要是 CO_2)以及回收等情况。在低碳供应链中,总体上应分为采购环节、生产环节、配送环节、营销与消费环节、逆向物流环节,在每个环节内都要遵循低碳标准的要求,进而把整个供应链作为一个低碳系统来管理,从生命周期的角度考虑产品的碳排放量,使供应链的各个阶段均达到低碳标准。这样,公司可以通过适当的低碳供应链管理策略,提高其在业界的影响力,同时也能约束供应商和经销商,促使后者一起推动产品的绿色发展,最终达成共赢的目的。

2. 低碳供应链中应注重低碳采购

采用低碳购买策略是实施低碳供应链管理的核心和基础,也是实现低碳设计选材的终极目标。必须把低碳理念融入成本材料的选择控制,从根源上保证产品的低碳特性,所购买的材料需要满足环保标准的规定。企业在评价上游供应商时,要把碳排放因素纳入成本考虑,充分考虑供应商提供的材料是否符合低碳标准,生产和运输是否低碳等因素,建立完善的低碳供应商绩效评价指标体系,和供应商结成战略合作伙伴关系,建立低碳合作共享机制,选择那些社会责任感强的企业作为供应商。

3. 低碳供应链与绿色供应链目标一致

低碳供应链管理更注重二氧化碳排放,但应和绿色供应链管理的目标保持一致。绿色供应链管理的最终目标是最大限度地减少环境污染、节约资源、降低能耗,因此,低碳供应链和绿色供应链的目标是一致的。所以供应链低碳绩效评价体系也应和绿色供应链绩效评价体系保持一致,要能够反映环境管理绩效,以突出企业在产品生命周期中应承担的社会责任和对社会的贡献。

4. 应侧重于评价供应链的整体低碳绩效

伴随着时代的进步,公司间的较量逐渐转变为供应链间的竞争,各个环节的企业都能够左右供应链的表现,但传统供应链上只关注供应链中个体部分或某一特定的方面,忽略了将其视为一个综合性的整体系统去评判。每个链条上的单位都在追求自我利益的最大化,往往忽略了整个供应链的总体效益,从而产生了"双边效用"的问题。所以,有效的供应链低碳绩效评价应该是对于实际中整体供应链低碳管理质量好坏的真实反映,并通过构建衡量标准来评估供应链的低碳管理效果,这不仅需要考查每一个环节公司的低碳经营,还要研究这些环节公司的运营绩效如何影响整个供应链的低碳运营效率。

(四)供应链低碳绩效评价内容

基于传统供应链绩效评价和绿色供应链绩效评价,供应链低碳绩效评价包括以下三个方面:

1. 综合绩效评价

随着商业竞争的日益加剧,供应链间的对抗也愈发尖锐,人们对于供应链综合绩效的重视程度也在逐步提升。通过评价供应链的综合低碳绩效,企业可以全面了解低碳供应链的运行状况,发现其运行中存在的问题,为低碳供应链的决策提供依据,以保证低碳供应链的健康发展。对供应链的综合低碳绩效评价应从整体出发,充分考虑供应链的生命周期,选择评价指标时要反映供应链整体低碳运营状况以及上下游节点企业之间的运营关系,而非仅显示某个特定节点的运行表现。供应链综合低碳绩效的关键因素包括客户满意度、经营成本、资产收益率等。

2. 各节点企业评价

低碳供应链包括供应商、制造商、零售商、物流公司和最终用户等节点企业,评价各节点企业可以促使成员更好地实施低碳供应链管理,从而减少低碳供应链的总体风险。

3. 各节点企业合作伙伴关系评价

主要从用户满意度的角度评价低碳供应链上各节点企业之间的合作伙伴关系,主要考察各节点企业之间提供的产品和服务的质量是否符合要求。在低碳供应链中,上下游企业合作关系好可以对供应链的整体低碳绩效做出贡献,反之则会阻碍供应链的低碳发展。通常,各个环节的企业会以合同等方式形成联合体。唯有与所有环节的企业维持良好协作关系,公司及整个链条才可能实现共赢。然而,每个公司往往也会有其特定的身份并归属于多个链条。在此背景下,低碳供应链的研究更加复杂是不可避免的,尤其是在获取低碳绩效评价所需的数据时困难程度有所上升。

(五)供应链低碳绩效评价程序

根据低碳供应链自身特点以及前面章节阐述的绩效评价内涵和体系构成,这里,供应链低碳绩效评价程序分为以下六个流程(见图5—5)。

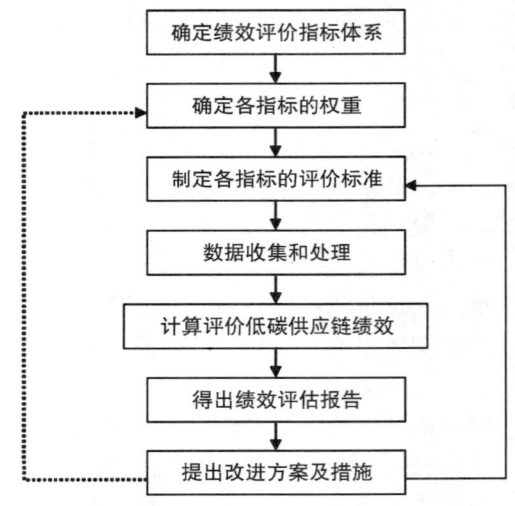

图5—5 供应链低碳绩效评价程序

1. 确定绩效评价指标体系

基于对低碳供应链和绩效评价相关理论的分析总结,确定绩效评价指标体系是绩效评价流程的第一步,也是核心环节。供应链低碳绩效评价的具体指标将在任务四中详细展示。

2. 确定各指标的权重

确定指标体系后的第二步就要确定各指标的权重,可采用定量加定性的方法分配权重。

3. 制定各指标的评价标准

可以依据通用的原理和标准制定各评价指标,这些标准通常参考国家标准、行业标杆或历史标准。

4. 数据收集与处理

收集和处理满足评价需求的数据是评价流程中重要的一环。对于过程中可能遇到的问题,如数据误差、异常值或重复数据等,需要采用数值分析的方法处理并修正。

5. 计算评价供应链低碳绩效

构建合适的绩效评价模型,明确各项评价指标的实际数值,然后使用收集和预处理的数据计算,结合算法详细评估供应链低碳绩效,最终得出各节点企业的相对绩效评价和供应链整体评价。

6. 得出绩效评价报告

绩效评价报告是评价结果的具体展示,也是向供应链提供低碳优化建议的重要依据,因此,报告必须基于真实、客观、有效的数据。

7. 提出改进方案及措施

提出改进方案及措施是供应链低碳绩效评价流程的最后一步。将绩效评价给出的改进方案应用于实际供应链管理,检验其实践效果,我们最终验证供应链低碳绩效评价的有效性。

任务四　运用供应链低碳绩效评价指标

一、供应链低碳绩效评价指标体系构建原则

可以用指标来描述社会总体现象数量特征的特定概念和具体数值,如果现象复杂,将多个相关指标组合成一个指标体系,则能够从不同角度分析和解释其特征及内在的发展规律。低碳供应链是个复杂的网状结构,节点企业数量繁多,产品的生命周期流程很长,所以要设计专门的指标体系来全面度量。

在构建供应链低碳绩效评价指标体系时,需要考虑每个指标的含义、测量方法和它们之间的相互关系,同时应基于评价目标和低碳供应链的特点。设计时主要遵循以下原则:

1. 全面性原则

评价指标体系应覆盖企业经营过程的各方面。许多企业只关注财务表现失之偏颇,事实上,供应链低碳管理的绩效会受多种要素的影响,除了重视财务数据之外,还需特别关注非财务指标,如与经营和环境保护相关的指标。

2. 科学性原则

评价指标体系是一个结合了理论和实践的结果。不论选择何种形式的定性和定量技术或构建哪一种数学模式,都需要对其现实情况做出抽象描绘。问题在于怎样把指标抽象化和系统化,并能在这些过程中捕捉到关键点、核心要素及最具代表性的部分,这是构建评价指标体系的重点和挑战。对于现实状况的抽象表达越是清晰、简洁且贴近实际情况,它的科学程度就越高。所以,供应链低碳绩效评价需要具备科学性,每个评价指标的定义应严谨、精确,需具有明晰的内涵和边界,计算范畴也须清晰无误,不得模糊不清,也不能有多样的解读,更不可随意选取。

3. 系统性原则

评价供应链的低碳管理绩效时,应以执行其总体战略为基础,这是整个链条中必不可少的环节。换言之,企业的经营无法与供应链的整体低碳战略割裂开来,也不能忽视产业链上的关联和总体特征。所以,建立评价指标体系的时候需要遵循系统性的全局观及互联性准则,每个标准的设定需兼具企业的个性化特质,同时要反映出低碳供应链的一体化属性。

4. 层次性原则

为了增强系统的整体性,且全方位评定每一个评价对象并掌握真实情况,评价体系应当是一组相互关联且有多个层级的指标集合,且这些标准应尽量清晰明确,避免对同一种主题的过度评价和重复评价。选择哪些指标以及如何构建它们,都需遵循结构优化的原则,也就是通过使用更少的指标数目及较少的层级来完整而全面地展示评价对象的情况,力求达到最佳或者令人满意的评价结果。为了实践这一优化准则,在创建供应链低碳绩效评价指标体系时,可以运用系统拆解与层次分析技术,从而生成基于树形结构的指标组合,确保所有元素和它们的构造都能符合结构优化的需求。

5. 定性与定量相结合的原则

设定绩效评价指标时,通常会考虑对其采取定性和定量两种方式来测量。同样,对供应链

低碳管理的绩效评价指标也应遵循这个原则。用定量的方法测量那些容易量化的指标，相反难以度量的指标就通过定性的方法来表达。虽然定量数据更具客观性且容易获取，但是它们无法涵盖所有的待评测信息，所以不能忽略对定性指标的设置。

6. 可行性原则

可行性即可实现性，是设计评价指标体系时要考虑的关键因素，目的是确保供应链低碳绩效评价体系在实际中能有效使用。所以在设计时应考虑可行性原则：首先，在保证评估结果的公正性和全面性的基础上，减少或排除那些对结果影响不大的指标，使评价指标体系适当简化。且评价方法应易于执行，计算和表达方式应简单明了，便于操作。其次，根据当前的科技和管理水平，设计的评价指标应容易收集所需的数据。最后，要保障评价数据的准确性、可靠性以及正确使用合适的评价方法，且评价过程中要能够全程进行质量控制。

7. 可操作性原则

在执行绩效评价的过程中，如果指标体系缺乏可操作性，就无法获取评价所需的有效信息，也无法真实准确地反映出供应链低碳管理对企业和供应链整体绩效的影响。因此，在建立评价指标体系时，需要考虑到评价对象运营的具体情况以及其所处国家或地区的整体现状，而不是简单地复制与模仿其他评价体系。

8. 指标体系与评价方法的协调原则

在设计指标体系时，在指标集具有全面性的情况下，应使其中的指标具有独立性，并尽量减少各指标的相互影响。这就要选择适合的评价统计分析方法，例如多元统计中的主成分分析和因子分析等方法，都可以较好地评价指标之间的关联效果。

9. 通用性、可比性原则

评价指标体系要具有通用性和可比性，既可以在纵向上对低碳供应链的不同时期进行比较，也可以对不同低碳供应链间在同一段时期内进行横向比较。因评价对象各有特性，要使它们能够使用统一的评价指标体系并确保评价结果具有可比性，主要方法是找出它们的共性，并根据这些共性来设计评价指标体系。同时，通过调整权重来适应不同类型和特点的评价对象。为了使评价指标体系普遍适用和可比，就需要科学、合理地提炼、总结和量化。此外，评价指标的设定应尽量遵循国内外的标准或已经广泛接受的理念，评估的内容也应尽可能排除不可预测和对特定环境有影响的因素。

二、供应链低碳绩效评价指标

在倡导低碳经济的时代背景下，对供应链绩效评价需要综合考虑企业的盈利能力、债务风险等经营要素，也要进一步包含能够体现企业低碳和环保能力的要素，例如节能降耗、碳排放、资源利用和环境保护等。因此，一套科学有效的供应链低碳绩效评价指标体系应该全面评价企业的经济效益、运营状况以及低碳环保效益，并确保评价指标贯穿于采购、生产、交付、销售和回收的整个运作流程。

参考国内外学者对供应链绩效评价的研究，本书基于供应链运作参考模型和平衡计分卡，构建了一套供应链低碳绩效评价指标体系，其覆盖了供应链的整个生命周期。该体系由目标层、一级指标和二级指标构成。具体来说，目标层为：通过绩效评价发现供应链中排碳量高的环节，实施相应的优化策略和改进措施，以达到供应链整体节能降耗、减少排放的低碳管理目标。

供应链低碳绩效评价体系的一级指标有五个维度，分别为经济效益、客户服务、业务流程、发展潜力和低碳环保(见表5—3)。其中,用与财务指标直接相关的经济效益来衡量运营结果和收益水平,用客户服务、业务流程、发展潜力的指标来衡量运营过程和能力水平,除了以上BSC中的这四个维度外,结合企业的低碳环保目标,新增了低碳环保维度。

表5—3　　　　　　　　　　　供应链低碳绩效评价体系的一级指标

评价维度	意义说明
经济效益	供应链低碳管理策略的实施对于改善企业的经济效益是否有所贡献
客户服务	供应链低碳管理策略的实施能否帮助企业赢得竞争市场和目标客户,从质量、性能、服务等方面满足客户需求,创造出卓越的成果和财务回报
业务流程	供应链低碳管理策略的实施是否可以促进企业的流程创新,提高运作效率
发展潜力	体现企业的可持续发展潜力,包括塑造低碳文化、重视人才培养、提高研发能力以及社会责任形象等
低碳环保	供应链低碳管理策略的实施能否促进企业节能减排、开发低碳环保技术、突破绿色贸易壁垒

(一)经济效益

我们通过财务的视角,可以评估低碳供应链在特定时间段内的商业收益和管理成效。选择这一视角能够激励供应链各方积极寻求改进,并直观感受带来的效果和价值变化,从而判断供应链低碳管理能否为企业带来经济回报并成为企业新的经济增长点。经济效益类的指标可以从供应链和股东的立场考虑,代表财务状况的二级指标一般包括资产负债率、净资产收益率、总资产周转率、总资产报酬率、净利润增长率和现金周转率,在这里引入两个反映低碳管理效益的财务指标——低碳收入率和低碳支出率。低碳收入指的是企业因为低碳相关活动所获得的收入,如低碳项目的投资回报、国家低碳环保补助以及碳交易和服务获得的收益等。低碳支出则指企业在低碳相关活动上的支出,如投资低碳项目、开发低碳环保技术、购买碳指标的费用等。指标具体含义见表5—4。

表5—4　　　　　　　　　　经济效益层次下的二级指标及含义

一级指标	二级指标	指标含义
经济效益	资产负债率	=负债总额/资产总额×100%
	净资产收益率	=净利润/净资产×100%
	总资产周转率	=销售收入/总资产×100%
	总资产报酬率	=息税前利润/资产平均总额×100%
	净利润增长率	=(本期净利润-上期净利润)/上期净利润×100%
	现金周转率	=主营业务收入/现金平均余额×100%
	低碳收入率	=低碳收入/主营业务收入×100%
	低碳支出率	=低碳环保投资额/主营业务收入×100%

(二)客户服务

供应链管理的目标是满足客户的需求。客户服务的指标就是从客户的角度来评价供应链的低碳运营水平,反映了企业的服务能力和与下游客户的合作关系,对产品的市场占有率有着直接影响。因此,供应链的低碳管理应以提升客户服务为核心目标,通过优化流程、加强合作、共享信息等手段满足客户需求,提供高质量、低成本、高效率的产品和服务来吸引并保留客户,增强产品的市场竞争力,这是供应链整体低碳绩效最直接的体现。同时,还应通过节能降耗等措施减少排放和污染,为客户创造更加可持续的价值。因此,低碳供应链的客户服务指标不仅应包括传统的绩效指标,如市场占有率、产品合格率、准时交货率、客户满意度和客户保持率等,还应具有反映低碳环保绩效的指标,如低碳认同度。指标具体含义如见5—5。

表 5—5　　　　　　　　　客户服务层次下的二级指标及含义

一级指标	二级指标	指标含义
客户服务	市场占有率	=本企业产品销售量/市场上同类产品销售量×100%
	产品合格率	=合格产品数量/总产品数量×100%
	准时交货率	=准时交货的次数/总交货次数×100%
	客户满意度	=(总服务次数－客户投诉次数)/总服务次数×100%
	客户保持率	=(当前客户总数或业务量－新增客户或业务量)/上期客户或业务总量×100%
	低碳认同度	低碳供应链在公众眼中的认知和认同,可通过问卷调查获得

（三）业务流程

企业的业务流程反映了日常管理供应链的运营水平,运营水平越高,则代表供应链价值创造能力越强。低碳供应链要求企业实施从原材料采购到废弃物回收利用全过程的低碳化管理,对低碳供应链的全流程进行监控,有助于发现运营问题并采取相应措施,以优化供应链流程、提高运作效率、增强市场竞争力。因此,将供应链业务流程作为企业供应链低碳绩效考核的关键指标是有必要的。一般情况下,业务流程的评价指标主要包括产品产销率、产品合格率、供应链柔性、准时交货率、库存周转率、信息共享程度。为了评价供应链流程中企业间的低碳化合作,这里引入低碳供应商占比这一低碳化指标。指标具体含义见表5—6。

表 5—6　　　　　　　　　业务流程层次下的二级指标及含义

一级指标	二级指标	指标含义
业务流程	产品产销率	=企业销售出去的产品数量/企业生产的产品数量×100%
	产品合格率	=合格产品数/生产产品总数×100%
	供应链柔性	供应链系统对于外部或内部干扰导致的变化所能做的调整范围或反应灵敏度
	准时交货率	=准时配送次数/配送总次数×100%
	库存周转率	=销售成本/库存平均金额×100%
	信息共享程度	=及时享有信息的节点企业数/总节点企业数×100%
	低碳供应商占比	=低碳供应商数量/供应商总量×100%

（四）发展潜力

供应链的低碳发展潜力代表了企业未来可预期的低碳价值创造能力。这种潜力不仅能够为企业带来潜在的收益,如政府政策补贴、运营成本降低、碳交易的收益,也能为消费者带来实际的好处,如低碳价值的增值、碳普惠的收益。评估供应链的低碳发展潜力时,可以用低碳研发人员比例、低碳研发投资率、低碳投入回报率、员工的低碳意识、企业的低碳文化以及低碳荣誉获得率这几个指标来评价。指标具体含义见表5—7。

表5—7　　　　　　　　　　　　发展潜力层次下的二级指标及含义

一级指标	二级指标	指标含义
发展潜力	低碳研发人员比例	＝低碳研发人员数量/员工总量×100％
	低碳研发投资率	＝年度低碳研发投入资金额/年度营业总收入×100％
	低碳投入回报率	＝(投入后的利润总额－投入前的利润总额)/低碳研发投入总额×100％
	员工的低碳意识	员工树立低碳环保意识,自觉履行环保责任
	企业的低碳文化	企业的价值观、信念等组成的低碳文化形象
	低碳荣誉获得率	＝获得低碳环保荣誉数量/获得荣誉总量×100％

（五）低碳环保

随着低碳经济的发展,低碳环保正逐渐成为企业新的经济增长点,通过资源利用高效化、制造过程清洁化、工艺流程低碳化、运输环节低碳化和废品回收循环化等方面的实施,企业可以建立供应链低碳管理的新模式。因此,企业需要重点关注影响供应链可持续发展的低碳环保因素。根据供应链的低碳战略目标和环保要求,从环境保护、节约能源资源、减少废弃物和降低碳排放等角度选取低碳环保指标,主要有：环境影响度、资源利用率、资源再利用率、物料回收利用率、碳均单位产值、CO_2排放增长率、新能源使用率以及低碳绿色宣传度。指标具体含义见表5—8。

表5—8　　　　　　　　　　　　低碳环保层次下的二级指标及含义

一级指标	二级指标	指标含义
低碳环保	环境影响度	用"三废"排放总量来衡量低碳供应链的环境影响度
	资源利用率	＝本年度原材料、能源消耗支出总额/本年度销售收入总额×100％
	资源再利用率	＝能源、原材料再利用量/能源、原材料消耗总量×100％
	物料回收利用率	＝回收物料的利用总量/供应链生产物料总利用量×100％
	碳均单位产值	＝企业的总产值/企业二氧化碳总排放量×100％
	CO_2排放增长率	＝(当期CO_2排放量－上期CO_2排放量)/上期碳均单位产值×100％
	新能源使用率	＝新能源使用量/能源总消耗量×100％
	低碳绿色宣传度	企业对低碳绿色发展的宣传培训程度

参考文献

[1] 张倩.基于模糊层次分析法的绿色供应链的绩效评价研究[D].天津师范大学,2009.
[2] 霍佳震,马秀波,朱琳婕.集成化供应链绩效评价体系及应用[M].北京：清华大学出版社,2005.
[3] 温宏博.绿色供应链综合绩效评价体系研究[D].兰州理工大学,2009.
[4] 张利梅.基于生命周期理论的供应链绩效评价体系研究[D].江苏大学,2012.

[5] 陈鹰.基于系统动力学的供应链绩效动态评价模型研究[D].江西财经大学,2014.
[6] 高云.基于作业成本法的供应链成本管理研究——以 SK 公司为例[D].合肥工业大学,2023.
[7] 罗娜.供应链平衡计分卡绩效评价[D].东北大学,2006.
[8] 叶伟.基于 DEA-AHP 的低碳供应链绩效评价研究[D].河北工程大学,2013.
[9] 史通纾.MK 钢铁公司低碳供应链绩效评价研究[D].西安工业大学,2019.
[10] 路正南,张超华,罗雨森."双碳"目标下制造企业绿色供应链绩效评价研究[J].生态经济,2023,39(7):58-66.

项目六　领会供应链碳管理体系

📅 知识学习目标

1. 了解供应链碳管理体系的概念、作用和重要性；
2. 掌握供应链碳管理体系的基本框架、核心要素和具体组成内容；
3. 理解碳管理体系建立的思路、方法和步骤；
4. 了解数字化技术在供应链碳管理中的应用和实际案例。

✎ 技能训练目标

1. 能够根据企业实际情况构建初步的供应链碳管理体系框架；
2. 学会运用供应链碳管理体系来指导企业的碳减排工作；
3. 学会利用数字化技术优化碳管理流程和提高碳管理效率。

📜 素质教育目标

1. 通过学习供应链碳管理的系统性，提高分析复杂问题、识别关键因素的能力；
2. 通过掌握碳管理体系的实施，培养跨学科知识联系的能力以及团队协作能力；
3. 通过学习数字化在碳管理中的应用，激发创新思维，提高知识更新的能力。

本章简介

学习导入

安永碳管理系统

任务一　了解碳管理体系

一、碳管理

在学术领域，对于碳管理的理解呈现出多样性。平克斯和科尔克（Pinkse and Kolk，2009）将碳管理视为企业实现其碳战略或政策的功能性工具，旨在提升资源使用效率、降低排放相关的潜在风险、规避法规带来的成本，并最终获得市场竞争优势。祝福冬（2011）则将碳管理视为一种新型的管理方式，企业通过专业的管理手段，力求在运营中最小化二氧化碳排放，并提供低碳产品与服务。孙振清等（2011）将碳管理描述为企业管理温室气体排放的一系列活动，目标是降低产品与服务在其整个生命周期内的碳足迹，并探索成本效益最高的减排途径。易兰等（2015）强调，企业碳管理不仅关注碳排放的监控，也涉及对企业运营流程的全面审视及对现有管理体系的整合。

综述国内外关于碳管理的研究成果,从不同的角度和范围可以将碳管理的定义分为广义和狭义两种。

(一)广义的碳管理

在广义层面上,碳管理涉及采用一系列策略和措施,旨在平衡经济增长与温室气体排放的挑战。这包括经济激励、法规约束、行政管理、技术创新以及教育普及等多种手段,以确保在满足人类基本需求的过程中,有效降低二氧化碳等温室气体的排放量。碳管理的目标是实现经济发展与环境保护的和谐共生,通过减少碳排放来对抗全球变暖现象,保护生态平衡。这一体系强调全局性、动态性、多元性、地域性和对自然环境的适应性,核心在于提升能源效率,控制并减少碳排放,以促进经济、社会与自然环境的长期可持续发展。

广义碳管理的实施方涉及多个层面的参与者,包括但不限于政府机构、企业、非政府组织(NGOs)、国际组织以及个人。

(1)政府机构。各级政府及其相关部门负责制定和执行碳管理相关的政策、法规和标准,监督和推动碳减排目标的实现。例如,环境保护部门、能源管理部门、经济发展部门等。

(2)企业。企业作为碳排放的主要源头之一,需要在其运营和管理过程中实施碳管理措施,包括碳排放的测量、报告、核查(MRV)以及采取节能减排措施、参与碳交易市场等。

(3)非政府组织(NGOs)。NGOs在提升公众意识、推广最佳实践、监督企业和政府的碳管理行为以及倡导政策变革方面发挥着重要作用。

(4)国际组织。如联合国气候变化框架公约(UNFCCC)、国际能源署(IEA)等,它们在全球碳管理政策的制定、技术交流和资金支持方面扮演着关键角色。

(5)技术服务机构。提供碳排放核算、碳足迹评估、碳资产管理等专业服务的机构,帮助实施方更准确地监测和管理碳排放。

(6)金融机构。在绿色金融和碳金融市场中,金融机构通过提供绿色信贷、绿色债券、碳交易等金融产品和服务,支持和促进碳管理的实施。

(7)研究机构和学术界。研究和开发新的低碳技术和管理方法,为碳管理提供科学依据和技术支持。

(8)个人。广义碳管理还包括鼓励和引导个人采取低碳生活方式,如节能减排、绿色出行等。

广义碳管理涉及的管理范围很广,管理的对象和领域众多,因此常弱化过程控制,强调最终结果,将碳管理措施中的细节交由更专业的细分部门进行。

(二)狭义的碳管理

从狭义上讲,碳管理体系特指企业或组织内部为管理和减少温室气体排放而建立的一套程序和控制措施。这通常涉及碳排放的测量、目标设定、减排项目的实施、绩效跟踪和持续改进。狭义的碳管理体系更侧重于操作层面,如通过改进生产工艺、优化能源使用、采用清洁能源等措施来减少直接和间接的碳排放。它可能包括制定具体的碳减排目标、实施节能减排措施、参与碳交易市场等。

狭义碳管理更多关注企业内部的碳排放控制和交易,而广义碳管理则涵盖了更广泛的环境和社会层面,强调整体性和系统性的碳减排策略。两者在适用场景上也有所不同,狭义碳管理适用于企业内部的具体操作和管理,广义碳管理则适用于企业在整个价值链中的碳排放管理和社会责任实践。

二、碳管理体系

(一)碳管理体系的定义

碳管理体系基于生命周期碳管理概念,融入了风险与机遇的双重考量,并遵循"策划—实施—检查—改进"(PDCA)的循环持续改进理念,为各类组织提供了开展碳管理活动和提高碳管理绩效的规范性要求。具体来说,它借鉴了能源管理体系(ISO50001)的模式,并结合碳管理领域的特点和特殊要求,通过实施 PDCA 循环,在组织内部建立起一个完整的、有效的、形成文件的管理体系。

随着全球对于"双碳"目标的追求不断深入,碳管理体系的构建成为业界关注的焦点。在这一背景下,近两年来,中国陆续推出了两项重要的团体标准,分别是《碳管理体系要求及使用指南》(T/CIECCPA 002-2021)和《碳管理体系要求》(T/CCAA 39-2022)。这两大标准虽然框架相近,但各有其独特之处。

《碳管理体系要求及使用指南》由中国工业节能与清洁生产协会制定并发布。该标准全面涵盖了碳排放管理、碳交易管理、碳资产管理以及碳中和管理四大核心领域,尤其强调控排企业在碳交易和碳关税方面的参与和行动。这一标准的出台,为企业在碳减排工作中提供了更加明确和具体的指导,助力其更有效地实现碳排放的减少与控制。

《碳管理体系要求》则是以生命周期碳管理理念为基础,对组织的碳管理提出了更为全面和细致的要求。该标准从设计、采购、生产、交付、使用、废弃到回收处置等多个环节,为组织的碳管理活动制定了明确的规范,确保了整个生命周期中碳排放的有效控制和优化。这一标准的实施,有助于企业实现更为系统和全面的碳管理,推动其向低碳、环保的方向转型。

(二)碳管理体系的措施

尽管不同的学者对碳管理体系持有不同的见解,但一些研究者尝试从组织层面对碳管理体系的措施进行分类。他们依据公司内部的互动程度,将碳管理体系的措施分为三个类别:组织内部的管理措施、供应链上的纵向措施,以及供应链间的横向措施。

(1)组织内部的管理措施通常涉及流程优化、节能技术的应用,以及内部碳排放的减少。这些措施旨在通过提高能效和改进生产工艺,降低企业自身的碳排放。

(2)供应链上的纵向措施则关注于原材料的选择、产品的开发,以及整个供应链的碳排放优化。这些措施通过与供应商和分销商的合作,旨在减少产品从原材料采集到最终消费的整个生命周期中的碳足迹。

(3)供应链间的横向措施则包括开拓新市场或调整产品组合,购买碳排放权,以及参与国际气候协议等。这些措施将碳管理延伸到公司运营的边界之外,反映了企业在全球碳排放治理中的角色和责任,以更全面的视角推动减排目标的实现。

温霍勒和霍夫米兰(Weinholer and Hofimrann, 2010)提出,全面的碳管理策略应涵盖内部和外部排放的管理、产品生命周期的改进、独立的碳减排措施,以及对上下游企业碳排放的管理。唐和罗(Tang and Luo, 2014)则从碳管理体系的功能角度对措施进行分类,包括从治理、运营、排放跟踪报告,到参与和披露等方面的措施。这些分类反映了碳管理的多维性,以及企业在不同层面上应对气候变化的策略。戴默特等(Damert et al., 2017)根据碳管理的战略目标,将措施分为碳治理、碳减排和提升碳竞争力三个方面,强调了企业在制定和实施碳管理策略时,需要综合考虑环境责任、经济效益和市场竞争力。

可以看到,碳管理体系着重于组织整体的碳排放管理,包括直接排放(如燃烧化石燃料产生的排放)和间接排放(如购买的电力或热能产生的排放)。生命周期思维在碳管理体系中扮演着重要角色,因为它涉及产品和服务从原材料采集、生产、使用到废弃处理的全过程。通过采用生命周期评价法,组织能够全面评估产品或服务的碳足迹,从而识别减排潜力最大的环节,并制定有效的减排策略。供应链管理也是基于产品生命周期的管理,涉及原材料采购、产品制造、运输以及分销等活动。供应链碳管理体系,即碳管理在供应链管理中的应用,意味着组织不仅关注自身的排放,还将注意力扩展到整个供应链上下游的碳排放管理。这包括与供应商合作以减少原材料生产和运输过程中的排放,以及与分销商和零售商合作以优化物流和减少产品分销过程中的碳足迹。通过供应链碳管理,组织可以在整个供应链中推动低碳实践,实现更广泛的环境效益。如无特殊说明,碳管理体系在本书中即代表供应链碳管理体系。

(三) 碳管理体系的作用

碳管理体系对于企业和社会的可持续发展具有重要的作用和价值,主要体现在以下几个方面:

1. 促进企业实现碳减排目标

碳管理体系为企业提供了系统的方法和工具,识别和量化组织内部及价值链各环节的温室气体排放,并制定减排目标和行动计划。通过持续的排放监测、报告和审核,企业可以有效管控碳排放,实现既定的减排目标。

2. 提高企业运营效率和竞争力

在碳管理体系的推动下,企业会优化生产流程、升级设备和技术、改善能源利用效率,从而降低运营成本,提高资源利用效率。同时,通过开发低碳产品和服务,企业可以抓住绿色低碳市场的机遇,提升品牌形象和市场竞争力。

3. 应对气候相关风险和政策要求

气候变化带来的极端天气事件、政策法规变化等,对企业的运营和发展构成了潜在风险。建立碳管理体系有利于企业预判和评估这些风险,及时采取应对措施,避免遭受损失。同时,碳管理体系也有助于企业满足日益严格的碳排放法规和信息披露要求。

4. 促进价值链协同减碳

碳管理体系将企业上下游的供应商、物流商、经销商等纳入其中,推动各方共同参与碳减排,形成协同效应。这不仅有利于企业降低整个价值链的碳排放,还能促进产业链各环节的绿色低碳发展。

5. 提升企业社会责任形象

构建碳管理体系并主动应对气候变化,是企业履行社会责任的关键行动。这有助于企业获得利益相关方的认可与支持,并建立积极的社会形象。

任务二 了解碳管理体系的组成

结合以往国内外关于碳管理体系的研究,以及中国发布的两个团体指标《碳管理体系要求及使用指南》(T/CIECCPA 002-2021)和《碳管理体系要求》(T/CCAA 39-2022)。完整的碳管理体系是以过程方法、PDCA 循环、生命周期分析理论、风险管理理论、ISO 管理体系标准的高阶架构(HLS)为编制基础,由"碳排放、碳交易、碳资产、碳中和"以及"碳信用评级"(4+1模块)构成的一个全面的管理体系。其结构见图 6—1。

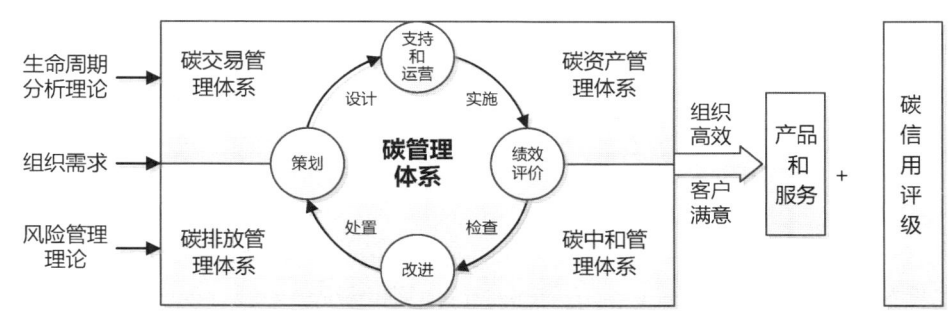

图 6—1 碳管理体系结构

一、碳排放管理

（一）碳排放管理的概念

企业的碳排放管理是指企业为降低生产经营活动过程中产生的温室气体排放，通过制定并执行一系列策略、措施和技术手段，实现低碳转型和可持续发展。这一管理过程不仅涉及企业内部的生产流程，还涵盖了供应链、物流、销售等各个环节。碳排放管理的目标是通过有效的管理和优化，实现碳排放的减少，同时提升企业的经济效益和社会形象。

（二）碳排放管理的内容

根据世界资源研究所与世界可持续发展工商理事会编写的《温室气体核算体系》，企业的碳排放可以分为三个范围，即范围一、范围二和范围三。每个范围涉及的排放类型和管理措施有所不同。三个范围的相关概念和界定已在项目三碳排放范围详细介绍，以下主要说明这三个范围相应的管理措施。

1. 范围一——直接排放

主要指的是企业直接控制的燃料燃烧活动和物理化学生产过程中产生的直接温室气体排放。通常包括：燃烧化石燃料产生的排放，如工厂锅炉（蒸汽生产）、炉子（材料加工）和发动机（运输、发电）中燃烧煤炭、天然气和石油等产生的温室气体；工业过程排放，如水泥生产中的石灰石分解、化学反应中逸出的温室气体；自有设备直接排放，如公司车队车辆尾气、备用发电机运行排放。

可以实施的管理措施有：

（1）能源效率提升。企业通过升级设备、改进工艺和优化操作流程来减少能源消耗。

（2）能源结构调整。转向使用清洁能源，如天然气、太阳能、风能等，减少煤炭等高碳能源的使用。

（3）过程优化。改进生产工艺，减少工业过程中的温室气体排放。

（4）设备维护和管理。定期维护设备以确保其高效运行，减少不必要的能源浪费。

2. 范围二——间接排放

指的是企业外购能源产生的温室气体排放，包括电力、热力、蒸汽和冷气等。这些排放主要来源于企业购买的电力或热能的生产和消耗。

可以实施的管理措施有：

（1）绿色电力采购。优先购买可再生能源电力，减少对传统电力的依赖，从而降低间接排放。

（2）能源合同管理。与能源供应商签订节能合同，确保能源供应的效率和环保性。

（3）能效监测与改进。定期监测和分析能源使用情况，识别能效改进潜力，并采取相应的改进措施。

（4）投资可再生能源与碳补偿。投资或购买可再生能源项目，如风电或太阳能发电，以抵消部分或全部购买能源的碳排放。企业通过参与碳补偿项目来抵消无法减少的排放。

3. 范围三——价值链上下游各项活动的间接排放

包括企业供应链上下游所有活动产生的间接排放，通常有：上游排放，即原材料和商品的采购、运输和生产过程中的排放；下游排放，即产品使用和废弃处理过程中的排放；其他间接排放，如员工通勤、商务旅行等。

可以实施的管理措施有：

（1）绿色供应链管理。推动供应商采用环保材料和生产方式，并选择低碳排放的供应商。

（2）优化物流规划。合理规划物流和选择运输方式，降低物流运输过程中的碳排放。

（3）产品设计。设计更环保的产品，提高能效，减少使用和废弃阶段的排放。

（4）产品碳足迹管理。对产品的全生命周期进行碳足迹分析，识别减排潜力，并采取措施降低产品使用阶段的碳排放。

（5）废弃物资源化利用。加强废弃物的回收和资源化利用，减少废弃物处理过程中的碳排放。

（6）低碳办公。鼓励员工低碳出行，推广无纸化办公，使用数字化工具，加强员工节约环保意识。

为了有效管理这些范围的排放，企业还需要建立完善的碳排放核算体系，定期监测和报告排放数据，确保数据的准确性和可靠性。同时，企业还需要加强内部沟通和协作，确保各部门共同参与碳排放管理工作。此外，与政府部门、行业协会和科研机构等外部合作伙伴的合作也是推动企业碳排放管理的重要力量。

（三）碳排放管理的流程

企业碳排放管理是一个系统化的过程，涉及多个步骤，从初步的碳排放清单编制到持续的监测和改进。以下是企业碳排放管理的具体步骤：

1. 建立碳排放管理团队

企业应建立一个由跨部门成员组成的碳排放管理团队，包括环境工程师、能源管理师、财务分析师和运营管理人员。这个团队负责制定和执行碳排放管理计划，并向高层管理层报告进展。团队成员需要接受相关的培训，以确保他们了解温室气体排放的基本知识、计算方法和最佳实践。

2. 编制碳排放清单

编制碳排放清单是碳排放管理的基础。企业需要收集过去一段时间内所有相关活动的排放数据。这包括直接排放（如燃烧化石燃料）、间接排放（如购买的电力）以及供应链和产品生命周期的排放。企业可以使用国际公认的标准（如 GHG Protocol）来指导清单的编制。清单应详细记录各种排放源的排放量，包括但不限于燃料消耗、工业过程、废物处理和员工通勤。

在编制清单时，应首先明确企业的碳排放核算边界，该边界分为组织边界与运营边界。明确企业碳排放的组织边界时，应根据地理边界、股权比重等不同依据划分，从而明确企业内的所有碳排放源。在实际计算企业的碳排放总量时，可以参考 T/CIECCPA 002-2021《碳管理体系要求及使用指南》中规定的标准、流程和方法，以及 ISO 14064-1：2018《温室气体 第一部分：在组织层面对温室气体排放和清除的量化与报告的规范及指南》和国家发改委自 2013—2015 年陆续发布的 24 个企业温室气体核算方法与报告指南，以确定边界内的碳源和碳汇，进而计算出核算周期内的碳排放总量。

3. 设定碳排放目标

企业应根据自身的业务特点和可持续发展战略，设定具体、量化、可实现的碳排放减少目标。量化碳排放指标时，应与碳排放管理方针及碳排放目标相结合，明确企业在控制并降低碳排放总量时，如何纳入经济效益、产能产销、人均排放量等不同指标，使碳排放管理体系的实际运用价值与覆盖的深度广度进一步得到提升，在降低碳排放总量的同时保持稳定高质量发展。这些目标应与国际减排目标保持一致，并考虑到企业的长期发展。目标的设定应基于科学的数据分析，考虑企业的成长计划、技术进步和市场变化。同时，企业还应设定里程碑，以便跟踪进度并及时调整策略。

4. 制定减排策略和行动计划

在设定了碳排放目标之后，企业需要制定详细的减排策略和行动计划。这可能包括能源效率提升、可再生能源的使用、工艺改进、产品设计优化、供应链管理、员工培训和意识提升等。行动计划应明确每项措施的执行步骤、责任人、时间表和预算。此外，企业还应考虑如何利用政策激励、财政补贴和碳交易等外部机制来支持减排行动。

5. 实施减排措施

实施阶段是将减排策略转化为具体行动的过程。企业需要确保所有相关人员了解他们的角色和责任，并提供必要的资源和支持。这可能包括投资于新技术、改造现有设施、采购低碳原材料、优化物流和运输、提高产品能效等。企业还应鼓励员工参与减排活动，通过激励措施和竞赛来提高他们的参与度和创新能力。

6. 监测和报告

监测和报告是确保碳排放管理有效性的关键。企业应建立一个系统，定期收集和分析碳排放数据，以评估减排措施的效果。这些数据应包括能源消耗、原材料使用、产品销售和废弃物处理等。企业还需要编制碳排放报告，向内部和外部利益相关者披露其碳排放情况和减排进展。报告应遵循透明、准确和一致的原则，并符合相关的披露标准和要求。

7. 审核和验证

为了确保碳排放数据的准确性和可靠性，企业应定期进行内部或外部的审核和验证。这可以通过内部审计、第三方审核或参与碳排放交易市场的验证过程来实现。审核和验证不仅可以提高数据的可信度，还可以帮助企业识别管理和报告过程中的问题和不足，从而进行改进。

8. 持续改进

企业应将碳排放管理视为一个持续改进的过程。基于监测和报告的结果，企业应不断调整和优化其减排策略和行动计划。这可能涉及新技术的应用、流程的进一步优化、员工培训的加强等。企业还应关注行业和政策的变化，及时调整减排目标和策略，以适应新的挑战和机遇。

9. 沟通和参与

企业应与政府、行业组织、非政府组织、供应商和客户等利益相关者有效沟通，分享其碳排放管理的经验、挑战和成果。这有助于建立企业的绿色品牌形象，提升市场竞争力，并促进行业整体减排。企业还可以参与碳排放交易市场，通过购买碳信用或参与碳补偿项目实现减排目标。

10. 风险管理和适应

企业应评估气候变化对其运营的潜在风险,并制定相应的风险管理和适应策略。这可能包括对基础设施的改造、供应链的多元化、产品和服务的创新等。通过这些措施,企业不仅可以减少温室气体排放,还可以提高其对气候变化影响的韧性,确保长期的可持续发展。

通过执行以上步骤,企业可以全面管理其碳排放,降低对环境的负面影响,提升企业的可持续发展能力。同时,这也将有助于企业在日益严格的环保法规和市场环境下保持竞争力。

(四)碳排放管理的价值

一旦建立了碳管理的观念,企业就可以借助创建碳排放的管理体系来增强自身的碳排放管控实力,减少或者削弱碳的排放量和强度,同时确保对碳资源的管理是有序且有效的,以此推动可持续发展。其价值具体体现在以下几个方面:

1. 环境价值

企业实施碳排放管理最直接的价值体现在环境保护上。通过降低碳排放,企业能够减少对大气环境的污染,缓解全球气候变暖的压力。这不仅有助于保护地球生态环境,还为企业树立了良好的绿色形象,提升了社会责任感。

2. 经济价值

碳排放管理也为企业带来了显著的经济价值。首先,企业可以通过改进能源结构和提升能源使用效率,实现降低生产成本和提高经济效益的目标。其次,参与碳交易可以使企业在市场上获得额外的收益。此外,随着绿色消费趋势的兴起,低碳产品和服务也为企业带来了更多的市场机会和竞争优势。

3. 社会价值

企业的碳排放管理还具有广泛的社会价值。通过推动绿色供应链和低碳技术的研发与推广,企业能够带动整个产业链的低碳转型,推动社会的可持续发展。同时,企业的减排行动也能够激发公众的环保意识,形成全社会共同参与节能减排的良好氛围。

4. 创新价值

碳排放管理要求企业不断创新,寻求新的低碳技术和解决方案。这种创新过程不仅有助于企业突破技术瓶颈,提高核心竞争力,还能够为整个行业带来新的发展机遇和增长点。

综上所述,企业的碳排放管理是一项复杂而重要的工作,它涉及多个方面和内容,需要企业全面考虑、科学规划、持续推进。通过实施有效的碳排放管理,企业不仅能够降低自身的碳排放,实现绿色发展,还能够创造巨大的环境、经济、社会和创新价值,为社会的可持续发展做出积极贡献。

二、碳交易管理

(一)碳交易管理的概念

碳交易管理是指企业根据自身需求和碳排放交易市场动态,买卖和管理碳排放权(包括政府分配的配额和CCER)的一系列活动。核心目标是通过建立和完善碳排放权市场,利用市场机制为碳排放定价,从而使企业面临明确的减排成本。在此过程中,企业不仅需要建立资金监管机制,对碳交易资金进行专门管理,还需制定严格的审批流程,确保每一笔碳交易计划都经过审慎的批准。碳交易管理是企业在碳排放权市场中有效运作的关键,它不仅有助于企业实现环境责任,还能够通过市场机制促进企业经济效益的提升和可持续发展的实现。

(二) 碳交易管理的内容

企业的碳交易管理是一项关键的财务管理活动,它涉及对企业碳排放权的买卖决策、执行以及风险控制。核心工作包括资金管理、交易计划的审批、市场分析、交易执行以及合规性监督。以下是企业碳交易管理的主要工作内容。

1. 资金监管机制的建立

资金监管机制的建立是碳交易管理的基石,内容包括:

(1) 设立专项账户。企业应设立专门的碳交易账户,用于管理所有与碳交易相关的资金流动,包括购买排放配额、支付交易费用等。

(2) 制定资金使用政策。明确资金使用的规则和限制,比如设定交易预算、限制单笔交易的最大金额等,以防止过度投机和不必要的风险。

(3) 内部控制。建立内部控制机制,确保所有交易活动都有适当的授权和记录,防止欺诈和误操作。

2. 审批流程的制定

审批流程的制定是确保碳交易计划合理性和可行性的关键,企业应建立内部审批流程,对每一个碳交易计划进行严格的审查和批准。内容包括:

(1) 建立决策框架。制定清晰的决策框架,包括哪些交易需要审批、由谁审批、审批的标准和流程。

(2) 审批层级。根据交易的规模和影响,设定多级审批机制,确保大型交易得到高层管理者的审查。

(3) 记录和追踪。保持交易活动的详细记录,并追踪交易决策,以便在需要时进行审计和评估。

3. 市场动态分析

在碳交易过程中,市场动态分析是指导交易决策的重要依据,企业需要持续监测碳市场的供需情况、价格波动和政策变化,以便及时了解市场动态并做出相应调整。内容包括:

(1) 市场研究。定期进行市场研究,分析碳价格的趋势、供需关系、政策变化等,以便制定合理的交易策略。

(2) 预测模型。开发或采用预测模型,预测未来的市场走势,为企业的交易决策提供科学依据。

(3) 信息更新。保持对市场信息的持续更新,包括新的政策、技术进步、市场参与者行为等。

4. 交易执行

交易执行是碳交易管理的核心环节,也是变现的途径,企业需要在碳交易平台上执行买卖操作,确保交易的顺利进行。内容包括:

(1) 交易平台选择。选择合适的碳交易平台,考虑平台的信誉、交易成本、用户体验等因素。

(2) 交易策略实施。根据市场分析和企业目标,执行具体的买卖策略,包括选择合适的交易时机和价格。

(3) 交易监控。监控交易的执行情况,及时调整策略以应对市场变化。

5. 风险管理

风险管理是碳交易管理中不可或缺的一部分，企业需要识别交易过程中可能遇到的各种风险，如市场波动、信用风险等，并采取相应的风险缓解措施。内容包括：

（1）风险评估。识别交易过程中可能遇到的风险，包括市场风险、信用风险、操作风险等，并进行评估。

（2）风险控制措施。制定风险控制措施，如设定止损点、采用对冲策略、分散交易对手等。

（3）应急计划。制定应对极端市场情况的应急计划，确保企业能够在市场大幅波动时保持稳定。

6. 合规性监督

合规性监督是确保碳交易活动合法合规的重要保障。企业需要确保所有交易活动都符合相关法律法规和市场规则，避免出现违规行为。内容包括：

（1）法规遵循。确保所有交易活动遵守相关的国家和地方法规，包括碳交易的报告要求、税务处理等。

（2）合规培训。对涉及碳交易的员工进行合规培训，提高他们的法规意识和操作规范性。

（3）审计和报告。定期内部审计，确保交易活动的合规性，并按照要求向监管机构报告交易情况。

（三）碳交易管理的价值

企业做好碳交易管理具有重大的价值和作用，这主要体现在以下几个方面：

1. 碳交易管理有助于企业实现节能减排目标

通过参与碳市场，企业可以将温室气体的排放权商品化，进而采取更多的减排措施以降低温室气体排放，从而达到碳排放配额的要求。这不仅有助于企业优化自身的能源结构和生产方式，减少对环境的影响，还符合全球应对气候变化的趋势和要求。

2. 碳交易管理可以降低企业的减排成本

通过购买和出售碳排放配额，企业可以在成本效益的基础上实现减排目标。这使企业能够在不影响正常运营的情况下，采取更为经济高效的减排措施。同时，碳交易市场的价格机制也有助于激励企业积极寻求更环保、更高效的能源和技术，从而降低整体的减排成本。

3. 碳交易管理有助于推动企业技术进步

在碳交易制度下，那些采用更为先进的减排技术的企业可以获得更多的利润，这为企业提供了技术创新的动力。通过不断推出更为环保的技术和设备，企业不仅可以满足碳市场的需求，还可以在市场竞争中占据优势地位。

4. 碳交易管理有助于优化资源配置

通过对碳资源的市场化配置，碳交易管理可以使碳资源流向社会效益和经济效益最大化的领域和产业。这不仅有助于提升整个社会的资源利用效率，还可以推动产业结构的调整和优化，促进经济的可持续发展。

5. 碳交易管理还可以为企业带来额外的经济收益

在碳交易市场中，企业可以通过出售多余的碳排放配额获得收益，这些收益可以用于支持企业的环保事业和其他创新项目。同时，碳交易管理也有助于提升企业的社会形象和品牌价值，增强企业的市场竞争力。

三、碳资产管理

(一) 碳资产管理的概念

碳资产,作为一种特殊的商品,不仅具备商品的基本属性,更拥有独特的价格信号功能。在追求价值最大化和成本收益最优化的原则下,企业能够依据碳资产的价格信号,灵活选择购买碳排放权或积极减少自身的碳排放量。这一过程,实质上是将原本难以量化的环境外部成本内化为市场内部的资源配置手段。持有碳资产的企业,通过参与碳市场的交易,不仅能够满足其在节能减排和技术创新方面的融资需求,更能够借此优化资源配置,提升整体运营效益。

碳资产管理是指企业对其温室气体排放权(通常以碳排放量计量)进行系统化管理的过程,旨在通过减少排放、优化排放权的配置和交易,以及提高能效等方式,实现成本效益最大化和环境责任的履行。碳资产不仅包括企业在碳排放权市场上的配额和减排量,还包括与碳排放相关的技术、项目、政策等无形资产。

碳资产管理的核心目标在于精准掌握企业的碳排放配额和实际排放量。面对碳排放配额紧张的情况,企业需采取积极措施以确保有足够的配额履行减排承诺。而在碳排放配额有盈余时,企业则应通过合理的经营策略,如参与碳交易市场,提升碳资产的经济价值。这种灵活的碳资产管理方式,不仅有助于企业在环境保护和经济效益之间找到平衡,也为碳市场的健康发展提供了动力。

随着碳金融的发展,碳资产的管理和运用变得更加多元化。企业不仅能够通过碳资产保值和增值,还能通过规避市场波动带来的风险,确保资产的稳定增长。利用金融市场提供的工具,企业可以更加高效地管理其碳资产,开辟了资产管理的新路径。

(二) 碳资产管理的内容

企业碳资产管理是一项涉及策略规划、数据监测、财务分析和市场交易的综合管理工作。它旨在通过有效管理企业的碳排放配额,实现成本效益最大化,同时支持企业的可持续发展目标。以下是企业碳资产管理的主要内容:

1. 碳排放数据管理

碳资产管理的基石是碳排放数据管理。企业必须建立一个全面且精确的温室气体排放核算体系,涉及对企业所有直接和间接排放源的识别和量化。这不仅包括企业内部的能源消耗和生产活动,也包括供应链和产品生命周期中的排放。为了确保数据的准确性和透明度,企业通常会邀请第三方机构核查和验证排放数据,这样可以提高数据的可信度,并满足监管机构和市场的需求。

2. 碳减排项目管理

碳减排项目是企业构建积极碳足迹的关键途径。通过清洁发展机制(CDM)或其他国内自愿减排机制,企业可以开发和实施减排项目,如可再生能源项目、能效提升项目等。这些项目不仅能减少温室气体排放,还能通过产生经核证的减排量(CERs 或其他等效单位)来构成企业的碳资产。企业需要对这些项目从立项、实施、监测到评估的全生命周期进行严格管理,以确保项目的环境效益和经济效益。

3. 碳排放权管理

在碳排放交易体系中,企业会根据其行业和规模获得一定量的排放配额。碳排放权管理要求企业根据自身的排放水平和减排潜力,制定合理的排放权获取和交易策略。企业需要在二级市场上买卖排放权,以确保整体排放符合法规要求,同时寻求成本效益最大化。此外,企业还需要关注政策变化,以便及时调整策略。

4. 碳资产组合管理

企业的碳资产可能包括核证减排量、排放配额、自愿减排信用等多种形式。碳资产组合管理要求企业全面审视这些不同类型的碳资产,构建一个多元化的资产组合,以分散风险并寻求最佳的收益组合。这需要企业对碳资产的市场动态有深入的理解,并能够根据市场变化灵活调整资产配置。

5. 碳金融工具运用

随着碳市场的成熟,碳金融工具的使用成为企业碳资产管理的重要手段。企业可以利用远期合约、期权、互换等金融衍生品来对冲碳价格波动带来的风险,实现套期保值。此外,企业还可以通过碳资产融资,如发行碳信用支持的债券或使用碳资产作为贷款的抵押,这些金融创新活动为企业提供了新的融资渠道,同时也为投资者提供了与气候变化相关的独特投资机会。

综上所述,碳资产管理是一个多维度、跨领域的复杂过程,它要求企业不仅要关注当前的排放情况和减排潜力,还要对碳市场的发展趋势和金融工具有深刻的理解。通过有效的碳资产管理,企业不仅能够满足环境法规的要求,还能够在低碳经济转型中把握新的商业机会。

(三)碳排放管理的价值

碳资产管理构成了企业绿色低碳发展战略的关键部分,体现了对低技术低碳产品、清洁生产效率等碳资源的精细化管理。企业做好碳资产管理具有多方面的价值和作用,这些价值和作用不仅体现在企业内部运营和经济效益上,还涉及企业的社会形象、市场竞争力以及可持续发展等多个方面。

1. 碳资产管理有助于提高企业内部的运营效率

通过对碳排放数据的全面盘查和准确计量,企业可以更加清晰地了解自身的碳排放情况,从而制定出更加精准的减排策略。这不仅可以降低企业的运营成本,还可以提高能源使用效率,进一步优化生产流程。

2. 碳资产管理有助于企业实现碳资产的保值增值

在碳排放交易体系下,企业可以通过合理的碳资产管理策略,在二级市场上买卖排放配额,实现碳资产的优化配置。同时,企业还可以开发温室气体减排项目,获得经核证的减排量,构成重要的碳资产,为企业带来额外的经济收益。

3. 碳资产管理还有助于企业在国际市场上获得竞争优势

在全球碳中和的背景下,企业实现碳中和目标可以带来商业机会,例如吸引投资者和消费者的注意力。同时,通过碳资产管理,企业可以更加灵活地应对国际贸易中的碳关税等环保政策,避免受到不必要的贸易壁垒限制。

企业做好碳资产管理不仅可以提高内部运营效率、实现碳资产的保值增值,还可以提升社会形象、品牌价值以及国际竞争力。因此,企业应该将碳资产管理作为重要的战略任务来推进,以实现可持续发展和长期利益最大化。

四、碳中和管理

(一)碳中和管理的概念

碳中和管理,简而言之,是指企业或组织为了实现碳中和目标,通过一系列措施减少温室气体排放和/或通过补偿措施抵消其剩余排放,使得整体排放达到相对为"零"的状态,这些措施通常包括节能减排、植树造林、购买碳排放配额等。碳中和管理的核心在于通过科学的管理和规划,实现企业的低碳转型和可持续发展。

(二)碳中和管理的内容

企业碳中和管理是一个系统性工程,涉及从战略规划到执行层面的多个环节。

1. 建立企业碳中和的战略路径

(1)分析企业碳排放现状。收集并分析企业历史碳排放数据,识别主要排放源和排放强度。

(2)设定碳中和目标。基于分析结果,设定清晰、可量化的碳中和目标,包括短期、中期和长期目标。

(3)制定实施计划。明确实现碳中和目标的具体步骤、时间节点和责任人,确保计划的可行性和可操作性。

(4)建立监测与评估机制。设立专门的监测体系,定期评估碳中和进展,及时发现问题并调整策略。

2. 加强低碳技术的研发

(1)设立研发专项。针对企业碳排放的关键环节,设立专门的研发项目,推动低碳技术的创新。

(2)合作研发与引进。与高校、研究机构或同行业企业合作,共同研发低碳技术,同时积极引进国际先进技术。

(3)技术应用与推广。将研发成果转化为实际应用,通过技术改造升级,降低企业碳排放强度。

(4)建立技术储备库。持续跟踪低碳技术发展趋势,建立技术储备库,为企业未来发展提供技术支持,例如CCUS技术。

3. 充分激发企业内部碳减排动力

(1)加强员工培训与教育。定期开展碳减排知识培训,提高员工的环保意识和减排技能。

(2)设立内部碳减排竞赛。通过竞赛形式,鼓励员工积极参与碳减排工作,激发创新热情。

(3)建立奖励机制。对在碳减排工作中表现突出的员工给予物质和精神奖励,树立榜样。

(4)营造低碳文化氛围。通过宣传活动、标语等方式,营造企业内部的低碳文化氛围。

4. 健全企业的碳排放信息披露制度

(1)制定信息披露规范。明确碳排放信息披露的内容、格式和频率,确保信息的准确性和完整性。

(2)定期核算与报告。按照规范要求,定期核算企业的碳排放数据,并编制详细的报告。

(3)公开披露与分享。企业通过官网、年报等渠道,公开披露碳排放数据和相关信息,与利益相关方共享减排成果。

(4)回应社会关切。及时回应公众、投资者等利益相关方对碳排放的关切和疑问,加强沟通与交流。

5. 建立全供应链碳中和管理体系

(1)评估供应链碳排放。评估供应链各个环节的碳排放,识别减排潜力和风险点。

(2)制定供应链减排策略。基于评估结果,制定针对供应链的减排策略,包括优化采购、运输等环节。

（3）与供应商合作减排。与供应商建立合作关系，共同推动供应链的低碳转型，共享减排成果。

（4）建立供应链碳减排监测机制。定期监测和评估供应链的碳减排进展，确保减排目标的实现。

6. 运用数字化转型赋能

（1）碳排放数据管理系统。建立碳排放数据管理系统后，企业能够实时采集、分析、报告碳排放数据，实现数据的可视化和动态监测。

（2）智能减排技术应用。借助物联网、大数据、人工智能等数字化技术，企业可以实现能源消耗的智能化管理和优化。例如，企业通过智能设备监控能源使用情况，及时发现并纠正能源浪费问题；利用大数据分析预测能源需求，优化能源配置和调度。

（3）业务流程优化与重塑。数字化转型可以帮助企业优化和重塑业务流程，减少不必要的能源消耗和碳排放。

（4）供应链碳中和管理。企业可以运用数字化手段对供应链进行碳排放管理，实现供应链各环节的数据共享和监控。企业通过评估供应商的碳排放状况，制定减排目标和措施，推动供应链的低碳转型。

7. 拓展碳中和方式渠道

（1）探索多元化碳中和方式。研究并尝试采用多种碳中和方式，如购买碳汇、参与碳交易等。

（2）建立碳中和项目库。收集并整理可行的碳中和项目信息，为企业选择合适的碳中和方式提供参考。

（3）加强与碳中和机构的合作。与专业的碳中和机构建立合作关系，共同开发和实施碳中和项目。

（4）创新碳中和商业模式。探索创新的商业模式，如碳积分交易、绿色金融产品等，拓宽碳中和的资金来源。

（三）碳中和管理的价值

碳中和管理对企业的价值和意义主要体现在如下几个方面：

1. 碳中和管理有助于提升企业的品牌形象和社会责任感

随着全球对气候变化和环境问题关注度的不断提高，消费者和投资者越来越倾向于选择那些具有环保意识和行动的企业。通过实施碳中和管理，企业能够展示其对环境保护的承诺和行动，从而提升自身的品牌形象，吸引更多的消费者和投资者。同时，这也有助于增强企业的社会责任感，赢得公众的认可和尊重。

2. 碳中和管理可以提升企业的竞争力和创新能力

在实施碳中和的过程中，企业需要不断探索和应用新的技术和方法，以降低碳排放并提高能效。这不仅可以推动企业的技术创新和业务转型，还可以提升企业的生产效率和盈利能力。此外，通过参与碳排放权交易等市场机制，企业还可以实现碳资产的价值化，进一步提升自身的经济实力和竞争力。

3. 碳中和管理有助于推动企业的可持续发展

随着全球经济的不断发展和资源环境的日益紧张，可持续发展已成为企业未来发展的必然趋势。通过实施碳中和管理，企业可以更加注重环境保护和资源利用，推动自身的绿色转型和可持续发展。这不仅可以降低企业的环境风险和经营成本,还可以为企业的长期发展奠定坚实的基础。

4. 碳中和管理还具有重要的社会价值

面对全球气候和环境问题的日益恶化,企业应对环境保护贡献力量,积极承担社会责任。通过采取碳中和管理措施,企业不仅能够促进整个行业的绿色转型,还能推动经济向低碳和可持续方向发展。这样的努力对于维护地球的生态平衡和支持人类社会的可持续发展至关重要。

五、碳信用评级

（一）碳信用评级的概念

碳信用评级(Carbon Credit Ratings,CCRs)是一种评估企业和组织碳排放责任的体系化方案,旨在衡量一个组织在应对气候变化、减少温室气体排放以及实现碳中和目标方面的表现和能力,进而确定其信用等级。通过这种方式,碳信用评级有助于确保投资者利益的社会化实施,促进绿色低碳发展,并降低市场风险。

具体而言,碳信用评级不仅关注企业或组织当前的碳排放水平,还会考察其采取的减排措施和效果,碳资产的管理和运营情况,以及对外部气候变化影响的适应性等多个方面。同时,评级机构还会关注企业或组织在碳信息披露方面的透明度和完整性,以便投资者和利益相关者能够充分了解其碳风险和碳价值。

通过碳信用评级,企业或组织可以更加清晰地了解其在碳经济体系中的位置和竞争力,从而有针对性地制定碳管理策略和减排计划。同时,评级结果也可以为投资者提供重要的参考信息,帮助他们识别低碳转型潜力大、投资价值高的企业或组织,进而实现绿色投资。

在实际操作中,碳信用评级采用了多种评估方法,如定性评估和定量评估相结合,问卷调查和技术库评估相结合,以及内部减排量评估和第三方服务机构核查评估相结合等。这些方法确保了评估的科学性、客观性和准确性。同时,评级因素的确定遵循了重要性、有效性和相关性三项基本原则,确保评级结果的准确性和有效性。

碳信用评级的实施对于企业和市场都具有重要意义。它有助于推动企业提高参与绿色低碳发展的主动性和有效性,降低气候变化风险,并提升企业的信誉和发展前景。此外,碳信用评级也是碳交易金融化的重要支撑,有助于活跃碳市场,提升通过碳交易促进减排的能力。同时,通过第三方独立评估和公开透明的信息发布,碳信用评级能够预警和揭示信用风险,保障碳市场的稳定有序发展。

（二）碳信用评级的标准

碳信用评级通常由第三方机构进行,评级的标准是由多个机构共同制定的一套评估体系,这些机构会根据一系列评估标准和方法来确定企业的碳信用等级。

《企业碳资信评价规范》(T/CECA-G 0189-2022)标志着中国首个针对企业碳资信评价的全国性团体标准的诞生,由复旦大学可持续发展研究中心与上海环境能源交易所等机构联合制定。自2022年10月1日起,该标准正式开始执行。它特别考虑了在气候变化背景下,法律法规的强制要求、碳关税、供应链政策以及社会的合理期望对企业履行承诺的意愿及其能力的影响。此外,该标准还涵盖了企业的关键业务和财务指标,深入分析了全球气候变化应对措施及碳中和目标对企业可能产生的系统性影响。

该评价考虑到目前企业参与碳达峰碳中和的情况不同,将企业分为六大类,不同类别企业在细化指标体系上有所差别(见表6—1)。

表 6—1　　　　　　　　　　　企业碳资信评价规范行业类型

行业类型	要求
C1	纳入重点排放单位名录,参与全国碳交易的企业
C2	八大行业(电力、石化、化工、建材、钢铁、有色、造纸、民航)中未被纳入全国碳交易市场的企业,自来水生产、机场、水运、港口、商场、宾馆、商务办公等高排放行业企业
C3	太阳能、风能、水能、氢能、生物质能、地热能、海洋能等可再生能源行业及上下游产业
C4	从事"节能减碳、零碳、负碳"技术研发、设备制造、工程安装、合同能源管理、综合能源服务、第三方专业技术服务等业务的企业
C5	商业银行、基金、证券、信托、保险、融资租赁、担保等行业中,开展绿色金融、碳汇、碳资产管理、碳投融资等业务的企业
C6	不属于以上范畴的其他行业企业

碳资信评价从业务和资产两个角度切入,基于宏观风险、区域风险、行业风险、企业地位、碳资产风险、非碳资产风险六个主题展开评价(见表 6—2)。

表 6—2　　　　　　　　　　企业碳资信评价指标项名称及说明

指标类别	一级指标	二级指标	指标项说明
业务	宏观风险	气候变化	温室气体浓度、海平面上升等全球关键气候变化指标
		气候政策	全球应对气候变化目标、行动与重大政策;中国碳达峰、碳中和进程中的系列政策
		经济转型	消费者、投资者和企业等向碳中和经济转型情况
	区域风险	低碳基础	所在区域实现碳达峰、碳中和目标的压力、能源结构、生态系统、绿色低碳行动成效等
		区域政策	所在区域绿色低碳方面的财政、金融、产业和人才等政策
		产业发展	所在区域绿色低碳产业结构、绿色低碳产业发展水平等
	行业风险	碳友好性	行业面临的国内外应对气候变化与碳中和进程的压力及增长前景
		产业链	产业上下游的整体减排义务、内部减排要求与碳价传导能力等
		竞争程度	行业的绿色低碳技术不确定、绿色低碳产品的可替代性与进入壁垒等
	企业地位	战略愿景	企业减排降碳战略制定情况
		技术研发	企业开发或使用的减排降碳技术情况及其在行业中的先进性
		组织制度	企业碳排放组织机构与人才队伍、减排降碳制度与碳排放信息披露制度、绿色低碳体系等建立与运行情况
		生产经营	企业在产品研发设计与包装、物流、生产、办公等领域的减排降碳情况
		降碳成效	企业节能减排降碳措施的综合成效
资产	碳资产风险	交易类碳资产	企业各种交易类碳资产面临的气候风险,通过交易类碳资产的偿债能力、盈利能力、成长能力、管理能力、合规性等方面反映
		非交易类碳资产	企业各种非交易类碳资产面临的气候风险,通过非交易类碳资产的偿债能力、盈利能力、成长能力、管理能力、合规性等方面反映
	非碳资产风险	流动资产	企业应收账款、存货等流动资产面临的气候风险
		非流动资产	企业固定资产、无形资产、长期股权投资等非流动资产面临的气候风险

注:在企业碳资信评价过程中应重点关注表格中的二级指标。实际情况中,应依据受评对象所属行业类型不同,充分考虑二级指标及其权重设置。

该规范的评价标准包含以下内容：

1. 碳效分析标准

（1）碳排放量评估。规范会详细考察企业的年度碳排放总量，包括直接排放和间接排放。此外，还会对比行业平均水平，以判断企业的碳排放水平。

（2）碳排放强度。企业通过计算碳排放强度（单位产值或单位产品的碳排放量），来评估在生产过程中的碳效率。碳排放强度越低，说明企业的碳效率越高。

（3）减排措施与效果。规范会评估企业采取的减排措施，如技术升级、能源结构优化等，并考察这些措施的实际减排效果。

2. 碳信用评价标准

（1）碳承诺履行。评估企业是否按照相关法规、政策或自身承诺进行碳减排，以及减排目标的完成情况。

（2）碳市场参与度。考察企业是否积极参与碳市场交易，包括碳排放权的买卖、碳金融产品的使用等。

（3）碳信息披露。评价企业在碳信息披露方面的表现，如报告的完整性、准确性和透明度，以及是否及时公开碳排放数据和减排进展。

3. 偿债意愿和能力标准

在双碳目标的背景下，规范会特别关注企业的偿债意愿和能力。这包括考察企业的财务健康状况、现金流状况以及应对碳约束的能力，以判断企业在面临碳减排压力时是否具备足够的偿债能力。

4. 其他相关标准

（1）碳资产管理。评估企业是否建立了有效的碳资产管理制度，包括碳排放权的管理、碳资产的价值评估等。

（2）绿色技术创新。考察企业在绿色技术创新方面的投入和成果，如研发低碳技术、推广清洁能源等。

（3）可持续发展战略。评估企业是否将碳管理纳入其可持续发展战略，并考察企业在推动行业低碳转型方面的贡献。

碳资信评价遵循四层推进逻辑，即"评价因素确定""评估重要性""基准核定""基准调整"，最终可以得到 AAA、AA、A、BBB、BB、B、CCC、CC、C 三等九级的碳资信等级。

任务三　掌握碳管理体系的建立与实施

一、碳管理体系建立的思路和方法

随着全球气候变化问题日益严重，企业建立碳管理体系已成为必然趋势。企业建立碳管理体系的思路是一个系统性、综合性的过程，旨在将碳管理融入企业的日常运营和战略发展，以实现碳减排目标并提升企业的可持续发展水平。以下是企业建立碳管理体系的具体思路和方法。

1. 明确碳管理目标和管理原则

企业首先需要明确碳管理体系建设的目标，这通常与企业的可持续发展战略和碳减排承诺紧密相关。目标应该具有可衡量性、可达成性和时限性。通过设定明确的碳减排目标，企业可以为其碳管理体系建设提供清晰的指引。同时,企业还需要全面评估自身的碳排放现状,识别碳排放的主要来源和减排潜力,为制定针对性的碳管理策略提供依据。企业应确立碳管理的核心原则,如生命周期碳管理、风险和机遇思维以及持续改进等。这些原则将指导企业在整个碳管理体系建设过程中保持正确方向和高效运作。

2. 构建碳管理体系框架

在明确目标和战略定位的基础上,企业需要构建碳管理体系的框架。这包括确定碳管理体系的组成要素,如碳排放管理、碳交易管理、碳资产管理、碳中和管理以及碳信用评级等。同时,企业还需要制定碳管理体系的运行机制,如组织保障、制度建设、流程优化等,确保碳管理体系的有效运行。

3. 建立组织架构和职责分配

为确保碳管理体系的顺利运行,企业需要建立专门的碳管理机构,并明确各相关部门和人员的职责。碳管理机构负责统筹协调企业的碳管理工作,确保各项碳管理活动的有效实施。

4. 制定碳管理制度和流程

企业需要制定一系列的碳管理制度和流程,包括碳排放核算与报告制度、碳资产管理规范、碳交易操作指南等。这些制度和流程将为企业的碳管理工作提供具体的操作指导和规范。

5. 实施碳管理活动

在构建完碳管理体系框架及相应的组织制度后,企业需要制定并实施具体的碳减排措施。这包括制定碳排放管理计划,实施节能减排措施,优化能源结构,推广清洁能源等。同时,企业还需要加强碳资产管理,包括碳资产核算、评估、交易和风险控制等方面。此外,企业还可以积极参与碳市场交易,通过买卖碳排放权实现碳减排目标。

6. 持续改进和优化

碳管理体系的建设是一个持续改进和优化的过程。企业需要定期评估碳管理体系的运行情况,识别存在的问题和不足,并采取相应的改进措施。同时,企业还需要关注碳管理领域的最新动态和最佳实践,及时将新的理念和技术引入自身的碳管理体系,不断提升碳管理绩效。

7. 加强碳信息披露和沟通

企业应建立碳信息披露和报告制度,定期向内外部利益相关方披露碳排放数据和减排成果,接受政府、投资者和社会公众的监督。通过公开透明的信息披露,企业可以提高公信力和声誉,吸引更多的投资者和合作伙伴。

8. 宣传与培训

加强内部沟通和外部推广,让员工和利益相关方充分了解碳管理的意义和成果。企业通过内部宣传、培训、研讨会、实地考察等方式,使员工了解碳管理的政策法规、标准和方法等知识,提高员工对碳管理的认识和参与度。同时,企业应鼓励员工参加外部培训和认证,提高专业水平和实践能力。

9. 推动企业间的碳合作与交流

加强与其他企业的合作与交流,共同推进碳管理体系建设。通过分享经验成果、共同开展碳减排项目等方式,企业可以相互学习借鉴,提高碳管理水平。同时,企业可以加入行业协会或组织,参与相关活动和倡议,推动行业整体进步。

加强与供应商和客户的合作与沟通,推动供应链的碳管理。企业通过与供应商合作,共同制定减排目标和措施;通过与客户沟通,了解市场需求和趋势,推动产品和服务向低碳方向发展。同时,企业应关注供应链中的环境问题,推动整个链条的绿色发展。

10. 完善政策体系和报告制度

企业应关注国内外碳排放政策法规的变化,确保自身的碳管理体系和实际执行情况符合相关法规和标准的要求。同时,企业应积极参与政策法规和标准体系的制定和完善工作,为推动行业健康发展贡献力量。

二、碳管理体系的建立与实施

碳管理体系的建立是一个复杂的过程,需要分阶段建立,每个阶段都有其特定的任务和要求。组织需要根据自身实际情况和市场环境的变化,制定相应的战略和措施,确保碳管理体系的有效性和持续性。碳管理的体系建立可分为 4 个主要阶段。

（一）第一阶段：战略规划

在组织的碳管理旅程的起始阶段,关键在于精心策划和制定一套全面的碳管理战略。这一战略的制定涉及对组织的愿景、使命、目标以及核心价值观的明确界定。为了确保战略的实施可行性,组织需要深入分析自身的特定情况,包括其碳排放的现状以及必须遵守的国内外相关法规。这些分析将为建立有效的碳管理体系奠定坚实的基础,并确保后续步骤的正确方向。这个阶段的工作内容包括:

1. 制定体系建设计划

为了顺利推进碳管理体系的建立,需要组建一个由高层管理者和关键部门负责人构成的领导小组,负责决策和协调工作。同时,一个由管理人员和专业技术人员组成的工作小组将承担策划和实施的具体任务。最高管理层需确保各角色的职责和权限得到明确分配,并有效沟通。此外,职能职责的划分应结合现有的组织架构,确保涵盖管理体系标准的所有适用要求,并明确管理职责。

在这一阶段,还需明确各阶段的工作内容,包括确定参与的部门、人员、负责人,以及具体的目标任务、工作步骤、内容、进度和预期输出。部门职责的明确划分对于确保流程的顺畅执行至关重要。

2. 内外部环境分析

内外部环境分析的核心目标是识别那些可能影响碳管理体系成效的风险和机遇,从而制定相应的策略和措施。这一过程涉及对可能阻碍或促进实现碳管理目标的各类因素的深入探讨。

在考虑外部环境时,需综合评估多个维度,包括社会、环境、文化、政治、法律、法规、金融、经济、技术以及自然和竞争状况。这些因素共同构成了组织运作的宏观背景,对碳管理的实施和效果产生直接或间接的影响。

内部环境分析则聚焦于组织内部的各个方面,如愿景、使命、价值观等指导原则,以及治理结构、政策制定、资源配置、能力建设、人员管理和财务状况等实际运营要素。这些内部因素直接关联到组织能否有效执行碳管理计划,并最终达到预定的环境目标。

3. 确定体系范围与边界

确定碳管理体系的范围和边界是一个关键步骤,涉及六大要素:合法边界(营业执照)、地理边界(所处区域)、组织边界(标准术语)、温室气体源(纳入类型)、所含活动(碳排放、碳资产、碳交易、碳中和、碳信用)以及体系范围(适用性)。组织需明确标识出不适用的部分,并确保所有温室气体排放的核算边界与能源统计报表制度中的统计边界保持一致。这将有助于组织准确评估和管理其碳排放,为实现碳中和目标奠定坚实基础。

4. 培训与宣贯

在宣贯培训阶段，目的是确保领导小组、工作小组成员以及所有与体系建设相关的人员充分理解组织的碳管理意图和决策。培训内容涵盖"碳管理体系"的背景、管理原则、标准要求以及推进的具体步骤，以确保所有相关人员对标准有深入的理解和掌握。

（二）第二阶段：体系设计

1. 制定碳管理指导原则

在确立碳管理指导原则的阶段，组织的最高管理层负责制定并公布一套碳管理指导原则。这些原则需与组织的核心价值观和运营环境相契合，为设定碳管理目标奠定基础。原则中应体现对实现碳达峰和碳中和的坚定承诺，确保遵守所有相关的法律法规，并承诺持续改进碳管理体系。

2. 设定碳减排目标

基于对碳排放的全面评估，组织需要设定清晰的碳减排目标，这些目标既包括长期愿景也涵盖短期可执行的计划。目标必须是可量化、可实现、有时限的，并能够根据组织的实际状况和市场变化实时调整。在设定目标时，组织应考虑不同层级和部门的特点，从多个角度出发，如温室气体排放总量、碳资产的期望值、碳交易完成率以及碳中和方案的完成时间。这些目标应与碳管理指导原则保持一致，可量化（如果可能的话），考虑所有适用的要求，并确保目标能够得到监测、沟通，并在适当时候更新。

3. 规划碳减排行动

为了达成上述碳减排目标，组织必须制定具体的行动计划，并构建碳管理体系的文件框架（见图6—2）。这些措施应根据组织的实际情况，综合运用技术、管理和市场等多种策略。在制定措施时，应注重其可行性和创新性，并兼顾经济效益和社会效益。在构建文件框架时，组织应根据自身特点和需求，明确文件的结构和内容，确保所有支撑性文件的执行要求得到满足。

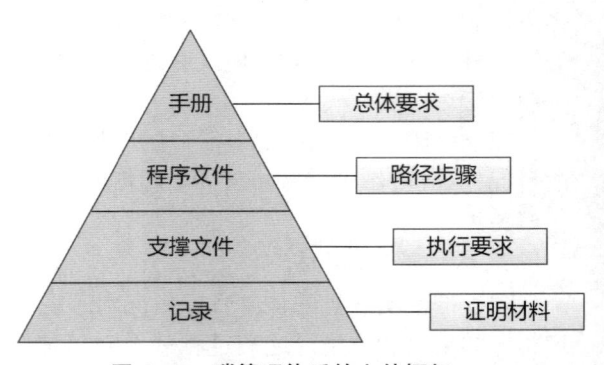

图6—2 碳管理体系的文件框架

4. 体系文件编审发布

在建立碳管理体系的过程中，文件的编制、审核、发布以及相关人员的培训是必要的环节。这一阶段确保了所有相关人员对于体系文件有清晰的理解，并能够按照既定的标准执行。

在编写体系文件时，应严格遵循既定的格式标准，包括行政公文、企业标准和内控文件的特定格式。这种标准化的格式有助于保持文件的专业性和一致性，同时也便于文件的管理和存档。体系文件在经过具有审批权限的部门评审无误后，将被正式批准并发布，供组织内部使用。为了确保体系文件得到正确理解和有效执行，对涉及碳管理的所有人员进行专项培训也是必不可少的。

（三）第三阶段：运行实施

1. 碳减排实施与监督

在碳减排的实施运行阶段，关键在于将既定的减排措施付诸实践，并持续监督这些措施的执行情况。这一过程要求组织确保各项措施得到有效实施,并进行必要的协调工作以维持进度。在碳管理体系实施(运行)期间,解决运行中产生的问题,并同步优化管理体系文件,确立适用过程的控制准则,依照该准则实施对该过程的控制。同时,通过持续监测,组织能够及时掌握减排措施的实际效果,为未来的策略调整和性能提升提供关键数据。

2. 内部审核与评价

组织在进行碳管理时,内部审核与评价是确保其有效性的关键环节。组织通过全面评估在生产、服务等环节的碳排放,揭示当前排放水平,识别关键排放源,并发现减排潜力,为设定实际可行的减排目标和措施提供数据支持。

内部审核聚焦于系统性地评价管理体系的符合性和目标实现程度。这一过程中,组织需对审核人员进行专业培训,成立审核小组,制定详细的审核计划和策略。编写检验表格,开展首次会议启动内部评估,最终在总结会议后提交审计报告。针对发现的问题,组织应采取相应的纠正措施。领导层负责组织和执行管理审核和评价,审查内容涵盖之前审核中实施的行动、内外部环境变化对碳管理系统的影响、系统表现数据、客户需求变化信息、变革要求以及持续优化的可能性。

3. 减排措施优化与改进

依据监测数据的反馈和审核评价的结果,组织需不断审视和改进碳减排措施。这一优化过程应强调创新思维和持续改进的精神,鼓励组织探索和采纳更高效的减排技术和方法。同时,组织应密切关注国内外关于碳排放的最新政策和法规动态,确保其优化方向与政策趋势保持一致,以实现长期的可持续发展。

(四)第四阶段：外部评价

1. 碳排放数据报告与披露

组织需要定期报告和披露碳排放数据,包括内部碳排放的具体数据以及已实施的碳减排措施的进展情况。在披露信息时,必须遵循相应的法律法规和行业标准,确保所提供信息的精确性和透明度。此外,组织应主动与各方利益相关者沟通,通过这种开放的态度,不仅可以增强公众对组织的信任,还能提升其在市场中的竞争力和声誉。

2. 合规与认证

合规性管理工作包含：识别、收集适用的法律、法规与其他要求；明确周期与方法,评价法规要求遵循情况,形成评价输出成果；针对合规评价中发现的问题,制定后续的改进计划。

组织需密切关注全球及国内碳排放相关的政策和法规变化,确保其碳管理实施与这些要求保持一致。同时积极追求第三方机构的认证,这样不仅能够增强组织在碳管理方面的公信力,还能进一步增强其市场竞争力。在认证过程中,与认证机构的有效沟通和合作是确保认证有效性和符合性的关键。

任务四 熟悉数字化技术在碳管理中的应用

随着数字化技术的发展,物联网技术、5G 技术、数字孪生技术、大数据云计算技术以及人工智能技术,在供应链碳管理中发挥着重要作用,它们可以提高碳管理的效率、准确性和透明度。通过提高供应链的透明度、协同性和智能化水平,我们可以实现供应链的高效、绿色和可持续发展。

一、物联网技术

(一) 物联网技术概述

物联网(Internet of Things,IoT)技术是指通过信息传感设备如射频识别(RFID)、红外传感器、全球定位系统(GPS)等,将物品与互联网连接,实现智能化识别、定位、跟踪、监控和管理的一种网络技术。物联网的核心在于物与物、物与人、物与网络的互联互通,它通过智能感知、识别技术和综合应用服务,实现数据的交换和通信。

物联网系统通常由四个主要组成部分构成:感知层、网络层、平台层和应用层。感知层由各类传感器和智能终端设备组成,负责采集物理世界的各种数据信号;网络层通过多种有线无线通信技术实现数据传输;平台层负责存储、处理和分析海量杂乱数据;应用层则根据处理结果,对物理世界进行智能化控制和决策。

(二) 物联网技术在碳管理的应用

物联网技术在企业碳管理中的应用主要体现在以下几个方面:

1. 能源监测与优化

物联网技术可以部署在企业的能源使用设备上,如工业锅炉、制冷系统、照明系统等,实时监测能源消耗情况。通过收集的数据,企业可以分析能源使用效率,识别能源浪费的环节,并进行优化调整,从而减少能源消耗和碳排放。

2. 设备维护与管理

物联网技术可以用于设备的实时监控和预测性维护。通过传感器收集设备的运行数据,企业可以预测设备可能出现的故障,提前维护,避免因设备故障导致的能源浪费和生产中断。

3. 供应链碳足迹追踪

物联网技术可以用于追踪产品从原材料采购到生产、运输、使用和废弃的全过程碳足迹。通过在供应链的各个环节部署传感器,企业可以准确地测量和报告碳排放数据,为碳减排决策提供依据。

4. 智能建筑管理

物联网技术可以应用于智能建筑管理系统中,通过监控和控制建筑的能耗设备,如空调、照明和供暖系统,实现能源的高效使用,减少建筑的碳排放。

5. 废物管理与回收

物联网技术可以用于废物管理和回收。通过在废物容器上安装传感器,企业可以实时监控废物的产生和存储情况,优化废物收集和处理流程,减少废物处理过程中的碳排放。

物联网技术为企业碳管理提供了强大的数据支持和智能化的管理手段。通过实时监测、数据分析和智能控制,企业能够更有效地管理能源消耗,减少碳排放,实现可持续发展目标。随着物联网技术的不断进步和应用的深化,其在企业碳管理中的作用将越来越重要。

(三) 应用案例

宝钢集团通过构建覆盖全流程的物联网系统,实现了对钢铁生产全过程的能耗数据实时采集和碳排放实时计算,从而有效支撑了企业的"碳中和"管理。

具体来说,宝钢在生产现场布置了大量的能源计量传感器,实时监测和采集各类设备、系统的电力、燃料、水资源等能源使用情况。同时,通过车载终端设备,实时监控原料运输车辆的行驶里程、燃料消耗等。这些海量的现场能耗数据通过工业无线网络实时传输至数据中心,经过大数据处理平台的计算模型分析,可以实时生成各环节、各工序的碳排放量。

在此基础上,宝钢建立了覆盖所有单元的碳排放管控系统,对标准煤耗、电耗、碳排放量等关键指标实现实时监控和预警,一旦出现异常情况,相关人员就可及时介入调查并采取措施。同时,该系统还与生产运营管理系统对接,实现对能耗、碳排放的精细化管理和优化。

通过物联网系统的支撑,宝钢不仅实现了温室气体排放数据的实时采集和计算,而且可以精准分析找出主要排放源头,制定有针对性的节能减排措施。

二、5G 技术

(一) 5G 技术概述

5G 技术,即第五代移动通信技术,其核心特点包括高速率、低延迟、大连接数,这些特性使其在多个领域具有革命性的潜力。高速率意味着 5G 可以支持高达数十 Gbps 的数据传输速度,能够无缝支持高清视频流、虚拟现实(VR)和增强现实(AR)等带宽密集型应用。低延迟,即网络响应时间的显著缩短,5G 网络的延迟可以降至毫秒级,这对于需要实时反馈的应用,如自动驾驶汽车、远程医疗手术等,至关重要。大连接数则指的是 5G 网络能够同时连接的设备数量大幅增加,这对于物联网(IoT)设备的广泛部署和智能城市的发展具有重要意义。5G 技术还具备高度的灵活性和可靠性,能够根据不同场景和需求定制化部署,满足各类复杂应用的需求。

5G 技术的实施,不仅将提升个人用户的移动互联网体验,还将推动工业自动化、智慧城市、智能交通等新兴技术的发展,为社会带来深远的变革。

(二) 5G 技术在碳管理的应用

5G 技术在企业碳管理中的具体应用体现在:

(1) 为实时数据采集和传输提供了有力支持。在碳管理中,企业需要实时监测碳排放数据,以便及时发现问题并采取相应的减排措施。5G 技术的应用使得数据采集更加迅速和准确,为碳管理提供了坚实的数据基础。

(2) 推动企业碳管理向智能化、自动化方向发展。通过结合物联网、大数据等先进技术,企业可以构建智能化的碳管理系统,实现对碳排放数据的自动分析和处理。这不仅提高了碳管理的效率,还降低了人为干预和误差,使碳管理更加精准和可靠。

(3) 促进企业间的碳管理合作与信息共享。通过建立基于 5G 技术的碳管理平台,企业可以与其他企业或机构实现碳排放数据的共享和交换,共同推动行业的低碳转型。这种合作与共享有助于形成碳管理的合力,提高整个行业的碳减排效果。

(4) 为企业碳管理提供了创新的解决方案。例如,基于 5G 技术的无人机巡检可以实现对碳排放源的快速识别和定位,提高碳管理的效率和准确性。同时,5G 技术还可以与新能源技术相结合,推动可再生能源的利用和碳减排。

(三) 应用案例

德国汽车制造商大众汽车集团利用 5G 技术建设了车队智能碳排放监测与优化系统,旨在提高运输效率,降低碳排放。

大众在旗下数千辆运输车队车辆上安装了 5G 车载终端,可实时采集车辆位置、行驶状态、油耗等数据,并借助 5G 大带宽和低延迟特性,将这些海量数据高效上传至智能运输云平台。云平台基于 AI 算法分析数据,优化车辆行驶路线,避开拥堵路段,减少怠速和无效运行,同时根据车况数据远程调整发动机参数,提高燃油效率。当驾驶员出现燃油浪费行为时,系统会发出语音提示,指导改正驾驶习惯。

根据公布的数据,在德国试点应用中,该5G智能运输系统使运输车队整体燃油消耗降低约10%,每年可减排二氧化碳约6 000吨。5G技术赋能的智能物流不仅有利于降低碳排放,提高运输效率,也有助于降低运营成本,提升竞争力。

三、数字孪生技术

(一)数字孪生技术概述

数字孪生技术,是一种前沿的科技创新,它通过高度仿真的虚拟模型,将现实世界中的物体、系统或过程进行数字化复制。这种技术不仅能够实时映射实体的状态和变化,还能在虚拟空间中模拟、预测和优化。

在制造业中,数字孪生技术可以用来模拟整个生产流程,从设计阶段到生产线的运作,再到产品的使用和维护。这不仅有助于提高产品设计的质量和生产效率,还能在产品投入市场后,通过收集使用数据来指导后续的产品改进和服务优化。

此外,数字孪生技术在城市规划、医疗健康、供应链管理等领域也有广泛的应用前景。例如,在城市规划中,通过创建城市的数字孪生模型,规划者可以模拟交通流量、环境影响等,从而做出更加科学合理的决策。在医疗领域,数字孪生可以用于模拟病人的生理状态,辅助医生诊断和制定治疗计划。

这些应用展示了数字孪生技术在促进不同行业创新和提升决策质量方面的巨大潜力。通过数字孪生技术,人们可以更深入地理解复杂系统的运行规律,从而更有效地决策和管理。

(二)数字孪生技术在碳管理中的应用

数字孪生技术在企业碳管理中的应用具体体现在以下几个方面:

(1)绿色设计与仿真评估。通过构建产品、工厂、建筑等的数字孪生模型,企业可以在设计阶段模拟评估不同方案下的能源消耗和碳排放情况,优化设计方案,实现绿色低碳设计。

(2)生产过程优化控制。将生产设备与数字孪生模型实时关联,可以基于模型仿真优化设备参数和工艺路线,提高能源利用效率,降低生产过程的碳排放。

(3)运维管理与故障预防。数字孪生技术可分析设备全生命周期数据,实现设备状态预测和预测性维护,避免因设备故障而导致的能源浪费和额外排放。

(4)智能调度与精细化管控。将企业内部各场景的数字孪生模型有机整合,可实现对生产、物流、办公等全流程的智能调度和精细化能耗管控。

(5)碳足迹评估与减排策略制定。借助数字孪生技术,企业能够全面评估产品、基地、供应链等在全生命周期的碳足迹,从而制定精准的节能减排方案和路线图。

(6)员工培训与意识提升。数字孪生可为企业提供沉浸式虚拟环境,用于培训员工节能减排的操作技能,提高员工的环保意识和绩效。

(三)应用案例

腾讯集团在建筑节能减排领域积极探索数字孪生技术的应用实践。腾讯利用数字孪生技术构建了一个高度精确的虚拟模型,这个模型能够通过IOC大屏,实时反映园区各建筑空间的能耗碳排、环境与设备运行情况,实现了"可视化、可分析、可诊断、可优化、可管理"。分析中心基于完善的建筑运行能效评价体系,进行多维度、深层次的数据分析与展示,挖掘建筑节能潜力。据腾讯公开数据,数字孪生技术在其总部大楼项目中的应用,使设计阶段节能率提高15%,施工阶段减排10%,运营阶段能耗降低12%。

腾讯正在建设统一的数字孪生云平台,未来将覆盖建筑物从设计、施工到运营维护的全生命周期。通过数据汇集和模型仿真,企业可全面评估建筑在各阶段的碳足迹,制定减排策略。

四、大数据+云计算技术

(一)大数据+云计算技术概述

大数据和云计算是当今信息技术领域的两个关键概念,它们在推动现代企业和组织运营中发挥着至关重要的作用。

大数据指的是在规模、复杂性或增长速度上超出传统数据库系统处理能力的数据集合。它通常包括各种来源的大量结构化和非结构化数据。大数据的核心价值在于通过高级分析技术揭示数据背后的模式、趋势和关联,从而为决策提供支持。大数据的应用范围广泛,从商业智能、市场分析到医疗研究、智慧城市建设等,都离不开大数据的支撑。

云计算则是一种通过互联网提供计算资源和服务的模式。它允许用户按需访问和使用存储、处理能力和各种应用程序,而无需在本地建立和维护复杂的IT基础设施。云计算的主要优势在于其灵活性、可扩展性和成本效益。用户可以根据实际需求快速调整资源,实现快速部署和高效运营。

大数据和云计算之间存在紧密的联系。云计算提供了处理和分析大数据所需的弹性计算资源,而大数据的分析结果又可以反馈给云服务,优化资源配置和服务性能。这种相互促进的关系使得两者成为现代技术发展中不可或缺的一部分。通过结合大数据的洞察力和云计算的灵活性,企业和组织能够更加敏捷地响应市场变化,提升竞争力。

(二)大数据+云计算技术在碳管理中的应用

1. 数据收集与整合

传统的碳管理方式往往存在数据碎片化的问题,不同部门和环节的数据难以整合和共享。大数据技术具有强大的数据收集能力,能够从多个来源和渠道收集碳排放数据。这些数据可能来自企业的生产过程、能源消耗、物流运输、产品使用等各个环节。云计算技术则提供了海量的存储空间和高效的数据处理能力,将这些数据整合和标准化,形成统一的碳数据管理平台。通过数据清洗和格式化,我们可以消除数据中的噪声和异常值,提高数据的质量和可靠性。

2. 碳排放分析与预测

传统的碳管理方式往往缺乏对未来的预测能力,难以应对潜在的碳排放风险。基于整合后的碳数据,大数据技术可以深入分析和挖掘。通过构建复杂的数学模型和算法,企业可以分析碳排放的来源、构成和变化趋势,识别出高排放的环节和原因。此外,结合历史数据和实时数据,还可以利用机器学习等算法预测未来的碳排放,帮助企业提前制定应对策略。

3. 碳排放监测与预警

云计算技术为碳排放的实时监测提供了有力支持。通过构建碳排放的实时监测系统,企业可以实时跟踪和监测各个环节的碳排放。当碳排放超过预设的阈值时,系统会自动触发预警机制,及时通知相关人员处理。这种实时监测和预警的方式可以帮助企业及时发现并解决碳排放问题,避免潜在的环境风险。

4. 优化资源配置与减排决策

大数据和云计算技术还可以帮助企业优化资源配置和制定减排决策。通过对碳数据的分析,企业可以找出减排的潜力点和优化空间,制定更加精准的减排措施。同时,云计算技术还可以提供强大的计算能力和模拟仿真功能,帮助企业评估不同减排方案的效果和成本,选择最优的方案实施。

5. 碳交易与合规管理

在碳交易市场中,大数据和云计算技术也发挥着重要作用。通过收集和分析碳市场的交易数据,企业可以了解碳价格的变化趋势和市场供需情况,制定合理的碳交易策略。同时,云计算技术还可以帮助企业合规管理,确保企业的碳排放符合国家和地方的环保法规要求。

(三)应用案例

微软通过其大数据和云计算技术,特别是 Microsoft Azure 云服务平台,为碳管理提供了一系列工具和服务,帮助企业和组织更有效地记录、报告和减少其碳排放量,从而实现净零排放目标。以下是微软技术在碳管理方面的几个关键应用:

(1)数据收集与分析。微软 Azure 提供了强大的数据收集和存储能力,允许企业从各种来源(如传感器、智能设备和业务系统)收集碳排放相关数据。利用 Azure 的大数据服务,如 Azure Synapse Analytics,企业可以实时分析这些数据,以识别能源消耗模式和碳排放源。

(2)碳排放量化与跟踪。微软的云服务支持国际标准(如 ISO 14064-1)和中国国家标准,帮助企业量化和跟踪碳排放绩效。还支持企业跟踪和管理其供应链中的碳排放,通过 Azure Blockchain Service,企业可以创建透明的碳排放记录,提高供应链的碳管理透明度和可信度。

(3)预测和可持续发展。通过 Azure 的数据分析和机器学习服务,企业可以预测碳排放趋势,制定更有效的减排策略。Microsoft Cloud for Sustainability 为企业提供了数字工具,用于记录、报告和减少碳排放,帮助企业实现净零排放目标。

五、人工智能技术

(一)人工智能技术概述

人工智能(AI)技术是计算机科学的一个分支,它旨在创建能够模拟人类智能行为的系统和软件。这些技术包括机器学习、自然语言处理、计算机视觉和专家系统等,它们使机器能够执行复杂的任务,如识别图像、理解语言、做出决策和解决问题。

机器学习(Machine Learning)是 AI 中的一个核心领域,它使计算机能够通过数据和算法自我学习和改进。通过大量数据的训练,机器学习模型可以识别模式、关联和结构,从而预测或采取行动。

自然语言处理(Natural Language Processing,NLP)是 AI 的另一个关键组成部分,它专注于让计算机理解和生成人类语言。NLP 技术使得机器能够进行语音识别、文本分析、机器翻译和情感分析等任务。

计算机视觉(Computer Vision)则关注于使机器能够"看"和解释视觉信息。通过图像识别和视频分析,计算机视觉技术可以用于自动驾驶汽车、医疗图像分析和面部识别等领域。

专家系统(Expert Systems)是模拟人类专家决策能力的 AI 应用,它们通过特定的知识库和推理引擎解决复杂问题,常用于医疗诊断、金融分析和工程设计等领域。

人工智能技术应用广泛,从智能家居、自动驾驶到医疗诊断、金融分析等各个领域,都在改变着我们的生活方式和工作模式。通过不断优化算法和模型,人工智能技术正逐渐实现更高级别的智能化,为人类带来更多的便利和可能性。

(二)人工智能技术在碳管理中的应用

人工智能技术在碳管理领域有着广泛的应用前景,主要体现在以下几个方面:

（1）能源调度优化。应用优化算法和预测模型，优化能源生产、输配和消费，提高能源利用效率，减少排放。利用 AI 技术精准预测和调度可再生能源发电，最大限度利用清洁能源。

（2）能源智慧控制。基于 AI 的建筑能耗管理系统，可自动调节供暖、制冷、照明等系统，降低能耗和碳排放。企业通过计算机视觉和传感器技术监测建筑使用情况，实现按需供能。在城市和社区层面，AI 可以集成监控系统，实现能耗管控，如自动关闭无人在家时的设备，节约水电。

（3）智能交通管理。AI 技术在交通领域的应用，如智能交通系统、自动驾驶车辆等，可以提高交通效率，减少拥堵和碳排放。利用 AI 进行数据分析，规划高效的公共交通和物流运输路线，降低碳排放。在铁路和公共交通服务中，AI 技术的应用可以实现更精准的能源管理，如智能环境检测、智能访客系统等。

（4）政策制定和决策支持。可以构建基于 AI 的碳排放模拟模型，便于政府评估不同政策和技术路线对碳管理的影响。企业可以利用优化算法和规划工具，帮助企业在生产过程中选择更环保的方案，制定最佳的低碳发展路径。

（三）应用案例

谷歌的"环境洞见探索项目"（Environmental Insights Explorer，EIE）是一个基于人工智能和大数据的在线工具，旨在帮助城市和地区评估和改善其环境表现，特别是在节能减排方面。这个项目通过提供详细的环境数据和分析，支持决策者制定更有效的政策和措施，以减少碳排放和提高能源效率。具体做法包括：

（1）建筑碳足迹评估。通过谷歌地球和街景数据，结合机器学习算法，人们可以自动识别和量化一个城市中所有建筑的结构特征，如建筑面积、楼层高度、窗户数量等。然后基于这些数据，估算每栋建筑的能耗和相应的碳排放量。

（2）交通排放源分析。利用谷歌地图的交通数据，结合车辆类型和燃料消耗模型，人工智能系统可以评估一个城市的交通部门温室气体排放量，并分析出主要排放源。

（3）可再生能源潜力评估。通过分析卫星图像、气象数据等，人工智能可以评估一个地区安装太阳能电池板或风力发电机的潜力，为制定可再生能源政策提供依据。

（4）政策模拟和决策支持。将上述各方面数据输入人工智能模型，就可以模拟不同减排政策的潜在效果，为决策者提供参考。

目前，这一项目已经为全球 20 多个城市提供了碳排放相关的分析，帮助它们制定降低碳足迹的战略。例如，波特兰市利用谷歌的分析，发现交通和建筑是两大排放源，占总排放量的 63%，并相应制定了政策。该项目展示了人工智能在城市碳管理中的巨大潜力。

参考文献

[1] Pinkse J, Kolk A. International business and global climate change [M]. New York：Routledge, 2009.

[2] 祝福冬. 低碳经济时代企业碳管理探析[J]. 管理纵横, 2011,33(7)：51-54..

[3] 孙振清,何延昆,林建衡. 低碳发展的重要保障：碳管理[J]. 环境保护, 2011,13(12)：40-41.

[4] 易兰,于秀娟. 低碳经济时代下的企业碳管理流程构建[J]. 科技管理研究, 2015,44(20)：238-242..

[5] Weinhofer G, Hoffmann V. Mitigating climate change how do corporate strategies differ [J]. Business Strategy and the Environment, 2010,19(2)：77-89.

[6] Tang Q L, Luo L. Carbon management systems and carbon mitigation [J]. Australian Accounting Review, 2014,24(1)：84-98.

[7] Damert M, Pau A, Baumgartner R J. Exploring the determinants and long-term performance outcomes of corporate carbon strategies [J]. Journal of Cleaner Production, 2017(160): 123-138.

[8] 中国工业节能与清洁生产协会. T/CIECCPA 002-2021 碳管理体系要求及使用指南[M]. 北京：中国标准出版社, 2021.

[9] 中国认证认可协会. T/CCAA 39-2022 碳管理体系要求[S]. 北京：中国标准出版社, 2022.

[10] 中国节能协会. T/CECA-G 0189-2022 企业碳资信评价规范[S]. 北京：中国标准出版社, 2022.

[11] 上海质量管理科学研究院, 上海环境能源交易所, 上海大学管理教育研究院. EATNS 碳管理体系的建立与实施[M]. 上海：上海交通大学出版社, 2023.

项目七　理解碳交易及碳市场

知识学习目标

1. 了解碳交易与碳市场的概念、机制和在气候管理中的作用；
2. 理解碳配额交易和自愿减排交易的概念、种类和市场运作方式；
3. 了解国际碳交易市场的发展、主要交易所及其运作模式；
4. 理解中国碳交易市场的现状、发展和参与行业。

技能训练目标

1. 学会分析碳交易对企业运营和温室气体排放策略的影响；
2. 学习如何评估和管理碳配额，以及如何通过自愿减排项目减少碳排放；
3. 掌握国际碳市场及中国碳市场的交易规则和流程，学习如何进行有效的碳交易。

素质教育目标

1. 理解国家对碳市场的战略部署和政策导向，增强国家意识和认可度；
2. 了解全球碳市场的发展，认识国际合作的重要性，培养全球视野和合作精神；
3. 理解碳市场交易中法律对规范市场行为、保障交易公平的重要性，加强守法意识。

本章简介

学习导入

中国碳市场

任务一　认识碳交易与碳市场

一、碳交易的概念

（一）碳交易的定义

碳交易，也就是碳排放权的交易。它既是一种经济策略，用于实现气候管理，也是一种市场机制，用于减少全球二氧化碳的排放。碳交易的核心理念在于，签订协议的一方能够通过支付给另一方来获取温室气体的减少量，而购买者则能够利用这些减少的量来降低温室效应，进而达到他们的减排目标。因此，碳排放权的实质就成为有价值的资产，它可以作为商品在市场上交换。

经济学家主张，气候变化的根源在于人类的经济行为的"外部性"。"外部性"是指行为者无需全额支付自身行为的成本,或者无法从自身行为中获得全部的利益。火电厂通过燃烧煤炭来发电,虽然煤的成本由它承担,但是它不用为自己排放的二氧化碳导致的温室效应负责。对于这种温室效应的治理,必然需要投入成本,由谁来负责呢,最终答案是全人类社会。这便是"行为者无需全面负担自身行为的成本",即"外部性"的问题,同时也是"负外部性"的问题。

经济学家认为,解决"外部性"问题的基本策略就是将外部成本内化。例如,对税收的征收,可以被视为一种"将外部成本内化"的策略。企业缴纳税款,实际上就是在承担它应该支付的费用。征税连同补贴,都称为"经济手段"。除了采用经济方式,"命令控制型手段"在实际操作中更为常见。比如,政府可以通过设立法律、政策或技术规范,强制企业遵循这些规定中的排放限制条款。在20世纪末,欧洲和美国的工业、能源以及贸易政策都大量采用了这种方法。

通常,各国对于控制温室气体排放的政策可以被划分为三种类型:命令管理、经济刺激和劝导鼓励。在这些方法中,经济刺激方法因为具有良好的灵活性和持续改善能力,得到各国推崇。

碳定价机制在所有经济刺激方法中占据了核心地位。如果想要排放二氧化碳等温室气体,就需要先获得排放的权利,然后再为这个权利支付相应的费用,这个过程即碳定价,也是遵循了"谁污染谁付费"的原则。

通常,碳定价方式可以被划分为两类。一种方式是实施碳税,这是由政府采取的强制性措施。另一种采用市场化方式,即构建碳排放权交易系统,详情请参考表7—1。

表7—1　　　　　　　　　　碳税与碳排放交易体系的对比

	碳税	碳排放交易体系
优点	● 政策实施成本低; ● 运行风险相对可控	● 减排结果确定,减排效率更高; ● 政策实施阻力较小; ● 减少碳泄露; ● 可与其他碳交易体系或碳抵消机制相连,实现国家或地区间边际成本均等化
缺点	● 减排效率较低,政策实施阻力相对较高; ● 政策灵活性差	● 政策实施成本高,有寻租问题; ● 对于市场成熟度及政府管理能力有相应要求

碳税是由政府设定碳价格,市场决定最后的排放量,因此最后的排放量具有不确定性;而碳排放权交易体系则是由政府设定最后的排放量,由市场来决定碳价格,因此碳价格的高低是不确定的。因为存在差异,两种方法展现出各自的独特性。征收碳税对于控制小微排放源更为有效,而对于排放量较大的企业或行业,碳排放权交易体系则更为适用。这两种策略也可以相互融合使用。

碳交易遵循科斯定理。如果我们把日常的商品交换视为一种权利(产权)的转移,那么温室气体的排放权也能够被转移。因此,通过碳权交易,我们能够在市场经济的框架内找到解决污染问题的有效方法。因此,通过碳交易,我们能够将气候变迁、降低碳排放等科学难题和可持续发展等经济难题有效地融为一体,并利用市场手段处理这一包含了科学、技术和经济的复杂问题。碳交易实质上是一种金融行为,金融资本可以直接或间接地投入创造碳资产的项目和公司。而各种项目和公司产生的减排量也被引入碳金融市场交易,并被设计成标准的金融工具。在环境承载力的基础上,政策制定者限制了包含二氧化碳在内的温室气体的排放行为,这使得碳的排放权和减排量的数额(信誉)变得越来越稀少,并转变为一种具有价值的商品,被称作碳资产。

三 案例思考

企业可以选择利用技术升级等方式来降低排放,也有可能在市场上购买排放额度以实现减排目标。对于不同公司而言,这两种方法的成本肯定会有所不同。例如,我们规定水泥厂与石化厂两家公司今年的碳排放额度都是90吨,但它们实际都要排放100吨,那么按照要求,它们今年都要减排10吨,总共减排20吨。

水泥厂减排1吨二氧化碳要花费150元,减排10吨,要花1500元。而石化厂减排的成本是1吨300元,减排10吨要花3000元。两家公司总共减排20吨要花费4500元。

如果允许两家公司互相交易碳排放权,石化厂会找到水泥厂说:"你减排的成本是每吨150元,今年你再多减排10吨,我按照每吨200元买下这10吨。"水泥厂一听有得赚,就成交了。我们再算一下总的减排成本:水泥厂现在要减排20吨,一共花费3000元,但是它向石化厂卖了10吨配额,又赚了2000元,所以一共花了1000元。而石化厂不减排,直接用向水泥厂买10吨配额来抵消,花了2000元。两个公司共计花费了3000元,与各自投入相比,总成本降低了。

我们也能进一步推测,如果水泥厂意识到自身有减排的成本优势,他们将更愿意持续减排并降低排放成本,然后在市场上销售减排额度以此获利。它们可能会致力于研发环保的碳减排技术,或者转向使用清洁能源,总的来说,这将持续激励它们;同时,由于石化厂拥有了选择权,减排的成本相对减少,因此也更愿意承担起减排的责任。如果我们将所有的公司整合在一起,让其自由地交换各自的碳排放权,而且这种交易的费用也低于各自的投入,整个社会应对气候变化的总费用就会减少。

(二)碳交易机制

碳交易机制实质上是一种对全球碳交易市场进行标准化的体系。最初,碳资产并不被视为商品,其开发潜力也不明显,但是,这种状况由于《京都议定书》的签订而改变。

《京都议定书》的条款指出,至2010年,缔约的发达国家要将排放的6种主要温室气体总量相较于1990年下降5.2%。但是发达国家因为能源结构良好、能源使用效率高、新能源技术也广泛应用,所以进一步减少排放的成本较高,面临的挑战也相对较大。而发展中国家由于能源效率较低,因此有很大的减排潜力,同时其成本也相对较低。由此可见,相同的减排量在各个国家中产生的费用不尽相同,因此产生了价格的差异。发达国家存在需求,而发展中国家则拥有供给的实力,这就是碳交易市场的诞生。

从另一个角度看,由于发达国家承担着减排的义务,而发展中国家却没有这个责任,因此导致全球各地碳资产的分布存在差异。对发达国家和发展中国家来说,《京都议定书》所设定的责任虽是共同的但也存在差异,故这种逐步稀缺的资产有了流动的可能性。

为了让这种流动具有规范性,且能达到《联合国气候变化框架公约》设定的全球温室气体减排的最终目标,建立了三种减排机制:清洁发展机制(Clean Development Mechanism,CDM)、联合履行(Joint Implementation,JI)和排放交易(Emissions Trade,ET)。这些机制允许碳排放额度在《联合国气候变化框架公约》的签署国之间转让或获得,但它们的具体规定和功能存在差异。

部分条款具有强制性,例如《京都议定书》是碳交易领域中最重要的强制性协议之一。该议定书为《联合国气候变化框架公约》附件一所列国家(包括发达国家和经济转型国家)设定了具体的量化减排目标:2008 至 2012 年间,这些国家每年的温室气体排放量与 1990 年相比,需平均减少 5.2%。到 2012 年,欧盟的总体排放量需比 1990 年减少 8%。随后,欧盟将这一目标分配给各成员国。到 2005 年,欧盟需建立自己的碳排放交易体系(EU ETS)并制定相应的交易规则。此外,也有一些规则是自愿性质的,它们不受国际、国家的政策或法律的强制约束,而是由地区、企业或个人自愿提出,以履行环保责任。

（三）碳交易的主体

从狭义的视角来看,交易参与者是在碳排放权交易过程中享有权益并承担责任的机构和个人。根据法律地位和权利义务的差异,可以将其划分为转让者、受让者、交易辅助者和交易监管者。转让者和受让者是直接涉及碳排放权交易的协议当事人,也是碳排放权交易的关键参与者。交易辅助者是指那些为了保障碳排放权交易的顺畅,提供政策、技术和金融等支持的协调机构,例如自愿减排量的核实机构、碳配额的确认机构、金融机构以及绿色基金等。交易监督者就是负责监督碳排放权交易市场,确保其正常和顺利进行的组织,这些组织通常是生态资源、森林等发挥相关监管功能的政府部门。

从更广泛的视角来看,碳排放交易的参与者构成了整个碳交易系统,他们的目标是一致的,各自负责各自的工作,并且各自的功能相互补充,共同构建了碳交易的结构图。碳交易的参与者,无论是政府还是市场主体,其具体的形式和身份(如转让者、受让者、辅助者、监管者)都是基于碳交易模型的构建而定。

二、碳交易市场的概念

（一）碳交易市场的定义

《京都议定书》将市场运行方式视为应对以二氧化碳为主的全球变暖问题的创新途径,也就是将二氧化碳的排放权视为一种产品,进一步构建了二氧化碳排放权的买卖关系,这个交易平台被命名为碳交易市场,或简称为碳市场(Carbon Market)。

（二）碳交易市场的类型

碳市场可以分为两类:配额交易市场和自愿交易市场。配额交易市场为那些有温室气体排放限制要求的国家或企业提供了一个交易渠道,用以实现其约定的减排目标;而自愿交易市场的参与者则是出于其他目的(如社会责任、社会效益和品牌形象等),自发地参与碳交易以实现其目标。

（三）碳交易所

碳排放权交易所,简称碳交易所,是一个基于市场、体现碳交易机制的交易平台。其核心机制是政府为特定范围内的产业设定碳排放的总量控制目标,纳入碳交易体系的企业每排放一定量的二氧化碳就需要有相应单位的碳排放配额。这些配额可以由政府免费分配,也可以通过拍卖购买,或者与其他公司进行交易。

碳交易所的主要功能有两个方面:

(1)提供一个规范、透明的交易平台,让排放主体能够自由买卖碳排放权,从而形成市场价格。这个价格反映了碳排放的社会成本,为企业的减排决策提供了经济信号。

(2)通过市场机制来推动减排。当企业发现通过减排可以降低其碳排放成本时,就有动力采取减排措施,从而实现节能减排的目标。

此外,碳交易所还可以促进绿色金融的发展,为投资者提供新的投资渠道,推动低碳技术的创新和应用,以及提高全社会的环保意识。

碳交易所作为一种重要的市场机制,通过价格发现和市场激励机制,有效地促进了碳排放的减少和低碳经济的发展。

任务二　理解配额交易

一、碳配额交易的定义

政府为了达到减少排放的目标,经常会实施一种名为配额交易的政策措施。政府会设定一个碳排放的总量,然后按照特定的规则把这个碳排放的配额分发给各个企业。若未来企业的排放超过了它所获得的配额,就必须在市场上购买这些配额,否则就会遭受巨额罚款。同时,一些企业通过实施节能减排策略,最后的碳排放量低于其获得的配额,这样就可以在碳市场上出售余下的配额,详见图7—1。

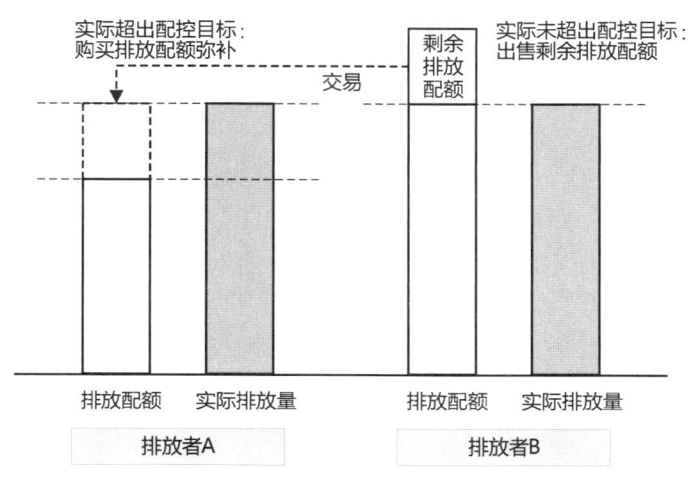

图7—1　碳配额交易原理

例如,在年初,政府分别向A和B公司分配了100吨碳排放配额;到了年底,A公司通过节能改造,只排放了80吨二氧化碳。这样,剩余20吨碳配额就可以在碳交易市场上出售以获取利润。B公司因其产业的扩张而使得碳排放量增加到120吨,这比配额上的排放量多出了20吨,为了规避罚款,不得不在碳交易市场上购入20吨碳配额。此时,A公司的剩余碳配额可以转移给B公司,从而满足B公司的碳排放需求,使碳交易成立。最后,A公司与B公司的二氧化碳排放总额仍然是200吨,实现了当年的减排要求。

这套设计使得碳交易市场把碳排放纳入企业运营的成本,并以此形成的碳排放价格指导企业选择最经济的减少碳排放的策略,如实施节能减排改革、购买碳配额或者进行碳捕获等。这种市场化的模式让产业结构从高能耗转变为低能耗的同时,全社会的减排成本也能达到最佳状态。

二、碳配额交易的种类

图7—2展示了碳配额交易的两大种类:一是基于配额量的交易,管理者制定、分配(或拍卖)减排配额,买家在"总量管制与交易制度"的规定下购买减排量,欧盟排放交易体系(EU-

ETS)下的欧盟排放配额(EUA)和《京都议定书》下的协定排放配额(AAU)就是这个种类;二是基于减排项目的交易,买家从证实和检验的减排项目购买减排额度,例如清洁发展机制(CDM)下的核证减排量(CER)和联合履行机制(JI)下的排放减量单位(ERU)。

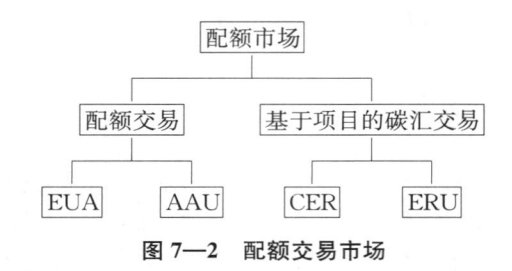

图7—2 配额交易市场

1. 欧盟排放配额

欧盟排放配额(European Union Allowance, EUA)指的是欧盟各成员国被允许的碳排放量上限。为了达到《京都议定书》为欧盟设定的减排目标,考虑到欧盟成员国之间经济状况和减排成本的差异,欧盟于2003年10月25日建立了欧盟排放交易体系(EU-ETS),并于2005年1月起运行,目前该体系已成为全球最大的跨国界和跨行业的温室气体排放权交易市场,其核心是碳排放配额的买卖交易。

在欧盟排放交易体系内,为明确所有成员国每年二氧化碳的允许排放量(与《京都议定书》中规定的减排目标保持一致),各国都已制定了各自的国家分配计划(NAP)。各国政府会依照自己的总排放量,再为各个企业分配碳排放额度。如果企业在规定时间内没有用完碳排放配额,就可以在市场内出售剩余配额。但若企业的碳排放量超过了分配的额度,就必须从有剩余额度的企业那里购买额度。

目前欧盟排放交易体系总计涵盖了大约12 000家大规模公司,这些公司主要集中在能源需求量较大的重工业领域,如能源开发、矿产开采、有色金属生产、水泥生产、石灰石生产、玻璃生产、陶瓷生产以及浆纸生产等。

2. 协定排放配额

协定排放配额(Assigned Amount Unit, AAU)是指,《联合国气候变化框架公约》附件一中所列的缔约方(通常是发达国家)根据自身的减排承诺,通过协商确定各自的排放上限。这些国家可以在国际市场上出售自身未用完的配额,或者购买超出自身排放量的配额。

由于近几年俄罗斯、乌克兰、罗马尼亚等东欧国家的制造业衰退,出现碳配额的盈余,这些国家成为碳配额市场上的主要净出口方和获益者。然而,这些东欧国家的盈余配额并非来自节能和提高能效,而是由于产业的缩减引起的,因此也被称为"热空气"。大多数国家不愿意购买这类"热空气",因为这样的支出并不能真正帮助实现减少温室气体排放的目标。

3. 核证减排量

核证减排量(Certified Emission Reduction, CER)是指《联合国气候变化框架公约》附件一国家通过清洁发展机制(CDM),向非附件一国家(一般为发展中国家)提供资金和技术援助,以支持后者实施减排项目。这些项目产生的核证减排量可以在碳交易市场上交易,并用于帮助附件一国家实现《京都议定书》规定的减排目标。核证减排量是碳交易市场中最主要的基于项目的可交易碳汇。

4. 排放减量单位

当《联合国气候变化框架公约》附件一中的国家之间通过项目合作来节能减排,这个过程被称为联合履行机制(JI),其项目所产生的可转让给附件一中其他国家的减排量就叫作排放减量单位(Emission Reduction Unit,ERU)。然而,与清洁发展机制相比,联合履行机制的发展并不充分,原因在于附件一国家在 2000 年 1 月 1 日之后注册的联合履行项目,其减排量要从 2008 年 1 月 1 日起才开始被正式签发。

三、中国的碳配额交易

除了国际上的碳配额交易机制,我国亦有本土的碳配额交易(Chinese Emission Allowance,CEA)。

(一) 分配方式

1. 拍卖

政府采取拍卖的方式,以有偿的形式让企业获得配额,而无需事先确定每一家企业应该获得的配额量,拍卖价格和各企业的配额分配过程由市场自发形成。

2. 免费分配

通过一定的计算方法,政府将碳排放总量免费分配给各个企业,采取的计算方法有如下几种。

(1) 历史总量法。历史总量法是根据公司过去的碳排放数据分配的。一般来说,会根据公司过去 3~5 年的二氧化碳排放量计算其年度平均排放量,这个数值正好代表了公司在接下来的一年能够获得的排放限额。尽管历史总量法的数据需求相对较少,操作简便,但它却忽略了企业在碳交易系统之前已经实施的减排行动,并且企业可能会在市场机制的作用下进行更多的减排行动。

(2) 历史强度法。基于企业的历史碳排放,并在其后加入多个调整因子,将多个因素纳入考虑的一种计算方法,例如初期减排奖励、减排的潜力、对清洁技术的推动、行业增长趋势等。历史强度法规定,企业的年度碳排放量应该相对于其历史碳排放量有所减少。

(3) 基准线法。同一种产品由于不同企业(设施)生产,其碳排放量也不同,先将各单位同一产品碳排放量从小到大排列,选择其中前 10% 作为这类产品的基准线(10% 为假设比例,不代表具体行业),每个企业(设施)获得的配额量就等于其产量乘以该基准线值。在数据基础好、产品单一、可比性较强的行业,例如发电行业、电解铝等,可采用基于基准线法分配碳配额。

3. 混合模式

根据全球的实践,绝大多数碳交易机制并未实行单一的竞价或者完全的免费分发,而是选择了第三种配额分发方式,也就是"混合模式"。"渐进混合模式"的特点是,它能够根据时间的推移,逐渐增加拍卖的份额,而且,它还能根据各个行业的特性,实施多样化的分配策略。

(二) 交易的各参与方

中国碳配额交易各参与方及流程内容见图 7—3。

1. 重点排放企业

即根据国家确定的温室气体排放控制目标,满足国务院生态环境主管部门制定的纳入全国碳排放权交易市场标准,并公布的温室气体重点排放企业。各省级生态环境主管部门按照重点排放单位的确定条件,制定、汇总、公布本行政区域内重点排放企业名录,并向国务院生态环境主管部门报备。

2. 主管监管机构

由国务院的生态环保管理机构来设立全国的碳排放权交易以及相应的活动的技术标准,

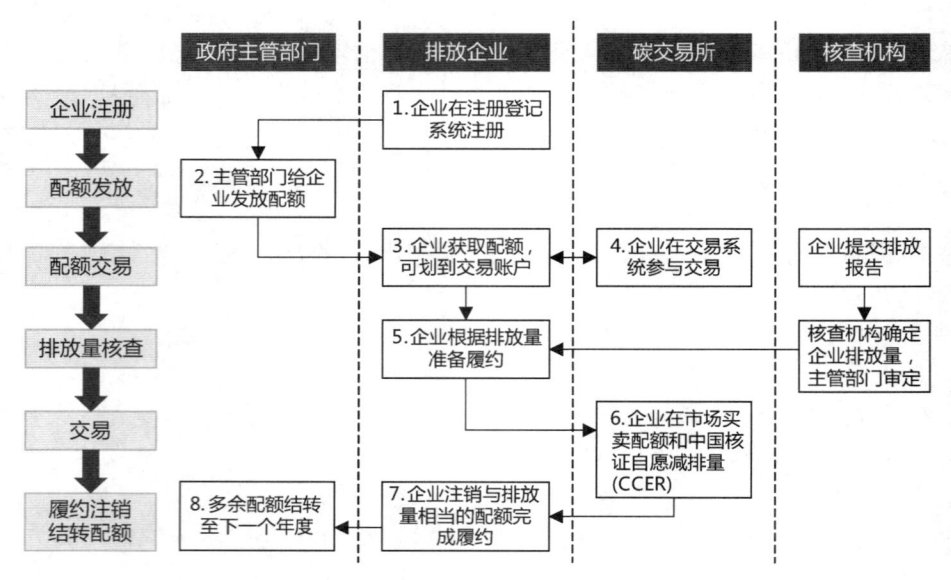

图 7—3　中国碳配额交易各参与方及流程

并与国务院的其他相关机构共同对这些活动实施监控、管控以及引领。省级生态环境主管部门负责在本行政区域内组织开展碳排放配额的分配、清缴以及对温室气体排放报告进行核查等工作，并承担监督和管理职责。

3. 注册登记机构

在全国碳排放权注册登记系统建立之前，由湖北碳排放权交易中心负责全国碳排放权注册账户的设立以及日常的运营和保养等相关工作。

4. 交易机构

在全国碳排放权交易机构建立之前，上海环境能源交易所股份有限公司负责全国碳排放权交易系统账户的设立以及日常的运营与保养等相关工作。

5. 核查机构

省级生态环境主管部门可以通过购买服务的方式，指定有资质的第三方技术服务机构开展核查。这些核查技术服务机构需确保核查结果的真实性、完整性和准确性。

任务三　理解自愿减排交易

一、自愿减排定义

图 7—4 所示的是自愿减排交易市场，其在强制性减排市场成立之前就已经存在。由于它并未依赖法律来实施强制性减排，因此大多数交易无需统一验证和审查所获取的减排量。虽然自愿减排市场的管理缺乏统一性，但其运作机制相对灵活，从申请、审查、交易到最终完成的时间更短，价格也更低。这主要被用于企业的市场推广、社会责任和品牌建设等领域。目前这个市场的碳交易额占比不大，但其潜力无限。

通常，自愿减排交易的参与者多为企业、非政府组织以及自愿减少排放的零售商。企业社会责任、品牌声誉、管制预期等是促进自愿减排的动力。对于项目的所有者来说，自愿减排市场为那些由于初期投资过大或其他因素无法参与CDM开发的碳减排项目提供了方向。对于购买者来说,自愿减排市场为他们达成碳中和目标提供了一个简单且经济的路径。

总体而言,自愿减排市场大致分为两个类别:碳汇标准交易和无碳标准交易。芝加哥气候交易所(CCX)开发的碳金融工具(Carbon Financial Instrument,CFI)是自愿市场碳汇标准下配额交易的主要产品。而碳汇标准下的另一个大类就是基于项目的碳汇交易,这个类别内容非常广泛,构成了自愿市场碳汇交易的基础。其中最主要的是自愿减排量(Voluntary Emission Reduction,VER)项目。VER的参与者正在逐步扩展和完善这个市场,旨在促进发展中国家更广泛地使用清洁能源,实现环境保护和经济社会的可持续发展。部分VER项目按照联合国的CDM项目方法学开发,其市场运作和标准遵循

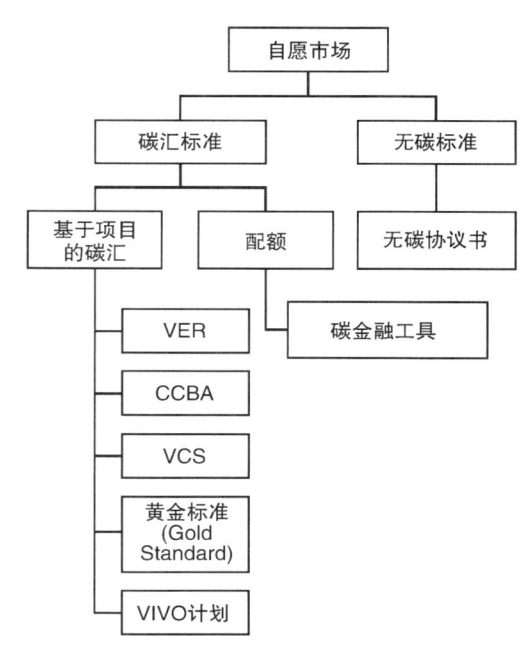

图7—4 自愿减排碳交易市场

CER碳汇市场的规则,故VER的交易也有助于推动CDM减排项目的实施。

考虑到环境保护和气候变化影响,其他非政府组织也开发了一些碳汇自愿交易项目。例如,由气候、社区和生物多样性联盟制定的CCBA项目,由气候组织、国际排放交易协会及世界经济论坛共同制定的VCS项目,由世界自然基金会和其他非营利性组织共同设立的黄金标准(Gold Standard)项目,针对发展中国家造林和生态保护的农林减排体系VIVO计划。

自愿减排交易市场中的另一个分类——无碳标准,是在《无碳议定书》框架下发展起来的一套相对独立的碳抵消计划。该计划通过以下四个步骤实现无碳目标:碳排放评估、自我减排、用能源与环境项目抵消碳排放以及第三方认证。

二、自愿减排标准类别

目前在国际上使用的自愿减排标准多达十几个,主流的有7个(见表7—2),这些也是通过联合国专门机构国际民航组织理事会备案的标准,用以减少国际航空业温室气体的排放,实现国际航空碳抵销与减排计划(CORSIA)。

表7—2　　　　　　　　　　国际主流自愿减排标准及产品

减排标准	交易产品	交易平台
清洁发展机制 (Clean Development Mechanism,CDM)	Certified Emissions Reduction (CER)	CER可以通过UN Carbon offset Platform交易,也在CBL、CTX、AirCarbon上市交易
核证碳标准 (Verified Carbon Standard,VCS)	Verified Carbon Unit(VCU)	VCU可以在Verra注登系统交易,也在CTX上市交易
黄金标准 (GS)	GS Verified Emissions Reductions (GS-VER)	VER可以在GS注登系统交易,也在CTX上市交易

续表

减排标准	交易产品	交易平台
美国碳登记（American Carbon Registry, ACR）	Emission Reduction Tonne（ERT）、Registry Offset Credit（ROC）	ERT 和 ROC 可以在 ACR 注登系统交易，或者将其账户与 CBL Market 账户关联进行交易
气候行动储备（Climate Action Reserve, CAR）	Climate Reserve Tonne（CRT）	CRT 可以在 CAR 注登系统交易，也在 CBl、Aircarbonz 上市交易
REDD+交易构架（Architecture for REDD + Transaction, ART）	TREES Credit（TREES）	TREE 在 Emergent 森林金融加速器平台购买
全球碳委员会（Global Carbon Council, GCC）	Approved Carbon Credit（ACC）	ACC 可以在 IHS Markit 注登系统交易，目前尚未在任何交易所上市

1. 清洁发展机制

清洁发展机制（CDM）是《京都议定书》建立的三个减排合作机制其中之一，是发达国家和发展中国家之间基于项目合作进行的温室气体减排机制。2001 年，《联合国气候变化框架公约》第七次缔约方会议通过了《马拉喀什协定》(Marrakesh Accords)，"清洁发展机制的方式和程序"(Modalities and Procedures of CDM)获得了批准。《京都议定书》在 2005 年 2 月正式生效，同年 11 月举行的《联合国气候变化框架公约》第 11 次缔约方大会（即《京都议定书》的第一次缔约方会议）也正式通过了 CDM 的国际规则。

目前 CDM 已备案了 117 种方法学，涵盖了能源工业（可再生和不可再生资源）、能源分配和能源需求、制造业、化工、交通、建筑、采矿、矿物生产、金属生产、燃料的逃逸排放、溶剂适用、废弃物处理、造林和再造林、农业等。

2015 年，联合国碳抵销平台上线，通过场外交易签订协议，可以在其上注销 CDM 签发的核证减排量（CER）。但这个平台并未提供 CER 的二次交易服务，一旦购入，CER 的使用权会立即注销，无法实现所有权的转让。同时，通过沟通合作，CER 也能够在如下交易所场内交易：AirCarbon Exchange（ACX）、Carbon TradeXchange（CTX）和 CBL Market。

2. 核证碳标准

非营利性组织 Verra 在 2005 年创建了核证碳标准（VCS），它是目前全球应用最广泛的自愿减排机制之一。VCS 备案了 49 个方法学，覆盖能源、制造过程、建筑、交通、废弃物、采矿、农业、林业、草原、湿地和畜牧业等多个领域。所有 CDM 机制下的方法学都可以用于登记 VCS 项目。在 CAR 机制下，除了 AFOLU 领域的协议外，其他也可用于登记 VCS 项目。

VCS 签发的减排量为 VCU。自 2020 年 4 月起，在 Verra 登记系统（Verra Registry）中可以进行 VCS 的交易，也可以在 CTX 交易所场内交易。此外，Xpansiv 数据系统股份有限公司旗下的 ESG 现货市场 CBL，推出了 GEO、N-GEO 和 C-GEO 现货合约，芝加哥商业交易所集团（CME）在此基础上推出了 GEO、N-GEO 和 C-GEO 期货合约，均包含 VCU，其中 N-GEO 和 C-GEO 以 Verra 为唯一登记机构。根据 Verra 官网的数据显示，截至 2022 年 6 月 30 日，已有超过 1 803 个经认证的 VCS 项目，这些项目共计减少或移除了超过 9.55 亿吨二氧化碳和其他温室气体排放。

3. 黄金标准

世界自然基金会（WWF）和其他非营利性组织共同设立了黄金标准（GS），其由黄金标准基金会管理。

GS备案了39个方法学,涵盖了8个领域:土地利用、林业和农业、能源效率、燃料转换、可再生能源、航运能源效率、废弃物处理和处置、用水效益和二氧化碳移除。

GS已经为在65个不同国家的超900个项目签发了1.51亿碳信用,这包括1.261亿自愿减排量和2490万黄金标准核证减排量。共计7580万吨自愿减排量已经注销,其占已发行自愿减排量总量的60%。

4. 美国碳登记

1996年,环境资源信托基金(Environmental Resources Trust)成立了温室气体登记机构美国碳登记(ACR),并于2007年成为非营利性组织温洛克国际(Winrock International)的全资子公司。2012年,加州空气资源委员会批准ACR作为加州限额交易市场的抵销项目登记处。

ACR备案了14个方法学,涵盖了5个领域:减少温室气体项目(燃料燃烧和工业生产)、土地利用、土地利用变化和林业、碳封存和储存、废弃物处理和处置。

ACR签发的碳抵销信用有两种:ERT和ROC。这两种都可以通过场外交易签订协议并在ACR注册系统交割,也可以将其账户与CBL账户关联进行场内交易,经授权的ERT和ROC也可以在CTX上市。

5. 气候行动储备

2001年,由非营利性环保组织气候行动储备(CAR)创立气候行动储备抵销登记项目。为了突出每个"协议"(Protocol)的复杂性,CAR用"协议"指代其抵销项目类型。CAR签发的自愿减排碳抵销信用为CRT,可以通过场外交易并在CAR注册系统交割,也可以在CBL、ACX和洲际交易所集团(Intercontinental Exchange,ICE)进行场内交易。

CAR共备案了22个方法学,包括己二酸生产、煤矿甲烷、森林、草原、锅炉效率、墨西哥卤化碳、垃圾填埋场、畜牧、氮气管理、有机废弃物堆肥、有机废弃物消化、臭氧消耗物质、水稻种植、土壤富集、城市森林管理、城市植树等。其400多个备案项目主要来源于北美洲。

6. REDD+交易构架

为了给国家和司法管辖层面的减排和消除活动提供长期资金支持,温洛克国际制定了ART自愿减排信用机制并负责管理。ART制定了REDD+环境卓越标准,但只签发碳信用给国家和下一级政府的REDD+减排活动,不对项目级活动签发碳信用。ART签发的碳抵销信用为TREES,可以通过场外交易签订协议并在ART登记系统交割。TREES也可以在非营利性机构Emergent森林金融加速器进行场内交易。Emergent为TREES买家提供有效机制购买ART信用,使其不必直接与各国政府谈判和签约。Emergent也是ART信用额度的稳定买家,以底价购买碳抵销信用并共享溢出价格收益。

7. 全球碳委员会

2016年,海湾研究与发展组织(Gulf Organisation for Research & Development,GORD)创建了全球碳委员会(GCC),并从政府组织交付和遗产最高委员会(Supreme Committee for Delivery and Legacy,SC)获得了资金支持,它是中东和北非地区首个自愿碳抵销项目。

IHS Marki为GCC的注册登记机构,签发的碳抵销信用为ACC,目前尚未在任何交易所进行场内交易,其团队正在评估其可能性。

CDM备案的方法学都被收录在GCC中,除此之外,GCC还有三个自行备案开发的方法学:面向电网或自备用户供电的可再生能源发电项目、抽水系统节能发电项目、生物质(动物粪便和废弃物)发电项目。目前GCC仅备案了2个项目,每年产生77 249吨二氧化碳当量的减排量,还有 10 个项目尚在审核中。

三、中国国家核证自愿减排机制

中国核证自愿减排量(China Certified Emission Reduction,CCER),是指对中国境内特定项目的温室气体减排效果进行量化核证,并登记在中国国家温室气体自愿减排交易注册登记系统中,其可用于控排企业履约时抵消清缴排放额度或其他用途。

目前可登记为 CCER 的项目类型有:新能源与可再生能源类项目(风、水、光、生物质)、燃料替代类项目、节能和提高能效类项目、甲烷回收利用类项目、林业碳汇项目等。

(一) CCER 的特点

CCER 的实现方式是通过项目开发实现碳减排,减排量经过验收后变成可供交易的资产。其具有三大特点:

(1) 真实性。该项目必须是实际存在的,并且能够通过建设和运营实现有效的碳减排效果,这些效果应与申报材料中的描述一致。

(2) 可测量性。对于这个项目所产生的碳减排量,必须有一个可以衡量和计算的标准,并且需要对数据的检测、采集以及获取的步骤做出明确的规定,以保证减排量数据的精确度。

(3) 额外性。项目活动所产生的减排量相对于基准线是额外的,这类项目活动如果没有外部支持,会面临如技术、财务、融资、风险和人才等方面的竞争劣势或障碍,仅凭自身条件难以实施,因此这些项目的减排量在缺少 CCER 的情况下是难以实现的。

(二) 开发流程

CCER 项目的研发过程在很大程度上继承了 CDM 项目的结构和方法,都经过了严谨的项目登记以及减排量登记步骤。主要涵盖六个环节,依次是:项目文件设计、项目审定、项目备案、项目实施与监测、减排量核查与核证、减排量签发。前三个步骤的目的是确认开发项目为自愿减排项目,而后三个步骤则是对已经确定的自愿减排项目产生的减排量进行核实和记录。每个环节都需要业主、审查认证机构以及国家管理部门的共同参与,并逐步执行。只有在完成了六个步骤后,才能在核证自愿减排管理中心注册和登记 CCER,并在市场上交易。

项目的创建者需要首先评估项目的实施能力,并确认其是否满足方法学(见表 7—3)要求。该项目必须是国家所设定的项目种类,且应该遵循已经备案的方法学或开发方法学,只有在备案完成之后,才能提交项目申请。目前,我国的主管机构已经批准了 12 批次,总计 200 个方法学。这些方法学中,173 个是通过 CDM 方法学转化的,剩下的则是新开发的。这些方法学主要涵盖可再生能源、生物质能的使用、垃圾焚烧发电以及森林碳汇等领域。

表 7—3 　　　　　　　　　　CCER 项目的主要开发方法学

方法学编号	方法学名称
CM - 001/CMS - 002	可再生能源发电并网
CMS - 026/CM - 005	热能回收利用
CM - 072	垃圾焚烧发电林业碳汇
AR-CM - 001	垃圾填埋气利用
CM077	废弃生物质能发电
CM - 075/CM - 092	可再生能源发电并网

资料来源:中国自愿减排交易信息平台。

CCER项目的开发过程中,两个关键步骤是项目的审批和减排量的核查(见表7—4)。审批的结果将决定该项目是否可以在国家发改委备案,而核查的结果则决定该项目的减排量是否可以被记录。项目备案是对项目合规性的评估,而减排量备案则是对已经合规的项目产生的减排量的量化过程。一个CCER项目只需要一次项目备案,但减排量备案会因为CCER产生的时间段不同而多次进行。依照方法论的相关条款和项目的具体执行需求,碳资产项目的纳入期通常是10年(固定纳入期)和21年(可更新纳入期),而林业碳汇资产项目的纳入期则是20~60年。一旦项目备案完毕,就能够连续获得10年的碳资产收益。

表7—4 CCER的项目开发流程

机构＼阶段	项目开发者	第三方审核机构	国家主管部门
项目备案阶段	1. 编制项目设计文件,提交备案申请	2. 项目审定,技术评估和审查	3. 审查批准,完成项目备案
减排量备案阶段	4. 编制项目检测报告,提交减排量备案申请	5. 减排量核证,技术评估和审查	6. 审查批准,完成减排备案

资料来源:国家政府网站,广州期货研究中心整理。

(三) CCER与CDM的联系

《京都议定书》第十二条明确规定了,清洁发展机制(CDM)作为碳交易的一种方式,主要用于在附件一国家(发达国家)和非附件一国家(发展中国家)之间进行碳减排量的转让,具体情况可参见图7—5。CDM的主要作用是协助发展中国家利用其本土的减排项目来获取全球碳交易的利润,同时也为发达国家提供了一个减排边际成本更低的CER,以实现发达国家框架协议下的环境管控目标。2004年7月,国家发改委发布了《清洁发展机制项目运行管理办法》,该办法明确了我国清洁发展机制项目的优先执行领域、许可条件、管理和实施机构、执行流程以及其他相关规定,并于2005年10月12日开始执行。

2005年到2012年期间,中国的CDM注册项目数量有了显著的增加,估算仅中国的项目就能够满足全球CDM一半以上的需求(见图7—6)。自2013年起,欧盟的碳排放交易体系步入第三阶段,规定可以用来抵消的CER必须来自最落后的国家,并且抵消的比例大幅度降低。同时,2012年《京都议定书》的第一个承诺期结束,美国在应对气候变化政策上频繁调整,导致

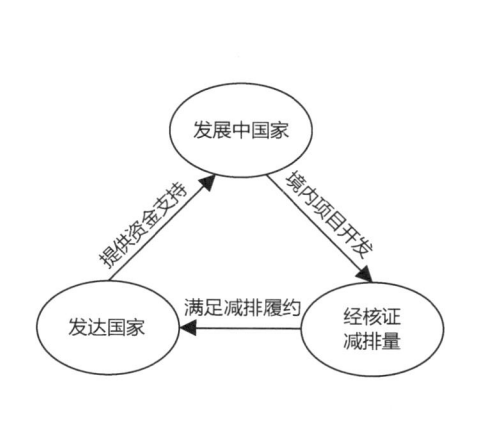

图7—5 清洁发展机制(CDM)运行流程

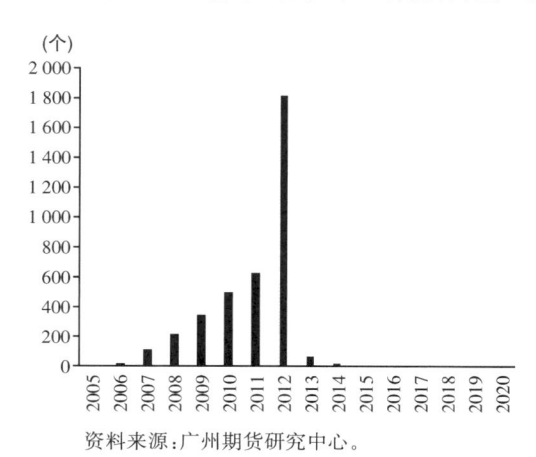

图7—6 中国CDM注册量的变化

全球气候变化管理的推进受到了阻碍,这使得 CDM 市场的需求大幅下滑,CER 的价格甚至一度跌到了 1 美元/吨的水平。

在国际碳减排协议陷入僵局以及国际自愿减排(CER)市场出现萎缩的情况下,中国在 2012 年开始实施中国自愿减排项目(CCER),同时也与同期成立的地方试验性碳市场形成协同效应,允许当地市场的排控企业采用一定比例的 CCER 来抵消减排量。自 2012 年起,CCER 作为 CDM 的强大补充,在项目形态、开发方式和项目方法学等方面有许多相似之处。在某种程度上,CCER 被视为 CDM 项目的传承者。依据其是否参与 CDM 流程,CCER 可被划分为四个类别(见表 7—5)。

表 7—5　　　　　　　　　　　　　CCER 的四种项目类型

项目类型	项目定义
第一类	采用经国家发改委备案的方法学开发的自愿减排项目
第二类	国家发改委批准为 CDM 项目但未在联合国清洁发展机制执行理事会注册的项目
第三类	国家发改委批准为 CDM 项目且在联合国清洁发展机制执行理事会注册的项目
第四类	在联合国清洁发展机制执行理事会注册但减排量尚未获得签发的项目

资料来源:广州期货研究中心整理。

CCER 和 CDM 的最显著区别在于,CDM 是联合国清洁发展机制执行理事会发布并在全球碳市场交易,相比之下,CCER 则是国家发改委发布并在中国国内的碳市场交易。另外,两者在发展周期、资格限制、项目方法学和开发成本等方面也有一些不同(见表 7—6)。

表 7—6　　　　　　　　　　　　　CCER 与 CDM 的区别

项目类型	联合国清洁发展机制(CDM)	中国核证自愿减排(CCER)
发展时间	较早,2005—2013 年	较晚,2013—2017 年
应用市场	国际市场	中国市场
资质限制	开工后 6 个月以内备案,且外资不得在项目占多数股比	仅要求 2005 年 2 月 16 日之后开工
开发流程	由清洁发展机制执行理事会签发,并需要经减排国家主管部门的审定批准	由中国生态环境部应对气候变化司签发,流程更为简便
项目方法学	一类针对传统的大型单个 CDM 项目,另一类针对小微项目,其流程更简化、费用更低	几乎全部沿用了 CDM 中的项目方法学,且对于大型项目和小微项目的流程没有区别
开发成本	较高,需要向清洁发展机制执行理事会和项目所属国家政府缴纳注册管理费用	较低,无需缴纳注册管理费用,且不涉及国际沟通与信息不透明

资料来源:广州期货研究中心整理。

(四)CCER 与 CEA 的区别

CCER 作为一种 CEA 的补偿方式,能够帮助那些实际的碳排放超出了配额的公司,通过购买 CCER 来弥补其部分的实际排放,从而达到履行义务的目的(详情参见图 7—7)。事实上,无论排放量是否超标,控排公司都有权利购买 CCER,以便在规定的比例范围内进行碳减排。考虑到经济因素(CCER 的价格通常低于配额价格),公司也愿意通过碳交换等手段,尽可能地利用 CCER 来履行合同。

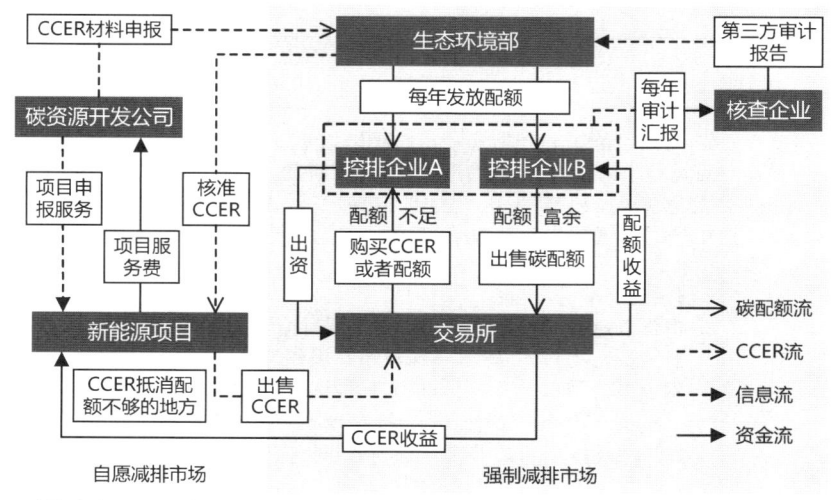

图 7—7 中国碳排放交易市场示意图

资料来源：碳排放交易网、华泰期货研究院。

根据 2021 年实施的《全国碳排放权交易管理办法（试行）》中第 31 条规定的抵消机制，每个 CCER 单位可抵消 1 吨二氧化碳排放，主要排放单位有权使用国家认证的自愿减排量（CCER）或生态环境部公布的其他减排标准，来抵消最高不超过 5% 的已核实配额减排量。用于抵消的 CCER 应来源于碳汇、可再生能源、甲烷利用等领域的减排项目，并且这些项目必须在主要排放单位的组织边界之外产生。但由于相关规划和标准不够完善，CCER 交易在 2017—2023 年间处于暂停状态，于 2024 年才又恢复了市场交易。

拓展阅读

中国《碳排放权交易管理暂行条例》

在全国各试点区域，CCER 抵消的适用条件有所不同（详见表 7—7），通常主要集中在以下几个方面：

（1）大部分都用 CCER 抵消，部分地区还允许使用林业碳汇项目碳减排量（如北京、福建）、节能项目碳减排量或经试点地区审定签发的企业单位和个人减排量用于抵消（如广东）。

（2）各个区域都对使用比例实施了限制，通常不能超过当年发放配额的一定比例，上海和北京比例最低，只有 5%；深圳、广东、天津、湖北和福建的比例则同为最高的 10%。

（3）大部分试验区都设置了地理限制，主要包括在该试验区内部，或者是与其他试验区合作，或者是根据试验区的需求，选择了一些特定的行业项目的省份。

（4）各试点区域都根据自身的需求对项目种类进行了限制，其中水电项目因为高昂的开发费用和对生态环境的影响被大多数市场所排除。

（5）大部分试点区域都对可以用来抵消的 CCER 设定了一些时间上的限制（基于减排量产生的时间）。

表 7—7　　　　　　　　　　　　　碳信用抵消机制

市场	信用类	比例限制	类型限制	地域限制	时效限制
全国	CCER	5%	无	无	2017 年 3 月之前获得备案的减排量

续表

市场	信用类	比例限制	类型限制	地域限制	时效限制
深圳	CCER	10%	1. 可再生能源和新能源项目类型中的风力发电、太阳能发电、垃圾焚烧发电、农村户用沼气和生物质发电项目； 2 清洁交通减排项目； 3. 海洋固碳减排项目； 4. 林业碳汇项目； 5. 农业减排项目	1. 风电、光伏、垃圾焚烧（广东部分地区、新疆、西藏、青海、宁夏、内蒙古、甘肃、陕西、安徽、江西、湖南、四川、贵州、广西、云南、福建、海南等省级行政区）； 2. 全国范围内的林业碳汇、农业减排项目； 3. 其余项目类型需要来自深圳市和与深圳市签署碳交易区域战略合作协议的省份地区	暂无
上海	CCER	5%	所属自愿减排项目应为非水电类项目	长三角以外地区产生的CCER抵消比例不超过2%	2013年1月1日后的减排量
北京	CCER、BCER	5%	非水电项目及非 HFC、PFC、N_2O、SF_6 气体的项目	50%以上来自北京	2013年1月1日后的减排量
广东	CCER、PHCER	10%	1. CO_2 及 CH_4 气体的减排量占项目减排量的50%； 2. 不能是水电项目、化石能源发电、供热和余能利用项目	70%以上来自广东	非 CDM 注册前产生的减排量
天津	CCER	10%	仅来自 CO_2 气体减排的项目（非水电项目）	50%以上来自京津冀地区	2013年1月1日后的减排量
湖北	CCER	10%	农村沼气、林业类项目	来自长江中游城市群和湖北区域的贫困县（包括国定和省定）	2015年1月1日后的减排量
重庆	CCER	8%	1. 节约能源和提高能效； 2. 清洁能源和可再生能源； 3. 林业碳汇； 4. 能源活动、工业生产过程、农业、废弃物处理等领域减排； 5. 明确排除水电项目	全部来自重庆本地	2010年12月31日后的减排量
福建	CCER、FFCER	10%	1. 非水电项目产生的减排量； 2. 仅来自二氧化碳（CO_2）、甲烷（CH_4）气体项目的减排量	来自福建省内	2005年2月16日后开工建设

资料来源：广州期货研究中心整理。

任务四　了解国际碳交易市场

一、国际碳交易所

全球碳交易市场的进步速度惊人,根据国际碳行动伙伴组织(ICAP)最新发布的《2022年度全球碳市场进展报告》,目前全球已经建立了25个碳交易系统。此外,还有7个碳市场正在筹划中,全球化已经成为碳交易市场的主流趋势。

(一)国际主要碳交易所介绍

1. 芝加哥气候交易所

2003年成立的芝加哥气候交易所(Chicago Climate Exchange,CCX)是全球第一个具有法律约束力并遵循国际标准的温室气体排放注册和交易平台。CCX是全球首个将六种温室气体的注册和交易整合在一起的平台,它不仅是北美唯一的自愿减排交易市场,也是美国唯一承认的CDM机制交易体系。2004年,CCX在欧洲成立了子公司——欧洲气候交易所。2005年,它与印度商品交易所建立了合作伙伴关系。2008年9月25日,CCX与中油资产管理有限公司及天津产权交易中心合作,共同建立了天津排放权交易所,但现已不再作为天津排放权交易所的股东。

碳金融合约工具(CFI)是CCX交易的主要产品,每个CFI单位代表100吨二氧化碳。除了CFI,CCX也接受其他减排机制下的碳信用交易。CCX的主要交易方式包括限额交易和补偿交易。限额交易是最常见的模式,而补偿交易则主要涉及政府福利性补贴,旨在鼓励更多部门参与温室气体减排。

CCX不受美国商品期货交易委员会(CFTC)管理,其内部设有独立的董事会,并将美国金融业监管局作为第三方监管单位,以帮助交易所完成会员注册、市场监管和履行合同流程等任务,并对会员单位的排放量进行独立监控和审查,从而避免市场操纵行为。但由于其自愿承诺减排机制对参与的会员无强制力,2010年CCX陷入困境,并于年底终止交易。在停止交易之前,CCX的会员数量大约为400家,分别来自航空、汽车、电力、环保、交通等多个领域。

2. 美国洲际交易所

美国洲际交易所(Intercontinental Exchange,ICE)成立于2000年,并在2010年收购了CCX在欧洲设立的全资子公司——欧洲气候交易所,开始发展碳排放权交易业务。

ICE最初的产品包括现货、期货和远期,后来逐渐增加了互换和期权等交易产品。上市的现货品种有欧盟碳排放配额(EUA)、英国碳排放配额(UKA)、加州碳排放配额(CCA)和美国区域温室气体减排行动配额(RGGIA)等。衍生品主要是配额和碳信用期货合约、期货期权合约及远期合约,其中最早上市的产品是2005年开始交易的EUA期货合约。2008年碳信用期货合约和期货期权合约开始交易,产品种类逐渐丰富,结构更加合理。根据所满足标准、项目种类、到期时间的不同,ICE设计了31种碳抵消期货产品。

ICE是目前全球最大的碳排放权交易平台,同时也是碳交易活动最频繁、交易类型最多样的交易平台,拥有60%的全球碳排放权,90%的欧洲碳排放权,2020年的交易量在全球交易所中的比例为88%。

3. 欧洲能源交易所

欧洲能源交易所(European Energy Exchange,EEX)是德意志交易集团旗下的子公司,其业务覆盖了能源、天然气、环保、航空以及农业等多个领域。该交易所在电力、天然气以及碳排放权交易领域都享有极高的声望,虽然 EEX 的碳交易业务仅占整个交易所业务量的 5% 左右,但其碳交易业务的规模在全球范围内仅次于 ICE。

EEX 交易的产品主要有：一级市场配额拍卖(包括欧盟航空配额)、二级市场配额(包括欧盟航空配额)、国际碳信用的现货和衍生品。其中主要业务是现货交易,包括拍卖(主要业务)和连续交易,并引入做市商制度。衍生品市场包括期货市场和期权市场。ICE 和 EEX 在欧洲碳交易上各具特色,EEX 以现货交易为主,ICE 则以 EUA 期货交易为主。

4. 新加坡全球碳交易平台

2021 年 5 月,新加坡全球碳交易平台(Climate Impact X, CIX),由星展集团、新加坡交易所、渣打银行和淡马锡建立。

CIX 是一个全球性的自愿碳信用交易所,已完成碳信用额度(简称碳信用)组合试点拍卖。项目市场(Project Marketplace)和 GREENEX 碳积分交易所是 CIX 的两个主要业务。

项目市场主要针对中小型企业,包括森林、湿地和红树林等自然生态系统的维护和修复,这样它们就能直接从特定的项目中获得优质的碳信用,进一步鼓励大量的企业参与到自愿性的碳市场中,并为他们提供自然气候解决方案(NCS)项目,帮助他们达成可持续发展的目标。NCS 的成本效益显著,它通过支持生物多样性和为当地社区带来收益,从而产生了丰厚的回报。亚洲拥有全球三分之一的供应能力,因此它是世界上最大的 NCS 供应商之一。

GREENEX 碳积分交易所的主要目标是为公司和机构投资者提供服务,通过遵循标准化的合约,将大规模且优质的碳信用产品推广给全球的企业和机构投资者等市场参与者。GREENEX 在 2021 年 11 月底正式创建,并在 2022 年 1 月引入了一种全新的碳权交易方法——GRAVAS。该方法将"自愿性"的交易转变为"回报性"的交易,旨在打造一个世界范围内的碳信用额度的全球性交易平台和绿色项目的融资二级市场。

GREENEX 被普遍视为当前较为稳定的碳积分平台,其可访问、可编程和可组合的特性为其高度的灵活性做出了不可或缺的贡献。碳积分,即是由 1 吨二氧化碳排放量的温室气体权益产生的任何可交易金额或许可证。从个人减少碳排放到企业的碳中和,从种树到环保行动,所有这些都是为了减少碳排放并应对气候变化,目的是帮助企业和个人通过获取碳积分来发挥其作用。

5. 新加坡元宇宙绿色交易所

新加坡另一个主要的碳交易平台——元宇宙绿色交易所(Meta Verse Green Exchange, MVGX),于 2018 年由新加坡金融管理局(MAS)授权并监管,这是一家基于云端架构和区块链技术,同时采用纳斯达克(Nasdaq)引擎的合规持牌绿色数字资产交易所,也是第一家为元宇宙时代打造的合规绿色数字资产交易所。

MVGX 交易的主要产品是资产支撑通证(ABT)和碳中和通证(CNT)。MVGX 致力于为全球的发起人、机构投资者和合格投资者提供全面的资本市场辅助服务,涵盖了一级市场的发布、二级市场的交易、交割与结算,以及对资产支持证券或数字化 ABS 的托管。MVGX 独立开发并获得专利的账簿,其具备碳足迹标记功能,同时也得到了区块链技术的保护,这使得 MVGX 成为全球首个将发行者和投资者的碳足迹信息公开的交易平台。MVGX 还研发了两个技术体系：非同质化数字孪生技术(NFDT)和碳中和通证技术(CNT)。其中,CNT 支持跨国公司(MNC)向发展中国家购买碳信用额,可以帮助发展中国家完成其国家自主贡献,而非只是让那些大型跨国企业帮助其总部所在国完成其国家自主贡献,这是一个能让多方受益的机制。

6. 卢森堡绿色交易所

2016年，卢森堡交易所建立了卢森堡绿色交易所（Luxembourg Green Exchange，LGX），其主要目的是积极回应联合国的可持续发展目标（SDGs）以及在气候变化的大环境下，对可持续金融发展的需求。

LGX 是全球首个专注于绿色证券交易的平台，发展至今，全球一半正在发行交易的绿色债券已经在 LGX 上市。其主要产品包括绿色债券、可持续债券、社会债券、绿色基金、社会基金、ESG 基金、指数和其他工具。主营业务包括发行、交易与结算。

针对监管规范，鉴于全球的能源与环境状况存在差异，LGX 并未制定出统一的绿色交易和气候问题的规范，其绿色证券的发布和监督的依据，综合参照气候债券倡议组织（CBI）的绿色债券规范、国际资本市场协会（ICMA）的绿色债券规范、社会债券规范和可持续债券指导等。

LGX 对绿色外部评审要求是强制性的。LGX 要求外部评审遵照 ICMA 绿色债券原则执委会发布的《绿色、社会、可持续发展债券外部评审指引》，具体包括报告的组织结构、内容及信息披露等。鉴于外部评审的多样性，发行者需自行委托第三方评估机构来进行评估，并且每年都要公布评估报告。

7. 中国香港可持续及绿色交易所

中国香港交易所（HKEX）在 2020 年创立了亚洲首个绿色交易所——中国香港可持续及绿色交易所（STAGE），这个平台是由发行者、投资者、资产管理者、市场参与者以及咨询师联合打造的可持续和绿色金融平台。STAGE 的目标是推动区域内各种可持续和绿色金融产品的进步，增强其市场关注度、信息透明度和流通性。同时，STAGE 将为投资者提供大量的可持续和绿色金融产品信息和资源，以便投资者做出投资决策。

现阶段，STAGE 的核心产品涵盖了绿色债券、可续期债券、社会责任债券、转型债券、HSI/HKQAA Ratings、MSCI ESG 评级、标普 ESG 评级以及 ETF 等。核心服务包括交易、托管、结算、市场数据服务、交收、存管以及平台系统。近年来，产品类型不断丰富，也推出了碳配额、碳信用现货、期货、期权，还有各种碳交易平台的碳中和债券、碳中和通证。此外，还提供对外咨询认证服务，例如制定碳价格指数，与碳中和有关的数据服务，开展绿色 ETFs、ESG 评级服务等。

（二）国际碳交易所发展趋势

（1）随着全球供应链的发展和经济全球化的趋势，提供金融商品的交易所间都存在股权或合作关系，这对其业务的发展起到了强大的推动作用。例如，CCX 和伦敦国际原油交易所（IPE）联手创建了 ECX（后被 ICE 收购），该交易所利用 IPE 的电子交易平台交易二氧化碳期货。随后，ECX 借助 ICE 的完善交易体系，选择 ICE Futures Europe 作为交易场所，同时使用 ICE Clear 结算。EEX 则借助德意志银行集团强大的金融实力和其先进的大宗商品和金融产品交易体系进行交易，逐步具备了个人化的、完全独立的财务处理系统和平台。

（2）利用先进的信息技术完善交易流程，如区块链技术，可以释放高价值、低流动性资产的价值，为实体经济开辟新的融资途径和来源。MVGX 通过区块链技术构建 AGF-MVGX 系统，它实现了发行者和投资者之间的双向碳信息披露。数字科技的应用，推动了绿色低碳的转变，确保在碳交易流程中交易数据的安全储存和流通，规范碳交易市场的参与者行为，以此推动碳交易市场的公正、安全和高效运作。

（3）对于个人和公司来说，全球化的碳交易平台的发展趋势显而易见。ICE 上市了全球碳信用打包产品：全球碳指数期货(Global Carbon Index Futures)和自然解决方案碳信用期货(Nature-Based Solution Carbon Credit Futures)，CIX 开展了面向全球的集碳信用交易及绿色项目融资的二级市场业务。

二、国际碳市场及发展

（一）欧洲

2005 年欧洲碳市场建立的第一阶段，配额采取了自下而上的分配方式，即按照每个企业的实际碳排放状况来规定其排放额度，而整个区域并没有一个总的排放限值。

从 2008 年开始的第二阶段起，配额开始以自上而下的方式分配，并且废除了第一阶段所有剩余的碳配额，这点对投资人冲击较大。另外，欧盟也在逐渐增加拍卖配额的比重，这样就提高了相关产品的平均成本，让价格能够通过市场机制向消费者传递，进一步促进全社会的减排协同。这一改革取得了显著的效果，碳价格稳步增长，为企业的减排提供了正确的价格信号。

然而 2008 年的全球经济危机又一次大大地降低了市场对碳配额的需求，导致碳价格持续走低。为了刺激经济恢复，欧盟在短期内并没有采取大幅提升碳价格的相关措施。

在 2013 年开始的第三个阶段，欧盟显著提高了拍卖配额的占比，要求电力行业必须完全通过拍卖来获得额度。

2018 年，欧盟正式开始实施市场稳定储备机制，将 2014—2016 年过剩的大约 9 亿吨碳盈余转入储备市场，并降低初始碳配额的拍卖数量，以此来平衡市场供需，应对未来可能出现的市场冲击。此举使欧洲碳市场面临前所未有的供应短缺，成功促使碳价格大幅上涨。

从 2021 年开始，欧洲碳市场进入第四阶段，碳配额年降幅由第三阶段的 1.74% 大幅提升至 2.2%。2020 年年底，欧盟又调整了 2030 年减排预期，从先前的比 1990 年减少 40% 增加至 55%。这一新目标使欧洲碳价格于 2022 年 6 月中旬冲破前所未有的 80 欧元/吨。而且还有继续上涨的趋势。

（二）美国

2005 年 12 月，美国康涅狄格、特拉华、缅因等 7 个州共同达成了一项名为《区域温室气体倡议》(Regional Greenhouse Gas Initiative，RGGI)的框架性协定，同时建立了以州为基础的区域性应对气候变化合作组织。这标志着美国首个以市场为基础的温室气体排放交易机制的诞生。RGGI 设定了各州的温室气体排放上限，也就是说，相较于 2009 年，到 2018 年，温室气体的排放量要下降 10%。RGGI 设立一个过渡阶段，以确保所有州都能获得充裕的调整时间。在 2014 年之前，所有州固定排放上限，2015—2018 年，排放逐年下降 21.5%，最终达到减排的目标。RGGI 的立法宗旨包括：首先，通过最经济的手段保持并降低 RGGI 成员州内二氧化碳的排放；其次，将化石燃料作为驱动力，且发电量超过 25 兆瓦的发电公司列入强制性管理对象，所有州必须至少把 25% 的碳配额拍卖收益投入战略能源项目；最后，为美国的其他地区和国家提供示范性的模型效果。RGGI 通过法律条例和具体规定的相互补充，达到了区域协同减排机制的一致性和灵活性。

（三）韩国

2015—2017 年，韩国将电力、工业、建筑、运输(国内航空)和废弃物五个部门纳入碳排放管理，对其免费发放碳排放配额。

2018—2020年，公共部门也纳入管理，此时纳入碳排放管理的二级部门达到62个，97%的配额免费分配。

2021—2025年，在纳入建筑业和大型交通运输业（包括货运、客运、铁路和航运）后，覆盖的二级部门增加至69个，与此同时，免费分配的比例下降到90%以下。

在全球范围内，韩国碳市场在行业和温室气体覆盖范围都是广泛的典型代表。在行业覆盖范围方面，将电力、工业、建筑、交通、国内航空以及废弃物行业纳入需履约行业；在温室气体覆盖范围方面，将CO_2、CH_4、N_2O、PFCs、HFCs、SF_6六大温室气体排放都涵盖在内。得益于较为全面的行业和温室气体种类覆盖范围，韩国碳市场所覆盖的排放占本国总排放的74%。

韩国碳市场建立之初，对气候政策有话语权的政府组织倾向于采取行政管理手段而非碳交易机制来达到控排效果，而与政府组织联系紧密的代表性商业组织（如钢铁企业）并不支持气候相关政策的出台。在各方利益平衡下，形成了拥有较宽松的碳交易额度和可商议的企业减排目标的韩国碳市场。

（四）日本

多年来，日本一直致力于实现《京都议定书》的减排承诺，设立了京都议定书目标实现计划（Kyoto Protocol Target Achievement Plan，KTAP），KTAP的主要市场架构是由日本经济团体联合会（Keidanren）在1997年发布的环境自愿行动计划（Keidanren Voluntary Action Plans，KVPA）构成的。该计划主要关注工业和能源转换领域的减排措施，目标是到2010年将燃料燃烧及工业生产的CO_2排放量保持与1990年同水平，由企业自愿承诺长期执行，但并未与政府签订任何确保实现目标的协议。

为确保KTAP得以实现，日本建立了年度评估机制来监控实现情况，同时对策略进行调整修正。基于1998年发布的《防止全球气候变暖的行动计划》，日本在2002年、2005年和2008年对KTAP进行了三次修订。在KTAP的修订过程中，针对日本工业的排放交易计划被提出，该计划将整合KVPA等现有建议，创建一个自愿排放交易的试点系统。2008年10月，日本启动了自愿排放试行交易体系（J-VETS）。

2010年4月，亚洲第一个碳交易市场和日本首个地区性的总量控制与交易制度——《东京都总量控制与交易体系》开始运作，它也是全球首个城市级别的总量控制交易计划。该体系涵盖场所的排放量占东京市总排放量的20%，大约有1400个场所（包括1100个商业设施和300个工厂）。

（五）新西兰

2006年12月至2007年3月，新西兰政府就五项应对气候变化的措施进行了公众咨询，这些措施包括碳排放权交易、碳税、奖励、补贴和直接监管政策。经过讨论，新西兰最终采用新西兰排放交易计划（NZETS）作为其首选的低成本碳减排策略。

2008年9月15日，新西兰对法规进行了修改，确定了温室气体类型、加入的行业部门和时间表、排放单位的配额分配以及碳价格等内容，并为所有的经济领域设定了二氧化碳的最大排放量（若超出此限度，则需要购买额外的指标），同时制定措施以降低NZETS对企业、家庭和就业的影响。

为了实现2050年的长期减排目标，2011年5月17日，新西兰对其法规又进行了重新修改，并为相关的组织和个体制定了新的规则。此次修订的主要目的是在新西兰经济持续增长的基础上，确保NZETS的执行不会给国内企业和家庭带来额外的经济压力，同时提高NZETS系统的效率，以增强其在新西兰减排目标中的效能。

任务五　了解中国碳交易市场

《京都议定书》的附件一并没有包含中国，因此中国无法直接进行基于碳配额的国际碳交易。唯一可以参与国际碳交易市场的方式是通过清洁发展机制（CDM）项目，也就是说，发达国家会通过提供资金和技术的方式，与中国共同投资那些能够实现温室气体减排的项目，以此来获得温室气体的排放权。从2005年启动CDM计划以来，中国的CDM市场迅猛崛起，且一直保持着快速增长的趋势。现在，中国已经变成了全球碳交易初级商品的主要提供者。

一、中国碳交易市场的三大系统

（一）碳配额登记注册系统

碳配额登记注册系统是一种用于记录排放权的创建、归属、转移及注销等状态信息及过程数据的"账本"，是配额及减排信用赖以存在的物理基础。管理部门、排放公司和其他碳市场参与者所拥有的配额（或减排信用）数量都需通过注册登记系统确认。可以用多种方法登记注册，包括传统的手写记录、电子文件记录，甚至是电子化系统。目前，大多数情况下，都使用能通过互联网安全访问的电子数据库系统。

通常，在注册登记系统中，配额和减排信用的所有权是通过账户方式来确定的。账户可以被划分为三种类型：首先，由管理部门拥有的管理账户，负责配额的创立、分发和最终的注销；其次，由市场参与者拥有的账户，涵盖了排放公司、减排项目的承办方以及其他自愿加入碳市场的组织和个体；最后，还有一些其他类型的账户，如交易平台的账户、拍卖公司的账户等。当管理部门分配配额时，对应的配额会从管理部门的账户转移至被分配的账户。在市场参与者交易配额时，相应的配额应该从销售者的账户转移到购买者的账户。当需完成合规履约时，排放公司必须把与其排放量相匹配的配额（或减排信用）从自有账户转移至由管理部门设定的账户。在数据交换的过程中，必须遵循相关的标准对配额（或减排信用）进行编码。

（二）碳排放数据报送系统

碳排放数据报送系统是一个排放机构向监管机构提交相关碳排放数据的平台，它提供了政府对碳市场的管理所需的数据依据。报告系统既可以是原始的纸质文档，也可以是电子文档。由于信息填写的复杂性，采用电子化系统能够保证信息的精确性和管理的灵活性。所以，目前大部分碳排放数据报告系统都使用了能够通过互联网实现安全访问的电子数据库系统。

报送系统包含三种账户类型。第一种是排放单位账户，排放单位用于报告基本信息、具体的排放设备、设备的能源使用情况、外部购买的热力电力等政府规定的信息。第二种是审核单位账户，其功能是审核机构审核企业提交的数据，并将审核结果和经过审核的排放量上传到系统。政府管理账户属于第三种，主要负责组织和监督排放报告的审核进程以及统计排放量。为了确定企业需要支付的配额数量，排放系统必须与登记系统相连。

（三）碳交易系统

碳交易系统是一个交易所用于实现碳市场交易的信息系统。相较于一般由主管机构负责开发并管理的碳配额注册系统以及碳排放数据报送系统，碳交易系统通常是由碳交易平台负责设计并运营，其中包含了诸如连续交易、定价筛查、竞标销售等详细的交易规则。金融监管机构和主管部门只负责监督市场和交易，并不承担具体的管理职责。

碳交易系统需要与配额注册系统连接，以便于配额的流转登记。同样，也需要与银行账户连接,以便于资金的流动。市场参与者只有在碳交易所的交易系统中开设账户,并且同时在登记注册系统和交易所指定的银行开设账户,才能顺利完成配额交易。

二、中国碳交易所

截至当前,我国构建了"8+1+1"市场结构,即8个地方碳交易试点市场、1个非试点地方碳交易市场、1个全国碳交易市场,其中地方碳交易试点市场不再批复新增建立。

(一)碳交易所介绍

1. 上海环境能源交易所(https://www.cneeex.com)

上海环境能源交易所(简称"上海环交所")是中国第一家环境能源类交易平台,于2008年8月5日经上海市人民政府批准设立并正式揭牌。上海环交所的业务包括碳排放权交易、中国核证自愿减排量交易、碳排放远期产品交易以及碳金融和碳咨询服务等。

上海环交所是上海市碳交易试点指定执行机构,也是经国家发展改革委备案可以进行核证自愿减排量交易的平台,同时也是生态环境部授权的全国碳排放权交易系统的建设和运营单位,目前已经发展成为全国规模和业务量最大的环境交易所之一。

2. 北京绿色交易所(https://www.cbeex.com.cn)

2008年8月,北京市人民政府批准成立北京环境交易所有限公司,2020年根据北京市委市政府关于绿色金融的详细规划,更名为北京绿色交易所有限公司(简称"北京绿交所"),是一个提供综合环境权益交易的平台。

北京绿交所作为首批在国家监督下注册的中国自愿减排交易平台,以及北京市政府指定的碳排放权交易试点平台和北京市废弃汽车的更换处置服务平台,已经成为中国最有影响力的多元化环保权益交易市场的代表,在国内的碳交易市场中,各种类型的碳资产交易均处于领先地位。在双碳绿色服务、环境权益交易、绿色金融服务以及绿色公共服务等领域,北京绿交所实施了显著的市场革新,牵头制定了中国首个自愿减排标准"熊猫标准",参与了《环境权益融资工具》等绿色金融行业标准的制定。此外,北京绿交所为2022年冬奥会和冬残奥会提供了碳中和计划的碳计算和咨询服务。

3. 深圳绿色交易所(https://www.szets.com)

2010年9月,深圳绿色交易所有限公司(简称"深圳绿交所")经深圳市政府批准成立,原名深圳排放权交易所有限公司。深圳绿交所是一个集合环境权益交易与低碳金融服务的平台,旨在通过市场机制推动节能和减排工作。其已经发展成为国内绿色低碳环保领域最具影响力的交易所品牌之一,在碳金融创新方面已经连续七年位居全国第一,配额流转率也连续六年保持全国领先地位。

4. 广州碳排放权交易中心(https://www.cnemission.com)

广州碳排放权交易中心(简称"广州碳交中心")是由广东省人民政府与广州市人民政府共同建立的国家级别的碳排放权交易试点机构,成立于2012年并正式运营。广州碳交中心经由国家发展改革委备案可进行核证自愿减排量交易,它还是广东省指定的碳排放配额有偿分配和交易平台,也是大湾区唯一同时拥有国家碳交易试点和绿色金融改革创新试验区试点双重身份的机构。

2016年4月,广州碳交中心创建了"广碳绿金",系全国首个专门为绿色低碳行业提供全面金融服务的平台。该平台有效地汇集了绿色金融领域的股权、基金、信贷、债券、融资租赁和资产证券化等多样化产品,打造了一个多元化的绿色金融产品体系。

5. 天津排放权交易所有限公司(http://www.chinatcx.com.cn)

天津排放权交易所(简称"天津排交所")成立于2008年9月,是国家首批综合性环境权益交易机构之一,也是国家首批温室气体自愿减排备案交易机构。天津排交所是天津区域碳市场、建筑能效市场和主要污染物市场的指定交易平台,并被国家发展改革委认定为全国碳市场能力建设(天津)中心。天津排交所已完成多个国家级的绿色低碳研究项目,并与众多行业机构紧密合作,构建了一个综合的合同能源管理服务平台,为节能减排项目提供全方位的产业链服务。2022年9月,天津排交所发布了全国第一个个人碳中和存证证书。

6. 湖北碳排放权交易中心(https://www.hbets.cn)

湖北碳排放权交易中心(简称"湖北碳交中心")成立于2012年9月,是由国家生态环境部门备案并经湖北省政府批准成立的全国首批碳排放权交易试点机构之一。

湖北碳交中心负责建设和运营湖北试点碳配额市场、湖北绿色金融综合服务平台、全国碳交易能力建设培训中心以及武汉碳普惠运营平台。在碳交易领域,湖北碳交中心在交易量和交易额等多项市场指标上一直位居全国领先地位。此外,该中心在碳交易机制创新、碳金融产品开发、碳资产管理、碳标准认证、碳普惠体系构建以及碳能力建设等方面也取得了显著的成果。

7. 重庆碳排放权交易中心(https://tpf.cqggzy.com)

重庆碳排放权交易中心(简称"重庆碳交中心")是重庆市为应对气候变化、推动绿色低碳发展而设立的重要平台。该中心的主要职能包括碳排放权的交易、配额管理、核查以及相关的制度建设和功能平台建设等。在组织结构方面,重庆碳交中心与重庆联合产权交易所股份有限公司(简称"重交所")合并,共同构成重庆市唯一的国有产权交易平台。自2011年国家批准重庆开展碳排放权、排污权交易两项试点以来,重庆市碳排放权交易中心在探索碳市场管理的制度体系方面取得了显著成果。

8. 海峡股权交易中心——环境能源交易平台(https://carbon.hxee.com.cn)

海峡股权交易中心于2011年10月26日在福建省平潭综合实验区正式注册成立,是福建省实施国务院支持海西地区先行先试政策"三规划两方案"、打造两岸区域金融服务中心的关键行动。在交易产品方面,海峡股权交易中心的业务范围涵盖了企业股权、债权、林权、排污权、碳排放权等多种交易品种。特别是从2016年12月开始,该中心在旗下环境能源交易平台开展碳排放权交易。这些交易产品的设计旨在满足不同企业的融资和交易需求,推动环境能源产业的发展和进步。

9. 四川联合环境交易所(https://www.sceex.com.cn)

四川联合环境交易所(简称"四川联交所")成立于2011年9月30日,它是由四川省人民政府批准,并在国务院相关部际联席会议备案的专业交易机构。该交易所是全国非试点地区首个获得国家备案的碳交易机构,同时还是全国碳市场能力建设(成都)中心的联合机构,以及国家在四川进行用能权交易试点的指定交易机构。此外,四川联交所还是四川省和成都市中小企业公共服务示范平台与排污权交易平台、四川省公共资源交易平台、绿色金融综合服务平台、碳中和创新服务平台,银行间交易商协会会员,以及联合国负责任投资原则(PRI)中方签署机构中唯一的交易机构。

四川联交所的交易范围涵盖了碳排放权、用能权、排污权和水权等环境权益交易。其中,碳排放权交易是该所的核心业务之一,交易产品包括CEA和CCER。

(二)碳交易所之间的异同

各碳交易所在交易产品、纳入标准和覆盖的行业范围都有差异(见表7—8)。

表7—8　　　　　　　　　　　　　各交易所之间的差异

地区	启动时间	交易产品	最低纳入标准（年排放量或年综合能耗）	覆盖行业
深圳	2013年6月	SZEA、CCER	工业：3 000吨二氧化碳 公共建筑：10 000 m² 机关建筑：10 000 m²	制造业、电力、水务、燃气、公共交通、机场、码头等31个行业
北京	2013年11月	BEA、CCER、PCER、VER、BFCER	5 000吨二氧化碳	火电、热力、石化、水泥、航空及交运、服务行业和其他工业
上海	2013年11月	SHEA、CCER、SHEAF	工业：2万吨二氧化碳 非工业：1万吨二氧化碳 水运：10万吨二氧化碳	10个工业行业（电力、钢铁、石化、化工、有色、建材、纺织、造纸、橡胶、化纤）和8个非工业行业（航空、铁路、港口、机场、商业、宾馆、金融、建筑）
广东	2013年12月	GDE、CCER、PHCER	1万吨二氧化碳或5 000吨标准煤	电力、钢铁、水泥、石化、造纸、民航、陶瓷、纺织、数据中心等行业及新建项目企业
天津	2013年12月	TJEA、CCER、VER	2万吨二氧化碳排放	电力、热力、钢铁、石化、化工、油气开采、建材、造纸、航空
湖北	2014年2月	HBEA、CCER	1万吨标准煤的工业企业	15个工业行业，包括电力、热力和热电联产、钢铁、水泥、石化、化工、汽车、通用设备制造、有色金属和其他金属制品、玻璃及其他建材、化纤、造纸、医药、食品饮料、陶瓷
重庆	2014年6月	CQEA-1、CCER、CQCER	2万吨二氧化碳	电力（纯发电、热电联产）、化工（电石、合成氨、甲醇）、建材（水泥、平板玻璃）、钢铁（粗钢）、有色（电解铝、铜冶炼）、造纸（纸浆制造、机制纸和纸板）
福建	2016年9月	FJEA、CCER、FFCER	1.3万吨二氧化碳或5 000吨标准煤	电力、钢铁、石化、化工、有色、民航、建材、造纸、陶瓷
全国	2021年7月	CEA、CCER	2.6万吨二氧化碳或1万吨标准煤	电力

注：数据截止日期为2024年10月。

地方碳交易所中，只有重庆包含六种主要的温室气体（二氧化碳、甲烷、氧化亚氮、氢氟碳化物、全氟碳化物和六氟化硫），其他试点地区仅包含了二氧化碳。各地区纳入交易的温室气体排放量占当地排放总量的40%~70%。

因为中国的电力分配市场价格主要由政府决定，形成了一个非完全竞争的碳市场，电力公司无法将成本转嫁至下游的用电企业。因此，与全球碳市场的常规做法不同，中国所有地方试点碳交易所的碳排放计算体系都包含间接排放。这样将企业的间接用电排放量计入其总排放量，有助于推动从消费端实现减排。

比较各地方试点碳交易所覆盖的行业领域，都包含了排放量较高但有很大减排潜力的工业，例如电力生产和制造业。由于不同地区的经济结构存在差异，因此纳入碳交易机制的碳排放控制门槛各不相同,覆盖的行业范围也有所区别。例如,深圳和北京的工业企业数量较少且规模较小,因此它们对工业企业的碳排放控制门槛设定得比其他碳交易试点地区要低。

除四川碳排放交易市场未进行碳排放配额交易外,其余试点及全国的碳排放权交易市场都包括 CEA 交易及 CCER 交易。部分地区的碳排放权交易市场还可以交易本地区自行核证的自愿减排量,例如北京的林业碳汇(FCER)、广东的碳普惠核证减排量(PHCER)、福建的林业碳汇项目(FFCER)、成都的"碳惠天府"机制碳减排量(CDCER)以及重庆的"碳惠通"项目自愿减排量(CQCER)等。

三、中国碳市场的发展

碳市场的主要功能在于调整市场资源,以此推动碳排放的降低,因此,越来越多的国家正在构建国家级或地区级的碳交易机制。我国也在持续努力,并已经取得了阶段性的进展:七个省市(北京、上海、天津、重庆、广东、湖北、深圳)早在 2011 年就开始了碳排放权交易的地方试点项目,并从 2013 年开始逐步实施交易。2016 年,福建成为国内第八个试点碳市场。在第 75 届联合国大会一般性辩论中,"双碳"目标的提出进一步推动了碳市场的建立。全国碳市场是一项重要的制度创新,它利用市场机制来控制和减少温室气体排放,并推动绿色低碳发展,也是实现碳达峰和碳中和目标的重要政策工具。2021 年 7 月 16 日,我国正式启动全国碳市场线上交易,标志着中国成为全球碳排放交易规模最大的国家。

我国相关部门也陆续出台了一系列推进并完善碳市场建设的政策(见表 7—9)。

表 7—9　　　　　　　　　　　中国完善碳市场建设政策

时间	政策	主要内容
2022 年 2 月	《关于做好全国碳市场第一个履约周期后续相关工作的通知》	对未按时足额清缴碳排放配额的重点排放单位做出处罚
2022 年 4 月	《中共中央国务院关于加快建设全国统一大市场的意见》	提出建设全国统一的能源市场以及培育发展全国统一的生态环境市场
2022 年 5 月	《加强碳达峰碳中和高等教育人才培养体系建设工作方案》	
2022 年 6 月	《国家适应气候变化战略 2035》《减污降碳协同增效实施方案》	
2022 年 7 月	《贯彻实施〈国家标准化发展纲要〉行动计划》	提出实施碳达峰和碳中和标准化提升工程
2022 年 8 月	《科技支撑碳达峰碳中和实施方案(2022—2030 年)》《关于加快建立统一规范的碳排放统计核算体系实施方案》	
2022 年 10 月	《能源碳达峰碳中和标准化提升行动计划》《建立健全碳达峰碳中和标准计量体系实施方案》《中国共产党的二十大报告》	党的二十大报告中提及"完善碳排放统计核算制度,健全碳排放权市场交易制度"
2022 年 12 月	《企业温室气体排放核算方法与报告指南发电设施》	

ESG 是环境(Environmental)、社会(Social)和治理(Governance)的缩写,是一种评估公司非财务绩效的投资理念,用于评估企业在环境、社会和治理三个方面的表现。由于国家"双碳"

政策的推行和执行,企业对于碳排放的关注度也有所增强,逐步开展 ESG 评估及披露,ESG 报告中关于碳排放的信息发布质量也普遍提升。

无论是全国还是地方的碳市场,其主导力量都是以履约为基础。各个地区的碳市场体系各异,发展程度也有所不同,因此,各地的碳市场规模和碳价格也存在一些差异,详情请参考表 7—10。

表 7—10　　　　　　　　　　　各地区碳市场交易情况

地区	交易情况
深圳	碳配额发放形式为 97% 无偿分配,3% 有偿拍卖。2022 年,深圳碳市场交易额为 2.47 亿元,同比增长 30.39%;碳配额交易额为 2.30 亿元,同比增长 188.4%。截至 2022 年年末,深圳碳市场碳排放配额(SZEA)累计成交量为 5 545.11 万吨,累计成交额为 14.22 亿元,均价最高为 65.98 元/吨,最低为 4.08 元/吨;累计交易额突破 20 亿元大关,碳市场流动率为 21.25%,连续多年稳居全国第一
北京	2022 年,北京碳市场碳排放配额(BEA)年度成交量为 175.28 万吨,年度成交额为 1.92 亿元。截至 2022 年 12 月 31 日,BEA 累计成交量为 1 817.02 万吨,累计成交额 12.28 亿元,成交均价最高为 149.00 元/吨,最低为 41.51 元/吨。碳价全国最高,最高价比全国均价 2 倍还要多
上海	2022 年,上海碳市场碳排放配额(SHEA)年度成交量为 152.31 万吨,年度成交额为 8 593.00 万元。截至目前,所有现货品种累计成交量约为 2.22 亿吨,累计成交金额约为 33.70 亿元。其中,配额累计成交约 0.48 亿吨,成交金额约为 12.08 亿元;CCER 累计成交量约为 1.74 亿吨。上海碳配额远期产品累计成交数量约为 0.044 亿吨
广东	广东碳市场碳配额采取 97% 免费分配,另 3% 有偿分配。有偿分配部分通过竞价形式发放。2022 年,广东碳市场碳排放配额(GDEA)年度成交量为 1 460.91 万吨,年度成交额为 10.30 亿元。截至 2022 年 12 月 31 日,GDEA 累计成交量为 2.14 亿吨,累计成交额为 56.39 亿元,成交均价最高为 95.26 元/吨,最低为 30.28 元/吨
天津	2019 年起,尝试配额有偿竞价分配。2022 年,天津碳市场碳排放配额年度成交量为 545.24 万吨,年度成交额为 1.87 亿元。截至 2022 年 12 月 31 日,天津碳市场碳排放配额(TJEA)累计成交量为 2 411.68 万吨,累计成交额 5.97 亿元,成交均价最高为 40.16 元/吨,最低为 25.50 元/吨
湖北	截至 2022 年年底,湖北碳市场配额交易累计达到了 3.75 亿吨,占全国交易量的 44.6%;累计交易金额为 90.71 亿元,占全国交易总额的 46.9%。参与的企业数量从最初的 138 家增加到 339 家,涵盖钢铁、水泥、石化、化工等 16 个行业
重庆	重庆碳市场碳配额采取 95% 免费分配,另 5% 有偿分配。截至 2022 年年底,重庆市碳市场各类产品累计成交量为 3 999 万吨,交易额为 8.35 亿元。其中,重庆市碳市场碳配额(CQEA)累计成交量为 1 056.72 万吨,累计成交额为 9 906.70 万元
福建	2022 年,福建碳市场碳排放配额年度成交量为 766.14 万吨,年度成交额为 1.90 亿元。截至 2022 年 12 月 31 日,福建碳市场碳排放配额(FJEA)累计成交量为 2 124.01 万吨,累计成交额为 4.54 亿元,成交均价最高为 35.00 元/吨,最低为 10.87 元/吨
全国	截至 2021 年 12 月 31 日,第一个履约周期(2019—2020 年)共进行了 114 个交易日的交易。在这个周期内,碳排放配额的累计成交量达到了 1.79 亿吨,累计成交金额为 76.61 亿元。平均成交价格为每吨 42.85 元,每日的收盘价在 40 至 60 元之间波动,整体价格呈现出稳定上升的趋势

四、中国碳市场参与行业

（一）主要排放行业

《国家发展改革委办公厅关于切实做好全国碳排放权交易市场启动重点工作的通知》于 2016 年 1 月 11 日发布,该通知指出,第一阶段的全国碳排放权交易市场将覆盖八个主要排放领域,包括电力、钢铁、有色、石化、化工、建材(主要是水泥)、造纸和航空(见表 7—11)。

表 7—11　　　　　　　　　　八个主要碳排放行业

行业	行业代码	行业子类（主营产品统计代码）
石化	2511	原油加工（2501）
	2614	乙烯（2602010201）
化工	2619 2621	电石（2601220101） 合成氨（260401） 甲醇（2602090101）
建材	3011	水泥熟料（310101）
	3041	平板玻璃（311101）
钢铁	3120	粗钢（3206）
有色	3216	电解铝（3316039900）
	3211	铜冶炼（3311）
造纸	2211 2212 2221	纸浆制造（2201） 机制纸和纸板（2202）
电力	4411	纯发电、热电联产
	4420	电网
航空	5611	航空旅客运输
	5612	航空货物运输
	5631	机场

纳入全国碳交易市场的重点排放单位标准为：年度温室气体排放量达到 2.6 万吨二氧化碳当量（综合能源消费量约 1 万吨标准煤）及以上的企业或者组织。地方试点碳市场与全国碳市场相比，从涵盖范围来看，有的也包含了八大行业之外的行业，如公共建筑和服务业；从纳入门槛来看，部分试点碳市场的标准规定低于全国碳市场。

这八大行业的碳排放总量约占全国总碳排放的 80%，电力行业遥遥领先，其碳排放总量约占全国的 40%。八大行业中占比前三类的是电力、钢铁、建材，合计占比达到 86%（如图 7—8 所示）。根据八大行业的配额分配预测，其排放总量大约达到 50 亿吨，占据了我国全口径排放的 50%。

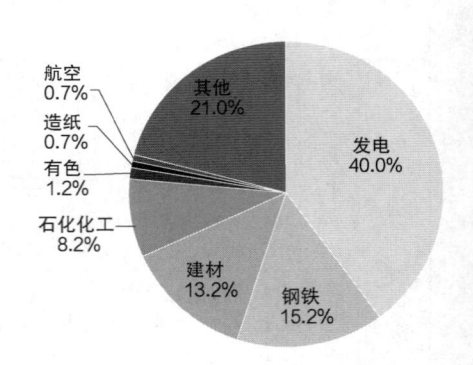

图 7—8　中国碳排放行业占比

（二）其他排放行业

在地方试点碳市场中，还包含了其他行业，典型的有：

1. 电器电子行业

电器电子行业的碳排放主要来源于产品制造过程中的能源消耗和原材料加工。其中，生产阶段的碳排放占比最高，约为 60%，其次是原材料采购和运输阶段。电视、冰箱、洗衣机、空调等家电产品是电器电子行业的主要碳排放来源。以空调为例，每台空调的生产过程中平均会产生0.5~0.8吨二氧化碳当量。

从使用端来看，国际能源署（IEA）发布的《全球能源与碳排放状况年度报告》显示，家用电器用电量占比超过20%，相当于建筑用电量的四分之一，在住宅碳排放量所占比例超过30%。目前执行的家电能效标准主要针对大型家电产品，但随着家庭对家电种类多样化需求的增加，小型家电和其他类型的保有量也在增加，能效标准可能会覆盖更多的家电类型。

2. 物流行业

根据《中国绿色物流发展报告（2023）》的数据，中国物流行业的碳排放量占全国碳排放总量的9%左右。物流行业的碳排放主要来源于运输、仓储和包装等环节。其中，运输环节的碳排放量最高，占比约为60%，其次是仓储和包装环节。在运输环节中，公路运输是物流行业的主要碳排放来源，占比约为70%。其次是铁路运输和水路运输，分别占比约为20%和10%。航空运输虽然占比较低，但由于其单位运输量的碳排放量较高，也需要引起关注。

物流行业再细分到快递，相比于其所在的物流运输行业整体水平，快递行业的碳排放量增速尤为突出。《中国快递行业的碳排放》研究显示，中国快递行业的碳排放量从2017年的1 837万吨激增至2022年的5 565万吨，5年间增长超过200%，复合年均增长率近25%。2022年中国物流运输行业整体碳排放量降低了3.1%，但快递行业的碳排放量仍增长了3.4%。快递环节中，运输是最大的碳排放来源，占快递行业碳排放总量的62.7%，其中公路和航空运输占比分别约为57%和42%，是快递行业减排的重中之重。

参考文献

[1] 绿水青山节能降碳. CDM、GS、VCS、ACR、CCER等国内外自愿减排类型介绍[EB/OL]. https://mp.weixin.qq.com/s/1pvX_ZE5SAmw3Jiid-jFng,2022-10-07.

[2] 齐绍洲,程思,杨光星. 全球主要碳市场制度研究[M]. 北京：人民出版社,2022.

[3] [法]谢瓦利尔著,程思、刘蒂等译. 碳市场计量经济学分析：欧盟碳排放权交易体系与清洁发展机制[M]. 辽宁：东北财经大学出版社,2016.

[4] 温梦瑶. 我国碳交易市场现状与发展趋势[J]. 中国货币市场,2023(4)：71-75.

[5] 中华人民共和国生态环境部. 全国碳排放权交易市场第一个履约周期报告[R]. 北京,2022-12.

[6] 《第四次气候变化国家评估报告》编写委员会. 第四次气候变化国家评估报告特别报告：国家碳市场评估报告[M]. 北京：商务印书馆,2023.

[7] 第一财经. 2022年中国碳市场年报[EB/OL]. https://baijiahao.baidu.com/s?id=1758518817691656358&wfr=spider&for=pc,2023-02-22.

[8] 梅德文,安国俊,张佳瑜. 全球碳交易所运作机制对中国的启示[J]. 现代金融导刊,2022(4)：4-10.

[9] 中节能碳达峰碳中和研究院. 碳市场透视（2021）：框架、进展及趋势[M]. 北京：企业管理出版社,2022.

思维导图　　课后习题

项目七

项目八　理解碳汇与碳普惠

知识学习目标

1. 理解碳汇的概念、原理及其在减缓全球气候变化中的作用；
2. 了解碳汇核算的方法和流程，包括碳储量的评估和碳动态的监测；
3. 了解碳普惠的概念、类型及其应用场景和激励机制；
4. 了解国内外不同区域碳普惠实施项目，理解碳普惠机制在实际中的应用和效果。

技能训练目标

1. 能够运用碳汇相关知识，评估不同区域或项目的碳汇潜力；
2. 学习实施碳汇项目的监测和计量，以及如何进行碳汇项目的申报和管理；
3. 能够分析碳汇与碳普惠政策对特定行业或企业的影响，提出应对策略。

素质教育目标

1. 鼓励探索和实践碳汇项目创新途径，培养解决环境问题的创新思维和实际操作能力；
2. 通过碳普惠的学习，鼓励在日常生活中实践节能减排，形成良好的环保行为习惯；
3. 通过参与碳汇和碳普惠项目，培养团队合作和社会参与的精神。

本章简介

学习导入

碳普惠场景增加，绿色消费意识增强

任务一　理解碳汇

一、碳汇与碳汇交易

（一）碳汇

碳汇，也被称作"碳吸储库"或"吸收库"，《联合国气候变化框架公约》在其定义条款中对"碳汇"做出了明确界定，即任何能够从大气中清除温室气体、气溶胶或温室气体前体物的过程、活动或机制。由于二氧化碳占据了温室气体的主要部分，因此一般认为这个过程主要是指二氧化碳的清除过程。

碳汇可以有多种实现方式，根据人类是否参与，碳汇可以分为自然形成碳汇和人工干预碳汇两种类型。自然形成碳汇是指地球上的自然生态系统（如森林、湿地和海洋等）自主通过光合作用将二氧化碳从大气中吸收，并将其储存为有机碳，例如植物组织和土壤有机质。自然形成碳汇通过这种方式降低了大气中的二氧化碳浓度,起到了缓解全球变暖的作用。人工干预碳汇强调人类通过特定措施创造的碳吸收和储存系统。比如,人工森林、人工湿地、碳捕获和储存技术(CCS)等。这些措施旨在通过种植树木、恢复湿地或将二氧化碳永久储存在地下等方式来降低大气中的二氧化碳含量。

主要的人工干预碳汇方法是固碳技术,这包括物理固碳和生物固碳。前者通过使用二氧化碳的固化方法,将其长久地保留在已经被开发的石油、天然气矿区以及深海中。而采取生物固碳的策略,则主要是借助于植物的光合作用吸收二氧化碳机制,通过调节生态环境中的碳流动,增强其对碳的吸纳与储藏。从经济效益的角度,这种策略的成本最为实惠,而在项目的负面影响方面,生物固碳被认为是一种最友善的解决办法。

总的来说,只要能够从空气中吸收并储存二氧化碳,就可以把它们纳入"碳汇"的范畴。但是自然界不光吸收二氧化碳,也会释放二氧化碳,例如植物的呼吸作用和腐败分解。所以自然区域内,当碳排放量大于碳吸收量代表其是"碳源",碳排放量小于碳吸收量则代表是"碳汇",碳排放量与碳吸收量的差值即为净碳汇量。

(二)碳汇交易

碳汇交易是指企业或个人通过投资、购买碳汇项目核定碳汇量来补偿其自身的碳排放量的行为,从而实现碳排放减少的目标。碳汇交易的对象是碳汇项目,例如森林保护、再植树木、可再生能源项目等,这些项目均是在人为干预下吸收或减少大气中的二氧化碳,那些不是由于人为干预产生、纯粹是在自然状态下形成的碳汇,是不可以交易的。碳汇交易的主要目的是通过对碳排放的补偿来实现净零排放或减少碳足迹,从而达到应对气候变化和环境保护的目标。

参与碳汇交易前,必须先开发碳汇项目。开发此类项目需遵循特定方法学的规定范围和条件,计算项目在有效期限内能够吸收的碳汇量。随后,项目需经过权威机构的审核和核查,以验证其碳汇量的真实性,并且项目具备唯一性与额外性。唯一性意味着项目只能在一个碳市场中交易,而额外性则强调碳汇量是通过人为干预增加的。经认证机构确认后,项目方可交易。

碳汇交易和碳交易都是控制温室气体排放的重要方式,但是两者在交易对象、实施方式以及目的上存在区别:

(1)碳交易是建立在减排基础上的,是企业或国家在配额内实现减排后,出售剩余的碳排放配额获得经济收益。碳交易以经济收益的激励来鼓励企业努力实现减排,从而实现全球范围内的减排目标,推动过渡到更为可持续和低碳的经济模式。碳汇交易旨在通过保护和恢复生态系统来增加碳储存量,项目业主通过出售碳储存量获取经济收益。相比之下,碳汇交易是鼓励个人和企业以多种形式增加碳储备,从而从根本上保护自然生态环境。两者一减一增。

(2)碳交易围绕碳排放配额、排放交易、监测与报告、惩罚和奖励等核心内容,更多的是在政府或国际组织的监管下进行的,由政府制定一定数量的碳排放配额,企业根据自身的碳排放需求在市场上交易配额。而碳汇交易主要涉及碳汇项目的认证和跨国合作等问题,更多的是在国际市场上进行的,涉及的范围更广。

(3)碳交易更多的是在产业界开展的,碳排放配额主要分配给高排放量的产业,如电力行业,政府、企业、投资机构等交易主体通过市场机制调配碳排放权,旨在以成本效益最优的方式达到减排目标。碳汇交易更多的是在生态环境领域开展的,涉及生态系统的保护和恢复,需要更多的生态学和环境保护知识,碳汇交易机制引导和激励这些项目的开展。

(4)目前,我国的碳交易市场包含两种主要产品:一种是由政府分配给企业的碳排放配额(CEA)，另一种是核证自愿减排量(CCER)。CCER 是 CEA 的补充，企业除了在碳交易市场上购入 CEA 外，也可以通过购买一定量的 CCER 来补充自身的碳排放需求。碳汇交易、CCER、碳交易三者的关系是，碳汇交易仅占 CCER 的一小部分，而 CCER 又仅仅是碳交易中的一部分，碳交易中大多数产品是从能源、生产、化学、建设、交通、矿业、金属等专业领域的碳减排项目中产生的。

总结来看，碳交易主要是通过调控排放权来实现减排，而碳汇交易则是通过投资碳汇项目来补偿碳排放，以达到碳中和或减排的目的。碳交易和碳汇交易都是为了减少温室气体排放和保护环境而开展的活动，这两种交易方式都有其独特的作用和意义，对于减缓气候变化和保护环境都具有重要意义。它们可以在一定程度上激励企业和国家采取更多的减排措施，促进绿色发展和可持续发展。

二、碳汇的主要种类

目前，有五种主要的碳汇形式，来自森林、草地、农田、海洋以及土壤领域。

（一）森林/林业碳汇

德国全球变化咨询委员会(WBGU)的数据指出，全球陆地生态系统的碳储备中，46%存在于森林，23%分布在热带和温带草原，剩余的碳储备在耕地、湿地、冻土和高山草原中。联合国政府间气候变化专门委员会的相关数据估算，全球陆地生态系统大约储存了 2.48 万亿吨的碳，其中森林生态系统中就储存了高达 1.15 万亿吨。显然，森林的生态体系中积累了丰富的碳。

与林木植被相关的碳汇又可分为森林碳汇和林业碳汇。两者的定义和区别见表 8—1。

表 8—1　　　　　　　　　　　森林碳汇和林业碳汇

	森林碳汇	林业碳汇
概念	森林碳汇是指自然生态系统中森林生物质和土壤有机质的增加，可以通过增加森林蓄积量来减少大气中的二氧化碳	林业碳汇是指人为干预森林的管理和经营，通过人为的措施增加森林碳储量来减少大气中的二氧化碳
目的	森林碳汇的主要目的是通过保护和恢复自然森林生态系统实现减排和吸收	林业碳汇则是通过人为的森林经营管理措施来增加森林碳汇，从而实现减排和吸收
实现方式	森林碳汇主要依靠自然恢复或保护措施实现，例如加强林区保护，防止森林火灾等	林业碳汇则需要人为干预森林经营和管理，例如通过植树造林、林下经济等方式增加森林碳储量
效果	由于森林碳汇是通过自然恢复或保护措施实现，因此其增加的碳储量相对较少	林业碳汇由于人为干预措施，可以实现更大规模的碳储量增加

从表 8—1 中可以看出，森林碳汇和林业碳汇虽然都是通过增加森林碳储量来实现减排和吸收，但是其概念定义、目的、实现方式以及效果都存在差异。在实践中，需要根据不同的情况选择开发森林碳汇或者林业碳汇项目，以实现最大的减排和吸收效益。

森林生态系统之所以能储存如此多的碳，是因为其碳储备载体繁多，不仅涵盖了树干、树枝、树叶、根等的生物量载体，也涵盖了土壤有机质。依照 2020 年全球粮食和农业组织发布的《全球森林资源评估报告》，全球森林碳储总量中，约 44%存储于森林生物质中，约 45%存储于森林土壤中，森林凋落物中约占 6%，森林死木中约占 4%。森林的碳汇效应已经引起了全球各国及国际机构的高度关注，在当下乃至未来的 30~50 年，扩大森林覆盖率将仍是一种经济、高效的碳减排措施。特别是在阳光充足利于森林植物生长的热带地区，每棵树的再造成本可以低至 0.10 美元，这种低成本优势使得林业碳汇成为净零排放技术路径中负排放技术的关键部分，对于减少空气中的温室气体含量，以及缓解全球气候问题升级，这一点至关重要。

需要强调的是，森林生态系统所吸收的二氧化碳并非永久封存。当森林遭遇火灾、病虫害、人为破坏或自然死亡时，之前储存的碳会重新排放回大气中，转变为碳源。因此，森林碳汇与碳源之间存在一种相对关系。只有当森林在一定时期内吸收的碳量超过排放的碳量时，森林碳汇项目才真正起到了碳汇的效果。森林碳汇项目的开发需遵循相关方法学和有关规定进行，如并非所有的森林土地都适合开发森林碳汇项目，森林碳汇项目开发的具体条件将在森林碳汇项目开发内容中详细讲解。

目前，中国的森林碳排放项目主要分为两类：一类是遵循《京都议定书》规定的 CDM 碳汇项目，这些项目按照《京都议定书》的碳排放交易规则进行。另一类则是由国家林业和草原局造林司（气候办）主导，利用中国绿色碳汇基金会的资金支持实施的碳汇造林项目，这类项目属于自愿市场碳汇交易的范畴。

（二）海洋碳汇

海洋覆盖了地球表面积的 70.8%，联合国环境规划署《蓝碳：健康海洋的固碳作用》报告中指出，海洋是世界上最富有生命力的碳储存区，其包含的浮游生物、微生物、海藻、盐沼以及红树林等生物群落，共同维持着全球 55% 的碳含量。此外，海洋还能够吸纳人类每年排放到大气中二氧化碳总量的 30%。海洋、陆地、大气三大碳库中，海洋总储量是陆地总储量的 20 倍，超过大气中的总储量 50 倍。可见，海洋在应对全球气候问题、维护生态平衡以及推动可持续进步等领域，是不可忽视的力量。

海洋碳汇，即利用海洋这一独特的媒介吸纳空气中的二氧化碳，然后使之固化的过程与方式。陆地生态系统碳汇一般被称为"绿色碳汇"，而海洋生态系统碳汇则被形象地称为"蓝色碳汇"。《蓝碳：健康海洋的固碳作用》研究报告中指出，海洋生物（尤其是沿岸的红树林、海草床以及盐沼）有着巨大的吸收和保留碳的潜力。

要了解海洋碳汇，首先要了解碳元素在海洋中的存在形式，及其在海洋中的循环方式。在海洋环境下，碳元素主要表现为三种类型：颗粒有机碳、可溶性有机碳和可溶性无机碳。可溶性有机碳（DOC）占有机碳总量的 95%，在 DOC 中，又有 95% 属于不能被生物利用的惰性溶解有机碳（RDOC），RDOC 难以被分解，在海洋中逐步积累形成了丰富的碳储量。据估算，全球海洋中 RDOC 的存储总量估计在 6 500 亿吨左右。RDOC 的主要来源是海洋中广泛存在的微生物，它们通过活性溶解有机碳（LDOC）来维持自我的新陈代谢，并且能够产出 RDOC，这部分 RDOC 构成了海洋 RDOC 库的主要部分，而 RDOC 在海水中的代谢周期是非常长的。微生物通过这种方式将低浓度的 LDOC 转化为高浓度的 RDOC，就像是将水从低水位抽到了高水位一样，因此这种机制被形象地描述为微生物碳泵。

"海洋微型生物碳泵"是海洋碳循环的重要方式之一，据估算，其碳储备周期可以长达 5 000 年，远高于森林碳储周期。除此之外，大气中的二氧化碳可以通过海—气界面的气体交换存入海洋碳库，在海水环流、海水混合等情况下，又可以将存于海洋表面的二氧化碳向深海中转移。总之，海洋碳库储量大、周期长，是固碳的重要领域，海洋碳储数值的波动对全球气候产生的影响巨大。

目前可以利用的海洋固碳技术包括：海洋物理固碳、深海封存固碳、海洋生物固碳以及滨海湿地固碳。海洋物理固碳主要利用了海洋物理泵的原理，将海水中的二氧化碳—碳酸盐系统推向深处，并在那里生成碳酸钙，然后在海底沉淀，生成钙质的软泥，进而实现固碳的效果。

深海封存固碳是将二氧化碳注入深海地层,利用深海高压、低温、缺氧等环境条件,使二氧化碳在深海沉积物中形成稳定的碳酸盐矿物,实现固碳。海洋中的生物,如藻类、贝类和珊瑚礁等都具有强大的固碳能力。例如,地球上的光合作用有 90% 是由海洋藻类完成的。据研究,相比陆地同等面积的森林生态系统,大型海上藻类养殖区域的纯碳固化量最高可达 20 倍。养殖 1 吨海藻对应相当于固定了 1 吨二氧化碳。海滨湿地生态系统在全球的碳循环过程中也起着关键作用,其中丰富的生物种群、独特的自然地理条件为该生态系统更加高效的固碳提供了便利。

2023 年 1 月 1 日生效的中国《海洋碳汇核算方法》(HY/T0349-2022)中,定义海洋碳汇为红树林、盐沼、海草床、浮游生物、大型藻类和贝壳等生物,通过从大气或海水中吸收并封存 CO_2 的过程、活动和机制。在上述海洋生态系统中,虽然红树林、盐沼、海草床这三种的面积比例和植物比例都只占很小的一部分,但是其碳储量非常可观,达到 50% 以上,故它们被认为是海洋碳汇的主要机制和方法学,相关的理论与方法学也比较完善。全球主要的温室气体自愿减排机制已将蓝碳相关的方法学纳入其体系。CDM 的造林和再造林方法学中,也涵盖了湿地和退化红树林栖息地上的造林和再造林。

(三)草地碳汇

草原是地球上分布最广的植被类型之一,构成了地球绿色植被的重要组成部分,覆盖陆地面积的 25%~50%。这在控制全球的碳排放以及影响气候方面起着关键作用。根据草地生态系统植被的特性,主要依赖土壤和植物根系来储存碳,其碳储存主要在地下,地上植被的碳储存比例相对较低。

从全球分布的角度,大概有 1.5 亿平方千米的草原存在于热带,而 900 万平方千米的草原广泛分散在温带。在各种地理和气候条件下,草地生态系统的碳储存量差异极大。例如,相较于温带草原,热带草原的纯生产力及其固碳的稳定性更为突出。而在温带草原区,受降水量的时间、空间变化等因素的影响,欧洲和俄罗斯草原群落的碳素固定能力又高于中国。在各种草原类型的土壤生态中,草原土壤的有机碳流动性和储存能力都很强,然而,其无机碳流动性和储存能力却比较弱。相对的,荒漠土壤生态系统的有机碳流动性和储存能力较弱,但是无机碳的储存能力较强。通常,土壤中的无机碳通量变化不大,然而有机碳通量经常受到各个土壤生态系统内部物质和能量转化的影响,因此具有较大的差异性。在生态环境里,随着土壤的有机碳含量和碳储存能力的增加,其无机碳含量也会相应减少。在地理位置上,相较于温暖的地方,寒冷地方的土壤拥有更丰富的土壤有机碳储备。

政府间气候变化专门委员会(IPCC)曾在其评估中指出,每年 1 公顷天然草地能够固定 1.3 吨碳,这相当于减少了 6.9 吨二氧化碳排放。另有数据显示,在全球范围内大概有 44.5 亿公顷草原,中国的自然草场面积总计大概 4 亿公顷,这个比例相当于中国农田的 3.2 倍,以及森林覆盖率的 2.5 倍。根据预测,每年大约可以固定 5.2 亿吨碳,相当于每年减少 27.6 亿吨二氧化碳排放,这是我国总碳排放量的 30%~50%。由此可知,草地生态系统也是汇碳的重要领域,利用好草地生态系统的碳汇功能将极大地降低大气中二氧化碳的含量。

草原的生态系统在维护土壤、滋润水源、抵御风沙、清洁空气,还有调节二氧化碳排放等各个领域都起到了关键作用。但是人们对草原碳汇的重视程度远远落后于森林碳汇。相关的草原碳汇的项目仍处于早期的开发和研究阶段,在碳汇交易市场,它也主要依靠资源交易市场来进行而并未被纳入 CDM 计划。对草地生态的全方位研究和规划的不足,严重制约了对草原碳汇的评估及草原碳汇项目的开发。非但如此,目前人类活动对草原生态系统的影响也尤为严重,这使得其碳排放活动异常活跃。提高对草地碳汇的重视程度,加强草地碳汇的相关理论、技术及开发机制研究,深度挖掘草业碳汇的价值,并充分利用草地生态系统的潜力,对全球的碳循环将产生极其重要的影响。

(四)农田/耕地碳汇

农业生态体系同样构建了庞大的碳储存器,在陆地的碳循环过程中起着关键的作用。然而,在农田生态系统碳汇与碳源的比较中,碳源的表现也异常活跃。首先,农作物生长周期一般较短,固碳能力有限,土壤频繁的扰动呼吸还会将已储存的二氧化碳向大气中释放;其次,农业生产活动本身会排放大量的二氧化碳,大量化肥使用也会释放甲烷、氧化亚氮,形成巨大的碳排放量。所以,比较农田生态系统中的碳汇与碳源的差值就格外重要。

农田生态系统中的碳库主要包括通过光合作用从大气中吸收二氧化碳生长的农业种植物,以及农业土地。在两者碳储量的比较中,由于农业植被的生长收获周期普遍较短,其作为生物量形成的碳吸收量非常小,通常情况下将其忽略为零。例如赵宁等人通过数据分析发现,中国农田的植被碳汇平均值大约是 0Pg C/a。相较之下,农田土壤的碳汇平均值约为 (0.017 ± 0.005)Pg C/a,这个数值远远超过了植被碳汇。所以,农田生态系统中的碳储存主要是由其土壤的碳堆积而产生的,即农业碳汇主要是指农田土壤碳汇。对于农田土壤碳汇的定义,尚未有一致的解释。韩松等人认为,农田土壤碳汇是指作物在生长过程中通过光合作用吸收大气中的二氧化碳,并将其转化为有机质储存在土壤碳库中,以此来减少大气中的二氧化碳等温室气体的浓度。相较于自然土壤,农田土壤在全球碳储备中的活性更高。姜勇团队的调查结果显示,中国每 1 亿公顷农田土壤中的生物碳捕捉能力与两亿公顷天然植被土壤中的生物碳捕捉能力一致。根据预测,未来 50 至 100 年,全球农田土壤的碳固定量有望达到 40 至 80Pg C。然而,农田土壤碳汇的稳定性不如森林土壤与草原土壤,比如在自然环境和农田管理方法(如耕作、施肥等)变化的情况下,农田土壤的碳存储量也是非常大的。此外,碳汇还可以提高土壤的有机物质浓度并增强其肥沃度。

所以,耕作方式的优化,能够有效提高农田土壤的碳汇效果。联合国政府间气候变化专门委员会(IPCC)的预测显示,适当的农业管理方法能够使全球土壤碳库增加 0.4~0.9Pg C/a。假设能连续 50 年采用科学的农业管理方式,那么全球土壤碳储量累计增长能达到 24~43Pg C/a。例如,使用有机肥替代化肥、秸秆回收再利用和综合性的高质量农田建设等都属于科学化的农田管理措施。在条件允许的情况下,尽量减少对土壤的扰动能提高农田土壤中不稳定碳的含量,同时减少由于土壤侵蚀导致的有机碳损失。施用有机肥和秸秆还田不但减少了使用化肥产生的碳排放,还可以将有机物质直接引入土壤,从而提高土壤的碳储备。高标准农田建设通过对农村"水网、路网、林网"等基础设施的改善,优化了农业生产活动的开展方式,间接减少了二氧化碳排放,通过"土壤改良",提升农田土壤的有机质含量,减少化肥施用量的同时作物生长得更好,增强其固碳和增汇的能力。另外,人们通过实施保护性的耕种策略、调整水稻的灌溉模式、实施轮换种植法以及有效运用土地等手段,提高农业生产资料利用率,进一步减少在土壤呼吸和施肥过程中的温室气体释放。

《第三次全国国土调查主要数据公报》显示,中国的耕地总面积达到 191 792.79 万亩,大概占到了国土总面积的 13.32%。据一项研究显示,中国土地中的有机碳含量从 1980 年开始持续上升,这表明我国的农田具备极高的碳固化能力。中国的农业对化肥的依赖较高,首先,每千克氮肥的制造和运送过程中,就会释放出约 8.21 千克二氧化碳;其次,化肥播撒到农田后,经微生物发酵后会分解产生二氧化碳,化肥的使用引起的碳排放量占农业碳排放年平均值的59.87%。尽管耕地面积占全球总耕地面积的比例较小，仅9%，但化肥的单位面积消耗量却远高于世界平均水平，反过来讲，说明中国具有巨大的优化潜力，通过采取多样化的土壤增肥策略，改善化肥和氮肥的使用等，可以有效地减少二氧化碳的排放。

尽管中国的碳排放权交易市场取得了显著的成长，然而，农业还没有被纳入碳排放配额(CEA)市场，目前只能通过核证自愿减排量(CCER)市场来实施碳汇交易。现阶段，一些地方正积极尝试农田碳汇的交易，例如福建靖县龙山镇的碳汇项目，四川崇州市的高质量农田稻田碳汇项目等。美国、澳大利亚等国正在进行农田土壤碳汇交易的实践，比如采取保护性耕作等农田管理方式，并对应获得经过认证的减排碳信用额，利用碳抵消机制进行碳市场的交易。

（五）土壤碳汇

土壤碳汇是指土壤在大气中吸取和储藏二氧化碳的过程、活动及机制。

在前面提到的四种碳汇类型中，都有涉及土壤碳汇，这主要是由于碳循环就是在大气、水源、生物质、泥土等之间发生的，碳元素在几大碳库之间相互转换，不管是森林、草地、农田或者湿地，甚至是深海沉积都离不开土壤，所以，土壤碳汇是以上这些类型碳汇的载体之一。

相关研究对全球一米厚土层的碳储备做出了估算，其中，有机碳储备量约1.5万亿吨，无机碳储量约2万亿吨。根据中国第二次土壤普查的数据，王绍强等人估算出中国的土壤有机碳储量大约为900亿吨，而无机碳储量则大约为600亿吨。

土壤中二氧化碳的输入主要是植物通过光合作用从大气中吸收的二氧化碳，然后以植物的死体、根部以及根部的分泌物流入土壤。而土壤向大气中转移温室气体则主要是由于微生物分解土壤中的有机碳产生二氧化碳和甲烷等。两者是一个动态平衡的过程，同时，两者间的差值决定了一定区域内的土壤究竟形成的是碳汇还是碳源。随着碳的输入量和分解速度的改变，土壤中的碳可能会升高，也可能会降低。需要指出的是，土壤对碳的储存能力是有上限的，在土壤碳含量低的情况下，其碳的存储能力强，存储效率高；当土壤碳含量较高时，其增持的能力也随之降低；当土壤碳含量达到其最大承载量，就不再接收新的碳输入。

土壤碳汇的方式，除了上述提到的与森林、草地、农田、湿地等生态系统之间形成的碳质交换外，还有一种"酶锁理论"认为土壤微生物可作碳"捕集器"。该理论认为在湿地、泥炭地等地，由于氧气获取受限，土壤微生物停止代谢多酚，从而使这些化合物填充土壤形成碳汇。但目前该理论存在一定的争议。

任务二　了解碳汇核算与开发

一、碳汇的核算

（一）碳汇的计量

碳汇计量是指测量大气中二氧化碳的过程。它涉及CO_2的排放、吸收和存储数据的收集、分析和报告。

1. 碳汇计量的内容

碳汇计量的内容主要包括以下几个方面：

（1）评估生态系统的碳储量。利用植被研究、土壤取样与分析、根系调查研究、地下碳储量计算等手段，测量和计算各个生态系统的碳积累，从而评价每个生态系统对大气中二氧化碳的吸收能力，这包括对森林、草原、湿地和海洋生态系统的碳库进行测量和计算。

(2) 生态系统碳动态监测。为了了解生态系统对大气中 CO_2 的吸收能力以及碳循环的变化情况,有必要监测各生态系统中碳流动情况和碳元素在其中的交换过程,例如植物光合作用碳吸收情况、植物呼吸和分解阶段的碳排放情况等,常用的方法包括植物光合作用测量法、土壤呼吸测量法、碳同位素分析法、植被动态监测法、生态系统模型法等。

(3) 森林碳存量与变化测量。一方面测量已有森林树木、土壤的碳储量;另一方面考虑森林覆盖面积变化和树木年龄变化对碳储量的影响,通过采用树木生物量测量、土壤碳含量测量、枯落物和死木碳测量、空间遥感技术、森林动态监测等测量方法获取相关数据,评估森林碳储量的变化情况。

(4) 土地利用变化的碳排放测量。森林砍伐、土地开垦、城市扩张等土地利用变化将改变土壤碳储和吸收能力,通过监测这些变化来评估由此引起的碳排放或吸收变化。

(5) 海洋碳循环监测。监测海洋中的溶解有机碳、表层水和深层水的碳含量,以及海洋生物对二氧化碳的吸收和释放等过程,了解海洋对大气中碳的吸收和释放情况。

2. 碳汇计量的方法

(1) 采用样本研究估算方法。首先,对各种植物样本进行实地考察,以确定其平均碳密度。接着,将调查获得的平均碳密度与该植物群落的总面积比较,从而计算出该生态系统的碳含量。

(2) 站点观测估算方法。即通过建立观测站点收集大气与下垫面之间有关物质、能量交换的数据。在观测站点内设置有高精度的传感器,利用涡度协方差原理获取诸如二氧化碳、水汽、甲烷等物质的流量数据,进而我们可以建立起某物质的空间、时间变动数据。但是,站点观测法也存在一定的局限性,例如站点设置的多少及站点的分布会影响数据收集的覆盖范围;设备的灵敏度会影响数据收集的精度;站点设置对下垫面有非常严格的要求。现在,世界上最知名的联网观察平台是国际气象机构创立的全球大气监测站(GAW),同时,美国的 TCCON 数据也有着相当高的准确性。

(3) "自下而上"的推演估算方法。即将站点或网格尺度的地面观察和模拟成果扩展到区域尺度。首先借助卫星遥感和气候观察所收集相关数据,然后运用生态系统模型来预估某一地区甚至整个世界的碳通量。生态系统模型可以是简单统计模型、光能使用效益模型以及生物体的生命活动模型。简单统计模型主要是依据年平均气温和年降水量等天气因素和植被的干物质之间的联系,以此来评价其生产能力。光能使用效益模型建立在植物生产力与光合有效辐射间存在极大相关度的基础上,因此在模型中主要考量气候数据与页面积指数(LAI)数据。生物体的生命活动模型基于植物成长的生理和生态过程,以及其内在的功能,结合考虑气候和土壤等因素,预测植物的净初级生产力(NPP)。

(4) "从上到下"的反演估算方法。即大气反演法,首先通过一定的方式检测获取大气中二氧化碳的浓度含量数据,然后运用一定大气传输模型对观测数据进行计算,并通过比对观测数据与模拟二氧化碳浓度的偏离,估计陆地生态系统的碳储备。该技术综合考虑了人类活动产生的二氧化碳排放和自然环境改变导致的陆地大气环境二氧化碳变化。大气中二氧化碳浓度数据的来源可以基于二氧化碳观测站点,也可以通过微信遥感观测获取。站点观测推演受限于站点分布与数量的不足导致的数据缺乏。例如,截止到2023年我国建成的二氧化碳浓度观测四面站点有8个,而有学者建议我国需设置60个站点以降低估算不确定性。卫星遥感观测可以较好地解决观测覆盖面的问题,气象研究卫星通过获取经大气、地面反射的短波红外光谱信息,借助一定的算法转换成二氧化碳含量数据。

3. 碳汇计量的流程

（1）确定研究区域和目标。首先根据研究需求明确需要进行碳汇计量的生态系统类型和地理范围，确认研究的目标和问题，以便确定采用合理的方法和数据收集的重点。

（2）数据收集与整理。全面收集与生态系统碳汇计量相关的各类数据。包括详细的植被调查数据，如植被类型、分布和覆盖度等；土壤样品数据，用以分析土壤中的碳含量和分布；以及气候站观测数据，涵盖气温、降雨等关键气象指标。此外，遥感数据也是不可或缺的一部分，可以通过获取卫星或无人机拍摄的图像，运用专业的图像处理技术，提取出有关生态系统结构和功能的关键信息。在搜集信息的过程中，必须严谨地保证信息的精确度和完备性，这将为接下来的研究和建立模型奠定数据基础。

（3）数据处理与计算。例如基于植被调查数据，结合相关生物量模型或公式，估算植物地上和地下部分的生物量；根据土壤样品分析结果，计算单位面积内土壤有机碳的储量；通过碳同位素比值，区分不同来源碳的贡献，评估各碳源对生态系统碳储量的影响。

（4）模型应用与预测。对生态系统中的碳循环过程进行数学建模，能够模拟和预测其动态变化。基于收集到的数据和合理假设，构建出符合实际情况的模型，并进行参数估计和验证，确保模型的准确性和可靠性。利用这一模型，能够预测未来碳储量的变化趋势，并评估不同管理策略对碳循环的影响。

（5）结果解释与报告。将模型建立、验证和预测的过程以及结果编写成报告，解释模型预测结果，如解释生态系统中的碳储量和变化，讨论碳储量变化的驱动因素，提出管理策略和建议，确保结果的可解释性和可重复性。

（6）持续监测与更新。碳汇计量是一个动态过程，生态系统中的碳储量和变化会随时间而变化。首先，持续监测碳汇，并及时更新计量结果；其次，定期评估模型的性能，识别其可能的问题和局限性，对模型进行改进和更新。这有助于了解生态系统的长期变化趋势和评估管理措施的效果。

上述流程为碳计量实践中的一般性描述，由于研究对象和问题的多样性，碳计量过程中需根据具体研究对象和问题选择合适的方法和技术，确保数据的来源可靠、处理准确、分析合理。模型的构建、参数估计、验证和应用过程都需要详细记录，并提供足够的数据和代码供其他人复制和验证。

（二）碳汇的监测

碳汇监测是指对生态系统中的碳储量和碳流动进行定期观测和记录，以了解碳循环过程、评估碳储量变化、识别碳排放和吸收源。碳汇监测对于气候变化研究、制定减排政策和推动可持续发展具有重要意义。

1. 碳汇监测的对象

碳汇监测的对象包括以下几个方面：

（1）大气CO_2监测。利用气象观测数据或使用遥感技术和无人机等手段，监测大气中CO_2的浓度和变化趋势。

（2）森林监测。利用地面监测、遥感技术和样本分析等方法，对森林生态系统的生长状况、破坏情况和碳储存量实施监测。

（3）海洋监测。测定海水中的溶解二氧化碳浓度、海表面温度及pH值等参数，监测海洋对二氧化碳的吸收与储存能力。

（4）土壤监测。利用实验室检测收集的土壤样本，监测土壤有机质含量和二氧化碳排放量。

由于碳循环的复杂性,在碳汇监测过程中往往需要综合使用以上监测方法,将植被、土壤、大气等多个因素纳入考量。随着无线传感器网络、无人机遥感等新技术的日益成熟,为碳汇监测提供了更为丰富和多样的选择,进一步提升了监测的效率和准确性。

2. 碳汇监测的方法

(1) 地面实测法。直接在野外测量树木的胸径、树高和生物量,进而估算森林等生态系统的碳储存量。这种方法可以获得非常精确的数据,但耗时且成本较高。

(2) 遥感技术。利用卫星或航空器搭载的传感器收集地表信息,通过分析植被指数[如归一化植被指数(NDVI)]来监测植被覆盖和生长状况,间接评估碳汇功能。遥感技术覆盖范围广,可以实现大尺度的碳汇监测。

(3) 碳同化模型。模拟生态系统的生物地球化学过程,结合气候数据和遥感观测数据,估算生态系统的碳吸收和储存。同化模型可以提供时间序列上的连续数据,有助于理解碳循环的动态变化。

(4) 土壤碳监测。采集土壤样本并分析其有机碳含量,评估土壤作为碳库的容量。土壤碳监测有助于了解土壤碳储存的长期变化趋势。

(5) 生物量扩展因子法。测量典型样本区域的生物量和碳密度,然后应用到更大的区域,以此来估算整个区域的碳储存量。这种方法适用于难以详尽实地调查的情况。

(6) 森林管理数据。利用森林管理记录,如伐木量、生长率和林分更新情况,来估算森林碳汇的变化。这种方法依赖于完善的森林管理系统和长期的数据记录。

(7) 无人机(UAV)技术。无人机搭载高分辨率相机或其他传感器,用于收集植被的三维结构信息,进而估算生物量和碳储存。无人机技术提供了一种快速、成本效益高的监测手段。

(8) 碳循环模型。集成气象数据、生态系统过程和人类活动的影响,模拟和估算区域或全球尺度的碳循环。这些模型有助于理解碳汇在不同时间和空间尺度上的变化。

为了获得全面的数据资料,一般会选用多项监测方法结合使用,获取监测对象的多维度数据,避免局部数据对模型分析带来的模拟偏差,有助于评估碳排放和吸收,监测气候变化影响,为制定管理和保护策略提供依据。

二、森林/林业碳汇项目开发

(一) 森林碳储量及碳库

1. 森林碳储量

森林的碳储备量是指森林生态系统内的有机碳的总数。作为全球最庞大的陆地生态网络,森林的植物能够借助光合作用从空气中吸取二氧化碳,转变为有机碳。这些有机碳的一部分会被运用来促进植物的发育并保证其正常的生理功能,而另外的则会储藏在植物的身体里,或者伴随着植物的死亡而逐渐渗透至土壤。

计算森林的碳储备所需的信息来源非常丰富,涵盖了全国森林资源连续调查信息、森林资源规划设计调查信息、新建林信息、湿地资源的调查信息、对荒芜与沙化的土壤的观察信息、生态网络的观察信息、遥感信息,还有各种如火灾、病、虫害等的统计信息,以及其他相关的调查规划、设计和研究信息。在上述森林资源规划设计调查信息中,森林具体包括了乔木林、竹林、灌木林、稀疏林、新种植的林木、灌木丛以及其他类型的林地。

从上述数据源类型可以看出,森林碳储量是一个动态的变量,受气候变化、森林生态系统生长规律及人类活动等因素的影响。只有定期监测和评估森林碳储量的变化情况，才能获得准确的森林碳储量数据。

2. 森林碳库

森林碳库是指森林生态系统中储存碳的场所。国际气候变化研究委员会在其对陆地生态系统碳库的定义中指出，森林生态系统涵盖了五大主要的碳储存区域。

（1）地表生物量。存在于土壤之上，并且是用去除水分后的干重来表示的全部活体生物量，这包括树枝干、树桩、树枝、树皮、果实和叶子。地表生物数量种类繁多，数量巨大，是最主要的碳库系统。不管是在自然森林碳库恢复项目还是人造林碳库项目中，地表生物量都是主要仰仗的部分。鉴于此，目前开发最广泛的技术和模型多用于测定和评估地表生物量。

（2）地下生物量。一般指根系直径在2毫米以上的所有活根生物量。根系把大量碳转移并长时间贮存在地下，是碳循环系统中的重要组成部分。因为地下生物量存在于地下不便直接观测，扰动地表土壤又会破坏植物的正常生长环境，所以通常是根据地下生物量占总生物量的比例估算。

（3）枯落物。这部分一般是指位于土壤层以上，直径不超过5厘米，并且处于各种分解状态的所有死亡生物，包括凋落物、腐烂物质，以及直径不超过2毫米、一般情况下不能从地下生物量中区分开来的细根。通常，枯落物的生物量只占植物总数的6%~8%。

（4）死亡树木。这里的死亡树木包括除掉枯落物之外的所有死亡的生物，包括已经枯萎但尚直立的树、枯死倒塌的树，以及直径达到或超过5厘米的枯枝、死去的根部和树桩。通常其碳储量仅占整个碳库总储量的约6%。尽管这部分碳库的比例不高，但它对于森林碳循环和生态平衡仍然具有重要的意义。

（5）土壤有机质形式。以地表向下30厘米为范围，在该厚度内矿物质土壤和有机土中所含的有机碳，同时也包含了那些无法凭借经验从地表生物质中区分出来直径不超过2毫米的细根。

五大碳库碳储量差别较大，不同碳库采用的碳储量估算方法也不同，同时，采用不同方法估算同一碳库的结果也可能不同，这对综合估算森林系统碳储量的准确性造成了一定的影响。

（二）森林碳储量的估算

森林碳储量的整体计算通常是通过测量森林生态系统中不同部分的碳含量来估算的。主要包括上述五大森林碳库，将这部分的碳含量相加，可以大致得出某个森林碳储项目的总碳储量。具体的计算公式为：

森林的碳储存量＝地表部分＋地下部分＋土壤＋枯落物质＋死亡树木（通常不计算）

目前，对森林的碳储备的评估主要是基于地表层面，绝大多数森林调查数据仅仅对树木的碳保存能力进行了评价，却未囊括对树下的灌丛以及林下草地的碳保存测算。

估算森林植被碳储量（地表和地下部分）的主要方法有：样地清查法、微观气象学法、基于卫星遥感数据的估算法以及基于过程模型的估算法。

1. 样地清查法

样地清查法即通过收集的标准森林样地的实地调查数据来计算生物量和碳储量，目前，该方法是一种最常用的森林生态系统内部碳储量累积的估计手段。这一系列方法考量了森林分布、生态系统或区域的临时样本、二类森林资源调查样本以及国家级森林资源连续清查样本等数据来计算森林的碳储量。这一系列方法充分考虑了森林种类、林龄、林分密度、林分积累量、平均树高和胸径、林下植被、地面落叶等因素。从森林分布角度,我们通常采取的是完整收集的方式计算森林底部的碳储备,从地理范围内的角度,其计算方法参照对乔木层的碳储量的计算方法。根据计算基础的差异,样地清查法可以进一步划分为生物量法(包括平均生物量法、生物量转换因子法/材积源生物量法、换算因子连续函数法)、蓄积量法和生物量清单法。

2. 微气象学法

因为大气层中的物质通常会以旋转的方式垂直交换,这种旋转的空气使得包含 CO_2 在内的各类物质上升和下降。我们通过在特定的参照面设置监测仪器,以记录通过该参照面的 CO_2 的流量,比较两个参照面的差异可以得出所研究的生态系统固定或释放 CO_2 的数量。目前,用于测量森林植被 CO_2 通量的微气象学方法主要有涡旋相关法(Eddy Correlation)、涡度协方差法(Eddy Covariance)以及弛豫涡旋积累法(Relaxed Eddy Accumulation)。三种方法不同之处在于具体测定仪器、测定方法以及数据处理的不同。

3. 基于卫星遥感数据的估算方法

该估算方法充分利用现代科技技术来估算森林的碳储量,包括不同层面的遥感技术(RS)、地理信息系统技术(GIS)、全球卫星定位系统技术(GPS)。由于植物在不同状态下反射光谱存在差异,比如,植物在各个生长发展阶段,其反射光谱曲线的形状和特性各异,而且,当植物遭受疾病和虫害的侵袭,或者在灌溉和施肥等环境因素的影响下,它们的反射光谱曲线也会有所改变。我们通过应用植物光谱的规律,结合地面调查和遥感测绘,运用机器学习进行分析,实现了植被的空间分类和时间序列分析。这一过程不仅揭示了森林碳的时空分布和动态,也在大规模森林生态系统层面上估算了碳储量,并研究了土地利用变化对碳储量的影响。应用遥感技术对森林生物量进行测算,常常是采取将红色波段和近红外波段的组合(即植被指标)与地表生物量信息相结合的多元回归分析模型,以此来间接计算森林的生物量。多源遥感信息为准确预测在不同区域以及较为边远的地方的森林土壤中的生物量和碳储量提供了便利。

4. 基于模型的估算方法

该估算方法首先通过建立数学模型模拟了森林生态系统中碳的循环过程,然后将环境因子变量引入其中观察其对森林碳循环过程的影响,同时也考虑到森林碳循环流程中的重要影响元素和它们的工作原理,从而对森林生态系统的植物碳储存进行评价。该估算方式主要包括以下主要模型:

(1) 气候因素—植被相关度模型。该模型主要分析植物的生产力与某些气候因素之间的关联度,采取统计学手段构建的实证模型,这个模型主要有 Miami 模型和 Chikugo 模型。

(2) 生物地理模型。这个模型构建了气候、植物和土壤三者的联系,模型考量植物本身的生态生理条件以及生存资源的限制条件两大因素对植物类型的分布和植物生长优势度的区别。这个模型可以准确地模拟短时间内对 CO_2 产生响应的陆地表面碳通量和气候变化。

(3) 生物—地球—化学模型。该模型将气候因素、土壤因素、植被因素等作为模型变量。考量气温、大气湿度、日照条件、降水条件、土壤温度、土壤水分含量、土壤养分含量以及植被类型等具体的参数,模拟森林的生态系统中的光合作用、呼吸功能和微生物的降解流程,进一步推导出 CO_2 的转移量。以 Century 模型和陆地生态系统模型(TEM)最具代表性。

(三) 森林碳汇项目的开发

1. 开发条件

(1) 土地适宜性。首先,以 2005 年 2 月 16 日为限,碳汇造林项目用地为此时限以来的无林地或少量次生林地,同时还不能是湿地、有机土;而森林经营性项目则需符合在该时限后开发的人工中龄、幼龄森林，并且其土壤类型应该是矿物质的。另外，以上两种碳汇方式都需要确保项目活动对土壤的影响满足水土保护的标准，并且土壤受到影响的面积比例不能超过地表面积的10%，同时在20年内不能再次干扰。实施项目不能有大面积森林清理、人为控制烧山清地行为，也未涉及农业活动的迁移。

（2）土地适宜性证明材料。拥有由省级森林行政机构颁布的土地符合标准的证书。

（3）土地权属证明材料。拥有由县级及以上人民政府颁发的土地所有权证书或其他相关证明文件，并且满足法律条款。

（4）其他相关材料。造林碳汇项目下项目设计方案、相关机构的批准文件；森林经营项目下的经营作业方案及批复文件、项目开工证明、项目验收报告等材料。

拓展阅读
温室气体自愿减排项目方法学——造林碳汇

2. 开发流程

只有在遵循相关法律法规和方法学的前提下，项目的开发方式才能被国家发改委记录，从而产生的碳汇才能纳入碳市场的交易。

（1）项目设计。根据我国的相关法律，项目开展前需进行前期评估工作，为项目设计提供依据，包括识别基准线、研究造林工程的设计并拟订相应的设计或方案。前期调查结束后，将设计或方案提交当地林业监督部门审批，同时，当地环境保护部门在审核后提供相应的环境保护证书。根据林业碳汇项目方法学的规定，项目前期的评估工作内容主要包括确认项目的基准线、证实额外性、预测减排量、制定减排量的计算表格、撰写项目设计文档（PDD），同时准备项目的评审和登记必需的一整套证明文件和支持性文档。

（2）项目审定。项目业主或咨询机构，委托国家发改委批准并备案的审核机构按照规定的流程和标准独立审核碳汇项目。审核过程中项目业主或咨询机构需跟踪配合审核工作，及时回应审核机构对项目提出的疑问和需澄清项，根据审核反馈修改和优化项目设计文件。审核机构主要根据《温室气体自愿减排交易管理暂行办法》《温室气体自愿减排项目审定与核证指南》以及所采用的林业碳汇项目方法学开展审定工作。项目经过审定机构评审后，会出具正面的评审报告。

（3）项目备案。项目经审定获得评审报告后，可以向国家发改委提交项目的备案申请。除中央企业可直接提交国家发改委备案外，其他项目经营人需经省级发改委对项目进行初步审查，然后再提交给国家发改委。此外，为了验证土地的合法性和项目的真实性，省级林业管理机构也需要提供项目的真实性证明，国家发改委在收到备案申请材料后先委托专家评估项目，主管部门根据评估结果审核自愿减排项目的备案申请，对符合条件的项目进行备案。

（4）项目实施与监测。经备案后的项目方可进入实施阶段，项目实施应严格按照备案中提交的设计文件、林业碳汇项目方法学以及造林或森林经营项目作业设计等规定。项目存续期间，根据已经备案的项目设计文档、监测方案以及监测指南监控，测算造林项目的实际碳排放量，并撰写相关的项目监控报告。同时，准备必要的支持性文件，用以申请减排量核证与备案。

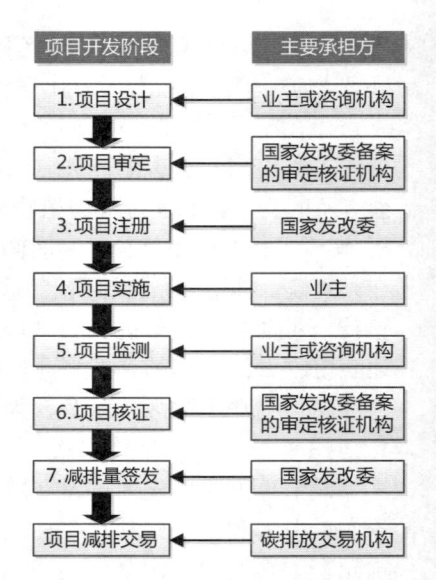

项目开发阶段	主要承担方
1. 项目设计	业主或咨询机构
2. 项目审定	国家发改委备案的审定核证机构
3. 项目注册	国家发改委
4. 项目实施	业主
5. 项目监测	业主或咨询机构
6. 项目核证	国家发改委备案的审定核证机构
7. 减排量签发	国家发改委
项目减排交易	碳排放交易机构

图 8—1 森林碳汇项目的开发流程

(5) 项目核证。碳汇项目的核证工作由在国家发改委备案的审核机构独立进行。项目经营者提交相关支持性文件,并跟踪项目核证工作,对审核机构提出的项目问题进行反馈,修改和优化项目监测报告。在审查通过后,审核机构出具该项目实际减排量核证报告。

(6) 减排量备案签发。项目经营者持项目核证报告连同其他材料向国家发改委递交减排量备案申请。备案申请先经专家评估,国家发改委会结合评估结果联合审查项目。只有符合条件的项目才能获得减排量备案的批准。

(四) 森林/林业碳汇项目案例

1. 广东长隆造林项目

广东长隆造林项目标志着中国首个 CCER 林业碳汇项目的实施。该项目遵循《碳汇造林项目方法学》开发,于 2014 年 3 月 30 日由中环联合(北京)认证中心有限公司(CEC)独立审定,2014 年 7 月 21 日通过了中国主管部门的审核并完成了备案。2015 年 5 月,该项目在广东省碳排放交易所完成了交易,其所有减排量(包括首批签发的 5 208 吨 CCER 碳汇)被广东省粤电集团以每吨 20 元人民币的价格购买。

2. 联合国减少森林砍伐和森林退化所致排放量(REDD+)

REDD+是一个国际合作机制,旨在通过减少森林砍伐和森林退化来减缓气候变化。参与国家可以通过保护森林获得碳信用,这些碳信用可以在国际市场上交易。REDD+项目在多个国家实施,例如在哥斯达黎加,REDD+项目预计到 2025 年将减少约 3 000 万吨二氧化碳排放,同时为当地社区带来约 1.5 亿美元的直接经济收益。

3. 亚马逊雨林保护项目

该项目由多个国际组织和巴西政府合作开展,旨在减少森林砍伐和非法伐木,保护世界上最大的热带雨林——亚马逊雨林。该项目通过减少森林破坏来维持和增加其巨大的碳汇能力。截至 2020 年,亚马逊基金已筹集超过 1.8 亿美元,支持了约 1 000 个项目,覆盖了超过 1.2 亿公顷的森林。这些项目预计每年可减少约 2 000 万吨二氧化碳排放。

三、海洋碳汇项目开发

(一) 海洋碳储量及碳库

1. 海洋碳储量

海洋碳储量,顾名思义,是指海洋中储存的碳的总量。这一储量巨大且复杂,涵盖了海洋中各种形式的碳,包括溶解的无机碳、生物体中的有机碳,以及沉积在海底的碳。

海洋作为地球上最大的碳储存库,其碳储量远超陆地和大气,主要分布在表层海洋至深海的各个层面。表层海洋中的碳主要通过生物泵作用,即浮游植物的光合作用吸收二氧化碳,并在食物链中传递,最终通过生物降解和溶解作用返回大气或沉积到海底。深海中的碳则主要通过生物泵和溶解作用,以及物理过程(如温盐环流)的垂直输送而累积。

海洋碳储量的变化受到多种自然和人为因素的影响,如海洋温度、盐度、海洋生物活动、海洋酸化、海洋环流模式以及气候变化等。人类活动,尤其是化石燃料的燃烧和土地利用变化,导致大量二氧化碳排放到大气中,部分被海洋吸收,增加了海洋的碳储量,同时也引起了海洋酸化和气候变化等一系列环境问题。

2. 海洋碳库

海洋碳库则是指海洋中储存碳的各种形式和机制的总和。它包括了海洋表层至深海的各个层次,以及从溶解的碳到固态沉积物的各种碳形态。

海洋碳库可以分为以下几个主要部分：

（1）表层海洋。表层海水通过物理过程（如蒸发、降水）和生物过程（如光合作用）与大气进行碳交换。表层海洋中的浮游植物通过光合作用吸收大量的二氧化碳，是海洋碳循环中的关键环节。

（2）深海。通过生物泵和溶解作用，表层海洋中的有机碳可以下沉到深海，长期储存。深海中的碳主要以溶解无机碳和沉积在海底的有机碳形式存在。

（3）海洋生物。海洋中的生物，如浮游生物、鱼类、海洋哺乳动物等，通过其生命活动吸收和释放碳。海洋生物体内的有机碳是碳循环的重要组成部分。

（4）海洋沉积物。海洋底部的沉积物中储存了大量的有机碳，这些碳主要来源于海洋生物的遗骸和陆地输入的有机物质。沉积物中的碳在长时间尺度上被埋藏，形成了长期的碳储存。

这些碳库通过物理、化学和生物过程相互作用，共同维持着海洋碳储量的平衡。

（二）海洋碳储量的估算

参照森林的碳汇碳储存计算方式，海洋碳储量的估算也可简化为各海洋碳库储碳量的总和。这些海洋碳库主要涵盖了海水、生物、微生物以及土壤等多种类型。海洋碳汇项目碳汇储量计算公式如下：

$$总碳汇储量 = 在项目环境下选定的碳库中碳储量的变化量 - 碳泄漏量$$

$$在项目环境下选定的碳库中碳储量的变化量 = 海水碳汇的变化量 + 生物碳汇的变化量 + 微生物碳汇的变化量 + 土壤碳汇的变化量$$

在上述公式中，可以根据《海洋碳汇核算方法》（中华人民共和国海洋行业标准 HY/T 0349-2022）计算生物碳汇的变化量。微生物碳汇量计算可参考焦念志提出的公式，即碳库量 = 浓度 × 对应水层面积 × 对应水层深度。土壤碳汇量主要通过计算海底土壤有机质含量获得。

计算海洋碳储量的方法多样，涉及直接测量、间接估算以及模型模拟等。以下是一些常用的方法：

1. 基于观测的直接测量法

这种方法通过直接测量海水中的溶解无机碳（DIC）和总碱度（TA）来估算海洋碳储量的变化。DIC 和 TA 的测量通常使用高精度的化学分析仪器，如 pH 计、电导率仪和质子选择性电极等。通过这些参数，我们可以计算出海水中 CO_2 的浓度，进而估算碳储量的变化。

2. 海洋生物地球化学模型

这种方法利用海洋生物地球化学模型模拟海洋碳循环过程。模型通常包含海洋物理过程（如混合层深度、水流等）和生物地球化学过程（如光合作用、呼吸作用、溶解作用等）。通过模型模拟，我们可以预测不同条件下海洋碳储量的变化。

3. 大气—海洋 CO_2 交换估算法

该方法基于大气和海洋之间的 CO_2 交换。通过测量海—气界面的 CO_2 分压差和海表温度、盐度等参数，结合气体交换速率的经验公式（如 Weiss 公式），我们可以估算海—气界面的 CO_2 通量，从而推算海洋碳储量的变化。

4. 碳同位素标记法

利用碳同位素（如 14C、13C）作为自然标记，通过测量海水中碳同位素的比例变化来估算碳储量的变化。这种方法可以提供有关碳源和碳汇过程的重要信息，但它通常需要复杂的仪器和技术。

5. 遥感技术

通过卫星遥感技术监测海洋颜色、海表温度、叶绿素浓度等参数，我们可以间接估算海洋初级生产力和碳储量的变化。这种方法覆盖范围广，可以提供大尺度的碳储量估算，但精度受到多种因素的影响。

6. 碳循环模型与气候模型耦合

这种方法将海洋碳循环模型与全球气候模型相结合，模拟全球气候变化对海洋碳储量的影响。这种方法可以提供长期和全球尺度的碳储量变化预测，但需要大量的计算资源和复杂的数据处理。

这些方法各有优势和局限性，通常需要结合使用，以提高估算的准确性和可靠性。

（三）海洋碳汇项目的开发

鉴于海洋碳汇项目的属性更符合 CCER 市场的特征，因此海洋碳汇项目适合于纳入 CCER 交易体系，参照 CDM 方法学建立海洋碳汇项目交易流程。海洋碳汇项目开发可以参考图 8—2 的流程。

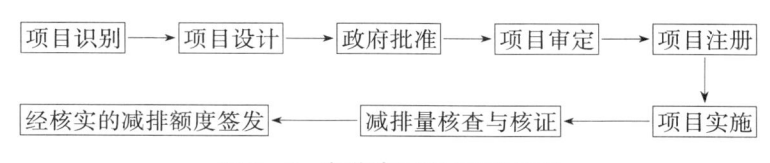

项目识别 → 项目设计 → 政府批准 → 项目审定 → 项目注册

经核实的减排额度签发 ← 减排量核查与核证 ← 项目实施

图 8—2　海洋碳汇项目开发流程

开发流程的第一步项目识别，是指对项目基本信息收集、确认项目是否符合国家发展战略和产业政策、确定项目的额外性、查询和选用适合于项目的方法学、确认项目开发经济可行性以及开发障碍和风险排除的举措等。第一步完成后，若项目符合海洋碳汇方法学的标准，则可以进一步制作项目设计文件，并提交政府有关部门批准。项目审定须由海洋碳汇交易主管部门指定的经营实体进行审核认证工作。审定后符合条件的项目可以向国家碳汇交易主管部门提交注册。在注册完毕之后，该项目开始执行并监测。根据已注册的项目设计文档的检查方案，项目运营者自主执行监测任务。相关审核机构结合监测报告对项目的实际减排量核查。相关部门依据核查确认的数据，结合碳汇量计算方法，得出海洋项目的碳减排量，并出具书面证明报告。最后，由碳汇交易主管部门签发与核查减排量相等的 CCER。

（四）海洋碳汇项目案例

1. 中国海洋碳汇项目

2021 年，广东省湛江市红树林国家级自然保护区管理局、自然资源部第三海洋研究所和北京市企业家环保基金会共同签署"湛江红树林造林项目"，首笔 5 880 吨碳减排量转让协议成为中国首个蓝碳交易项目；2022 年，福建省连江县完成了全国首个海洋渔业碳汇交易，经济收入累计超过 40 万元；同年，海南省首个蓝碳生态产品交易项目"海口市三江农场红树林修复项目"完成签约，预计可在未来 40 年产生 9 万余吨碳汇。

2. 国际海洋碳汇项目

澳大利亚昆士兰红树林"蓝碳"项目，是澳大利亚首个获得政府认证的"蓝碳"项目。项目位于昆士兰州东北部，涉及约 7 750 公顷红树林区域。保护和管理这片红树林，预计在 25 年内可减排约 700 万吨二氧化碳当量;联合国环境规划署(UNEP)的全球蓝碳计划于 2009 年启动,截至 2020 年,全球蓝碳计划已经在超过 30 个国家实施了项目,恢复和保护了数千公顷海草床、红树林和盐沼,这些项目预计每年能够降低数百万吨二氧化碳。

任务三　理解碳普惠

一、碳普惠的概念

(一) 碳普惠的定义

2015 年,中国率先推出了一种独特的、具有创新精神的自愿降低碳排放的机制,即碳普惠。碳普惠机制通过融合移动互联网、大数据等先进数字技术,为个人、社区家庭、小微企业等主体的节能减碳行为提供了量化、记录与核证的平台。这一机制不仅促进了低碳行为的市场化和政策激励,还通过交易、兑换和优惠等多样化手段,赋予了这些行为实际价值,激发了社会各界积极参与碳中和行动的热情。它不仅推动了低碳生产和生活方式的形成,还助力实现了全社会的低碳发展目标,成为构筑绿色智能城市的重要创新策略,并有效拓宽了碳减排的覆盖面,成为碳市场的重要补充。

在碳普惠的各参与主体中,政府扮演的是与市场、公众协同工作的角色。政府通过提供政策支持、搭建平台,采用市场化运作机制,加强资源配置与流动,鼓励社会公众积极践行低碳行为,以达到节能减排的目标。在此过程中,政府、市场、社会公众各司其职,优势互补,共同推动落实碳普惠制。

(二) 碳普惠的类型

碳普惠作为一种碳减排激励机制,根据其不同的实施主体和运作方式,可以分为多种类型。以下是几种主要的碳普惠种类:

1. 政府主导型碳普惠

这种类型的碳普惠主要由政府负责推动和监管。政府通过制定相关政策、设立碳减排目标和奖励机制,引导个人、家庭和小微企业积极参与节能减碳行动。政府主导型碳普惠具有权威性和广泛覆盖性,可以确保碳减排行动的有序进行。

2. 企业主导型碳普惠

这种碳普惠主要由企业负责实施和管理。企业根据自身的碳减排目标和市场需求,制定具体的碳普惠方案,通过商业激励措施吸引个人和家庭参与。企业主导型碳普惠更注重市场化运作和创新,可以推动低碳产品和服务的发展。

3. 政府与企业合作型碳普惠

这种类型的碳普惠由政府和企业共同合作推动。政府提供政策支持和监管,企业则负责具体的实施和运营。政府与企业的合作可以充分发挥各自的优势,实现资源共享和互利共赢。

4. 社区型碳普惠

社区型碳普惠主要针对社区内的居民和家庭。社区组织或管理机构通过设立碳积分系统、开展节能减碳宣传和教育活动等方式,鼓励居民积极参与碳减排行动。这种碳普惠形式更贴近居民生活,能够增强社区居民的环保意识和参与度。

5. 平台型碳普惠

平台型碳普惠主要依托互联网平台运作。通过开发碳减排应用或小程序,平台为用户提供碳积分记录、兑换奖励等功能，方便用户参与碳减排行动。这种形式的碳普惠具有便捷性和互动性强的特点，能够吸引更多年轻用户参与。

这些碳普惠种类各有特点，可以根据不同地区、不同行业的需求选择和调整，以更好地推动碳减排行动的开展。同时，随着碳市场的不断完善和技术进步，未来还可能出现更多创新的碳普惠形式。

（三）碳普惠与其他交易的区别

碳普惠作为一种新型的减排工具，与以往其他减排手段存在较大不同（见表8—2）。

表8—2　　　　　　　　　　碳普惠与其他减排手段的主要区别

机制	政策目标	实施主体	实施范围	约束形式
碳普惠	温室气体减排，资源节约，培养全社会环境保护意识	小微企业、社区家庭和个人	日常生活生产	自愿＋激励
碳排放权交易	温室气体减排	企业	工业生产	强制＋自愿
碳税	温室气体减排、环境保护	企业和个人	工业生产＋日常生活	强制
强制减排政策	温室气体减排	重点温室气体排放企业	工业生产	强制

具体表现在：

（1）从实施的主体角度，碳普惠主要面向中小微企业、社区家庭和个人，而非重点温室气体排放企业。

（2）从政策实施的范围角度，碳普惠针对的是社会公众在日常生活生产中产生的温室气体排放问题，是对减排政策措施的补充完善。

（3）从约束形式角度，碳普惠主要以社会公众自主自愿为原则，通过激励公众实施的低碳行为来达到绿色低碳化的目的，而非利用强制手段。

（4）从政策目标角度，碳普惠主要希望在民众层面普及低碳生活方式，积极参与碳普惠，减少资源浪费、降低温室气体排放，从更广泛的范围上推进碳减排实施。

（5）从侧重点角度，碳普惠侧重在引导社会公众消费时就选择低碳节能环保的产品，从而以需求端的增长带动上游供给端自愿减排，进一步促进整个社会环保和低碳的生活习惯的建立。

二、碳普惠的运作

（一）碳普惠的场景

以下是碳普惠机制应用的典型场景和普惠对象（见表8—3）。

表8—3　　　　　　　　　　个人参与碳普惠机制应用场景

行为类型	普惠对象	基本思路	数据来源
出行领域	绿色低碳出行的个人	鼓励选择步行、骑行、公交、地铁和拼车等低碳出行方式	公交公司、交通卡发卡公司、共享单车公司、网约车平台等
生活领域	节能减碳行为的小微企业、家庭或个人	激励节约水电气和垃圾分类回收等行为	供电公司、自来水公司、燃气公司、垃圾分类回收公司等

续表

行为类型	普惠对象	基本思路	数据来源
消费领域	购买节能低碳产品的消费者	激励购买采用节能低碳工艺技术制造并经过官方认证产品的行为	产品生产方、产品销售方等
旅游领域	践行绿色低碳行为的游客	激励购买电子门牌、乘坐低碳环保车（船）、低碳住宿等行为	景区管理机构、酒店等
公益领域	参与绿色低碳和节能环保活动的小微企业、家庭或个人	激励参与减碳效果明显或能够产生碳汇的活动，如参与低碳宣传或植树造林等	活动主办方

对于以上碳普惠机制的应用场景，个人参与的具体路径和方法可举例如下：

(1) 出行

① 选择公共交通。优先使用地铁、公交车等公共交通工具，减少私家车出行。

② 步行或骑行。对于短途出行，选择步行或骑自行车，减少碳排放。

③ 拼车。使用拼车服务与他人共享出行，提高车辆使用效率。

④ 购买节能车辆。选择燃油效率更高的车辆或电动车，减少交通碳排放。

(2) 生活

① 节能减排家电。使用节能灯泡、高能效等级的电器。

② 智能温控。安装智能恒温器，合理调节室内温度，避免能源浪费。

③ 节水措施。安装节水装置，合理利用水资源。

④ 垃圾分类回收。积极参与垃圾分类，促进资源循环利用。

(3) 消费

① 绿色购物。购买环保认证产品，支持可持续生产。

② 减少包装。选择简易包装或无包装商品，减少塑料等废弃物。

③ 二手市场。参与二手商品交易，延长物品使用寿命。

④ 季节性食材。优先选择本地和季节性食材，减少食物的运输碳足迹。

(4) 旅游

① 低碳旅行。选择步行、骑行或乘坐火车等低碳出行方式。

② 环保住宿。选择环保酒店或民宿，支持绿色旅游。

③ 减少旅游垃圾。在旅行中减少一次性用品的使用，减少垃圾产生。

④ 参与生态旅游。选择生态友好的旅游项目，如自然保护区游览。

(5) 公益

① 植树造林。参与或资助植树活动，增加碳汇。

② 环保志愿活动。加入环保组织，参与清洁海滩、山林等公益活动。

③ 宣传教育。利用社交媒体等渠道宣传低碳生活理念，提高公众环保意识。

④ 碳信用购买。在碳普惠平台购买碳信用额，补偿个人碳足迹。

公众的低碳行动会被公众的数据平台所跟踪并量化，这些信息会被转化成碳普惠平台的碳积分或者碳币。公众可以利用这些碳币来获得商业优惠、公共服务，也可以进行碳抵消，例如参与碳交易市场，由碳控排需求企业购买，碳谱惠的运作方式见图8—3。

(二) 碳普惠激励机制

碳普惠机制以大众日常生活中的节能和低碳行为为出发点，通过将低碳节能行为量化为

图 8—3　碳普惠的运作方式

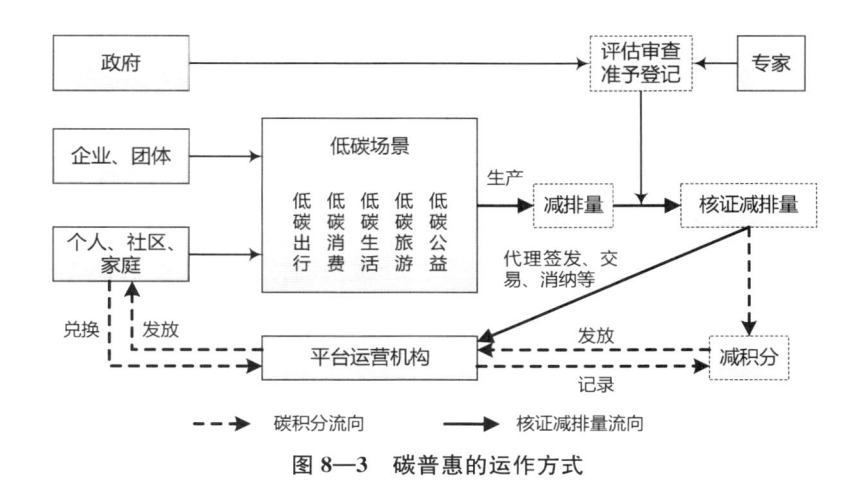

一定的积分或"碳币"存于相应公众的账户，公众可以利用这些积分或"碳币"兑换一定的商品或便利，以此激励大众多多参与低碳行动。激励形式可以是商业形式、政策激励形式或直接交易激励。

1. 商业激励

商业激励是碳普惠机制中最直接和有效的方式之一。通过设立碳积分系统，企业可以为参与者的节能减碳行为提供积分奖励，这些积分可以在企业平台上兑换商品或服务。例如，一些电商平台推出了碳积分兑换计划，用户通过选择绿色包装、减少退换货等低碳行为累积碳积分，进而兑换优惠券、折扣等实际利益。这种正向激励机制不仅提升了用户对碳减排的认识和重视程度，也促进了企业绿色销售模式的形成。

此外，企业还可以推出低碳产品和服务，通过价格优惠、增值服务等方式吸引消费者。例如，新能源汽车厂商为消费者提供购车补贴、免费充电等福利，鼓励消费者选择低碳出行方式。这些商业激励措施不仅推动了低碳产品的普及和应用，也为企业带来了良好的市场口碑和经济效益。

2. 政策激励

政策激励在碳普惠机制中发挥着关键作用。政府通过制定一系列政策措施，为碳普惠项目提供资金支持、税收优惠等激励。例如，一些地方政府设立了碳普惠专项资金，用于支持符合条件的碳普惠项目。这些资金可以用于项目的研发、推广和运营等方面，降低了项目实施的成本和风险。

同时，政府还通过税收优惠政策鼓励企业参与碳普惠行动。例如，对采用低碳技术的企业给予税收减免或抵扣，降低企业的税负压力，提高企业的积极性和参与度。这些政策激励措施为碳普惠机制的推广和实施提供了有力保障。

3. 交易激励

交易激励是碳普惠机制中较为创新的一种方式。在碳市场中，减排量可以作为一种商品买卖。企业或个人通过采取低碳行为产生的减碳量，可以被核证并签发为碳信用，然后在碳市场上出售给需要抵消自身排放的企业。

深圳排放权交易所开展的碳普惠减排量交易，就是交易激励的一个实例。通过这种方式，深圳市民的低碳行为产生的减碳量被量化并转化为可交易的碳信用，这些碳信用在深圳排放权交易所上市交易，既为市民提供了实际的经济激励，也为企业提供了一个合规的碳排放抵消途径。

4. 社会激励

社会激励是碳普惠机制中不可忽视的一环。我们通过宣传教育、树立榜样等方式，提升公众对碳减排的认识和重视程度，形成全社会共同参与的良好氛围。例如，一些社区组织开展了碳普惠宣传活动，通过举办讲座、展览等形式，向居民普及碳减排知识和碳普惠政策。同时，社会激励形式还包括颁发荣誉证书、媒体报道、社区表彰等。通过这些方式，低碳行为得到社会的广泛认可，从而激发公众的参与热情。

成都市推出的"碳惠天府"机制，就是一个社会激励的例子。该机制通过公众低碳场景评价规范，对餐饮、商超、酒店、景区等消费领域进行低碳评价，并给予低碳表现优秀的场景以表彰和奖励。这种社会激励方式不仅提升了公众的低碳意识，还促进了低碳生活方式的社会认可。

三、碳普惠的发展

(一) 碳普惠发展的历程

1. 初期探索阶段(2000—2005年)

在这个阶段，全球气候变化问题逐渐受到关注，国际社会开始寻求各种减排途径。一些国家和地区开始探索如何量化个人和小微企业的碳排放，并尝试通过教育和宣传活动提高公众的节能减碳意识。这一时期，碳普惠的概念开始形成，但尚未形成系统的量化和激励机制。

2. 政策制定与试点阶段(2005年至21世纪10年代初)

随着《京都议定书》的生效和哥本哈根气候变化大会的召开，国际社会对碳排放交易的认识加深。一些国家和城市开始制定相关政策，鼓励个人和小微企业采取节能减碳措施。在这一阶段，碳普惠机制开始试点实施，通过提供税收优惠、补贴、绿色信贷等激励措施，促进了节能减碳行为的量化和价值化。

3. 市场化发展阶段(21世纪10年代中期至今)

随着碳市场的成熟和公众环保意识的提高，碳普惠机制开始向市场化方向发展。一些地区建立了碳普惠平台，允许个人和小微企业通过节能减碳行为获得碳信用额，并在碳市场上交易。这一阶段，碳普惠机制不仅得到了政策的支持，还吸引了商业资本的参与，形成了以商业激励、政策鼓励和碳市场交易相结合的正向引导机制。

4. 技术与模式创新阶段(近年来)

随着互联网和智能技术的发展，碳普惠机制开始融入更多创新元素。例如，通过移动应用程序和智能家居设备，个人和小微企业能够更精确地监测和管理自己的能源使用和碳排放。同时，区块链等新技术的应用使得碳信用额的发行和交易更加透明和高效。

总体来说，碳普惠的发展历程是一个由概念提出到政策试点，再到市场化和技术创新的过程。这一机制的发展不仅反映了全球应对气候变化的紧迫性，也体现了环境保护与经济发展相结合的新思路。随着全球对低碳经济的追求，碳普惠机制有望在未来得到更广泛的应用和发展。

(二) 碳普惠的意义和价值

1. 提高公众低碳意识

碳普惠机制通过将低碳理念融入人们的日常生活，使得节能减排的观念变得更加具体和可操作。这种策略有效地提升了公众的环境责任感，促进了社会对低碳生活方式的广泛认同和积极参与。通过在衣食住行等基本生活领域推广低碳实践，碳普惠不仅增强了公众的环保意识，还鼓励每个人都能在减少碳排放方面发挥作用，共同营造一个对环境友好的社会氛围。

2. 鼓励公众广泛参与

碳普惠制度通过量化个人和集体的低碳行为,并提供相应的激励措施,有效促进了公众在碳减排方面的积极参与。作为实现碳达峰和碳中和目标的关键途径,碳普惠制度为公众提供了一个明确的参与框架,使他们在推动环境保护和应对气候变化的全球努力中发挥了积极作用。

3. 促进资源节约和环境保护

碳普惠制度通过奖励那些采纳低碳能源解决方案、实施资源循环利用和参与生态保护的个人和企业,促进了环境友好型行为的普及。这一制度不仅显著降低了消费行为对环境的负面影响,减少了污染和资源损耗,还增强了生态系统的效益,推动了经济活动与环境保护的和谐共生。通过这种方式,碳普惠制度为实现可持续发展目标提供了强有力的支持。

4. 促进低碳转型升级

碳普惠政策通过鼓励消费者选择低碳产品和清洁能源,推动了整个行业向更环保的生产方式转型。一方面,该政策鼓励消费者选择低碳、环保的产品和服务,形成对绿色商品的市场需求。企业为追求利润最大化,必将加大对清洁生产、循环经济等低碳技术的研发投入,促进行业整体升级换代。另一方面,政策还将推广可再生能源在民用领域的应用,从根本上减少化石能源消费。

碳普惠可以从经济、社会、环境三个层面产生效益:

(1) 在经济层面,碳普惠为消费者和企业都带来了收益,一方面拥有碳积分的主体可以享受相关的优惠,另一方面,参与企业对应地获得了更多的销量和利润。

(2) 在社会层面,碳普惠的实施可以形成对应的产业链,增加了一定量的就业机会,提高了相关从业者的收入。

(3) 在环保层面,参与主体的绿色低碳生活方式将形成扩散效应,带领更多的民众采取低碳生活方式,从而推动环境品质的提升和生态文明的发展。

任务四 熟悉碳普惠的实施

一、中国碳普惠的实施

(一) 中国碳普惠发展历程

中国的碳普惠发展历程可以概括为以下几个阶段:

1. 初期探索阶段(2010 年前后)

碳普惠的概念在中国最早可以追溯到 2010 年前后,当时一些地方政府和研究机构开始探索如何通过激励个人和中小企业的低碳行为来促进碳减排。这一阶段的主要特点是小规模试点和理论研究,缺乏统一的政策支持和标准化的方法学。

2. 政策推动与试点实施(2011—2015 年)

2011 年始,国家发改委在北京市、上海市、天津市、重庆市、湖北省、广东省、深圳市及福建省探索开展了碳排放权交易试点。2015 年,广东省发改委印发《广东省碳普惠制试点工作实施方案》和《广东省碳普惠制试点建设指南》,并正式启动碳普惠试点工作。

3. 碳普惠机制的推广与完善(2016—2020 年)

随着中国对气候变化问题的重视程度不断提高,碳普惠机制得到了更广泛的推广。2016

年,广东省发改委批复组建广东省碳普惠专家委员会,开始制定省级碳普惠行为方法学。这一时期,碳普惠的方法学和标准逐渐完善,公众参与度逐步提高。2018年,国家发改委等9部门联合印发《建立市场化、多元化生态保护补偿机制行动计划》,"鼓励通过碳中和、碳普惠等形式支持林业碳汇发展"。2019年,生态环境部发布的《大型活动碳中和实施指南(试行)》提出,经批准备案认可的碳普惠项目产生的减排量可用以抵销排放量。

4. 国家层面的政策支持与体系构建(2021年至今)

2021年以来,中国政府在国家层面上对碳普惠给予了明确的政策支持。生态环境部等7部门联合印发了《减污降碳协同增效实施方案》,提出探索建立"碳普惠"等可让公众参与的机制。同年,多个省市发布了《碳达峰实施方案》,提出将碳普惠机制作为重要组成部分。此外,上海、深圳、山东等地也出台了基于"双碳"目标的《碳普惠机制建设工作方案》。

(二) 政府主导型碳普惠

1. 广东

(1) 政策指导。自2015年起,广东省便着手开展碳普惠制度的先行先试工作,为构建一个全面且高效的碳普惠体系,陆续推出了一系列政策指导文件。包括《广东省碳普惠制试点工作实施方案》《广东省碳普惠制试点建设指南》以及《关于碳普惠制核证减排量管理的暂行办法》等,它们共同确立了广州市在碳普惠方法学研究、减排量的申请与登记程序、交易规范以及试点碳市场的抵消规则等方面的具体框架。此外,广东省积极推广其在碳普惠领域的实践经验,推动粤港澳大湾区建立碳普惠合作机制,并主动与国内外的碳排放权交易体系、温室气体自愿减排项目等有效对接,以促进区域和全球的低碳发展。

广州市在碳普惠机制建设方面取得了显著进展,陆续发布了多批省级碳普惠方法学,覆盖了一系列关键领域。这些指南针对的具体情境包括:森林资源的保护与经营、分布式光伏发电系统的安装与运用、高效节能空调设备的采纳、家用空气源热泵热水器的使用、自行车骑行的日常推广、废旧衣物的循环再利用,以及红树林生态系统的维护等。这些方法学的推出,不仅丰富了碳普惠机制的内容,也为广州市乃至整个广东省的低碳发展提供了有力的支撑。

(2) 实践应用。2016年,广州碳排放权交易所首次对PHCER进行了竞价交易,标志着碳普惠机制在广东省的正式启动。同年,广东省成立了碳普惠创新发展中心,该中心负责推进碳普惠平台的建设和日常维护,同时协调和推动相关研究、运营和推广活动,确保试点工作的顺利进行和经验的总结。截至2023年第一季度,广东省生态环境厅已批准115个项目,累计核证减排量达到919 393吨二氧化碳当量。这些项目主要集中在分布式光伏和林业碳汇领域,其中分布式光伏项目贡献了85 757吨,林业碳汇项目则贡献了824 470吨。

2018年,广州市的花都区公益林项目成为该市首个林业碳普惠项目。同年,河源市通过竞价交易成功出售了国营新丰江林场的碳普惠项目(PHCER),总量达41.6吨,成交价为每吨23.99元,总成交金额接近百万元。韶关市成功交易了多个林业碳普惠项目,并在此过程中探索建立了碳普惠监督管理机制。

2019年,广州市碳普惠平台正式上线,该平台覆盖了旧衣回收、自行车骑行、公共交通出行和步行等多种低碳生活方式,可实现市民低碳行为数据的实时获取、减碳量的核算以及优惠兑换等一系列功能。中山市推出了"碳普惠"会员和"碳普惠"商家联盟,市民通过微信平台注册绑定后,可以获得碳币并兑换奖品和优惠。

2021年,东莞市选择了理工学院作为碳普惠校园建设的试点,建立了碳普惠制度的基本框架。

2023年,广州市儿童公园荣获"广东省碳普惠示范公园"和"广州市碳普惠示范公园"的称号,由广东省碳普惠创新发展中心授牌。

2. 四川

(1) 政策指导。2020年,四川省出台了支持成都建设公园城市示范区的政策,其中包括了探索碳普惠机制的内容。2023年,四川省在其碳达峰实施方案中进一步支持成都建立以"碳惠天府"为标志的碳普惠机制,并考虑在全省范围内推广。成都市围绕"碳惠天府"平台,推出了一系列多层次的政策文件,涵盖了基础指导、管理规范、技术指南和推广策略等方面。

成都市在2020年发布了公众低碳行为评价标准,并公布了首批"碳惠天府"机制下的碳减排项目方法学,涵盖了能源替代、节能改造和生态保护等领域的8种方法学。四川省在2022年发布了森林和竹林经营的碳普惠方法学,随后在《四川林草碳汇行动方案》及其发展推进方案(2022—2025年)中,明确了加速推进林草碳普惠机制的研究,并着手编制与林业、竹林、湿地及草地管理相关的碳普惠方法学。2023年,成都市又发布了第二批"碳惠天府"机制下的碳减排项目方法学,新增了生活垃圾焚烧发电的方法学。

此外,在《四川省推动成渝地区双城经济圈建设生态环境保护专项规划》以及《四川省碳市场能力提升行动方案》中,强调了加强"碳惠天府"等碳普惠制度的实施,并促进川渝地区在碳普惠方面的相互认可与连接。

(2) 实践应用。四川省在2022年加入了"碳普惠共同机制",并在2023年推出了结合环境司法的"四川法院(熊猫)司法碳普惠平台",标志着碳普惠机制在司法领域的应用,为司法实践注入了绿色动力。

2022年"碳惠天府"平台成功上线,即展现了强大的吸引力。截至2023年3月,该平台注册用户已突破160万大关,累计消纳的碳减排量达到约6万吨,认购资金更是接近100万元,彰显了公众对低碳生活的热情与支持。

泸州市在2020年创新推出了"绿芽积分"系统,从低碳出行、绿色金融、绿色循环和绿色生活四个维度入手,全方位引导市民践行绿色生活方式。2022年,其他城市陆续推出本土的碳普惠积分机制和线上平台。绵阳市发布了"碳惠绵州"绿色积分系统,鼓励市民通过公共交通出行、步行等低碳行为积累碳能量。德阳市开发了绿色机关"碳积分"手机应用,该系统包含绿色办公、出行、生活和公益等功能。达州市推出了"碳达惠"平台,市民通过扫描公交车上的二维码即可获得碳积分,用于兑换奖励。

2023年巴中市则在四川省内首次尝试开发森林经营碳普惠项目,并创新性地结合了"碳汇+司法"的新模式。这些举措共同推动了四川省在碳普惠领域的创新和发展。

3. 上海

上海市作为国内的经济、金融、贸易和航运中心,始终站在碳减排和绿色发展的前沿。从最初的碳排放权交易试点,到后来的碳普惠政策体系构建,再到碳普惠机制的全面推广和应用,上海市走出了一条具有地方特色的低碳发展之路。

2022年12月,上海市政府发布了《上海市碳普惠体系建设工作方案》,该方案设定了2022至2023年间构建碳普惠体系的顶层设计目标,包括建立相关的制度标准和方法学体系、开发碳普惠平台、尝试创建区域性个人碳账户,以鼓励碳普惠产生的减排量参与到上海市碳排放权交易市场。

2023年9月，上海市生态环境局正式出台《上海市碳普惠管理办法（试行）》。该办法明确了五个关键方面的24条具体措施，包括碳普惠方法学的管理、减排项目和场景的管理、减排量的签发、碳积分的转换和记录以及碳信用的记录和消纳。这些规定旨在确保碳普惠体系的规范化和有序运作。

2024年3月，上海市生态环境局发布了六个碳普惠方法学，分别是分布式光伏发电、地面公交、轨道交通、互联网租赁自行车、居民低碳用电、纯电动乘用车。这些方法学为碳普惠减排项目的开展提供了技术规范和量化标准。

2023年，上海市首个区级碳普惠平台——黄浦碳普惠平台上线。黄浦碳普惠平台以"绿色惠民"为宗旨，通过建立低碳行为的正向激励机制，推动"践行低碳行为、获得减碳积分、积分兑换权益"形成闭环，引导市民参与绿色消费，践行低碳生活。平台围绕市民生活，打造了绿色出行、循环利用、减纸减塑、节能节约、虚拟电厂等6大类17个低碳场景，涵盖衣、食、住、行、用等方方面面。用户通过践行这些低碳行为，即可获得黄浦区减碳积分。用户凭参与低碳行为获得的减碳积分即可到线上"低碳商城"兑换相应价值权益和服务。市民也可通过减碳积分，在黄浦区指定的商场、超市、书店、药店等线下场所的会员中心和收银台处兑换环保购物袋。

（三）企业主导型碳普惠

除了政府端推动以外，还有一些由企业发起的碳减排场景与碳普惠机制，这些企业充分发挥自身平台用户覆盖面广的优势，开发相关程序助推低碳减排。例如蚂蚁森林、青流计划、阿里巴巴88碳账户等。

1. 平台企业

（1）蚂蚁集团——"蚂蚁森林"。蚂蚁森林是蚂蚁集团推出的一项公益环保项目，通过支付宝平台让用户参与生态修复和植树造林活动。用户在这个项目中的以下行为被视为减少了碳排放：步行捐赠、线下支付、日常生活费用、网络订票、网上订购火车票、预约挂号、乘坐地铁以及ETC缴费等。用户的以上活动都将转变成相应的"绿色能量"，这些"绿色能量"能够在虚构的"蚂蚁森林"里种植树木。当这些虚构的森林达到某个特定的程度，该项目就会以用户的身份，在如沙漠、湿地等现实环境里植入树木，"绿色能量"也可以投入某些保护地上参与对一定区域的保护。自2016年起，"蚂蚁森林"的活跃成员已经超过6亿，并且所释放出的"绿色能量"高达2 000多万吨。截至2023年，蚂蚁集团通过蚂蚁森林累计协议捐资超过34亿元人民币，实际支出20.53亿元，种植了4.75亿棵树，并参与共建了31个自然保护地，覆盖了22个省份的生态建设。

（2）腾讯集团——"低碳星球"。2021年12月17日，在深圳市生态环境局的引导下，腾讯创建的"低碳星球"小程序正式推出，这是一个面向公众的碳普惠互动平台。小程序允许用户创建自己的碳账户，利用腾讯的乘车码进行的公共交通活动能够被计算为二氧化碳减少量，并且会在账户内累积碳分数。依据深圳市生态环境局公布的《深圳市低碳公共出行碳普惠方法学（试行）》的计算结果，相较于常规的城市交通方式，市民使用纯电动公共汽车行驶每千米可以减少26.9克二氧化碳排放，而使用地铁行驶每千米则能降低46.8克二氧化碳排放。

利用小程序的积分，用户能够在兑换商城中购买礼物，同时，他们还能把这些积分转化成"公益金"，投身于深圳湿地的环保活动，从而推动"蓝色碳"的保护。

除了以上典型产品外，还有一些企业主导型的碳普惠产品（见表8—4）。

表 8—4　　　　　　　　　　　典型企业主导型碳普惠产品

企业名称	产品名称	功能内容
阿里巴巴	88碳账户	国内首次推出的多场景消费者碳账户体系，覆盖超过10亿人。88碳账户使用"1+N"的母子账户模式，整合用户在饿了么、菜鸟、闲鱼、天猫等平台的低碳行为，并采用激励机制来促进低碳生活。比如，用户在点外卖时选择不要餐具，或在菜鸟驿站回收快递箱等行为都能在各自的应用子账户中累积碳积分，并且这些积分会汇聚到母账户，使得低碳行为更加直观和可感知
转转集团	转转星球	"转转星球"服务与腾讯SSV的"碳碳星球"实现互通，推动用户和公众参与碳循环。转转集团通过"守护未来"计划，严格核算每笔二手交易所节约的碳排放，并转化为碳积分的形式返还给用户，鼓励低碳消费行为
饿了么	e点碳	外卖行业的首个消费者碳账户，基于用户的低碳消费行为建立积分体系，并通过兑换各类权益的激励形式，引导用户选择低碳生活方式。例如，用户下单时选择无需餐具、小份菜等低碳环保行为，可以获得相应的积分，这些积分可以用于兑换相关权益或参与碳中和公益项目
哈罗单车	小蓝C碳账户	通过记录用户骑行的碳减排量，鼓励绿色出行。用户骑行的次数和距离可以转化为碳积分，这些积分可以在平台上兑换奖励或参与碳减排项目
美团	数字人民币低碳卡	低碳卡结合了数字货币和低碳生活理念，用户在使用美团服务时选择数字人民币支付，可以累积碳积分，这些积分可以用于兑换各种奖励，激励用户采取低碳行为
高德地图	绿色出行碳普惠平台	平台通过记录用户的绿色出行行为（如步行、骑行、公共交通出行等），将碳减排量转化为积分，用户可以在平台上兑换各种奖励，以此鼓励公众参与低碳出行
顺丰速运	绿色碳能量	通过优化物流配送路线、推广使用环保包装材料等措施减少碳排放，并将这些减排行为转化为碳积分，用户和合作伙伴可以通过参与这些绿色物流行为积累碳积分，并在平台上兑换

这些碳普惠产品通过不同的方式和机制，鼓励用户和企业参与碳减排行动，推动绿色低碳发展。它们不仅具有创新性，而且操作简单、易于推广，为公众提供了参与碳减排的新途径。

2. 金融企业

金融企业在碳普惠产品方面的创新主要体现在通过金融工具和服务支持低碳行为和减排项目，以下是一些具体的碳普惠产品介绍。

(1) 平安银行"低碳家园"。2022年5月，由平安银行携手中国银联、上海环境能源交易所共同打造的"低碳家园"正式上线。"低碳家园"是国内银行业首个银联信用卡、借记卡全卡碳账户平台，旨在鼓励和促进个人采取绿色低碳的生活方式，以实际行动支持国家的"双碳"目标。

"低碳家园"的核心理念是通过量化用户的低碳行为，将其转化为碳减排量和绿色能量，这两种价值体系可以用于兑换各种环保公益项目和绿色权益。用户可以通过日常生活中的15种绿色行为积累碳减排量和绿色能量，如公交出行、地铁出行、公共缴费、共享单车、新能源充电、高铁出行等。此外,步行、数字信用卡使用、电子交易等行为也能积累绿色能量。

用户通过"平安口袋银行App"即可查看和管理自己的碳账户,平台上的碳减排量可以科学核算,并在平台上展示个人数据。绿色能量则作为独立积分奖励,用户可以用来兑换植树公益项目,如在河北省丰宁县的"一棵树守护生态文明"项目基地种植真树,或者兑换单车券、公交地铁券、数字藏品等绿色权益。

(2)中信银行"中信碳账户"。中信银行打造的"中信碳账户"是国内首个由银行主导推出的个人碳账户,于2022年4月22日正式上线。用户通过中信银行的手机银行App、动卡空间App或中信财富广场等渠道注册开通个人碳账户。平台的碳减排量核算可覆盖与信用卡和借记卡相关的金融场景,例如电子信用卡、电子账单、线上缴费(水费、电费、燃气费等)、无介质借记卡开通、线上转账、信秒贷办理、信秒贷还款等。用户在"中信碳账户"中累积的碳减排量可以在"绿色商城"中兑换各种商品和服务,如消费支付券、商城优惠券、金融产品立减券、电子书会员等。这种激励机制旨在提升用户践行绿色生活的参与度和获得感

中信银行积极与各行业合作伙伴开展合作,不断拓展碳账户的应用场景。例如,与Visa达成合作,共同探索碳账户合作模式,围绕消费者碳足迹、绿色环保教育等领域开展创新业务。同时,该行也在积极探索与绿色出行、二手回收等更多低碳场景的合作,以进一步丰富平台的功能和应用。

除上述银行外,衢州农商银行、中国建设银行、浦发银行、杭州银行、北京银行、苏州银行、昆仑银行、桂林银行、邮储银行等都分别推出了"个人碳账户"。这些银行的碳普惠产品通过量化用户的低碳行为并提供相应的激励措施,旨在促进公众的环保意识,推动社会向低碳经济转型,鼓励用户和企业积极参与低碳生活,推动绿色金融发展。

二、国外碳普惠的实施

国外的碳普惠产品也呈现出多样化和创新性的特点,旨在通过市场机制和技术手段推动碳减排和可持续发展。比较典型的案例有:

1. 韩国首尔市"环保积分"

韩国首尔市的"环保积分"项目是一项旨在激励市民在日常生活中节约能源和资源的奖励计划。自2009年起实施,该项目已经成为首尔市在环境保护和气候变化应对方面的一项重要举措。

首尔市环保积分项目通过为市民节约用电、用水、用气等减少碳排放的行为累计积分。市民可以通过参与该项目获得的积分来享受多种优惠和服务,如纳税、购买传统市场商品券,或参加沙漠植树捐赠等低碳活动。此外,项目还包括与轿车积分整合,向减少行驶距离者发放奖励,以及将节能奖励扩展至资源循环项目或公共交通等其他生活节能领域。

截至2021年7月,每五名首尔市民中就有一人参与了该项目。项目初期的会员数量为36万余名,到2021年7月末,会员数量增加至约222.5万名。该项目共减少了约238.7万吨二氧化碳(CO_2)排放量,这一成效相当于建造了面积约为首尔市3.7倍的树林(221 612.8公顷),或者种植了36 163万棵30年树龄的松树。在市民的积极参与下,通过环保积分项目成功节能116.126 8万TOE(2009年9月至2021年7月),节能量超过一座火力发电厂一年的发电量(约92万TOE/座)。

2. 芬兰拉赫蒂市"CitiCAP"

芬兰拉赫蒂市的"CitiCAP"项目是一个创新的个人碳交易制度,旨在通过市场机制鼓励

市民采取更环保的出行方式,减少碳排放。该项目于 2019 年 9 月推出,使拉赫蒂成为世界上首个试行个人碳交易市场的城市。

CitiCAP 项目通过在手机中安装的同名 App 来实现,该 App 能实时追踪用户的出行方式,通过监测速度来识别使用的交通工具,并利用出行时间、距离等数据估算相应的碳足迹。用户如果选择步行、骑自行车等低碳出行方式,应用程序会自动奖励虚拟硬币。这些虚拟硬币可以在 App 上兑换咖啡、健身券、游泳券等商品和服务。

CitiCAP 项目的效果体现在两个方面:环境保护和市民行为改变。首先,通过奖励低碳出行,项目鼓励市民减少对私家车的依赖,转而使用更环保的交通方式,从而减少整体的碳排放。其次,项目通过市场机制激发市民的环保意识,使他们在日常出行中更加注重环保选择。截至 2022 年年底,CitiCAP 吸引了约 2.7 万名拉赫蒂市民参与,占市总人口的 18% 左右。拉赫蒂市政府计划通过个人碳交易制度,在 2030 年之前实现 50% 以上的出行转为可持续交通方式,目前该指标已达到 44%。

3. 澳大利亚诺福克岛"碳信用卡"

澳大利亚诺福克岛的"碳信用卡"计划旨在通过经济激励手段鼓励居民减少碳排放,促进低碳生活方式。该计划于 2011 年启动,是全球第一个个人碳交易机制。

"碳信用卡"作为一种创新的金融工具,为岛上居民提供了一个碳排放量的预算。居民在支付电费、加油或购买非本岛生产的食物时需要使用这种特殊的信用卡。这张卡片具有一定的信用额度,代表个人允许的碳排放量。如果居民能够节约使用,未消费完的额度可以在项目结束后兑换成现金;如果额度提前用完,则需要额外购买信用值。通过这种直接的经济激励,居民被鼓励采取更环保的生活方式,如走路和骑车出行,少用能源,多吃本地产品。此外,每年到访诺福克岛的游客也会收到类似的"碳信用卡",其额度根据他们在岛上的逗留时间而定,从而将环保措施扩展到旅游领域。

4. 日本"绿色住宅积分制度"

"绿色住宅积分制度"是日本政府为了鼓励民众采用节能住宅而推出的一项政策。该制度旨在通过积分奖励的方式,促进绿色建筑的发展,提高住宅能效。

"绿色住宅积分制度"的积分可以用于兑换与日常生活、环境保护、安全与保障、育儿支持、工作方式改革和区域推广相关的产品或服务。此外,积分也可以用于房屋修缮费用。

该制度的实施不仅能够提高住宅的能源效率,还有助于推动绿色建筑相关产业的发展,同时为消费者提供了实际的经济激励,鼓励他们选择更环保的住宅解决方案。通过这种方式,日本政府希望能够在实现经济增长的同时,促进环境保护和可持续发展。

参考文献

[1] 张守攻.碳汇与碳市场导论[M].北京:中国科学技术出版社,2023.
[2] 低碳新风.碳汇计量与监测:实用标准、计量流程、监测方法.[EB/OL]. https://baijiahao.baidu.com/s?id=1772447818384999647&wfr=spider&for=pc,2023-07-26.
[3] 朴世龙,何悦,王旭辉等.中国陆地生态系统碳汇估算:方法、进展、展望[J].中国科学:地球科学,2022,52(6):1010-1020.
[4] 续珊珊.森林碳储量估算方法综述[J].林业调查规划,2014,39(6):28-33.
[5] 吕浩,彭春良,吴惠俐等.森林生态系统不同碳库碳储量估算方法综述[J].湖南林业科技,2022,49(6):90-98.

[6] PHY/T0349-2022.海洋碳汇核算方法[S].2022.

[7] 高学文,李微,柳岩,张宸瑜,等.我国海洋碳汇交易技术路径和管理路径研究[J].中国渔业经济,2023,41(5):68-77.

[8] 彭军霞,聂兵.碳普惠绿色通证生态模型研究[J].环境科学与管理,2020,45(5):20-24.

[9] 潘晓滨,都博洋.我国碳普惠制度立法及实践现状探究[J].资源节约与环保,2021(4):138-139.

[10] 转转集团,清华大学能源环境经济研究所.中国碳普惠进展与企业实践[R].北京,2023.

[11] 津碳未来.2021年林业碳汇项目开发和交易细节[EB/OL].http://zhuanlan.zhihu.com/p/396219551,2021-12-31.

项目九　领会供应链碳金融

知识学习目标

1. 理解碳金融的定义、目的及其在全球碳市场中的作用；
2. 了解碳金融产品的分类、产品特性和适用范围；
3. 理解供应链碳金融的含义、模式、流程及碳金融对供应链管理产生的影响；
4. 了解国内外供应链碳金融的创新实践和未来发展趋势。

技能训练目标

1. 学会分析碳金融市场的结构和运作机制，掌握基本金融工具；
2. 学会评估和选择适合企业需求的碳金融产品，以实现融资和风险管理；
3. 掌握设计和实施供应链碳金融策略，以支持企业的低碳供应链转型。

素质教育目标

1. 理解经济发展与环境保护之间的关系，培养环保责任感，树立可持续发展理念；
2. 培养在金融领域的职业操守和道德规范，树立诚信经营、公平交易的理念；
3. 培养风险评估和管理能力，提高在不确定性环境下的决策能力。

本章简介

学习导入

中国低碳绿色金融蓬勃发展

任务一　了解碳金融

一、碳金融定义

碳金融是指通过对二氧化碳排放权进行交易、投资和融资等金融活动，以达到减少温室气体排放从而实现环境保护和可持续发展的目的的金融产业。碳金融是气候变化应对和生态文明建设中的重要组成部分，它既有利于实现经济发展，又有利于环境保护。

碳金融市场是基于碳交易所的衍生品市场，同样有狭义和广义之分。在狭义上，碳金融市场是一个由交易平台构成的碳衍生品市场；广义来说，它是一个涵盖了温室气体排放权的交易以及相应的各类金融行为和交易的集合。这个市场不仅包含排放权的交易，还涵盖了能够创造额外排放权（如各类减少排放的单位）项目的交易，还有与排放权有关的各类衍生产品的交易(参考图 9—1)。目前,在中国,碳金融市场的发展还是仅限于碳排放权交易市场,其他市场仍处于萌芽阶段。

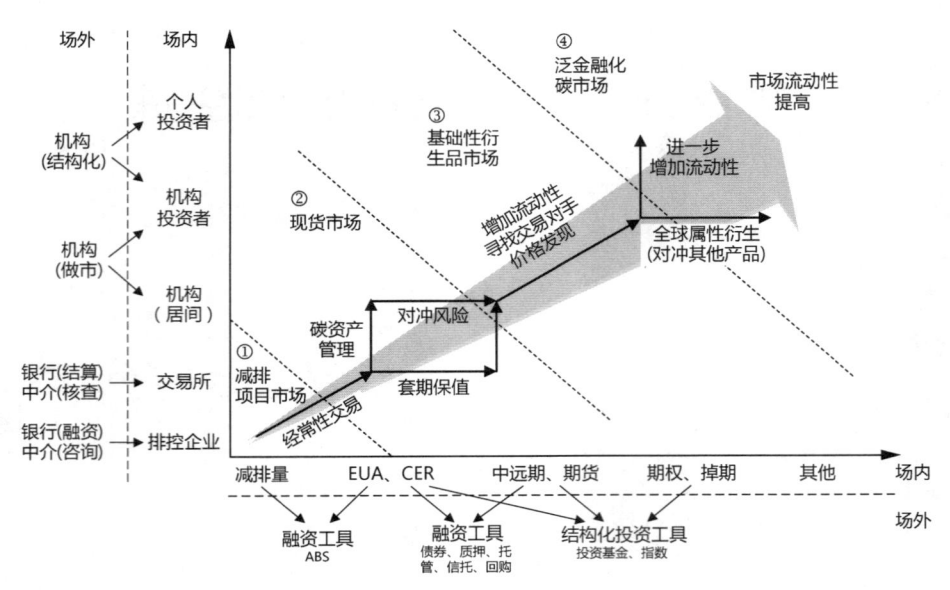

图 9—1 碳金融市场的结构演进

二、碳金融市场

目前,许多研究都在探讨碳金融市场,但仅仅关注了碳交易市场,这种情况就好似说碳金融市场等于碳交易市场。本书认为,碳交易市场是碳金融市场的中心,同时也是目前的重点研究对象,然而,在探讨作为一个完整的碳金融市场时,我们不能忽视其他构成要素。总的来说,碳金融市场分为场内(即碳交易市场)和场外(即其他碳金融市场)两部分。在国家和地区政府批准的交易中心或者电子交易系统中,碳金融市场的运作是通过协议转让和竞争方法(中国未来还会实施做市商制度)。而在其他环境下,碳金融市场的运作并没有特定的场所,其价格也是经过各参与者的共同讨论决定的。

如图 9—2 所示,按照企业需求不同,碳金融市场的业务可划分为:

(1) 碳交易:以国家分配的碳排放额度和企业自愿减排量为标的的现货及衍生品交易。
(2) 碳融资:以配额或项目的减排量作为保证,包括质押、回购和托管等方式。
(3) 碳支持:对碳金融股票市场的支持活动,包含碳指数、碳保险等。

全球气候变化的严重性已经引起了大众的普遍认同,这也是碳金融市场的起源。许多关于全球应对气候变化的条约和协议已经签署,其中《联合国气候变化框架公约》《京都议定书》和《巴黎协定》是三个最具里程碑意义的文件。碳金融的起源可以追溯到《京都议定书》,它是《联合国气候变化框架公约》中第一个具有法律约束力的协议,于 2005 年生效。在该协议发布后的次年,首次出现了关于碳金融的英文文献,在此之后,低碳债券和碳结构性存款等金融产品也陆续问世。

三、碳金融体系

碳金融体系主要包括碳市场、碳信用、碳基金等。碳市场是最为关键的一个环节,是碳交

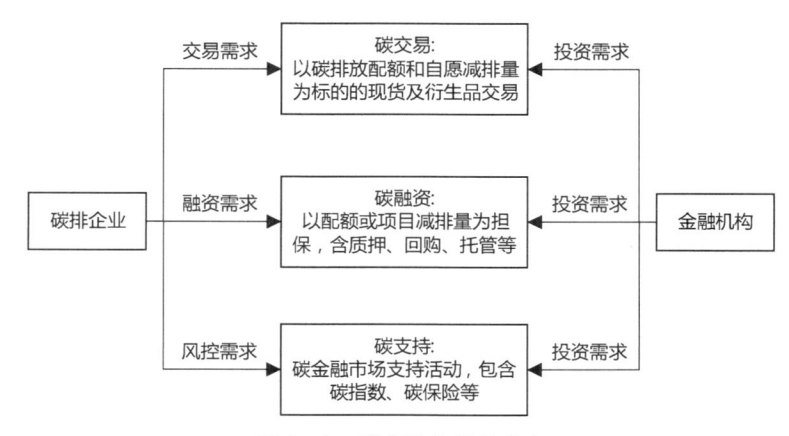

图 9—2　碳金融市场的业务

易的场所。碳市场分为政府主导的国际和国内碳市场与行业自发的碳市场两种。碳交易主要包括碳排放权交易和碳补偿交易两种形式。碳排放权交易是指买卖预定排放权的交易，主要适用于大型工业企业和发电企业。碳补偿交易是指企业或个人根据其在环保和节能方面所做的贡献，获得相应的碳信用金融补偿。碳信用是企业或个人在环保和节能方面取得的协议或认证，具有金融价值，是碳交易的重要组成部分。碳基金是向环保、节能等领域投资的基金，主要资助碳减排技术和项目。碳金融的发展，有助于推动经济可持续发展和绿色低碳转型，也有助于国际社会应对气候变化，共同建设美丽家园。

任务二　了解碳金融产品

碳金融产品是指以碳排放权为基础的金融产品，旨在鼓励企业和机构减少碳排放并促进可持续发展。碳排放权是指政府或机构颁发的标准化的排放许可证，可以被交易和使用。碳排放权交易是指企业或机构之间交易碳排放权的过程，可以通过公开市场或私下交易。

碳金融产品主要分为三大类别：碳市场融资工具、碳市场交易工具（碳金融衍生品）和碳市场支持工具。

拓展阅读

中国金融行业标准：碳金融产品

一、碳市场融资工具

碳市场融资工具主要包括碳债券、碳质押、碳信贷、碳资产回购和碳资产托管等。这些工具允许企业或个人通过抵押或质押其碳资产，或者通过发行碳债券等方式，从金融机构获得融资，以支持其低碳项目或活动。

（一）碳债券

碳债券是一种以减少二氧化碳排放为目标的金融工具。它是由政府、企业或组织发行的债券，用于支持在减少温室气体排放方面取得实质性进展的项目。这些项目可能包括可再生能源和能源效率改善，可再生能源发电站和能源储存设施的建设，以及工业、农业和运输领域的减排措施。碳债券的投资者通常是符合社会责任投资标准的固定收益投资者，例如退休基金和保险公司。

碳债券的发行方会统计并验证其项目实施后所减少的二氧化碳排放量。然后，发行方会发行债券,与项目实施有关的排放减少量就成为债券支付的基础。一旦债券到期或被赎回,项目实施所减少的排放量也将被证明。如果排放量实际上低于预期水平,则债券的回报率将因此而提高,反之亦然。

碳债券被视为一种创新的金融工具,可以在减少温室气体排放的同时为投资者带来回报。此外,碳债券的发行方可以从众多社会责任投资者那里募集资金,以资助环境友好型项目。因此,碳债券也为推动环境可持续性和对气候变化的回应提供了一种有益的途径。

1. 碳债券流程

(1) 确定碳减排目标。发行碳债券前需要确定券种、券值以及所对应的碳减排目标。这个目标通常由企业、政府或其他机构制定,并由独立的第三方认证机构验证。

(2) 发行碳债券。碳债券的发行通常由金融机构完成,包括银行、经纪公司等。这些机构会根据碳减排目标和市场需求设计出相应的债券结构,并向投资者发售。

(3) 获得资金。碳债券的发售所获得的资金将用于推动相应的碳减排项目。企业或政府可以从发售的债券资金中获益,用于资助减排项目的实施。

(4) 投资碳减排项目。获得资金后,企业或政府会通过投资碳减排项目来实现碳减排目标。这些项目可以包括能源效率提升、转换到清洁能源、采用节能技术等。

(5) 监测并验证减排效果。完成投资后,企业或政府需要监测并验证减排效果,确保碳减排目标得以实现。这个验证过程往往由独立的第三方机构进行。

(6) 发布碳减排证明书。一旦减排目标得以实现,独立的第三方机构就会发布碳减排证明书。这个证明书是证明减排效果并用于交换碳减排配额的凭证。

(7) 碳减排配额交易。企业、政府等可以将自己所获得的碳减排配额卖给其他机构,这个交易可以在碳市场上完成。这个交易通常需要在独立的第三方机构的协助下完成,以确保交易公平合法。

2. 碳债券应用案例

(1) 美国加州公用事业公司(PG&E)发行了一种名为"太阳能债券"的碳债券,用于资助其太阳能项目。这种债券规定了 PG&E 将在未来 5 年内增加的太阳能产能的量,这有助于很好地追踪公司的环保进展。

(2) 英国的可再生能源公司 Ecotricity 发行了碳债券来支持其风能和太阳能项目,这些项目将有助于减少该国的碳排放。通过债券,Ecotricity 筹集到了超过 1 亿英镑,用于开发覆盖面积近 70 万平方米的风电场。

(3) 中国光大集团发行了一种名为"碳排放减缓附加条款"(CAR)的碳债券,将其营销给环保机构和投资者。该债券规定光大集团在未来给定期限内减少的碳排放量,同时提供了优惠的利率和返还机制,以吸引投资者。

(二) 碳质押

碳质押涉及的碳排放权是指政府或相关管理机构根据特定的环境政策,分配给企业在一定时间内允许排放的温室气体总量。这些排放权可以在碳市场上交易,企业可以通过减少排放来获得额外的排放权,或者在市场上购买额外的排放权以满足其排放需求。当企业需要资金时,可以将这些排放权作为质押物,以获得贷款。

在碳质押过程中,企业需要将其持有的碳信用或其他排放权转移给贷款机构作为抵押。如果企业在约定的时间内无法偿还贷款,贷款机构就有权处置这些碳资产,以收回贷款。这种机制为贷款机构提供了一种风险控制手段,因为它们可以确保即使在企业无法偿还贷款的情况下,也能通过处置碳资产来回部分或全部贷款。

1. 碳质押流程

(1) 申请与审查。首先,有融资需求的企业需要向符合相关规定的金融机构(如银行)提交书面的碳资产抵质押融资贷款申请。金融机构会初步审查企业的资质、碳资产的数量和质量,以评估其是否符合贷款条件。

(2) 项目评估与尽职调查。金融机构会进一步评估筛选贷款项目,并开展尽职调查。这一过程中,金融机构会深入了解企业的经营状况、财务状况、还款能力以及碳资产的具体情况,确保贷款的安全性和合规性。

(3) 质押合同与登记。经过审查和评估后,若贷款申请获得批准,金融机构会与企业签订质押合同,明确双方的权利和义务。随后,企业需要在政府指定授权的碳排放交易登记机构办理碳排放权质押登记手续,以确保质押的合法性和有效性。

(4) 贷款发放。完成质押登记后,金融机构会根据合同约定,将贷款发放给企业。企业需按照合同规定的用途使用这笔资金,通常用于支持减排项目、技术改造升级等绿色投资活动。

(5) 还款与解除质押。在贷款期限内,企业需要按照合同约定的方式和时间还款。一旦贷款全部还清,企业就可以向金融机构申请解除质押,经过金融机构确认并办理相关手续后,质押的碳资产将被释放,企业可以重新获得其使用权和处置权。

需要注意的是,具体的碳质押流程可能因不同国家、地区的法规以及不同金融机构的内部政策而有所差异。因此,在实际操作中,企业和金融机构应充分了解并遵守相关法规和政策,确保碳质押的合规性和有效性。

2. 碳质押应用案例

(1) 中国华能集团碳质押融资。2021年,中国工商银行为中国华能集团旗下一家火电企业提供了1亿元人民币的碳质押融资。该企业以其持有的38 000吨碳排放配额作为质押品。这是中国内地银行业首单碳质押贷款业务,标志着碳金融产品在国内正式落地。通过这笔融资,企业获得了资金支持其节能减排项目建设,同时也为碳资产的运作和定价提供了实践案例。

(2) 德意志银行为电力公司提供跨境碳质押融资。2023年,德意志银行为一家欧洲生物质能公司提供了5 000万美元的碳质押融资。该企业以其在发展中国家开展的生物质能项目所产生的100万吨二氧化碳减排量作为质押品。这笔融资的独特之处在于将自愿减排量作为抵押品,而非强制性碳排放配额。同时跨境项目背景也增加了操作复杂度。但最终德意志银行成功为企业提供了所需资金,有力支持了其可再生能源业务发展。

(3) 新加坡星展银行为造纸企业提供蓝碳质押融资。2024年,新加坡星展银行为一家东南亚造纸企业提供了2亿新元的蓝碳质押融资。该企业以其在印度尼西亚红树林保护和恢复项目所产生的800万吨二氧化碳吸收量(蓝碳)作为质押品。这是国际上首单以蓝碳作为质押品的融资案例。蓝碳项目产生的碳信用额通常难以在自愿碳市场获得较高价格,而星展银行创新性地将其纳入质押品范围,不仅为企业提供了融资支持,也为蓝碳资产的价值实现提供了新路径。

(三) 碳信贷

碳信贷是一种创新的金融工具,结合了碳排放权交易和传统信贷机制,旨在支持和促进低碳经济的发展。金融机构基于借款人持有的碳排放权发放贷款。碳排放权可以是政府分配的碳排放配额,也可以是通过实施减排项目获得的碳信用。碳信贷允许企业将这些碳资产作为抵押,以获取资金支持,用于投资节能减排项目、可再生能源项目或其他环境友好型项目。

1. 碳信贷流程

碳信贷的流程通常包括以下几个步骤：

（1）项目识别与评估。企业首先识别潜在的低碳项目，并评估项目的减排效果、成本效益和环境影响。

（2）碳资产的量化与认证。企业需要向认证机构提交项目报告和监测数据，以证明其减排成果。认证机构审核后，将发放相应的碳信用证书。

（3）金融机构的参与。企业将获得的碳信用作为抵押，向金融机构申请贷款。金融机构评估企业的财务状况、信用记录和项目可行性。

（4）贷款审批与发放。金融机构在评估后决定是否批准贷款，确定贷款金额、利率和还款期限。一旦批准，金融机构将发放贷款。

（5）资金的使用与监控。企业使用贷款资金实施低碳项目。金融机构监控项目进展和资金使用情况，确保资金用于约定的目的。

（6）碳资产的管理和交易。在贷款期间，碳资产的管理和交易可能由金融机构或第三方机构负责。这包括碳资产的买卖、碳信用的转让等。

（7）贷款的偿还。企业在约定的还款期限内偿还贷款本金和利息。如果企业未能按时偿还，金融机构有权处置抵押的碳资产以回收贷款。

（8）碳资产的解押。贷款完全偿还后，金融机构协助企业解除碳资产的抵押状态。

2. 碳信贷应用案例

（1）中国三峡水电站清洁发电项目。这是中国最大的清洁发电碳信贷项目。三峡大坝每年可减少近1亿吨二氧化碳排放，相当于近1亿吨碳信贷。该项目从2006年开始获得联合国清洁发展机制执行委员会的注册和核准。

（2）澳大利亚"碳农场"项目。在澳大利亚，一些农场主利用自己的土地开展碳信贷项目，被称为"碳农场"。他们通过植树造林、保护植被、改善土壤管理等方式，增加土地的碳汇能力。每吨二氧化碳当量的碳信贷可为农场主带来约20澳元的收入。一些成功的"碳农场"每年可赚取数万至数十万澳元的碳信贷收益。

（3）中国衢江农商银行"点碳成金贷"。"点碳成金贷"产品由中国衢江农商银行开发，该产品依据个人碳账户数据中的碳积分，把客户分为"深绿""中绿""浅绿"三个等级，并针对不同等级在信贷额度、利率和办理流程上提供差异化的优惠措施。例如，一名农户因资金周转需要申请贷款，凭借优秀的个人碳积分，无需提供额外资产证明，就获得了30万元的信用贷款，年利率为5.7%，相比同类客户减少了利息支出。这个案例展示了如何通过金融激励措施鼓励个人采取低碳行为。

二、碳市场交易工具（碳金融衍生品）

这类工具涉及碳排放权的买卖，包括各种金融衍生品，如碳远期、碳期货、碳期权、碳掉期以及碳借贷等。这些工具允许碳资产在市场中自由交易，为投资者提供了多样化的投资选择和风险管理手段。

（一）碳远期

碳远期是指买卖双方通过合约形式，在未来某一特定时期以事先确定的价格买卖一定数量的碳配额或项目减排量等碳资产的非标准化合约，通常在场外市场（OTC）交易。这种合约的设计旨在帮助碳排放权买卖双方提前锁定碳收益或碳成本，规避市场价格波动的风险。与现货交易相比,碳远期交易更加灵活,可以根据企业的实际需求定制。

1. 碳远期的流程

(1) 合约签订。交易双方在场外市场就未来的交易价格、数量、时间和交割方式等条款达成一致,并签订碳远期合约。

(2) 合约执行。在合约规定的未来时间点,买方按照约定的价格向卖方支付款项,卖方则交付相应的碳排放权。

(3) 风险管理。交易双方通过碳远期合约锁定未来的碳成本或收益,从而减少市场波动对企业财务的影响。

(4) 合约结算。在合约到期时,如果市场价格与合约价格有差异,双方就可以现金结算,即支付或收取价格差额,而不必实际交割碳排放权。

2. 碳远期的应用案例

(1) 中国石化与中国银行的碳远期交易。2021年12月,中国石化与中国银行签署了国内首单银行间碳远期交易。根据协议,中国石化作为卖方,向中国银行出售一定数量的CCER碳配额远期合约,交割日期为2025年12月31日。这笔交易不仅有助于石化企业锁定未来碳减排成本,也为银行业提供了参与碳市场的新渠道。该交易被视为中国碳市场发展的一个重要里程碑。

(2) 西班牙伊比利亚电力公司与瑞士银行的碳远期交易。2008年,西班牙最大的电力公司伊比利亚电力公司(Iberdrola)与瑞士银行信贷集团(Credit Suisse)签订了一份为期5年的碳远期合约。根据合约条款,信贷集团将在2008年至2012年间,每年向伊比利亚电力交付一定数量的欧盟碳排放权。这是欧洲碳市场发展初期,银行业首次大规模参与碳远期交易的案例。

(3) 澳大利亚航空公司与多家银行的碳远期交易。2016年,澳大利亚航空公司(Qantas)与多家银行达成一项为期7年的碳远期交易。根据协议,Qantas将在2018年至2025年间,每年向银行购买一定数量的碳信用额度,用于抵消其航空运营产生的碳排放。这笔交易不仅帮助Qantas锁定了未来的碳抵消成本,也为银行提供了碳资产投资的机会。该交易体现了碳远期在航空业减排领域的应用前景。

(二) 碳期货

碳期货是一种金融合约,其核心在于通过合约形式锁定未来某一时间点的碳排放权价格。这种合约的买卖双方约定在未来的某一确定时间、确定场所,以事先约定的价格买卖一定数量的碳排放权。这种交易方式允许投资者利用期货市场的价格发现功能,提前预测并锁定未来的碳价格,从而有效地规避碳市场风险。

碳期货交易通常在专门的期货交易所内进行,受到严格的监管和制度保障。而碳远期交易则一般在金融机构的柜台或通过通信工具进行,缺乏统一的监管和标准化合约。碳期货合约是标准化的,具有统一的交割日期、交割地点、交割方式和价格等条款,这使得碳期货市场具有更强的流动性和透明度。而碳远期合约则通常是根据双方的具体需求私下协商达成的,标准化程度较低。

1. 碳期货的流程

(1) 合约创建。交易所根据市场需求设计碳期货合约,明确合约的规格、交割时间、交割地点等细节。

(2) 交易。交易者在交易所买卖,可以是希望对冲风险的企业,也可以是寻求投机机会的投资者。

(3) 持仓管理。交易者需要管理其持仓,根据市场情况和自身策略决定是持有到期还是提前平仓。

(4) 结算。交易所对交易进行结算,确保交易的履约。结算通常涉及保证金的调整和盈亏的计算。

(5) 交割。在合约到期时,根据合约条款进行碳排放权的实物交割或现金结算。

(6) 风险管理。交易所和清算机构通过保证金制度、限价制度等措施管理市场风险,确保交易的公平性和安全性。

2. 碳期货的应用案例

(1) 中国华能集团在北京环交所的 CCER 期货交易。2021 年 6 月,中国华能集团在北京环境交易所(北京环交所)参与了 CCER 碳期货的首批交易。华能集团作为卖方,通过北京环交所的交易系统,出售了一定数量的 CCER 期货合约。这笔交易旨在为华能集团锁定未来 CCER 配额的售价,并对冲价格波动风险。

(2) 美国航空公司在 ICE 交易所的碳期货交易。2009 年,美国航空公司(American Airlines)在洲际交易所(ICE)大举买入欧盟碳排放权(EUA)期货合约。由于当时欧盟正计划将航空业纳入碳排放交易体系,美国航空公司提前布局碳期货以锁定未来的减排成本。随后 EUA 现货价格出现大涨,美航的期货头寸获利可观。这一交易案例体现了碳期货在航空业风险管理中的重要作用,也反映了跨国企业参与碳期货市场的前瞻性。

(3) 德意志银行运用碳期货进行套利交易。作为全球领先的投资银行,德意志银行长期活跃于欧洲碳期货市场。2010 年,德意志银行利用现货和期货价格的差异,在欧洲气候交易所(ECX)进行了一系列套利交易。具体做法是在现货市场卖出 EUA 头寸,同时在期货市场买入等量的合约,从而锁定了无风险收益。这一操作充分展现了碳期货在投资者套利交易中的应用前景。

(三) 碳期权

碳期权是一种给予买方在未来特定日期或之前,以特定价格(执行价格)购买或出售碳排放权的合约。买方支付给卖方一定金额的权利金,以获得这种选择权。如果未来碳价格变动对买方有利,他们可以选择行权;如果不利,他们可以选择放弃行权,只损失已支付的权利金。

与碳期货相似,碳期权同样以碳排放权作为基础资产,但它们在交易方式和风险承担上有所不同。碳期权赋予了投资者更大的灵活性。不同于碳期货的强制交割义务,碳期权的持有者有权决定是否执行合约。这意味着,如果投资者认为未来的碳排放权市场价格对自己不利,可以选择不执行期权,从而避免可能的损失。

1. 碳期权的流程

(1) 合约签订。交易双方在场外市场就期权的执行价格、数量、到期时间等条款达成一致,并签订碳期权合约。

(2) 权利金支付。买方支付权利金给卖方,以获得期权合约。

(3) 期权管理。买方持有期权,根据市场情况决定是否行权。卖方则承担履约的义务。

(4) 期权行使。在期权到期前,如果市场条件对买方有利,买方可以选择行权,按照约定的价格买卖碳排放权。

(5) 期权到期。如果买方选择不行权,期权到期后将失效,买方损失已支付的权利金。

(6)结算。如果行权,双方按照合约条款结算,完成碳排放权的买卖。

2. 碳期权的应用案例

(1)中国华润集团在北京环交所的 CCER 期权交易。2022 年 11 月,中国华润集团在北京环境交易所(北京环交所)参与了 CCER 碳期权的交易。华润集团在北京环交所同时买入一定数量的看涨和看跌 CCER 期权,形成了一个合理的组合头寸。这种策略一方面限制了未来减排成本的上限,另一方面也保留了在低碳价位买入配额的机会。这是国内大型企业集团首次大规模运用碳期权工具进行风险管理,标志着碳期权在国内企业应用的突破。

(2)英国电力公司 Drax 在洲际交易所的 EUA 期权交易。2015 年,英国生物质能源公司 Drax 集团在洲际交易所(ICE)大举买入欧盟碳排放权(EUA)看跌期权。由于当时 EUA 现货价格较高,Drax 预计未来价格可能下跌,因此通过支付期权权利金,锁定了未来卖出碳配额的价格下限。随后 EUA 价格的确出现大幅下跌,Drax 公司通过执行看跌期权获利可观。这一交易案例体现了碳期权在企业风险管理中的重要作用。

(3)高盛银行运用碳期权进行交易策略。长期以来,高盛银行一直是欧洲碳期权市场的活跃交易者。高盛会根据对碳价格走势的判断,在不同时点灵活运用看涨和看跌期权,构建组合头寸并获取收益。例如在 2018 年,高盛大举买入 EUA 看涨期权,押注碳价格将上涨,结果碳价格的确显著上涨,高盛获利丰厚。这一交易策略展现了碳期权在投资者投机交易中的应用前景。

(四)碳掉期

碳掉期是一种金融合约,它允许双方在未来的某个特定时间以预先确定的价格交换一定数量的碳排放权。在碳掉期交易中,双方约定交换价格和交割日期。如果碳排放权的价格在掉期合约期限内上涨,拥有较低价格合约的一方将向另一方支付差价;如果价格下跌,则另一方向前者支付差价。通过这种方式,双方可以规避因碳价格波动而带来的风险。这种交易方式允许当事方调整其碳排放权的持有量,以满足其特定的风险管理或投资策略需求。

与碳期货和碳期权不同,碳掉期是一种场外交易(OTC)工具,通常不在交易所内进行,而是由双方私下协商达成。这意味着碳掉期合约的条款和条件可以根据双方的具体需求定制,从而提供了更大的灵活性。

1. 碳掉期的流程

(1)交易协商。交易双方就掉期的条款进行协商,包括掉期的期限、碳资产的数量、支付频率、基准价格以及任何其他相关条件。

(2)合约签订。双方签订碳掉期合约,明确双方的权利和义务。合约通常由金融机构或专业的碳交易顾问协助起草。

(3)支付和结算。在合约规定的时间和条件下,双方根据碳市场的实际情况支付和结算。如果市场价格与合约价格有差异,双方就可能需要现金结算,即支付或收取价格差额。

(4)合约到期。碳掉期合约到期后,双方根据合约条款完成最终的结算。如果合约涉及实物交割,还需要完成碳资产的转移。

(5)风险管理。在整个掉期期间,交易双方需要监控市场动态,管理与碳价格相关的风险。这可能包括使用其他金融工具对冲,或者调整生产和运营策略以适应市场变化。

2. 碳掉期的应用案例

(1)中国石化与工商银行的 CCER 掉期交易。2022 年 9 月,中国石化与中国工商银行签署了一笔 CCER 碳掉期合约。根据合约条款,中国石化作为固定支付方,将在未来 5 年内按约定的固定价格,每年向工商银行购买一定数量的 CCER 配额。而工商银行作为浮动支付方,将以届时的现货市场价格卖出等量的 CCER,双方的差价部分将通过现金结算。这笔交易不仅为中国石化锁定了未来碳减排成本,也为工商银行带来了碳资产投资的机会,是国内首单 CCER 碳掉期交易。

(2) 德国电力公司 E. ON 与德意志银行的 EUA 掉期交易。2016 年,德国最大的电力公司 E. ON 与德意志银行签订了一份为期 10 年的 EUA 碳掉期合约。根据合约,E. ON 作为固定支付方,将按约定价格每年向德意志银行购买一定数量的 EUA 配额;而德意志银行作为浮动支付方,将以当年的现货市场均价卖出等量 EUA。这是欧洲碳市场上期限最长的一笔碳掉期交易,充分体现了掉期工具在企业长期成本管理中的重要作用。同时,德意志银行也获得了长期碳资产投资的机会。

(3) 美国对冲基金朗维尔资本(Longville Capital)的碳掉期投机交易。美国对冲基金朗维尔资本长期活跃于欧洲碳掉期市场,专注于碳掉期的投机交易。朗维尔资本会根据对碳价格走势的判断,在适当时机作为固定或浮动支付方建立掉期头寸。例如在 2021 年,朗维尔资本作为浮动支付方卖出大量 EUA 掉期合约,押注碳价格将上涨;果不其然,碳价格的确大幅上涨,朗维尔资本获利丰厚。这一投机交易策略展现了碳掉期在对冲基金等机构投资者中的应用前景。

(五) 碳金融衍生品的作用与功能

碳金融衍生品是围绕碳排放权这一核心资产设计的金融工具,活跃的碳远期、碳期货及其他衍生品交易促使全球碳市场的建立与发展,它们的主要作用和功能体现在以下几个方面:

(1) 风险管理。碳金融衍生品允许企业和投资者通过锁定未来的碳价格规避价格波动带来的风险。例如,如果企业预计未来需要购买碳排放权,但担心价格上涨,它可以购买碳期权来确保在未来以固定价格购买。这有助于企业稳定成本预期,优化财务规划。

(2) 价格发现。通过碳金融衍生品的交易,市场参与者可以对未来的碳价格形成预期。这种预期反映在衍生品的市场价格中,为市场提供了关于未来碳价格走势的信息,有助于资源的有效配置。

(3) 流动性增强。碳金融衍生品提供了一个平台,使得碳排放权的买卖更加灵活和便捷。这增加了市场的流动性,使得碳资产更容易买卖,从而促进了碳市场的活跃度。

(4) 投资与融资。碳金融衍生品为投资者提供了新的投资机会,他们可以通过这些工具参与碳市场,寻求潜在的收益。同时,企业也可以通过发行碳相关的金融产品筹集资金,支持低碳项目的发展。

(5) 促进减排。碳金融衍生品通过经济激励机制,鼓励企业和个人减少碳排放。例如,通过碳信用的交易,那些成功减少排放的企业可以获得经济回报,从而激发更多的减排行动。

(6) 政策工具。政府和监管机构可以利用碳金融衍生品实施和完善碳定价政策。例如,通过设定碳税或碳交易体系,可以引导市场参与者通过碳金融衍生品管理碳排放,从而实现政策目标。

(7) 市场整合。碳金融衍生品有助于将碳市场与其他金融市场整合,使得碳资产能够在全球范围内流动。这有助于提高全球碳市场的效率,促进国际碳减排合作。

三、碳市场支持工具

这类工具为碳市场的运作提供支持服务,包括碳指数、碳基金和碳保险等,它们有助于提高市场的透明度和效率。

（一）碳指数

碳指数是一种反映碳市场或特定碳资产价格变动及走势的统计数据。它通常用于衡量一定时期内碳排放权或碳信用的交易价格变化，为市场参与者提供价格观察工具，同时也是开发碳金融产品的基础。

碳指数可以基于不同的碳市场或碳资产类型，如碳排放权、核证减排量、核证自愿减排量等。它通过收集和分析碳交易市场的数据，计算出一个能够代表市场整体或特定碳资产价格水平的数值。这个数值可以是加权平均价、价格指数或其他形式，用以反映市场的供需关系和价格趋势。

1. 碳指数的作用

（1）价格发现。碳指数提供了一个市场参考价，帮助参与者了解碳资产的当前价值和潜在价值，从而做出更加明智的交易决策。

（2）风险管理。通过碳指数，企业和投资者可以评估和管理与碳排放权价格波动相关的风险，例如通过碳期货、期权等金融工具对冲。

（3）投资决策。投资者可以利用碳指数评估投资碳相关资产的时机和策略，如碳信用基金、碳资产支持证券等。

（4）政策制定。政府和监管机构可以通过碳指数监测碳市场的发展，评估碳定价政策的效果，以及制定或调整相关政策。

（5）市场透明度。碳指数的发布增加了市场的透明度，有助于吸引更多的投资者参与碳市场，促进市场的健康发展。

2. 典型的碳指数

（1）欧洲碳指数（European Carbon Index）。欧洲碳指数是全球首个也是最具权威性的碳指数，由英国历史悠久的独立研究机构——伦敦金属交易所旗下的矿业金属研究所（Metals Research）编制。该指数旨在反映欧盟碳排放权（EUA）的价格走势，样本篮子由 EUA 现货和期货合约构成，根据交易量加权。自 2005 年推出以来，欧洲碳指数一直是欧盟碳市场的风向标，被广泛视为碳价格走势的权威参考。

（2）中国碳交易指数（China Carbon Trading Index）。中国碳交易指数由上海环境能源交易所编制，是中国首个碳指数产品。该指数旨在反映全国碳市场碳排放权的整体价格变动情况，样本篮子包括全国统一交易的 CCER 和各试点地区的配额产品，加权方式为等权重。中国碳交易指数自 2021 年 10 月启动运行以来，已成为国内碳市场发展的风向标。

（3）道富银行碳价格指数（BNP Paribas Carbon Pricing Index）。道富银行碳价格指数是全球首个由商业银行自主推出的碳指数产品，由法国道富银行编制。该指数旨在反映全球主要碳市场价格的综合走势，样本篮子涵盖欧盟、北美、中国等主要市场的碳排放权和碳信用额度。道富银行碳价格指数采用创新的编制方法，根据各市场的交易量、流动性等因素加权，被认为是全球碳价格水平的风向标。

（二）碳基金

碳基金是一种专门投资于碳减排项目或与碳排放权相关的金融投资产品。它旨在通过资本运作支持低碳技术和可持续发展项目，同时为投资者提供经济回报。碳基金通常由金融机构、政府、非政府组织或私营企业发起，它们可以采取多种形式，包括但不限于股权投资基金、债券基金、信托基金等。

碳基金的运作方式多样,可能包括直接投资于清洁能源项目、能效提升项目、森林碳汇项目等,或者通过购买碳信用来支持这些项目。这些项目通过减少温室气体排放或增加碳汇来产生碳信用,基金通过这些信用的增值来实现收益。此外,碳基金也可能参与碳市场的交易,利用碳价格的波动实行投资策略,如对冲、套利等,以期获得收益。

1. 碳基金的作用

碳基金具有多重功能。作为一种融资工具,碳基金可以为低碳项目提供资金支持,解决其融资难题。碳基金通过投资具有减排效益的项目,可以推动低碳技术的发展和应用,促进产业结构的优化和升级。碳基金为投资者提供了一种直接参与碳资产投资的渠道,可以分散投资风险,获取碳价格上涨带来的收益。企业可以通过投资碳基金,构建与自身碳资产头寸呈负相关的投资组合,从而对冲碳价格波动风险。此外,碳基金还有助于提高碳市场的流动性和活跃度,推动碳价格的合理形成,为碳交易提供有力的市场支撑。

2. 典型的碳基金

(1) 欧盟碳基金(EU Carbon Fund)。成立于2007年,由欧盟委员会和欧洲投资银行共同发起。这是欧盟最大的一只碳基金,资金规模约10亿欧元。主要投资于中国、俄罗斯、乌克兰等国家的清洁能源和能效项目。

(2) 世界银行碳基金(World Bank Carbon Fund)。由世界银行于1999年设立,是最早的碳基金之一。资金规模约3.45亿美元,投资于发展中国家的温室气体减排项目,获取减排量作为资金来源。在全球范围内资助了数百个项目。

(3) 中国国家绿色发展基金。由中国财政部和中国人民银行于2020年共同发起设立,首期规模约886亿元人民币。作为中国首只政策性绿色基金,重点投资绿色低碳领域,支持应对气候变化、生态环境保护等项目。

(三) 碳保险

碳保险是一种与碳信用和碳配额交易密切相关的金融工具,其目的是降低减排项目开发过程中的风险,从而减轻因碳排放相关的政策变化、市场波动或法律诉讼等因素造成的经济损失。通过保险公司提供的担保,碳保险能够确保减排项目的顺利进行,避免因各种不可预见因素导致的减排量交付风险。这种保险产品不仅关注碳市场的价格波动,还涵盖了项目运营过程中可能出现的各种风险,为减排项目的实施提供了全面的风险保障。

碳保险通常涵盖多种风险,如碳价格波动风险、减排项目失败风险、政策变动风险等。企业购买碳保险后,一旦遭遇这些风险导致经济损失,保险公司将按照合同约定赔偿,帮助企业减轻经济负担。

1. 碳保险的作用

(1) 碳保险为减排项目的投资者和开发者提供了信心保障。由于减排项目往往涉及大量的资金投入和技术创新,存在一定的不确定性,碳保险的存在可以有效降低这些风险,提高项目的成功率。

(2) 碳保险的出现为企业提供了更多的风险管理手段。通过购买碳保险,企业可以将不确定的碳市场风险和减排项目风险转嫁给保险公司,从而更加专注于自身的核心业务。同时,保险公司通过提供专业的风险管理服务,可以帮助企业识别潜在风险,提高风险管理水平。

(3) 碳保险有助于推动碳市场的健康发展。通过为碳信用和碳配额交易提供风险保障,碳保险可以提高市场的活跃度,促进市场的流动性,从而推动碳市场的稳定发展。

2. 典型的碳保险

(1) 德国慕尼黑再保险公司碳风险保险解决方案。这是全球首个专门针对碳风险的保险产品,由慕尼黑再保险公司于 2009 年推出。它主要面向欧盟碳排放交易体系中的企业,保障其在碳交易过程中可能遭受的各种损失,包括碳价格波动风险、交易对手违约风险等。该产品在全球范围内得到广泛应用。

(2) 瑞士苏黎世保险集团碳捕获与封存保险。苏黎世保险集团于 2008 年推出了全球首个碳捕获与封存保险产品。它为从事碳捕获与封存技术的企业提供保障,如果发生二氧化碳泄漏或其他意外事故,保险公司将承担相应的法律责任和赔偿费用。这有助于降低碳捕获项目的运营风险,促进该领域的技术创新和应用。

(3) 中国人保财险碳排放权交易保险。这是中国首个碳排放权交易保险产品,由中国人民保险集团财产保险股份有限公司于 2021 年推出。它针对参与全国碳市场交易的重点排放企业,提供碳价格波动保障、交易对手违约保障等服务,有效规避碳交易过程中的各类风险。

案例分析

兴业银行碳金融发展

兴业银行作为中国绿色金融的先行者,其在碳金融领域的发展历程可追溯至 2006 年,当时该行首次涉足绿色金融业务,开启了国内绿色金融的先河。此后,兴业银行不断深化绿色金融战略,将其提升至企业战略和公司治理层面,逐步构建起集团化、多层次、综合性的绿色金融产品与服务体系。

在碳金融方面,兴业银行的发展历程可以分为几个关键阶段。最初,兴业银行通过提供绿色信贷服务,支持清洁能源、节能减排等项目,为绿色产业提供资金支持。随着国内碳市场的逐步建立,兴业银行开始探索碳金融产品,如碳排放权质押贷款,这标志着其在碳金融领域的进一步深化。此后,兴业银行积极参与全国碳市场的建设,提供碳交易制度设计咨询、交易及清算系统开发等服务,进一步推动了碳市场的成熟。

在产品创新方面,兴业银行推出了一系列具有首创意义的碳金融产品。例如,全国首笔以远期碳汇产品为标的物的碳汇贷、全国首批碳中和债、首单碳中和并购债权融资计划等。这些产品不仅丰富了碳金融市场,也为企业提供了一系列创新的融资渠道,帮助企业实现绿色低碳转型。

兴业银行在多个领域实现了碳金融产品的落地。例如,该行为青岛城投集团提供综合授信敞口 120 亿元,支持其在新能源领域的投资,包括光伏、风能、氢能等多个新能源项目。这些项目不仅有助于减少温室气体排放,也为当地经济发展提供了新的动力。此外,兴业银行还支持了贵州省六盘水市六枝特区的垃圾发电项目,通过提供贷款改善当地环境,同时为贫困户提供就业机会,实现了经济效益与社会效益的双重提升。

在服务碳市场建设方面,兴业银行与全国碳交易登记结算平台、碳交易平台建立了战略合作关系,协同推进全国碳交易结算系统的对接和联调测试。在全国碳市场开市交易当日,兴业银行为重点排放单位提供了碳排放配额质押贷款,有效盘活了企业的碳排放配额资产,为碳市场的健康发展提供了有力支持。

总体来看,兴业银行在碳金融领域的发展历程体现了其对绿色发展理念的坚持和对市场机遇的敏锐把握。通过不断的产品创新和服务模式探索,兴业银行不仅为绿色低碳转型提供了强有力的金融支持,也为国内碳金融市场的发展树立了标杆。

任务三　理解供应链碳金融

一、供应链金融

供应链金融(Supply Chain Finance, SCF)是一种金融服务模式，它通过整合供应链上下游企业的资金流、信息流和物流，为供应链中的企业提供融资解决方案，以优化整个供应链的资金使用效率和流动性。这种模式通常涉及多个参与方，包括供应商、制造商、分销商、零售商以及金融机构等(见图9—3)。

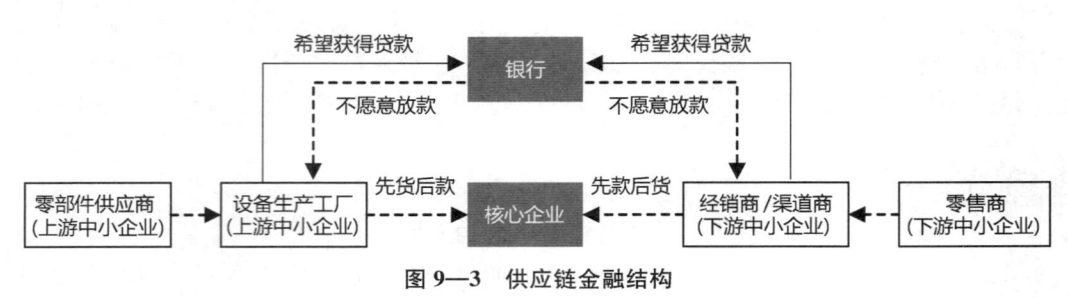

图9—3　供应链金融结构

供应链金融，从其核心定义来看，是指金融机构(例如银行、保理公司等)以核心企业为中心，对上下游中小企业进行资金流和物流的管理。它将单个企业面临的不可控风险转变为整个供应链企业能够控制的风险。金融机构通过获取多方面的信息，将风险降至最低，提供包括融资、保险和结算在内的多种金融服务，以满足供应链各方的资金需求，确保供应链的顺畅运作。

供应链金融的运作依赖于几个关键要素。首先，核心企业是整个供应链金融的基石，其信用评级和经营状况直接影响供应链金融的可行性和成本。其次，供应链中的信息流和物流是金融机构评估风险、制定融资方案的重要依据。通过收集和分析这些信息，金融机构可以更准确地把握供应链的整体状况，从而制定出更加精准的金融服务方案。

供应链金融的主要形式包括：

(1) 应收账款融资(Receivables Finance)。供应商将其对核心企业的应收账款转让或质押给金融机构，以换取即时或预付款项。这样，供应商可以提前获得资金，改善现金流，而核心企业则可以延长支付期限。

(2) 预付款融资(Prepayments Finance)。核心企业或金融机构提前支付给供应商部分或全部货款，供应商承诺在未来交付约定的货物或服务。这种方式有助于供应商提前获得资金，加快生产和交付过程。

(3) 库存融资(Inventory Finance)。企业将其库存作为抵押，从金融机构获得融资。这种方式适用于库存周转率较低的企业，可以帮助它们释放库存占用的资金，用于其他运营活动。

(4) 订单融资(Order Finance)。企业在接到订单后，可以基于订单金额向金融机构申请融资。这种融资通常与订单的履行直接相关，有助于企业扩大生产规模，满足市场需求。

此外，供应链金融的发展也离不开技术的支持。随着大数据、云计算、区块链等技术的不断成熟和应用，显著提升了供应链金融的风险管理能力。这些技术可以帮助金融机构更加精准地评估供应链中的风险点，实现风险的可视化和可控化。同时，技术还可以提升供应链金融的运作效率,降低运营成本,使得更多的中小企业能够享受到供应链金融的便利。

然而,供应链金融的发展也面临一些挑战。例如,如何平衡风险与收益、如何确保信息的真实性和完整性、如何提升服务的普及率和覆盖率等。为了解决这些问题,我们需要进一步加强对供应链金融的研究和探索,推动相关政策的完善和落地,加强金融机构与供应链企业的合作与沟通,共同推动供应链金融的健康发展。

二、供应链碳金融

(一)供应链碳金融概要

供应链碳金融是一种结合了供应链管理和碳金融的创新金融服务模式。它旨在通过金融手段支持和激励供应链中的企业采取低碳行动,减少温室气体排放,同时实现经济效益和环境效益的双重目标。

随着全球对气候变化的关注日益增加,低碳经济成为世界经济发展的重要趋势,供应链碳金融因此应运而生,成为推动产业绿色转型的重要工具。这种模式通常涉及供应链中的多个环节,包括原材料采购、生产制造、产品销售以及到达最终消费等,通过整合这些环节的碳排放数据和金融资源,为企业提供定制化的融资解决方案。

在传统的供应链管理中,企业关注的是成本控制、效率提升和风险管理。然而,随着环境问题尤其是温室气体排放引起的全球变暖问题日益严峻,企业的碳足迹逐渐成为衡量其社会责任和可持续性的重要指标。供应链碳金融的核心在于将碳减排的目标融入供应链的每一个环节,通过金融产品的设计,激励和帮助企业在整个供应链过程中减少碳排放。

从操作层面来看,供应链碳金融的实现依赖于几个关键环节。首先,是对供应链企业碳排放的准确核算和评估。这需要借助专业的碳排放核算方法和工具,确保数据的准确性和可靠性。其次,金融机构需要基于碳排放数据,对供应链企业进行信用评级和风险评估,以此为依据制定融资方案和风险控制措施。此外,金融机构还需要与供应链企业建立紧密的合作关系,共同推动碳减排目标的实现。

供应链碳金融将"供应链金融"和"碳金融"两个概念有机融合,它不仅利用供应链的优势补充碳金融的不足,而且通过整合碳金融提升供应链的抗风险能力和低碳化水平。这种结合实现了优势互补,既增强了供应链中企业参与低碳发展的意愿,也帮助中小企业解决了低碳转型过程中的融资难题,从而促进了整个社会的低碳转型。

总之,供应链碳金融是一个新兴的领域,它通过金融手段激励企业在其供应链中实施减排措施,以应对气候变化的挑战。虽然在实践中还存在一些挑战,但随着全球对碳排放的监管越来越严格,以及企业和金融机构对可持续发展的认识不断提高,供应链碳金融有望在未来发挥更大的作用。

(二)供应链碳金融的模式

供应链碳金融是响应全球气候变化和推动低碳经济发展的重要金融工具。通过整合供应链上下游企业的资金流、信息流和物流,供应链碳金融为企业提供融资解决方案,同时促进环境的可持续性。以下是一些供应链碳金融的创新模式。

1. 碳排放权质押融资模式

这一模式将碳排放权作为质押物引入供应链金融。在供应链中,企业可以将其获得的碳排放权作为质押物,向金融机构申请融资。金融机构在评估企业的碳排放权价值、减排潜力及还款能力后,为企业提供相应的融资支持。这一模式既解决了企业的融资需求,又使得碳排放权这一无形资产得以有效利用,实现了环境效益与经济效益的双赢。

2. 绿色供应链应收账款融资模式

在绿色供应链中,上游供应商常常面临应收账款积压、资金周转困难的问题。金融机构可以根据供应链中的贸易背景,确认和评估供应商的应收账款,为其提供融资支持。这种模式下,金融机构不仅关注企业的还款能力,还注重其绿色供应链管理的表现,如环保措施的实施、碳排放的减少等。通过这一模式,供应商可以快速获得资金,支持其绿色生产和发展。

3. 碳资产池融资模式

该模式允许企业将自身的碳资产(包括碳排放权、碳减排项目等)组成资产池,并以此为基础向金融机构申请融资。金融机构评估资产池的价值,并依据评估结果为企业提供相应的融资额度。这种模式能够充分利用企业的碳资产,降低融资门槛,同时也有助于企业实现碳资产的优化配置和最大化利用。

4. 碳供应链金融保理模式

在这一模式下,金融机构通过购买供应链中企业的应收账款,为企业提供融资支持。这种融资方式不仅解决了企业的资金问题,还通过保理业务的风险管理功能,降低了企业的运营风险。同时,金融机构在评估应收账款时,会考虑企业的碳排放情况和环保绩效,从而引导企业更加重视碳排放管理和环保工作。

5. 碳金融租赁模式

金融机构可以为供应链中的企业提供碳金融租赁服务,允许企业以租赁的方式获得低碳设备或技术。这种方式既降低了企业的初始投资成本,又提高了其采用低碳技术的积极性。同时,金融机构可以通过租赁合同的安排,确保设备的合理使用和维护,促进低碳技术的有效推广和应用。

6. 碳信用评级与供应链融资结合模式

金融机构在提供供应链融资时,可以结合企业的碳信用评级决策。金融机构通过全面评估企业的碳排放数据、减排措施及效果等,形成碳信用评级体系,作为融资决策的重要依据。这一模式能够激励企业积极采取低碳措施,提高碳信用评级,从而获得更为优惠的融资条件。

(三)供应链碳金融的流程

供应链碳金融的流程是一个动态的、循环的过程,涉及多个关键步骤和参与者,包括核心企业、低碳服务企业、金融机构、碳排放权管理机构以及供应链上的其他企业。每个步骤都有其核心思想和操作要点。下面是供应链碳金融的一般流程:

1. 核心企业申请碳排放权配额

在启动供应链碳金融流程时,核心企业首先需要向碳排放权管理机构申请获得供应链整体的碳排放权配额。这是确保整个供应链在碳排放方面合规的基础,也是后续融资活动的前提。通过与碳排放权管理机构签订相关合约,核心企业明确了自己的碳排放权益和责任。

2. 核心企业与低碳服务企业建立合作关系

核心企业需要与专业的低碳服务企业建立合作关系,并签订委托合同。这一步骤的目的是借助低碳服务企业的专业能力和经验,推动供应链碳金融的实施。通过缴纳一定的服务费用,核心企业获得了专业的融资服务支持。

3. 低碳服务企业申请碳资产凭证

依据与核心企业签订的委托合同,低碳服务企业向碳排放权管理机构申请获得供应链整体的碳资产凭证。这一凭证代表了供应链在碳排放权方面的权益,是后续融资活动的重要依据。碳排放权管理机构在审核无误后发放碳资产凭证,为后续的质押融资提供了基础。

4. 低碳服务企业质押碳资产凭证并申请贷款

获得碳资产凭证后,低碳服务企业将其质押给金融机构,作为申请贷款的担保。同时,与金融机构共同拟定贷款合同,明确贷款金额、期限和利率等关键条款。金融机构在审核供应链服务企业的资质和还款能力后,决定是否发放贷款。

5. 金融机构授信并分配贷款资金

一旦贷款获得批准,金融机构将向供应链授信,并根据核心企业的要求将贷款资金分配于供应链的各个环节。这些资金主要用于推动供应链的低碳转型和可持续发展,促进减排技术的研发和应用。

6. 供应链企业按约还款并赎回碳排放权

在贷款期限内,供应链上的企业需要按照合同约定的还款计划,按时偿还贷款本金和利息。如果成功实现减排目标并在贷款期末清偿全部债务,它们可以赎回之前质押的碳排放权,保留其在碳排放权方面的权益。

7. 风险控制与债务处理

如果供应链在贷款期间未能按照约定偿还债务,碳排放权管理机构将根据委托书的规定,出售供应链的排放权以偿还债务。这是一种风险控制措施,旨在确保金融机构的利益得到保障。同时,通过这一步骤,供应链碳金融流程得以完整闭环,实现了资金与碳排放权的有机结合。

(四)供应链碳金融的优势

供应链碳金融通过整合供应链上下游企业的资金流、信息流和物流,为供应链中的企业提供融资解决方案,以优化整个供应链的资金使用效率和流动性。这种模式特别关注碳排放权的交易和管理,旨在促进环境的可持续性,同时为参与方创造经济价值。以下是供应链碳金融的优势:

1. 促进供应链的绿色化转型与可持续发展

供应链碳金融模式的核心在于将碳排放权纳入金融体系,通过市场机制推动供应链的绿色转型。这一模式鼓励企业减少碳排放,采用环保技术和生产方式,从而推动供应链的可持续发展。

首先,供应链碳金融模式通过设定碳排放配额和交易机制,使碳排放权成为一种有价值的资产。当企业超过其碳排放配额时,需要在碳市场上购买额外的配额;反之,若企业成功减少碳排放并产生富余配额,则可以在碳市场上出售,获得经济回报。这种机制有效激励企业减少碳排放,推动供应链的绿色低碳发展。

其次,供应链碳金融模式有助于引导资本流向低碳产业和技术。金融机构在评估融资项目时,会充分考虑项目的碳排放情况,优先支持低碳、环保的项目。这有助于推动低碳产业的发展和创新,提高供应链的绿色化水平。

此外,供应链碳金融模式还能促进供应链的绿色供应链管理。通过将碳排放纳入供应商的评价体系,企业能够更全面地评估供应商的环境绩效,优先选择环境友好型供应商,推动整个供应链的绿色转型。

2. 优化资源配置与提高资金利用效率

供应链碳金融模式通过市场机制优化资源配置,提高资金利用效率,为供应链中的企业提供更加高效、便捷的金融服务。

一方面,供应链碳金融模式能够引导资本流向低碳、环保领域。在碳交易机制的激励下,金融机构会更加关注低碳产业和技术的发展,为这些领域提供更多的资金支持。这有助于实现资源的优化配置,推动低碳经济的发展。另一方面,供应链碳金融模式能够提高企业的融资效率。通过碳排放权的交易和质押等方式,企业可以获得更加灵活、低成本的融资支持。这有助于缓解企业的资金压力,提高其运营效率和竞争力。

此外,供应链碳金融模式还能促进供应链的协同发展和风险管理。供应链中各企业通过加强合作与沟通,共同应对碳排放风险,降低整体风险水平。同时,金融机构可以通过提供风险管理和咨询服务,帮助企业更好地应对潜在的风险和挑战。

3. 降低企业运营成本与提升市场竞争力

参与供应链碳金融模式的企业能够通过降低运营成本、提升品牌形象和市场竞争力等方式获得实际利益。

首先,通过减少碳排放和有效利用碳排放权交易机制,企业可以降低其运营成本。在碳市场上购买或出售碳排放权,可以帮助企业平衡其碳排放成本,实现经济效益和环境效益的双赢。

其次,参与供应链碳金融模式的企业可以塑造积极的环保形象,提升品牌形象和市场认可度。随着消费者对环保问题的关注度不断提高,企业的环保形象和行动对于其市场竞争力具有重要影响。通过积极参与碳交易和推动供应链的绿色转型,企业能够展示其环保责任和承诺,吸引更多环保意识强烈的消费者。

此外,供应链碳金融模式还能为企业带来更多的商业机会和合作伙伴。在碳交易市场上,企业可以与其他低碳企业和机构建立合作关系,共同开发新的低碳技术和产品。这有助于企业拓展业务范围,提高市场份额。

4. 推动碳市场的健康发展与国际化进程

供应链碳金融模式的发展对碳市场的健康发展与国际化进程具有积极的推动作用。

首先,供应链碳金融模式为碳市场提供了更多的交易主体和交易产品,有助于扩大碳市场的规模和活跃度。随着越来越多的企业和金融机构参与碳交易,碳市场的交易量和流动性将得到显著提升,这有助于形成更加完善的碳市场价格机制。

其次,供应链碳金融模式有助于推动碳市场的规范化发展。通过制定和完善碳交易规则、监管机制等,确保市场的公平、透明和有效。这将有助于提升碳市场的公信力和吸引力,吸引更多的投资者参与碳交易。

此外,供应链碳金融模式还能推动碳市场的国际化进程。随着全球气候治理的深入推进,各国之间的碳市场合作将不断加强。供应链碳金融模式作为连接国内外碳市场的桥梁,有助于推动各国碳市场的互联互通和融合发展,促进全球应对气候变化的合作与努力。

5. 促进技术创新与产业升级

供应链碳金融模式不仅关注碳排放的减少,还积极推动技术创新与产业升级。通过为低碳技术和绿色产业提供资金支持,该模式有助于推动新兴产业的发展和壮大。

一方面,供应链碳金融模式为低碳技术创新提供了资金支持。金融机构在评估融资项目时,会优先考虑那些具有低碳技术创新的项目。这有助于吸引更多的资本投入低碳技术研发领域,推动技术的突破和创新。

另一方面,供应链碳金融模式通过优化资源配置,促进产业的绿色升级。在碳交易机制的激励下,企业会积极寻求绿色生产方式和技术,推动产业的绿色转型。这将有助于提升整个产业的竞争力和可持续发展能力。

此外,供应链碳金融模式还能推动跨界合作与创新。通过连接不同行业、领域的企业和机构,该模式有助于促进跨界合作与交流,推动创新资源的共享和整合。这将为技术创新和产业升级提供更多的机遇和可能性

三、碳金融对供应链管理的影响

对于供应链管理而言,碳金融的发展将产生深远影响。

1. 企业将被迫高度重视并优化供应链的碳足迹管理

供应链每个环节的碳排放都将受到严格监控和考核,对整体运营效率和成本产生直接影响。企业需建立健全的碳数据采集和报告体系,将碳减排目标纳入关键绩效指标。

2. 供应链结构和合作伙伴关系可能发生重大调整

企业将根据碳金融的价格信号,优化供应链上下游的配置,优先选择低碳足迹的供应商和物流渠道。一些高排放的供应商和合作伙伴可能会被淘汰,被更加环境友好的替代方案所取代。

同时,企业也将加强与供应链合作伙伴的环境数据共享和减排目标的协同,建立更紧密的伙伴关系。通过供应链内部的碳交易市场,企业可实现碳资产在供应链内部的流转和定价,形成减排的内生动力。

3. 供应链的运营模式和技术路线将发生变革

企业将大力推进数字化智能运营,应用人工智能、物联网等技术提高能源利用效率,优化物流路径降低碳排放。同时,可再生能源、绿色制造等清洁生产技术也将被大规模应用,以满足供应链低碳转型的需求。

4. 供应链人力资源和组织架构将面临重塑

企业需要大量具备碳管理、气候分析等跨学科能力的复合型人才,支撑供应链低碳转型的实施。同时,专门的碳管理部门或委员会可能会被设立,负责制定和落实供应链整体的减排策略。

5. 供应链绩效评估和激励机制的调整

在碳金融环境下,企业将不得不重新审视供应链绩效评估和激励机制。除了传统的运营效率、质量控制等指标外,碳排放量和减排绩效也将成为关键考核维度。相应地,供应链各岗位的绩效考核和薪酬激励体系都需要做出调整,将碳减排目标融入其中,充分调动员工的主观能动性,营造整个供应链上下的低碳文化氛围。

同时,供应链合作伙伴的绩效考核体系也需要重新制定,除了传统的交付质量、价格等指标,还要加入碳足迹管理和减排绩效等新的维度,推动整个供应链生态的绿色转型。

6. 供应链金融服务升级

为更好地支持供应链低碳转型,金融机构将升级其供应链金融服务。除了传统的营运资金贷款等,还将提供专门的"绿色供应链融资"产品。

这些产品将根据企业的碳排放数据和减排绩效情况,调整其供应链融资成本,为表现优异者提供优惠利率等激励。同时,金融机构还将为企业提供碳足迹评估、减排咨询等增值服务。

7. 供应链合规成本的增加

随着各国政府在碳排放监管和信息披露要求方面的日益严格,企业的供应链合规成本也

将随之增加。企业需要投入更多资源用于搭建碳排放数据采集系统,编制并第三方审核年度碳排放报告,确保符合各地监管要求。

此外,一旦发生碳排放超标或违规情况,企业还可能面临政府的处罚,如被暂停参与碳交易市场、被征收排放税等,这将进一步增加企业的合规成本负担。

总的来说,碳金融的发展将从根本上重塑供应链管理的理念、模式和实践。企业供应链的各个环节都将因此发生深层次的变革,从合作伙伴选择、运营模式、技术路线,到人力资源、组织架构、绩效考核,再到金融服务和合规管理等,无一幸免。

这种变革将是一个漫长而艰巨的过程,需要企业的高度重视和全面系统的应对。那些能够主动拥抱碳金融,高效管控供应链碳足迹的企业,将在日趋严峻的气候变化形势下占据竞争优势。相反,落后者则将面临日益加剧的经营压力和监管约束,最终将被淘汰出局。

任务四　熟悉供应链碳金融的发展

一、国内外供应链碳金融的创新

供应链碳金融是一个新兴且前沿的领域,目前全球有一些国家和地区在这方面做出了积极的探索和创新,表现较为突出,主要包括欧洲、美国、新加坡和中国。

(一)欧洲

得益于其对气候变化的深刻认识以及对可持续发展的坚定承诺,欧洲作为全球气候治理的先行者,在供应链碳金融领域也处于领先地位。欧洲供应链碳金融的发展大致分为三个阶段:

1. 碳排放核算和信息披露(21世纪初期)

在这一阶段,欧盟及其成员国先是制定了一系列政策,要求企业强制披露其温室气体排放情况。例如,英国于2013年颁布的《公司温室气体排放(董事报告)规例》,要求上市公司在年报中报告其全球范围内的排放量。

与此同时,民间组织如碳信息披露项目(CDP)等也在推动企业自愿披露供应链碳足迹。CDP每年都会向全球数千家大型企业发出调查问卷,要求其报告范围一、二和三的温室气体排放情况。这为后续将气候因素纳入供应链金融决策奠定了基础。

2. ESG纳入供应链融资考量(21世纪10年代中期)

随着更多企业开始系统收集和披露其供应链碳排放数据,一些先行者银行开始将这些数据纳入供应链融资的风险评估和定价机制。例如,法国农业信贷银行(Credit Agricole)于2018年推出了"绿色评分"机制,根据企业的ESG表现调整其融资利率。

在这一阶段,欧洲银行业监管机构也发挥了重要作用。欧洲银行业监管局(EBA)发布了一系列指导意见,要求银行在贷款审批时考虑环境和气候风险,并将ESG因素纳入风险管理框架。这为供应链碳金融的发展创造了有利的监管环境。

3. 专门的供应链碳金融产品(21世纪20年代初期至今)

进入21世纪20年代,随着气候风险意识的不断提高,欧洲银行开始推出专门针对供应链碳减排的金融产品和服务。例如:(1)荷兰合作银行(Rabobank)推出了"碳银行"业务,为供应链企业提供碳足迹测算、减排咨询和相关融资服务。(2)法国兴业银行(Societe Generale)推出了"供应链可持续发展融资"业务,根据供应商的ESG表现为客户提供优惠利率。(3)德意志银行与贝恩公司合作,为企业量身定制"供应链减碳融资"方案。

除银行外,一些专业服务机构也在这一领域创新。例如,罗氏咨询公司(Robeco SAM)开发了一种新的 ESG 评分模型,专门针对供应链的环境和气候绩效,帮助金融机构更好地评估供应链企业。

欧洲在供应链碳金融方面的发展与创新为全球提供了宝贵的经验。通过政策引导、市场机制完善、技术创新与应用以及国际合作与交流等多方面的努力,欧洲成功推动了供应链碳金融的快速发展。

(二)美国

美国作为全球最大的经济体之一,在应对气候变化和推动低碳转型方面扮演着举足轻重的角色。美国供应链碳金融的发展大致分为三个阶段:

1. 碳信息披露与核算标准化(21 世纪初)

在这一阶段,一些非营利组织和行业协会开始推动企业自愿披露其温室气体排放信息,并制定相关的核算标准和方法。世界资源研究所(WRI)与世界可持续发展工商理事会(WBCSD)于 2001 年共同发起了"温室气体核算体系"(GHG Protocol)项目。

GHG Protocol 建立了企业层面温室气体核算的国际标准,并于 2011 年发布了"企业价值链(范围三)核算与报告标准",旨在指导企业测算和报告其上下游供应链的间接排放。这为美国企业管理供应链碳足迹奠定了基础。

2. 自愿性减排项目与碳交易(21 世纪 10 年代中期)

随着企业逐步掌握供应链碳核算方法,一些大型企业开始寻求通过自愿减排项目等方式抵消其供应链碳排放。加州政府的"供应链程序"就为企业投资于自愿减排项目提供了机会。

与此同时,一些州和地区也建立了区域性碳交易市场,为企业提供了交易碳排放配额的平台。最著名的是加州与魁北克共同发起的"西气体倡议"(WCI)碳交易体系,覆盖工业、发电等高排放行业。

3. 专门的供应链碳金融产品(21 世纪 20 年代至今)

进入 21 世纪 20 年代,一些美国大型银行开始将气候相关因素纳入供应链融资考量,并推出专门针对供应链减排的金融产品和服务。例如,美国银行的"供应链金融气候计划"、富国银行的"净零供应链融资方案"、花旗银行与企业合作的"供应链融资气候评分计划"。

上述产品通常会要求企业测算并披露供应链碳足迹,并根据其减排绩效调整融资利率,为表现良好者提供激励。同时,美国也涌现出不少供应链碳金融创新公司,利用新兴技术为企业提供创新型解决方案:(1)Ecolibrium 公司开发了区块链驱动的平台,帮助企业管理供应链碳足迹。(2)Circulor 公司利用区块链技术建立供应链原材料的"绿色溯源"。(3)Persefoni 公司提供基于人工智能的 SaaS 软件,协助企业披露温室气体排放信息。这些创新公司的解决方案有助于企业更精准地测算和管理供应链碳排放,并符合日益严格的信息披露要求。

总的来说,虽然美国在联邦层面缺乏统一的碳定价政策,但一些州和地区已在供应链碳金融领域进行了积极探索。

(三)新加坡

新加坡在推动绿色金融方面走在了前列。供应链碳金融作为其中的重要组成部分,新加坡政府、金融监管机构和市场参与者都在积极布局和创新。

1. 政策引导与监管推动(21 世纪 10 年代中期)

新加坡政府早在 2009 年就发布了"新加坡可持续蓝图",将可持续发展上升为国家发展战略。2016年,新加坡金融管理局(MAS)发布了环境风险管理指引,要求银行将环境因素纳入风险管理框架。这为新加坡供应链碳金融的发展奠定了政策基础。

在此背景下,新加坡的大型银行开始将气候和环境风险纳入传统供应链融资的考量。例如,华侨银行推出"可持续发展定价商业贷款",根据借款企业的ESG表现调整贷款利率。

2. 金融产品和服务创新(21世纪20年代初期)

进入21世纪20年代,新加坡金融机构在供应链碳金融领域的创新步伐进一步加快。一些专门的金融产品和服务应运而生,如:(1)星展银行推出"绿色贷款"产品,将供应商的气候绩效纳入定价考量,并为客户提供碳核算和披露服务。(2)华侨银行与Innosource合作,为客户提供供应链碳足迹测算和减排咨询服务。(3)新加坡金融科技公司Banxo推出基于区块链的供应链碳交易平台,帮助企业管理和交易碳排放配额。

除银行外,一些专业服务机构也在这一领域进行创新。例如,Trucost公司开发了一套专门的供应链环境足迹分析工具,为企业和金融机构量身定制解决方案。

3. 多方参与和生态系统构建(2023年及以后)

近年来,新加坡政府进一步加大了在绿色金融领域的政策支持力度。2023年,新加坡宣布投资2亿新元用于建立绿色金融生态系统,包括培育绿色金融人才、促进金融科技应用等。

在这一背景下,新加坡供应链碳金融生态系统正在加速构建。除了银行和专业服务机构外,更多的初创企业、科技公司、非营利组织等也加入这一领域。他们通过提供创新型解决方案,助力企业测算、报告和管理供应链碳足迹。例如,Persefoni公司开发了基于人工智能的SaaS平台,帮助企业自动化收集和分析温室气体排放数据。Clarity AI公司则利用机器学习算法评估供应链中每个步骤的环境影响。

此外,新加坡也在积极引入国际先进的供应链碳金融标准和实践。2022年,新加坡与英国签署了"绿色金融伙伴关系"备忘录,旨在加强两地在绿色金融标准、披露框架等方面的合作。作为合作的一部分,英国标准协会(BSI)将在新加坡设立区域环境数据中心,为企业提供碳足迹和环境影响评估服务。

同年,国际组织Carbon Trust也在新加坡设立了亚太区总部,致力于推广其供应链碳足迹测算和减排方法在本地区的应用。Carbon Trust是全球领先的气候变化咨询机构,其标准和解决方案获得广泛认可。

除了引入国际资源外,新加坡政府还大力培育本土供应链碳金融人才。新加坡管理大学、新加坡国立大学等高校纷纷开设相关课程,为金融业输送专业人才。同时,新加坡金融学院也推出多项培训认证,帮助从业者提升绿色金融专业能力。

在政府的大力支持和多方参与下,新加坡正在加速构建完整的供应链碳金融生态系统。

(四)中国

作为温室气体排放量较大的国家之一,中国在应对气候变化方面责无旁贷。供应链碳金融作为推动产业链低碳转型的重要手段,近年来在中国得到了重视和创新实践。

1. 政策导向和基础建设(21世纪10年代中期)

2016年,中国政府发布《"十三五"控制温室气体排放工作方案》,明确提出"推动金融机构将环境因素纳入决策"的要求。这为供应链碳金融在中国的发展指明了方向。

与此同时,中国也在加快建设相关的基础支持。2016年,中国国家碳排放交易体系建设工作正式启动。2017年,中国发布了《工业其他行业企业温室气体排放核算方法与报告指南》和《陆上交通运输企业温室气体排放核算方法与报告指南》，为企业测算供应链碳足迹提供了指导。

2. 金融产品和服务创新（21世纪20年代初期）

在政策和基础设施的支撑下，中国银行业开始在供应链碳金融领域进行产品和服务创新。

2020年，中国工商银行推出了"绿色供应链贷款"产品，将企业的环境表现纳入授信考量，并为表现优异者提供利率优惠。同年，中国银行也推出了"绿色供应链金融"创新产品。

除银行外，专业评级机构也在这一领域贡献力量。中诚信国际信用评级有限公司开发出"绿色供应链管理评级"体系，为银行评估企业的供应链环境绩效提供支持。

3. 多方参与和生态系统构建（2023年及以后）

2021年，中国全国碳市场正式启动，覆盖发电行业。这为企业参与碳交易、管理供应链碳排放提供了机会。

与此同时，中国金融科技企业也在供应链碳金融领域展现出创新活力。例如，(1)蚂蚁区块链推出"碳普惠"产品，帮助企业通过区块链技术构建供应链碳账户，实现碳核算和减排激励。(2)气候先锋公司开发了基于人工智能的碳管理平台，协助企业分析和优化供应链的碳足迹。(3)上海能衡环境科技公司推出了"碳智汇"平台，为企业提供一站式的碳排放管理和交易服务。

在政府政策引导和市场需求的双重驱动下，中国正在加速构建完整的供应链碳金融生态系统，包括金融机构、咨询服务、科技解决方案等多方力量的参与。

除了国内企业的创新活力外，中国也在积极吸收借鉴国际先进经验。2022年，中国银行保险监督管理委员会联合英国政府发布了《中英气候与环境信息披露试点方案》，旨在推动两国金融机构加强环境信息披露，为气候风险管理和绿色投资提供支持。在这一背景下，一些国际组织也将业务拓展至中国，为本土企业提供专业的供应链碳金融服务。例如，(1)国际非营利组织CDP在中国设立了分支机构，推动中国企业披露温室气体排放和管理气候风险。(2)国际咨询公司罗兰贝格收购了中国本土公司赛昂，进一步加强了在华供应链绿色转型咨询能力。(3)毕马威、安永等也在中国设立了专门的供应链碳咨询业务，为企业量身定制低碳转型方案。(4)全球知名的碳咨询公司南极光在中国设立了分公司，为企业提供碳核算、减排方案设计等一体化服务。

除了吸收国际经验外，中国也在推动本土标准和实践的国际化。2023年，中国发布了《绿色供应链管理体系指南》国家标准，旨在为企业建立绿色供应链管理体系提供指引。

总的来说，在政策支持、市场需求和多方参与的驱动下，中国正在加速构建完整的供应链碳金融生态系统。

二、供应链碳金融的趋势

随着全球气候变化问题日益严峻，供应链碳金融未来的发展前景十分广阔。它将在推动产业链低碳转型、应对气候风险、促进可持续发展等方面发挥越来越重要的作用。主要表现在如下几个方面：

（一）碳定价机制的全面覆盖

目前，全球已有60多个国家和地区建立了碳定价机制，但大多仅覆盖部分行业或部分温室气体排放。未来，这些碳定价体系将逐步扩大覆盖范围，全面纳入各行业、各排放源。

随着碳定价的全面覆盖，供应链各环节的企业都将承担相应的碳成本，从而倒逼整个供应链实现低碳转型升级。供应链碳金融在这一过程中将发挥至关重要的作用，为企业提供测算碳足迹、管理碳排放、交易碳配额等服务。

（二）供应链碳金融生态系统的完善

未来，一个完整的供应链碳金融生态系统将逐步形成，涵盖咨询、核算、管理、交易、融资等各个环节。在这一生态系统中，专业的咨询和服务机构将为企业量身定制低碳转型方案；科技公司将提供基于人工智能、区块链等新技术的创新解决方案；银行和金融机构则将碳排放等环境因素纳入风险评估和定价机制。

这一完整生态系统的构建，将为供应链各参与方提供全方位的碳金融服务支持，推动整个供应链协同减排、共同达成气候目标。

（三）供应链碳金融标准和规则的国际统一

目前，全球供应链碳金融标准和监管规则还存在一定分歧和差异。为促进跨境贸易和投资，未来将有望在这一领域达成更多国际共识。

在温室气体核算、信息披露、碳金融产品定义等方面，将形成一套全球通用的标准和规则，为跨国企业供应链的碳管理和相关金融服务提供指引。这一趋势也将推动碳金融产品和服务在全球范围内的互联互通。

（四）与其他可持续金融领域的融合

供应链碳金融未来将与其他可持续金融领域进一步融合，形成多维度的绿色金融生态。例如，与循环经济金融相结合，催生"再生资源供应链融资"等新型产品；与环境权益交易相融合，促进自然资本的定价和交易等。

这种融合将有助于金融机构更全面地评估企业的环境和气候绩效，为其提供更加综合的绿色金融解决方案，从而推动整个经济社会的可持续发展进程。

那些能够高效管控供应链碳排放、积极利用碳金融工具的企业，必将在日趋严峻的气候变化形势下占据优势。相反，落后者则将面临日益加剧的经营压力和监管约束。因此，企业供应链管理层面的低碳转型将是一场无法回避的全面变革。

三、供应链碳金融的风险

只有妥善管理和有效降低碳金融市场风险，供应链碳金融业务才能实现持续健康的发展，进而助力低碳减排事业的发展，为企业提供安全的研发创新融资环境。

（一）风险类别

1. 市场风险

市场风险是供应链碳金融业务中最直接、最显著的风险类别之一。它主要源于碳价格的波动和不确定性。

（1）价格波动风险。碳价格受到多种因素的影响，包括宏观经济状况、能源市场需求、政策调整等。这些因素的变化可能导致碳价格的剧烈波动，给供应链碳金融业务的参与者带来损失。例如，当碳价格突然下跌时，持有碳资产的投资者可能面临资产价值缩水的风险；而当碳价格上涨时，碳排放企业可能面临更高的减排成本，进而影响其经营效益。

（2）市场流动性风险。碳金融市场的流动性风险主要源于市场规模、交易活跃度和市场参与者数量等因素。如果市场规模较小、交易不活跃或参与者数量有限，那么当投资者需要买卖碳资产时，可能难以找到合适的交易对手方，导致交易无法及时完成或交易价格偏离市场公允价格。这种流动性风险可能影响碳金融业务的正常运作，甚至导致市场崩溃。

2. 信用风险

信用风险是碳金融业务中另一个重要的风险类别，它主要源于交易对手的违约风险。

（1）交易对手违约风险。在碳金融交易中，交易对手可能因各种原因无法履行合约义务，如破产、资金链断裂等。这种违约行为可能导致碳金融业务的参与者面临损失。为了降低这种风险，参与者需要在交易前充分评估交易对手的信用状况，并选择信用评级较高的交易对手交易。

（2）评级机构风险。供应链碳金融业务的信用风险还与评级机构的风险有关。评级机构负责对碳资产和交易对手的信用状况进行评估和评级，其评级结果对投资者的决策具有重要影响。然而，评级机构可能因信息不对称、利益冲突等原因导致评级失真或存在偏差。这种风险可能误导投资者的决策，增加信用风险的发生概率。

3. 操作风险

操作风险是供应链碳金融业务中因内部流程、人为失误或系统故障等因素导致的风险。

（1）内部管理风险。供应链碳金融业务的参与者需要建立完善的内部管理制度和流程，以确保业务的合规性和稳健性。然而，如果内部管理存在漏洞或不足，如审批流程不严格、内部控制失效等，则可能导致供应链碳金融业务的操作风险增加。这种风险可能表现为违规交易、资金挪用等问题，给参与者带来损失。

（2）技术风险。供应链碳金融业务高度依赖信息技术系统，如交易平台、数据库等。然而，这些系统可能因技术故障、网络安全问题等原因导致业务中断或数据泄露等风险。这种技术风险可能影响碳金融业务的正常运作，甚至导致重大损失。

4. 政策风险

政策风险是供应链碳金融业务中因政策变化或不确定性导致的风险。

（1）法律法规风险。供应链碳金融业务受到相关法律法规的约束和规范。然而，法律法规可能随着时间和环境的变化而调整或修订，这种变化可能导致供应链碳金融业务的合规性受到影响。例如，新的法规可能限制某些碳金融产品的发行或交易，或对碳金融业务的监管要求进行调整。这种法律法规风险可能给碳金融业务的参与者带来不确定性和损失。

（2）监管风险。监管风险主要源于监管机构对碳金融市场的监管力度和方式。如果监管机构对碳金融市场的监管过于严格或过于宽松，则可能对市场的稳定和发展产生不利影响。过于严格的监管可能导致市场活力受限，而过于宽松的监管则可能增加市场风险。此外，监管机构之间的协调与合作也是影响碳金融市场稳定的重要因素。如果监管机构之间存在信息沟通不畅或政策不一致等问题，则可能导致市场出现混乱和不确定性。

5. 声誉风险

声誉风险是供应链碳金融业务中因负面事件或不当行为导致声誉受损的风险。碳金融业务的参与者需要积极维护自身的声誉和形象，以吸引投资者和合作伙伴的信任和支持。然而，如果参与者发生负面事件或不当行为，如欺诈、违规操作等，则可能导致其声誉受损，进而影响其业务发展和市场竞争力。

（二）风险防范

1. 加强市场风险管理

市场风险是供应链碳金融业务面临的主要风险之一，主要源于碳价格的波动和不确定性。为了有效防范市场风险，可采取以下措施：

（1）建立风险预警机制。金融机构应建立完善的风险预警系统，实时监测碳价格的波动情况，及时发布风险预警信息。同时，分析和挖掘历史数据，预测未来碳价格走势，为投资者提供决策参考。

(2) 优化投资组合。投资者在进行碳金融投资时,应采取多元化投资策略,将资金分散投资于不同类型的碳金融产品,以降低单一产品带来的风险。此外,还可通过与其他金融产品的组合投资,实现风险的分散和平衡。

(3) 提高市场透明度。加强碳金融市场的信息披露和监管力度,提高市场透明度,有助于投资者更好地了解市场情况,减少因信息不对称导致的风险。同时,也有助于监管机构及时发现和处理市场违规行为,维护市场秩序。

2. 强化信用风险管理

信用风险是供应链碳金融业务中不可忽视的风险类型。为了有效防范信用风险,可采取以下措施:

(1) 完善信用评级制度。建立健全碳资产和交易对手的信用评级制度,对参与碳金融业务的机构和个人进行信用评估。引入第三方评级机构,提高评级的客观性和公正性,为投资者提供可靠的参考依据。

(2) 加强交易对手管理。在选择交易对手时,应充分考虑其信用状况、经营实力和履约能力等因素。对于信用状况较差的交易对手,应采取谨慎的交易策略,降低交易风险。同时,建立交易对手黑名单制度,限制和惩罚存在严重违约行为的交易对手。

(3) 建立风险分担机制。引入担保和保险等风险分担机制,可以减小信用风险的发生概率及其带来的损失。例如,可要求交易对手提供一定数量的保证金或担保物,以确保其履约能力;同时,与保险公司合作,为碳金融交易提供保险保障,降低投资者因信用风险导致的损失。

3. 提升操作风险管理水平。操作风险是供应链碳金融业务中因内部流程、人为失误或系统故障等因素导致的风险。为了提升操作风险管理水平,可采取以下措施:

(1) 优化内部管理制度。金融机构应建立完善的内部管理制度和流程,确保碳金融业务的合规性和稳健性。制定明确的业务操作流程、风险管理制度和内部控制机制等,规范员工行为,降低操作风险的发生概率。

(2) 加强员工培训和教育。提高员工的风险意识和专业素养是防范操作风险的关键。金融机构应定期对员工进行碳金融业务知识和风险管理技能的培训和教育,使其能够熟练掌握业务流程和风险点,提高风险防范能力。

(3) 强化信息技术安全。碳金融业务高度依赖信息技术系统,因此加强信息技术安全管理至关重要。金融机构应投入足够的资源,加强系统的安全防护和备份恢复能力,确保业务数据的完整性和安全性。同时,定期对系统进行漏洞扫描和风险评估,及时发现和处理潜在的安全隐患。

4. 完善政策风险管理机制

政策风险是供应链碳金融业务中因政策变化或不确定性导致的风险。为了完善政策风险管理机制,可采取以下措施:

(1) 加强政策研究和预测。金融机构应密切关注国内外碳金融政策的变化和趋势,加强政策研究和预测工作。深入分析政策背景和意图,预测政策对碳金融业务的影响程度和方向,为投资者提供决策参考。

(2) 建立政策应对机制。针对可能出现的政策风险,金融机构应提前制定应对策略和措施。例如,可通过调整业务结构、优化投资组合等方式降低政策风险的影响;同时,加强与政府部门的沟通与合作,争取政策支持和优惠待遇。

(3) 提高政策适应能力。面对不断变化的政策环境,金融机构应通过加强内部管理、提升服务质量等方式提高市场竞争力,以应对政策变化带来的挑战和机遇。

5. 加强声誉风险管理

声誉风险是供应链碳金融业务中因负面事件或不当行为导致声誉受损的风险。为了加强声誉风险管理,可采取以下措施:

(1) 树立良好企业形象。金融机构应积极履行社会责任,关注环境保护和社会公益事业,树立良好的企业形象。通过积极参与碳减排、推动绿色发展等方式展示自身的环保理念和行动力度,提升公众信任度和认可度。

(2) 加强危机应对能力。面对可能出现的声誉危机事件,金融机构应提前制定应急预案和处置措施。通过及时发布信息、积极回应关切、妥善处理纠纷等方式降低负面影响,维护企业声誉和形象。

(3) 建立客户关系管理机制。加强与客户之间的沟通和联系,建立稳定的客户关系。金融机构通过定期回访、了解客户需求、提供优质服务。

参考文献

[1] 宋华,韩梦玮,胡雪芹.供应链金融如何促进供应链低碳发展?——基于国网英大的创新实践[J].管理世界,2023,39(5):93-112.
[2] 王嘉祯,陈昊,王遥.供应链碳金融的实践模式[J].中国金融,2022(24):66-67.
[3] 绿金委碳金融工作组.中国碳金融市场研究[R].北京,2016.
[4] 高振娟.基于配额型碳资产质押的供应链融资模式研究[D].天津大学,2013.
[5] 唐葆君,王璐璐.碳金融学[M].北京:中国人民大学出版社,2023.
[6] 蓝虹.碳金融概论[M].北京:中国金融出版社,2023.
[7] 马晓明,计军平.碳排放与碳金融[M].北京:科学出版社,2018.
[8] 常颖.碳金融市场的建设对我国企业创新活动激励的影响研究[D].对外经济贸易大学,2022.
[9] 田锦川.商业银行碳金融业务发展探究——以兴业银行为例[D].江西师范大学,2022.
[10] 中国证券监督管理委员会.行业标准:碳金融产品(JR/T 0244-2022)[S].2022.

项目十　了解低碳供应链应用技术

知识学习目标

1. 了解可再生能源、电动信息化技术、碳捕捉和封存技术以及低碳材料等低碳供应链应用技术的概念、类型、特点；
2. 掌握各种前沿低碳技术在供应链中的应用及发展状况。

技能训练目标

1. 培养分析和评估不同低碳技术在供应链中应用的能力和效果；
2. 根据企业供应链状况，评估和选择适合的应用技术，设计和实施供应链中的低碳改进措施。

素质教育目标

1. 通过学习不同领域的低碳技术，培养跨学科的知识和技能，以综合方式解决复杂问题；
2. 培养适应新技术和不断更新知识的能力，鼓励持续学习和自我提升，以适应快速变化的技术环境和市场需求；
3. 学习与供应链合作伙伴共同推动低碳供应链技术的实践，促进整个供应链的绿色发展。

任务一　了解可再生能源技术

从供应链角度不管是供应链网络节点的生产制造企业还是连接节点的链路（如采购、运输、仓储、销售等）都离不开能源的使用。在整个产业供应链上降低能源使用的碳排放是实现低碳供应链的重要途径。但全球能源领域正面临两大核心挑战：能源供应短缺和环境恶化。随着传统能源的日渐枯竭和环境问题的日益严峻，寻找可持续的替代能源已成为全球共同关注的焦点。在众多能源选择中，可再生能源因其独特的优势而备受瞩目。这些能源，如风能、太阳能、水能、生物质能、地热能和海洋能等，不仅资源丰富、潜力巨大，而且在使用过程中产生的环境污染较小，甚至可以实现零排放。更为关键的是，可再生能源具有永续利用的特性，不会面临传统化石能源枯竭的风险。可再生能源产业的发展不仅有助于解决能源供应问题，还能为环境保护和经济增长提供强大的动力。由于可再生能源产业多涉及高新技术,因此在技术研发、设备制造、安装维护等方面都需要高度的技术支撑,这也为其带来了广阔的发展前景。加快可再生能源及其相关产业的发展,不仅能够保障能源安全,降低对传统能源的依赖,还能有效减少污染物排放,改善环境质量。同时,它还能拉动经济增长,创造大量就业机会,为社会的可持续发展注入新的活力。因此,可再生能源不仅仅是重要的后续能源,同时也会在未来 CO_2 减排中起着重要的作用。根据很多国际组织预测,在社会的不断发展进步中,可再生能源在一次性能源的消耗即将赶超 50%。近几十年来,我国对于各行业的可再生新能源技术逐渐成熟并且不断在扩大生产规模,对能源行业的贡献不容小觑。

一、风能发电技术

风能是具有一定质量的空气因流动而产生的动能,是可以提供给人们开发利用的一种可再生能源。根据不同方式的能源分类,风能资源隶属于不同的能源类型。简单地说,风能资源是一次能源中可再生的清洁型的非常规能源,即新能源。目前的风能开发利用中,风力发电利用技术相对最为成熟,同时还具有易获取、分布广泛、经济性较好等特点,而且开发所需的成本比太阳能等其他新能源要低,所以风能资源是一种具有规模化、商业化开发条件和广阔发展前景的自然资源。目前,风能资源在全球可再生能源的利用中已经取得了巨大发展。

(一)风能主要利用形式——风力发电

由于风的利用历史悠久,因此其利用方式也很多,早在古代人们就利用风力助航,在生产生活中又利用风力提水灌溉及饮用、磨面、锯木等,现代又开始利用风力来发电等。归结起来,风能的利用方式主要就是以风力作为机械动力和将风能转化为电能两种形式。第一种形式是直接利用风提供的机械能作为动力,利用风带动各种人造机械装置正常运行,以达到生产、生活的目的,比如清洗谷物、风帆助航、提水灌溉、风能制热等。目前,这种利用方式仍在延续,比如风力提水机,目前世界上许多国家都有这种提水设备。在许多风能资源比较丰富的国家,人们还常用风力机进行铡草、加工各类饲料以及磨面等生产活动。这是早期人类利用风能的主要方式,也是风能资源的一般利用形式。

第二种利用形式是将风能进行了两次转换,先将风能转化为机械能再转化为电能,即风力发电,以给各类电力设备提供动力能源。这也是现代风能资源最主要和最有效的利用形式。

风力发电是指利用风力驱动发电装置风轮机转动从而实现将风所具有的动能转化为机械能后再转换成电能的过程。风力发电的具体原理是,利用风力推动风轮机的外部叶片转动,再通过风机内部的变速箱和调速构造部件将转速放大提升到发电机的额定转速,从而促使发电机正常发电。就现今的风电技术水平而言,只要风速达到 3 m/s 的微风水平便可使风电设备运行,从而进行电力生产。

(二)风力发电的类型

根据风力发电是否纳入国家电网分为并网风电和离网风电两种方式。

风力并网发电即将风力发电机与电网连接,将风电输出到电网后向大规模用户供电的运行方式,适合大型风力发电机和大中型风电场使用。它是目前技术最成熟、商业化运行最优的风电开发方式,也是风力发电主要的发展方向。我国目前采取的是集中式和分散式并网风电场建设相结合的开发方式。

风力离网发电指风力发电机不与电网连接,直接给小范围用户供电的运行方式,适合小型风电机组。主要包括:风力独立发电、风/光补系统、风/柴油供电系统等。这些应用方式主要用于解决偏远的农村、牧区、海岛等远离电网的无电地区，或者某些小规模集中用户的用电需求。但是，目前技术水平并不完善，成本也很高，导致离网风电的开发与普及的范围还很小，但今后的发展前景十分广阔。

根据风电开发利用所处地域不同，分为陆上风电和海上（近海）风电两大类：

陆上风电顾名思义就是在广阔的内陆土地上建造风电设备，将风能转换为电能。陆地风电的技术发展已经十分成熟，迄今为止世界上许多发展风电的国家都是以陆上风电的开发利用为主的。

海上（近海）风电，与陆地相对应，是在海上尤其是近海地区利用风力发电设备将风能转化为电能。许多沿海国家都有绵长的海岸线，但由于受技术水平以及风电设备开发的限制，开发海洋风电的资金成本远大于陆地风电的开发。但是，相比陆地风电，它具有风速高且稳定、不占土地、可以无视噪声和光影视觉污染等优点，因此已经成为国际上风电发展的新方向。世界第一台海上风机由瑞典于1990年研制成功，第一座海上风电场——Vindeby风电场于1991年在丹麦建成。英国（海上风电的领军者）、德国、比利时等国家在海洋风电的开发利用中也取得了巨大成就。随着海洋风电技术的日渐成熟，其发展前景不可估量，对那些人口高度稠密或者很难找到适合建立陆地风电场位置却拥有领海和海岸线的国家尤为重要。

（三）风力发电的特点及优劣势

由于风能资源自身的特点，风能向电能转换的整个过程中在技术和经济方面都与常规发电不同。与常规电源相比，风力发电有以下这些优势，但也有不足之处。

1. 风力发电的优点

就风能资源本身而言，在常规能源（如煤、石油等）日益匮乏的严峻形势下，风能资源蕴藏量非常丰富，是一种取之不尽、用之不竭的能源，不仅可再生还是清洁无污染的，具有较好的环境效益，是绿色能源。有关研究表明，电力系统中风电穿透功率达到10%将能够减少12%的CO_2、13%的NO_x、8%的SO_2以及11%的PM排放量。此外，风能的利用也不像煤电、核电那样需要额外的动力支撑，直接通过风力发电机组利用风力形成的机械能就能把风能转换为电能。

就风力发电来说，风电场施工建设周期短，风能不需要运输，场地处理也比较简单，电场运行简单、自动化程度高，不需要太多管理操作的工作人员，能够很大程度上节约人力资本，风电厂运行成本要比火电厂低。风电装机规模灵活，可大可小，根据需要可以选择建设微型和小型风电场，大型风电场则可由国家、集体和企业投资建设，投资灵活回收快。虽然风电场需要占用许多土地，但实际占地却较少，风电场相关设备和建筑占地面积仅为整个电场的1%不到，其空余土地仍可进行农林牧渔活动，对土地的要求也较低。无论是平原，还是丘陵、海上、荒漠戈壁等地形都可以进行风电建设。近20年来，风电技术已比较成熟，成本比太阳能要低，具有一定的经济性。随着风电的发展和技术进步，欧美等发达国家的风电成本开始比油气发电低，今后还会继续呈下降趋势。

2. 风力发电的缺点

风力发电仍然具有不足之处。一是源于风能资源本身的限制。风电的地域性、季节性很强。不是所有地方都可以兴建风电场，需要建在风速大、持续时间较长的风能丰富地带。风的季节性导致风电输出的易变性和随机性，在整个电网中风电目前也只能作"配角"。另外，风能资源的能量密度小，对设备要求较高，风能利用效率也较低。风轮机的叶片长度在几米到几十米甚至上百米不等，在获得一样的发电量情况下，风轮机直径是水轮机的几十倍。二是源于电力及电场建设。风电出力稳定性无法保障，不可控，只有在有效风能密度区内，风电设备才能相对稳定运转。风电出力的稳定性调节控制也十分难,在接入电网后,会对整个电网的稳定性和电能质量带来一定影响,而且迄今为止风电还不能直接大量储存。再者,风电场建设和设备安装成本较高。虽然风电成本已经明显下降,平均可以控制在 0.6 元/Wh 以下,已经大大低于光伏发电,各个国家对风电也有政策支持,但其相对于传统的火电、水电等发电成本总体上还是偏高。

二、太阳能发电技术

太阳能是地球上最为丰富且普遍存在的可再生能源资源之一。随着科技进步和制造成本下降,太阳能已经成为风能之后另一种可行的大规模可再生能源解决方案。太阳能技术是指将太阳能直接转化为可利用能源的技术,主要基于半导体材料的光伏效应,有效地将太阳辐射转换成电力或热力。太阳能发电主要分为光伏和光热两种技术。光伏发电技术通过光伏效应直接将阳光转化为电力,而光热发电技术则先收集太阳产生的热能,然后转化为电能。这两种方法各有其优势,为太阳能的广泛利用开辟了新途径。

(一)光伏发电技术

1. 光伏发电的技术种类

光伏发电技术是利用半导体材料的光伏效应将太阳能直接转化为电能的固态发电技术。这种技术不仅环保,而且资源丰富,因此近年来受到了广泛的关注并被广泛应用。根据不同的材料和技术特点,光伏发电技术可以分为晶硅太阳能电池技术、聚光太阳能电池技术、薄膜太阳能电池技术以及新型太阳能电池技术(见图 10—1)。

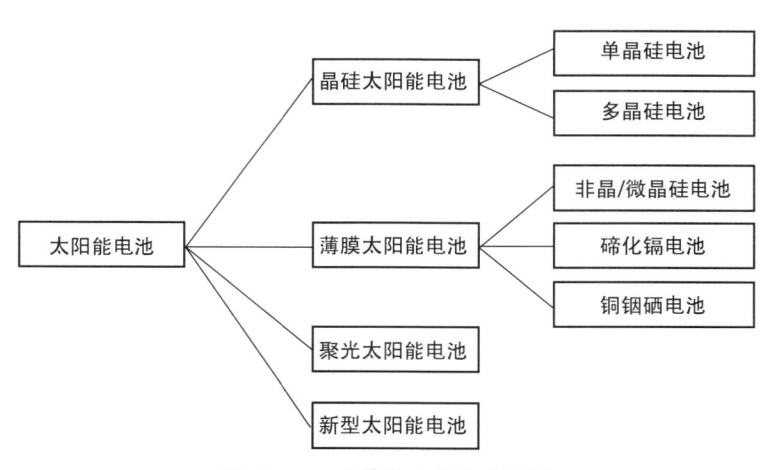

图 10—1 光伏发电的技术种类

晶硅太阳能电池是目前技术成熟度最高、产业规模最大的一种光伏电池。其光电转换效率一般在 17% 左右,实验室条件下甚至可以达到 24.7%。此外,晶硅太阳能电池的使用寿命相对较长,一般为 15 年,最长可达 25 年,因此在长期运行和稳定性方面表现出色。

聚光太阳能电池则是一种通过聚光提高太阳能电池表面照度,从而降低成本并提高效率的光伏技术。然而,由于聚光太阳能电池不能利用漫射辐射,且需要使用跟踪器,因此成本较高,目前主要应用于航空航天领域。

薄膜太阳能电池目前技术尚未完全成熟,产业化规模相对较小,但其硅耗较小、成本较低,因此在大规模应用方面具有潜力。目前商业化生产的薄膜太阳能电池效率一般在 6%~8%,

转换效率相对较低,衰减大,占地面积也大,在更广阔的区域收集太阳能才具有规模效应优势。

除了以上三种技术,还有一种被称为新型太阳能电池的技术,主要包括有机电池技术和染料敏化太阳能电池技术等。这些电池技术目前正处于探索、开发与创新阶段,具有耗能少、易于工业化生产、生产成本低、无毒无污染等优点。然而,由于它们的效率低、稳定性差,因此在商业化应用方面还存在一定的挑战。

总的来说,光伏发电技术是一种具有广阔前景和潜力的可再生能源技术。随着科技的不断进步和创新,光伏发电技术将在未来的能源领域发挥越来越重要的作用。

2. 光伏发电的技术特点

(1) 光伏发电技术原理和结构简单,建设周期较短,运行维护简单,可开发地区广。光伏发电技术原理与结构清晰明了,大大缩短了建设周期,同时也简化了运行维护的流程。作为一种静态发电模式,光伏发电无需机械旋转部件,从而彻底消除了机械磨损和噪声问题,极大地提升了其运行的可靠性和舒适性。光伏发电系统的模块化设计,不仅增强了系统的扩展性,还使得容量可以根据实际需求灵活调整。这种设计优化了系统的建设和扩容过程,同时也降低了维护的难度和成本。在选址方面,光伏发电技术展现出极大的灵活性。由于其运行无需消耗燃料,且不受水资源限制,因此可以在各种环境中建设,包括光照资源丰富但水资源匮乏的荒漠地区。此外,其初始投资相对较小,建设周期短,使得光伏发电技术具有很高的经济效益和社会效益。

(2) 应用形式多样化,适用范围广。光伏发电技术的应用形式丰富多样,适用范围广泛(见图10—2)。无论是独立发电系统还是大规模并网电站,光伏发电技术都能发挥其独特的优势。目前,主要的应用形式包括大型并网电站、分布式建筑光伏和离网光伏等。大型并网电站通常建在日照条件优越的地区,度电成本低,但需要考虑电力输送和无功补偿等问题。分布式建筑光伏则依托建筑物建设,可以实现电力的就地消纳,降低能源损耗。而离网光伏则主要用于偏远地区的电力供应,需要配置储能设备以保证电力的持续供应。

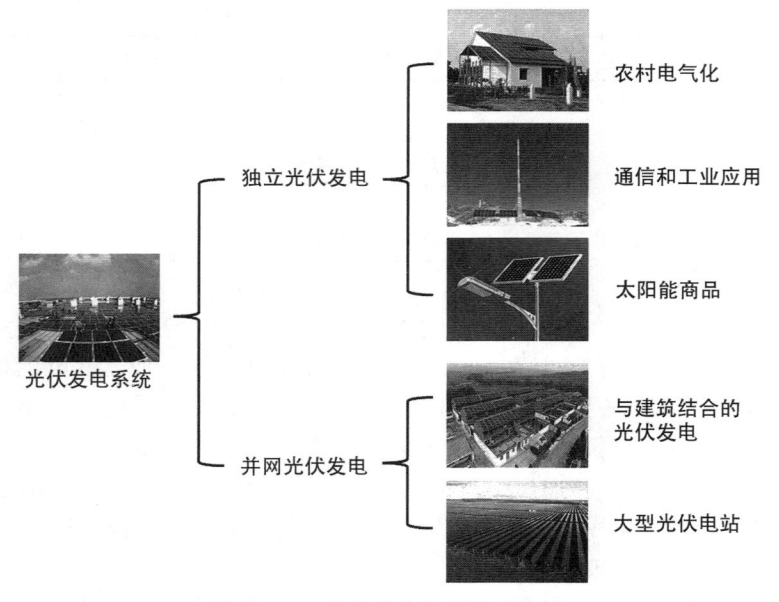

图10—2 光伏发电应用形式分类

(3)发电出力具有间歇性和不稳定性。光伏发电技术存在一定的局限性,主要表现在其发电出力的间歇性和不稳定性。发电出力与太阳辐射强度成正比,受太阳辐照度的直接影响。在多云和阴雨天,发电出力会出现明显的波动,对电网的稳定运行带来一定的挑战。因此,在大规模并入电网时,需要配备相应的无功补偿设备来平衡电网的电压和频率,这也会增加一定的成本。

(二)光热发电技术

光热发电技术是一种利用太阳光产生电力的技术,它通过"光能—热能—机械能"的转化过程产生电能。光热发电的原理与传统发电站化石燃料发电原理大致相同,主要区别在于其能量来源。光热发电完全使用太阳能,通过聚光器将低密度的太阳能集中起来转化为高密度的热能。接着,利用传热介质将聚集的太阳能转化为热能,并通过热力循环过程将热能转化为机械能,最终通过发电机将机械能转化为电能。

1. 光热发电的技术种类

基于不同的工作原理,光热发电包括聚光光热发电(CSP)、太阳能板发电、太阳能半导体温差发电以及太阳能热声发电等多种类型。目前,世界各国对光热发电的研究主要集中在提高其热效率方面。在众多技术中,聚光光热发电被认为是目前最有商业应用潜力的一种,世界上已有多个国家投入了大量资金用于开发聚光光热发电系统。

2. 光热发电技术特点

光热发电技术不仅包含与传统火力发电相同的热力循环系统,还涉及将光能转化为热能的特定过程。一个典型的光热发电站通常由三个主要部分组成:集热系统、热储存系统以及热力发电循环系统。

光热发电技术的主要特点有:

(1)集热器的聚光比和集热温度决定光热发电效率

聚光比越高,集热器能够达到的温度越高。光热发电站的年发电量取决于该电站的年平均效率以及集热器接收到的太阳直射辐射量(DNI)。光热发电的效率,或者说整个系统的效率,由集热器的效率和热机的效率共同决定。

(2)经济的储热系统能更好满足光热发电系统的负荷需求

研究显示,配备了储热系统的光热发电站可以显著提高其年度运行效率,从不具备储热功能的25%提升至65%。这一显著提升强调了储热技术在光热发电行业中的关键作用,尤其是在与太阳能光伏等其他可再生能源发电方式的竞争中,成本效益高的储热解决方案成为光热发电获得市场优势的重要策略。通过采用能够储存热量较长时间的储热系统,光热发电站能够更有效地将太阳能转化为电力,并更灵活地适应电力需求的波动,增强了其在可再生能源市场中的竞争力。

(3)光热发电系统具有良好的电网适应性

通过与传统发电机组并网,光热发电能够根据电网的需求输出有功功率和无功功率,运行技术和管理方面相对成熟,对电网更为友好。此外,光热发电系统还能与燃煤、燃油、天然气和生物质能等发电方式结合,形成联合循环,有效弥补太阳能发电的不连续性和不稳定因素,实现24小时稳定供电,达到最佳技术经济特性。

(4)进行综合利用,提高能源利用效率

光热发电技术不仅可以产生电力,还能通过热能的多元化应用,实现供暖、制冷、海水淡化等多重功能,满足更广泛的能源需求。在特殊环境(如边防海岛、沙漠或灾区)中,这种技术尤为重要,因为它能够提供稳定和可靠的能源。

(三)我国太阳能技术市场发展现状

自 2016 年以来,国家能源局启动了首批 20 个光热发电示范项目,标志着我国光热发电领域迈出了坚实的一步。这些示范项目装机规模总量高达 134.9 万千瓦。经过几年的不懈努力,这些示范项目不仅引领了自主创新,成功突破了众多核心技术,而且促进了产业链的完整形成,使得设备国产化率超过 90%。

然而,尽管我国光热发电取得了一定成果,但其发展规模相较于光伏发电仍然显得较为滞后。截至 2022 年年底,我国并网发电的光热发电示范项目仅有 9 个,总装机容量为 55 万千瓦。这反映出光热发电在实际应用和推广过程中仍面临着诸多挑战。其中,政策的不稳定性是制约我国光热发电可持续发展的关键因素之一。以 2020 年年初的政策调整为例,新增光热项目不再享受中央财政补贴,这一变化对产业发展势头产生了显著影响。政策的频繁变动导致光热发电项目难以获得稳定的预期收益,从而抑制了投资者的积极性。此外,政策的不明确也使得光热发电缺乏明确的市场发展空间,成本无法通过规模化应用得到有效降低,进一步增加了产业发展的难度。除了政策因素外,当前的融资环境、土地政策和税收政策也未能为光热发电的健康发展提供有力支持。光热发电项目通常需要庞大的资金投入,然而当前的融资环境并不乐观,导致项目难以获得足够的资金支持。同时,土地政策的不完善限制了光热发电项目的选址和建设进度。此外,税收政策的缺失也使得光热发电项目在成本上难以与光伏发电等其他新能源技术相竞争。

综上所述,尽管我国在光热发电技术创新和产业链建设方面取得了显著成果,但要实现光热发电的可持续发展和规模化应用,仍需解决政策不稳定性、融资环境不佳、土地政策不完善和税收政策缺失等一系列问题。

三、生物质能利用技术

生物质是指通过光合作用而形成的各种有机体,包括所有的动植物和微生物。而生物质能,是太阳能以化学能的形式在这些生物质中储存下来的能量,也可以理解为以生物质为媒介所携带的能量。这种能量源于绿色植物的光合作用,植物通过吸收阳光、水分和二氧化碳,转化为有机物和氧气,其中就蕴藏着巨大的生物质能。生物质能不仅可以直接利用,如薪柴、农作物秸秆等,还可以通过一定的技术手段转化为固态、液态或气态燃料,如生物柴油、生物质燃气等,这些燃料都具有很高的热值,可以被广泛应用于各种领域,如发电、供热等。这种能源的可再生性,使得它在现代社会中越来越受到重视。

(一)生物质能的分类

生物质能源来源广泛,涵盖了林业资源、农业资源、畜禽粪便、生活污水和工业有机废水,以及城市固体废弃物。

1. 林业资源

林业生物质资源涵盖了森林生长和林业活动中产生的可用作能源的生物材料,如薪炭林、间伐和森林抚育过程中产生的零散木材、树枝、树叶和锯末等;以及木材采运和加工过程中产生的枝丫、锯屑、木片、树梢、树皮和截断的木料;还包括林业副产品的废弃物,如果壳和果核等。这些资源不仅是农村地区能源供应的主要来源,也是清洁、无污染的现代能源的重要组成部分。发展林业生物质能源有助于缓解农村能源紧张,增加农民收入,提升生活质量,并有效保护森林资源,改善生态环境,实现经济、社会和生态效益的协调发展。以某个地区为例,当地居民通过利用林业废弃物进行生物质能发电,既解决了能源短缺问题,也为当地创造了经济效益。随着生物质能技术的推广,该地区的森林资源得到了更好的保护,生态环境也有所提升。

2. 农业资源

农业生物质能源资源主要来源于农作物及其废弃物,包括专门用于能源生产的作物。这些资源涵盖农业生产过程中遗留下的各类秸秆(如玉米秆、豆秆、棉花秆、高粱秆、小麦秆、稻草等),以及农产品加工过程中产生的废料,如稻壳等。能源作物通常指那些用于生产能源的植物,这类植物可以是草本植物、含油植物、能够产生碳氢化合物的植物,或是水生植物等。这些农作物秸秆、稻壳等废弃物通过厌氧发酵等技术手段,可以将其转化为生物质能源。这些生物质不仅具有高产、高效的特点,还能改善土壤质量,提高农业生产的综合效益。尽管全球有一些国家在发展能源植物方面已经取得了成功的经验,但要将其转化为真正的生物质资源仍然是一个遥远的目标。未来发展生物质资源时,能源植物将成为关键的研究方向。

3. 畜禽粪便

畜禽生物质资源主要来源于动物的排泄物,这些废物是生物质(如粮食、农作物秸秆和牧草等)转化的结果,涵盖了动物的粪便、尿液以及与铺垫材料混合后的产物。虽然形态较为特殊,但其富含的有机物使得它具有较高的资源化利用潜力。畜禽的粪便在经过干燥处理后可以直接被燃烧以提供热量,而如果经过厌氧处理,还能生成甲烷和肥料。在我国,猪、牛、鸡等是主要的家畜和家禽,它们的数量与畜牧业的生产密切相关。基于这些家畜和家禽的种类、体重、养殖周期以及粪便排放量等多个因素,我们能够计算出这些家畜和家禽排泄物资源的实际数量。

4. 生活污水和工业有机废水

生活污水由城镇居民日常生活、商业活动以及服务业所产生的多种排水混合而成。这其中涵盖了各种来源,如家庭日常洗涤和洗浴用水、衣物清洗废水、厨房操作产生的废水、餐饮业的洗涤和清洁用水以及厕所排放的粪便污水等。这些废水在日常生活中源源不断地产生,构成了生活污水的主要组成部分。

而工业有机废水则主要源自特定的工业生产过程,如酿酒工艺、酒精酿造、食品加工、制糖业、造纸工艺、药品制造以及屠宰行业等。这些行业在生产过程中会产生含有大量有机物的废水。例如,酿酒过程中会产生含有酒精和其他有机成分的废水,食品加工过程中则可能产生含有油脂、蛋白质和糖类等有机物的废水。这些工业有机废水因其高有机物含量,需要特殊的处理方式来避免对环境的污染。

5. 城市固体废弃物

城市固体废弃物,这一看似负担的领域,实则蕴含着丰富的资源和潜力。其构成元素众多,既有城镇居民日常生活中产生的各类生活垃圾,又涵盖了商业及服务业运营中产生的废弃物。最典型的是食品废弃物,包括居民生活和餐饮行业产生的食物残渣、厨余垃圾等,这些废弃物含有丰富的有机物。这些城市固体废弃物的形成与当地居民的平均生活水平、自然地理条件、传统生活习惯以及季节变化等多重因素紧密相连。许多城市固体废物实际上蕴藏着巨大的资源价值。通过科学的处理和加工技术,这些废弃物可以摇身一变成为具有极高利用价值的资源。

(二)生物质能的利用技术

生物质能的利用技术主要包括以下几种:

1. 直接燃烧技术

直接燃烧技术是生物质能最简单、直接的利用方式。生物质废弃物在燃烧过程中可以产生热能,这些热能可以用于发电、供热等。例如,生物质锅炉是一种利用生物质废弃物直接燃烧发电或供热的设备。生物质锅炉可以燃烧木材、农作物秸秆、果壳等生物质废弃物,产生高温高压的蒸汽,进而驱动汽轮机发电或用于供热。另外,也可将生物质废弃物压缩成固体燃料块或制成生物质颗粒燃料,直接用于燃烧炉具或生物质锅炉。这种燃料具有高热值、低污染和可再生的特点。然而,直接燃烧技术需要解决排放控制和环境影响等问题。

2. 厌氧消化技术

厌氧消化技术即生物质废弃物在厌氧条件下通过微生物的发酵作用产生生物燃气,如甲烷等。这种技术既可以减少有机废弃物的体积,又可以产生可再生能源。厌氧消化技术需要适当的温度、pH值和营养物质等条件,以确保微生物的发酵效果。如在农业养殖场或有机废弃物处理中心建设大型沼气工程,将大量有机废弃物厌氧消化,产生的生物燃气可用于发电、供热或并入天然气管网。

3. 生物质气化技术

生物质气化技术是生物质废弃物在高温下与气化剂反应,生成可燃气体,如一氧化碳、氢气等。这些气体可以用于发电、供热或作为燃料使用。如生物质气化炉是一种将生物质废弃物转化为可燃气体的设备,废弃物在气化炉中经过高温氧化反应,生成一氧化碳、氢气等可燃气体,可以用于发电、供热或作为工业燃料。生物质气化技术需要解决气体净化、能量转换效率等问题。

4. 生物质热解技术

生物质热解技术是生物质废弃物在无氧或低氧环境下通过加热分解,产生生物油、生物气等燃料。如生物质热解装置可以将生物质废弃物在无氧或低氧环境下加热分解,产生的生物油可以用于燃油锅炉、燃油发电机等设备,生物气则可以作为燃料使用。热解技术的关键是要控制加热温度、压力等条件,以获得高质量的燃料产品。

5. 生物质发酵技术

生物质发酵技术是通过微生物的作用,将生物质废弃物转化为酒精、有机酸等化学品。这种技术需要适当的微生物菌种、发酵条件和营养物质等。生物乙醇生产过程即通过利用生物质废弃物(如农作物秸秆、木质废弃物等)中的纤维素、半纤维素等成分,经过微生物发酵作用,生产出生物乙醇。生物乙醇是一种可再生的生物燃料,可以替代传统的石油基燃料。

除了以上几种技术,还有一些新兴的生物质能利用方式,如生物质能发电、生物质能制氢等。这些技术都在不断发展和完善中,为生物质能的利用提供了更多的选择。总的来说,生物质能的利用方式及技术多种多样,可以根据不同的生物质种类、环境条件和经济条件等因素选择适合的技术。然而,无论采用哪种技术,都需要解决排放控制、环境影响和能量转换效率等问题,以实现生物质能的高效、清洁利用。

(三)生物质能的特点

相对于其他一般能源而言,生物质能有其自身的属性和特点。

1. 蕴藏量大

只要有阳光照射,植物便会启动光合作用,不断地积累和储存生物质能。据生物学家精确估算,每年通过植物光合作用产生的有机质总量高达2 000亿吨,这相当于3×10^{21}焦耳的巨大能量。其中,森林和草地所提供的能量占据了约52%的比重,而农作物则贡献了大约8%的能量。不仅如此,全球每天产生的庞大垃圾量和排放的废水同样蕴藏着丰富的能量。据统计,全球每天产生的垃圾量高达2 700万吨。这些有机质和无机质废弃物,无论是生活垃圾、工业废料还是农业残留物,都是潜在的可利用的生物质资源。值得注意的是,生物质能源的年产量实际上远远超出了全球的总能源需求,大约是当前全球总能耗量的10倍。这些丰富的生物质资源不仅为可再生能源的开发提供了广阔的前景,同时也为环境保护和可持续发展注入了强大的动力。通过合理的利用和处理,我们可以将这些废弃物转化为宝贵的能源,从而实现资源的循环利用和环境的持续改善。

2. 可再生性

生物质能作为一种可再生能源,其独特的优势在于能够通过光合作用实现能量的持续供应。这一特性使得生物质能不仅符合当前可持续发展的要求,也契合了循环经济的核心理念。特别是在全球致力于实现"双碳"目标的背景下,生物质能的重要性更加凸显。生物质能的广泛应用确实已经在我国多个领域初见成效。如农业上的生物肥料和生物燃气,工业上的生物质发电和供热。

3. 易获取性

生物质能是一种普遍且易获取的可再生能源,其存在范围几乎覆盖了全球各个国家和地区。无论是发达的城市,还是偏远的乡村,只要有植物和有机废弃物的存在,就可以通过简单的技术处理转化为生物质能源。这种能源的获取成本相对较低,无需复杂的开采和提炼过程,大大降低了能源获取的经济负担。生物质能源的生产过程也极为简单,主要通过生物质的燃烧、发酵或气化等方式实现能量的转换。这些过程不需要高度专业化的设备和技术,使得生物质能源在技术和操作层面都具有很高的可行性。

4. 低污染性

生物质的硫和氮的含量通常较低,甚至部分生物质完全不含硫。这一特性使得在生物质燃烧过程中,可以有效减少二氧化硫(SO_2)和氮氧化物(NOx)的排放,从而减轻对大气的污染。与此同时,生物质的含碳量相对较低,在燃烧时产生的二氧化碳(CO_2)量也较少。值得一提的是,生物质在生长过程中会通过光合作用吸收大量的CO_2,这进一步减少了大气中的CO_2含量,起到了减少温室气体排放的作用。除了环保优势外,生物质能的这种低硫、低氮、低碳的特性也使其在能源利用中具有独特优势。推广生物质能源的使用,不仅可以减少对传统化石能源的依赖,还可以有效降低能源利用过程中的环境污染,实现经济与环境的双赢。

5. 储运便利

在众多可再生能源中,生物质能是唯一一种既可以储存又便于运输的能源形式。这一特性为生物质能的加工转换和连续使用提供了极大的便利。具体而言,生物质能可以通过多种方式储存,如生物质颗粒、生物质块等,这些形式便于储存和运输,且能够在需要时快速转化为能源。此外,生物质能还可以通过生物转化技术,如发酵、厌氧消化等,将其转化为生物燃气等可储存和运输的能源形式。这种储存和运输的便利性使得生物质能在能源供应方面具有独特的优势。与传统的化石能源相比其供应不受地域和季节的限制。通过合理的储存和运输规划,生物质能可以确保连续供应,满足能源需求。

6. 技术难题少

生物质能因其多层次的开发利用特性,不管是初级原料还是高级产品在人类的生产生活中无处不在,因此其开发利用也更为广泛。生物质能的开发利用之所以具有层次性,是因为其既可以直接利用为热能,如生物质直接燃烧,提供取暖和烹饪等基本生活需求,也可以通过技术手段转化为更高层次的能源形式。例如,通过生物质的气化技术,可以生成沼气,进而用于发电或供热;同时,生物质还可以加工成液体燃料,如生物柴油和乙醇等,为交通运输提供清洁的能源替代。这些多层次的开发利用方式，不仅丰富了生物质能的应用场景，也提高了其能源利用效率。此外，生物质能的开发利用还与其和人类生产生活的紧密联系密不可分。无论是农业生产中的秸秆和畜禽粪便，还是城市生活中的有机废弃物，都可以转化为生物质能。这种与人类生产生活紧密相连的特性，使得生物质能的开发利用更具现实意义和可行性。

任务二　了解电动化技术

一、新能源汽车

新能源汽车，又称代用燃料汽车，与传统燃料汽车相比，它们不再完全依赖石油能源作为动力来源。这类汽车的范围广泛，涵盖了使用非石油燃料的各类车型。其中，纯电动汽车和燃料电池电动汽车是完全不依赖石油燃料的汽车，分别通过电力和氢燃料电池产生动力，实现了零排放的目标。混合动力电动车和乙醇汽油汽车则属于部分使用非石油燃料的汽车。混合动力电动车结合了传统的燃油发动机和电动机，而乙醇汽油汽车则使用乙醇与汽油的混合燃料。新能源汽车的出现，不仅为环保事业做出了积极贡献，也推动了汽车产业的创新与发展。

由于混合动力电动车和纯电动汽车等都涉及电动化技术，同时都包含于新能源汽车，因此本节内容将以新能源汽车的主题来系统、完整地介绍当前低碳交通的发展。

（一）新能源汽车的技术类型

目前新能源型汽车主要可以分为混合动力电动汽车（Hybrid Electric Vehicle，HEV，又称混合动力汽车）、纯电动汽车（Battery Electric Vehicle，BEV）、燃料电池电动汽车（Fuel Cell Vehicle，FCHV 或 FCV，又称燃料电池汽车）、氢燃料汽车、二甲醚汽车、甲醇汽车、天然气［包括压缩天然气（CNG）、液化天然气（LNG）和液化石油气（LPG）］汽车、乙醇燃料汽车等。目前混合动力电动汽车、纯电动汽车、燃料电池电动汽车、氢燃料汽车使用较为广泛，因此只介绍这四种类型。

1. 混合动力电动汽车技术

混合动力汽车是有多于一种的能量转换器能提供驱动动力的混合型电动汽车，即使用蓄电池和副能量单元（Auxiliary Power Unit，APU）的电动汽车。这个辅助动力单元，实际上是一个集成了多种燃料选择的动力系统，可以是燃烧汽油或柴油的传统内燃机，也可以是使用甲醇、液化石油气、天然气等替代燃料的动力发电机组。在选择原动机方面，除了传统的内燃机，燃气轮机等其他类型的热机也被纳入考虑范围。这个单元包含了内燃机、电动机、发电机、蓄电池以及先进的控制系统等多个关键部件。为了满足汽车在不同运行工况下的需求，内燃机与电动机进行了精细的优化耦合。这种耦合不仅确保了汽车拥有出色的动力性能，还在燃油经济性、排放控制、可靠性、安全性和适用性等方面取得了显著进步。混合动力车辆结合了燃油车和电动车的优势，关键在于其混合动力驱动系统。这一系统既利用了电动车的低排放特点，又结合了燃油的高能量和高功率特性。通过这种系统，混合动力车有效减少了传统燃油车的排放并提高了燃油效率，同时，电动车的续航里程也得到了显著增加。因此，混合动力车在燃油车向电动车过渡的进程中发挥着桥梁作用。

2. 纯电动汽车技术

纯电动汽车是指以车载电源为动力，用电机驱动车轮行驶，符合道路交通、安全法规各项要求的车辆。纯电动汽车与混合动力汽车的最大区别在于其动力来源。纯电动汽车完全摒弃了内燃机作为发动装置,不再依赖汽油、柴油等传统燃料,而是完全使用可充电式电池来提供驱动力。这使得纯电动汽车的基本结构相较于混合动力汽车更为简洁和高效。在纯电动汽车中,电动发电机和车载电池是最为关键的两个部件。电动发电机负责将电池中的电能转化为机械能,从而驱动车辆行驶。而车载电池则负责储存和提供电能,是电动汽车的"心脏"。电池的性能直接决定了电动汽车的续航里程、加速性能以及整体使用体验。

(1) 无污染,噪声低。纯电动汽车作为一种颠覆性的交通工具,其最核心的特点在于摒弃了传统的有机燃料作为能源。这种转变意味着,纯电动汽车在行驶过程中几乎不产生有害气体和温室气体排放,从而非常接近"零排放"的环保标准。不仅如此,纯电动汽车所搭载的电动机在运行时产生的噪声远低于传统的内燃机。这种低噪音的特性不仅让驾驶者和乘客在行驶过程中享受到更加宁静舒适的环境,也为城市街道带来了更为宜人的交通氛围。纯电动汽车在其充电过程中,若电力来源于燃煤发电厂,仍会产生 CO_2、SO_2、粉尘等排放物。但它的污染较内燃机的废气要轻得多,燃煤发电厂通常位于远离城市的地区,因此其排放对人类健康的直接影响相对较小。同时,由于发电厂是集中排放,也更容易采取各种措施来清除各种有害排放物,从而进一步减轻对环境的污染。

(2) 能源效率高,来源多样化。电动汽车的能源效率如今已超越传统的汽油车,特别是在城市低速行驶的环境中,其优势更加明显。这一显著进步主要归功于电动汽车所使用的电动机技术。相较于传统的内燃机,电动机在启动和低速运转时展现出了更高的能源效率和更低的能源损耗。因此,在繁忙的城市交通中,电动汽车不仅为驾驶者带来了更加平稳和宁静的驾驶体验,同时也显著减少了能源的浪费。电动汽车在制动时,电动机可以轻松转化为发电机,将原本会转化为热能的制动能量转化为电能并储存起来,实现能量的回收再利用。这一特性不仅使电动汽车在节能方面更进一步,而且有效提升了其续航里程,增强了其实用性。此外,电动汽车所依赖的电力主要来源于集中发电站。相较于汽油机汽车的分散能源使用,集中发电能够更有效地利用和管理能源,提高能源的整体利用效率。而且,电力的来源多种多样,包括煤炭、核能、水力、太阳能和风能等。各国可以根据自身的能源结构和环境状况,选择最适合的发电方式来满足电动汽车的充电需求。电动汽车还可以充分利用晚间用电低谷时的富余电力充电。这一特性使得电动汽车能够更好地适应电力系统的负荷变化,提高电力系统的稳定性和可靠性。同时,也降低了电动汽车的充电成本,进一步增强了其经济竞争力。这些都为电动汽车的推广提供了更多的可能性和灵活性。

(3) 结构简单,使用维修方便。电动汽车相较于传统的内燃机汽车,其结构更为简洁,运转和传动部件数量大幅减少,因此维修保养的工作量也相应减小。当采用交流感应电动机时,电动机甚至无需特别的保养维护,进一步降低了维护成本。此外,电动汽车的操控性更为出色,为用户提供了更加便捷的驾驶体验。

3. 燃料电池汽车技术

燃料电池是一种直接将燃料和氧化剂中的化学能转换成电能的设备。燃料电池汽车(FCV)使用这种电池,直接将燃料的化学能转化为电力,以驱动车辆。与混合动力车或纯电动车不同,燃料电池车的主要特征在于其能量转换过程不涉及燃料的燃烧,而是通过电池直接将化学能转换为电能。燃料电池车可以使用多种燃料,如氢气、甲醇、汽油和柴油。由于氢燃料电池具有无污染排放等优势,目前的研究主要集中在氢燃料电池技术上。

与传统内燃机汽车和混合动力汽车相比,燃料电池汽车展现了多方面的显著优点。如真正实现无污染和"零排放"、高能量效率及良好的动力性能和操控系统等。

(1) 无污染,"零排放"。采用氢能作为能量来源的燃料电池汽车可以大大减少有害气体 SO_x、NO_x 排放,并在整个生命周期都几乎不产生 CO_2 等温室气体,真正接近了"零排放汽车"(Zero Emission Vehicle,ZEV)的标准。

(2) 能量转化效率高。相较于传统的内燃机需要通过燃烧过程将燃料转化为能量,燃料电池则能够直接将燃料的化学能转化为电能,这一过程中减少了能量的损失和浪费。目前,燃料电池系统的燃料—电能转换效率高达 45%~60%,相比之下,火力发电和核电的效率仅为 30%~40%。这一优势不仅提高了能源利用效率,还有助于降低能源消耗和减少碳排放。

(3) 燃料适用范围广,来源多样。燃料电池汽车不仅局限于使用氢能作为燃料,其燃料适用范围广泛,来源也多样。除了氢能,燃料电池汽车还可以使用天然气、甲醇等作为燃料来源。这种灵活性和多样性使得燃料电池汽车能够适应不同的能源需求和供应情况,进一步促进了其在实际应用中的推广和普及。

(4) 良好的动力与操控系统。燃料电池汽车拥有优异的动力和操控性能,能够迅速响应负荷变化,在几秒内从低功率状态迅速提升至最大功率,为驾驶员提供了平稳且连贯的驾驶感受。此外,这种汽车可以实现发电厂与用电设备之间的近距离布置,有助于优化局部地区的频率偏差和电压波动,减少对现有变压器和电流载体容量的依赖,降低输电线路的投资成本和能量损耗。

尽管燃料电池汽车在成本上相较于其他纯电动汽车仍显偏高,但随着多个城市纷纷启动燃料电池汽车示范运营项目,这一市场在未来几年中仍充满了无限的潜力和期待。随着示范运营的逐步推进,不仅将加速燃料电池汽车技术的成熟和应用普及,同时也将促进相关产业链的优化和完善。示范运营也将为政策制定者提供更多实践经验和数据支持,有助于推动相关政策的出台和完善,为燃料电池汽车市场的健康发展提供有力保障。

4. 氢动力汽车

氢动力汽车并非全新的概念,而是在现有引擎技术的基础上进行改造升级。它依赖于氢气(或其他辅助燃料)与空气的混合燃烧来产生能量,进而驱动汽车行驶。与氢燃料电池汽车的本质区别是氢动力汽车依旧使用内燃机作为其核心动力源,而氢燃料电池汽车则完全依赖于电动机,整个过程中并无氢的燃烧环节。氢动力汽车继承了氢燃料电池汽车多项显著优点,如无污染、低排放等,同时,它还具有一些独特的优势:

(1) 燃烧热值高,燃烧性能好。在所有化石燃料、化工燃料和生物燃料中,氢的发热值仅次于核燃料,高达 142 351 kJ/kg,这一数值是汽油发热值的三倍之多。氢的燃烧性能表现出色,点燃迅速,一旦与空气混合,便展现出广泛的可燃范围,这一特性使得氢成为一种极具潜力的能源来源。氢的高发热值意味着在燃烧过程中能够释放出大量的能量,极大地提高了能源利用效率、降低了能源消耗。

(2) 对氢气的要求较低,并能适应多种燃料。目前氢燃料电池汽车对氢的要求很高,一般要达到 99.9% 以上的纯度。而使用内燃机燃烧的氢动力汽车对氢的要求比较低,甚至还可以兼容汽油、柴油等燃料。

(3) 内燃机技术成熟,具有较好的稳定性,使用寿命长。内燃机的发展历史已经超过 100 年的时间,目前技术已相对成熟,使用寿命远远超过燃料电池汽车。

但是氢动力汽车仍然存在一些缺陷。

(1) 在能量转化效率方面,氢动力汽车与燃料电池汽车之间存在明显的差距。氢动力汽车依赖于内燃机的工作原理,通过燃烧产生的热能来推动气缸内的气体,进而驱动活塞以提供动力。然而,这种燃烧过程并不总是能够有效地将热能转化为机械能,因此其能量转化效率相对较低。与此相反,燃料电池汽车则采用了直接将化学能转化为电能的技术,这种技术显著提高了能量转化效率,使得燃料电池汽车在能源利用方面更具优势。目前氢气主要通过电解水的方式来制取,这一过程需要消耗大量的电能,且在发电环节可能产生污染。此外,由于氢动力汽车较低的能量转化效率,使得其在实际应用中的前景在某种程度上低于纯电动汽车。因此,在未来的能源利用和汽车发展中,燃料电池汽车和纯电动汽车可能更具潜力和优势。

(2)氢动力汽车的内燃机动力系统较为复杂,且在运行过程中产生的噪声较大,这些因素导致其操控性能无法与电池汽车相提并论。电池汽车通过简化汽车结构,显著提高了汽车的动力操纵性能,为驾驶者提供了更加流畅、稳定的驾驶体验。相比之下,内燃机汽车在这些方面显得较为逊色,难以与电池汽车相匹敌。

(二)我国新能源汽车的发展状况

随着新能源汽车市场逐渐由政策驱动转变为市场主导,整个产业也经历了由萌芽期到初步探索期的蜕变,如今已步入一个迅猛发展的快速成长期。在这一过程中,科技力量起到了不可或缺的推动作用,使得品牌、车型、区域等细分领域持续调整,行业格局初步显现。产业在不断创新中实现了跨越式发展和深刻变革,展现出强大的生命力和广阔的发展前景。

在新能源汽车市场的转型过程中,政策的引导和支持起到了关键作用。然而,随着市场的日益成熟和消费者需求的不断变化,市场本身的力量逐渐成为推动产业发展的主导因素。这一转变不仅标志着产业进入了新的发展阶段,也为未来的可持续发展奠定了坚实基础。与此同时,科技的不断进步和创新为新能源汽车产业注入了强大动力。新技术、新材料的应用不仅提高了产品的性能和品质,也推动了品牌、车型、区域等细分领域的不断调整和优化。这使得行业格局初步形成,各种类型和层次的产品和服务不断涌现,满足了不同消费者的多元化需求。

1. 我国新能源汽车产业政策演变过程

萌芽期(2001—2008年):新能源汽车及相关概念被提出,开始受到社会的关注。政策主要聚焦于新能源汽车的生产过程,如行业标准的制定和产业体系的构建。虽然此时国家尚未实施具体的财税扶持政策,但一些标志性政策,如《关于调整汽车产业结构的通知》,为新能源汽车的未来发展描绘了蓝图,为其后续发展奠定了基础。

推广期(2009—2014年):政府开始实施新能源汽车补贴政策,鼓励消费者购买并使用新能源汽车。同时,政府还启动了新能源汽车示范运行项目,将新能源汽车正式推向市场。随着示范推广试点的逐步深入,政府不断完善相关政策,形成了完整的产业政策体系。标志性政策如《关于开展节能与新能源车示范推广试点等通知》不仅推动了新能源汽车的市场推广,还为其后续发展提供了坚实的政策保障。

高速发展期(2015年至今):产业政策继续发挥其在推广试点、政策补贴等方面的作用。随着新能源汽车市场的迅速扩张,政策开始关注基础设施建设、动力电池等关键部件的质量提升等方面。与此同时,新能源汽车产业补贴标准不断调整,技术门槛逐步提高,补贴额度逐年减少。这一变化在一定程度上推动了新能源汽车产业向市场化、技术化方向发展。标志性政策如四部门联合发布的《关于2016—2020年新能源汽车推广应用财政支持政策的通知》,标志着新能源汽车产业政策进入了新的发展阶段。

2. 新能源汽车产业进入快速成长期

新能源汽车产业如今正呈现出蓬勃发展的态势。近年来,新能源汽车产业的产销量一路攀升,实现了令人瞩目的大幅增长,头部造车新势力品牌更是凭借出色的市场表现,月均销量稳定在万辆级别,这标志着新能源汽车产业已然跨入快速成长的黄金时期。从当下市场格局来看,中国在全球新能源汽车市场中占据着举足轻重的地位,拥有规模庞大的新能源汽车市场,其市场规模远超欧洲和美国。与此同时,新能源汽车在中国乘用车市场的渗透率也在持续提升,越来越多的主流大众消费群体将目光投向新能源汽车,选择这一绿色出行方式,使其在市场中的受欢迎程度不断攀升。

3. 充换电基础设施增长迅速

随着新能源汽车市场的快速扩张,充换电基础设施建设也在加速推进。2024年,我国充电基础设施增量达到422.2万台,同比上升24.7%。其中公共充电桩增量为85.3万台,随车配建私人充电桩增量为336.8万台。截至2024年12月,全国充电基础设施累计数量已超过1 300万台。我国换电站截至2024年11月保有量共计4 193座,虽然与充电站相比规模较小,但换电站正处于一个充满机遇的初期发展阶段,未来有望迎来巨大的增长潜力。政府也陆续出台多项政策支持充换电基础设施建设,以满足新能源汽车续航需求。充换电基础设施的全面布局将为新能源汽车产业的持续健康发展保驾护航。

二、电动化工程机械

在全球气候变暖、能源短缺、油价飙升以及环保法规日益严格的背景下,传统工程机械的能效低下和碳排放过高的问题愈发凸显。这些工程机械,无论是土方机械、起重机械、混凝土机械,还是路面机械、高空作业机械以及工业车辆,都面临着巨大的挑战。它们无法满足当前国家及行业对可持续发展和环境保护的迫切需求。因此,工程机械行业已达成共识,开展节能减排技术的研究与应用势在必行。

在众多节能减排方案中,电动工程机械凭借其独特的优势脱颖而出。电动工程机械采用电机作为主驱单元,摒弃了传统的燃油驱动方式,从而实现了高动力能效和零排放。这种驱动方式不仅能显著降低工程机械在运行过程中的碳排放,减轻对环境的压力,还能提升能效,减少能源的浪费。此外,电动工程机械的静音特性也为工作场所创造了更加舒适的环境。随着电动工程机械技术的不断发展和成熟,其全生命周期成本也在逐步降低。虽然电动工程机械的初始购买成本可能略高于传统燃油工程机械,但由于其运行成本低、维护费用少且寿命长久,因此在长期使用中,其全生命周期成本将逐渐显示出优势。这种经济性的提升使得电动化成为工程机械行业的一个更具吸引力的选择。

当前,电动化在汽车领域已经得到了广泛的应用,而在工程机械领域的应用还处在起步阶段。目前我国新能源工程机械的渗透率在5%左右,还拥有巨大的成长空间。

(一) 电动化工程机械的类型

电动工程机械按供电方式可以分为电网供电型、电池供电型、电池电网复合供电型和外接电源供电型四种类型。

1. 电网供电型

电网供电型设备,其工作原理是直接利用电网供电,因此其工作时间并不受电池容量等因素的限制。这种供电方式的优势在于,它有效地省去了更换和维护电池的成本与麻烦。电网供电也有其局限性,由于电网电缆的长度和布局限制,机器的工作范围相对有限,这在一定程度上降低了其工作灵活性。以液压挖掘机为例,这类设备在工作时,其回转机构需要旋转超过360°。因此,为了确保电网电缆不会干扰到挖掘机的旋转运动,电源接入装置需要特殊设计。

这可能涉及使用柔性电缆、旋转接头等解决方案,以确保电缆在挖掘机旋转时能够自如地跟随移动。

电网供电型设备主要适用于那些容易接入电网的场所,如煤矿、隧道、工厂等。在这些地方,电网供电不仅提供了稳定的电力来源,而且能够有效地避免电池更换和维护所带来的额外成本和麻烦。同时,由于这些场所通常有较为固定的工作区域,因此电网电缆的长度和布局限制也不会成为太大的问题。

2. 电池供电型

在这种供电方式中,电池是唯一的储能单元,负责为电动工程机械提供电能。目前,电化学电池被广泛用于整台机器上,它是工程机械电能的理想储存选择。电池的容量大小直接影响着工程机械的工作续航时间和装机成本。电池容量越大,工程机械的工作续航时间就越长,但同时装机成本也会相应增加。

由于电池需要定期充电,因此这种供电方式特别适用于轮式工程机械,如轮式挖掘机、轮式装载机和叉车等。这些轮式工程机械在作业过程中,可以方便地充电,从而确保持续的工作能力。

电池供电方式同时也面临一些挑战。其中之一就是储能装置的布置问题。由于电池的体积和重量较大,如何在机器上合理布置电池以确保其稳定性和安全性成为一个关键问题。因此,电池供电方式更多适用于电网取电不方便或机器需要经常走动的场所,如港口、仓库等。在这些场所中,电池供电的灵活性和便捷性得到了充分体现,为工程机械的作业提供了有力支持。

3. 电池电网复合供电型

电池电网复合供电方式的电动工程机械设计灵活,既可由电网独立供电,也可由电池独立供电,甚至支持电网和电池共同供电。由于电网能够作为一个稳定且持续的能源供应来源,这使得电池的尺寸可以大幅缩小,从而减轻了整机的重量并优化了空间布局。用户可以根据实际作业需求,灵活选择电池容量和配置,特别适用于履带式挖掘机等履带式工程机械,在保障工作效率的同时,也兼顾了经济性和实用性。

电池和电网的结合运用,使得这类电动工程机械几乎可以适应所有工作场景。在电网覆盖广泛的区域,可以直接利用电网供电,降低成本;在电网不便接入的地方,则可以依靠电池供电,保证作业的连续性和灵活性。这种双重供电模式的设计,不仅提高了工程机械的适用性和可靠性,也为用户带来了更多的选择空间和便利。

4. 外接电源供电型

外接电源供电方式的整机结构设计与电网供电型相似,但其电源配置方式独具匠心。电池被巧妙地安置在一个专门的电源拖车上,这台拖车代替了传统的电网,为整机提供所需的电力。这一创新设计巧妙地解决了电网供电在特定区域无法覆盖的问题,使得工程机械能够在原本被视为供电盲区的场所正常工作。

但这种设计也有其局限性,即在工作过程中需要拖曳电池车移动。这在一定程度上限制了工程机械的行走范围和灵活性。考虑到这一特点,该方式更适用于电池车租赁模式,或作为应急备用方案。

(二)电动工程机械发展中问题及难点

电动工程机械,作为一种绿色、环保的新型设备,已经在节能减排方面展现出了其独特的优势。然而,在实际的市场推广中,电池耐用性不足的问题成为其快速普及的最大障碍。这一挑战主要体现在两个方面：一方面是电池的续航里程较短，另一方面则是电池的使用寿命有限。

在续航里程方面，当前的电动工程机械在单次充电后的作业时长普遍在5~6小时。但考虑到许多工程机械在实际作业中需要连续工作超过12小时，这意味着这些设备在日常工作中至少需要充电两次，对于追求高效率的工地来说，这无疑增加了操作成本和时间成本。

而在电池的使用寿命方面，电动工程机械常用的电池类型包括锂电池和磷酸铁锂电池。尽管磷酸铁锂电池在合理的充放电情况下可以充电2 000次左右，而锂电池的充放电次数在400~600次，但这些数字仍然难以满足工程机械长时间、高强度的作业需求。以每天工作8小时、每天只充电一次为例，锂电池的使用寿命可能不到3年就会出现性能衰减，而磷酸铁锂电池的使用寿命也通常不会超过5年。这意味着在使用过程中，用户需要频繁更换电池，这也大大增加了使用成本和维护成本。因此，就单以电池的使用寿命而言，不论是磷酸铁锂电池还是普通电池，与传统的柴油机相比，都存在不小的差距。

此外，充电时间也是影响电动工程机械作业进度的重要因素。目前，正常充电通常需要4~6小时，虽然快速充电技术可以在1~2小时内完成充电，但这可能会对电池寿命造成影响。因此，如何在保证电池性能的同时提高电池的耐用性、减少充电时间成为电动工程机械行业亟待解决的问题。

综上所述，电池耐用性低的问题严重制约了电动工程机械的普及和应用。为了推动这一领域的持续发展，行业需要在技术研发和创新上投入更多的精力。通过改进电池材料、优化电池管理系统、提升充电效率等手段来解决电池续航里程短、使用寿命短以及充电时间长等关键问题。只有这样，电动工程机械才能真正发挥出其节能减排、环保高效的优势，为工程机械行业的可持续发展注入新的活力。

任务三　了解碳捕获和封存技术

要减缓全球变暖和其他气候负效应，除了提升最终用户能源使用效率，增加绿色可再生能源在能源结构中的比例，现今工程上最为成熟的，也能高速率进行大规模工业部署的，且成本相对合理的，是减少工业点源排放到大气中CO_2的总量，也就是燃烧后碳捕获和封存的路线。目前世界上已经有20多家碳捕获和封存设施在运行，每年可以存储约4 000吨CO_2。捕获的碳可以存储在地下，也可以用于替代更清洁的能源如风能和太阳能，从长远看，这一技术既可以有效减少温室气体排放，降低碳排放，也可以替代现有的环境不利影响途径，以促进地球的永续发展。

一、CCS 与 CCUS 技术

捕获与封存(Carbon Capture and Storage，CCS)技术，作为当前全球对抗气候变暖、减少温室气体排放的重要手段，其核心理念在于从排放源中有效地分离二氧化碳，并通过一系列复杂的处理过程，最终将其安全地输送到特定的封存地点，从而实现与大气环境的长期隔离。这一技术的实施，不仅有助于减缓全球气候变暖的速度，更是对化石能源实现可持续利用的重要探索。

碳捕获、利用与封存(Carbon Capture, Utilization and Storage，CCUS)技术是CCS技术新的发展趋势，CCUS不仅注重二氧化碳的捕获与封存，更看重其潜在的利用价值。经过专业的捕获、提纯后,二氧化碳可以被投入新的生产过程中循环利用,如作为啤酒、碳酸饮料的原料,食品、蔬菜的自然降氧,气调保鲜剂,或是作为石油开采过程中的驱油剂,甚至还可以用于焊接工艺中的惰性气体保护焊等。此外,在化学领域,二氧化碳也展现出了广阔的应用前景,如合成尿素、生产轻质纳米级超细活性碳酸盐等。

CCUS技术主要包含捕获、运输、利用和封存四个关键环节。其中,捕获环节是整个技术的核心,其成功与否直接关系到整个技术的实施效果。在选择捕获技术时,需要综合考虑具体的排放源、排放条件以及环境因素,以确保二氧化碳能够有效地从排放源中分离出来。随后,经过提纯的二氧化碳将被运输到指定的地点,这些地点可能是利用场所,也可能是封存地点。在利用环节,二氧化碳将根据其独特的物理和化学性质,被投入不同的生产过程,实现其再利用价值。最后,无法再利用的二氧化碳将封存处理,以确保其长期与大气环境隔离。值得一提的是,尽管封存环节被视为确保二氧化碳长期与大气隔离的最后一道防线,但在实际应用中,其安全性和持久性仍然备受关注。为了确保封存的有效性,需要严格筛选和评估封存地点,确保其地质稳定性和环境适应性。同时,还需要持续监测和管理封存过程,以防止二氧化碳的泄漏和扩散。

二、碳捕获

二氧化碳捕获,又称为二氧化碳的捕集,是CCS/CCUS技术的首要环节,其核心任务是从排放源中有效地分离、收集、净化和压缩二氧化碳。这一步骤对于减少工厂排放至大气中的二氧化碳含量至关重要,为实现这一目标,多种二氧化碳捕获技术被开发和应用,主要包括燃烧前捕获技术、富氧燃烧捕获技术以及燃烧后捕获技术。这些技术的选择和应用取决于具体的排放源特性、捕获效率、成本以及环境影响等因素。在实际应用中,还需要综合考虑技术的可行性、经济性和可持续性,以确保二氧化碳捕获环节能够有效地发挥作用。

(一)燃烧前捕获

燃烧前捕获技术,即在化石燃料燃烧之前,先将二氧化碳从中分离出来。这一过程中,首先将化石燃料气化,生成氢气和一氧化碳。随后,一氧化碳转化为二氧化碳,而氢气则作为能源燃烧,转化为水蒸气。这样,二氧化碳就被成功分离并捕获。集成气化组合循环技术(IGCC)正是一种典型的燃烧前捕集二氧化碳的技术,它能够将煤转化为合成气,从而实现高效的二氧化碳捕获。

(二)富氧燃烧捕获

富氧燃烧捕获技术,也称为O_2/CO_2燃烧技术,是一种通过在纯氧或富氧环境中燃烧化石燃料来捕获二氧化碳的方法。在燃烧过程中,烟道气中主要成分为二氧化碳和水蒸气。随后,通过冷凝水蒸气,仅剩下二氧化碳,再分离。为了提高燃料燃烧效率并降低温度,通常需要将燃烧后的烟道气重新回注到燃烧炉中。尽管富氧燃烧捕获技术在理论上具有优势,但由于制氧成本较高,在经济上并不具备明显的优势,从而限制了其在实际应用中的大规模推广。

(三)燃烧后捕获

燃烧后捕获则是指化石燃料在空气中燃烧后,从产生的烟道气中分离并捕获二氧化碳。目前,主要的捕获分离方法包括化学吸收法(如甲基二乙醇胺法、本菲尔法)、物理吸收法(如聚乙二醇二甲醚法、低温甲醇洗法)、吸附法(如变压、变温吸附法)以及膜分离法等。这一技术的优点在于适用范围广泛,系统原理相对简单,且在技术应用上已较为成熟。然而,脱碳与捕捉碳的过程中需要消耗大量能量,可能会产生更多的二氧化碳。此外,碳捕获的设备投资和运行成本较高,导致二氧化碳的捕集成本也相对较高。

表10—2为三种技术的对比分析。相较而言,燃烧后捕集技术具有较高的选择性和捕集率,且该技术中国与发达国家间差距不大,是目前应用较为广泛且成熟的捕集技术。根据不同碳捕捉技术的特性可以看出,燃烧前捕集和富氧燃烧需要合适的材料和操作环境来满足高温要求,这两种技术的研究与开发和示范性项目较少。

表10—2　　　　　　　　　不同碳捕获方式的对比分析

	燃烧前捕集	富氧燃烧捕集	燃烧后捕集
概述	指将煤气化后把二氧化碳和氢分离,实现前端脱碳。实际上最后燃烧的不是碳,而是氢	主要是利用氧和碳生成二氧化碳的原理进行碳捕集,但前提要求是使用富氧而非空气燃烧	将燃煤烟气中较低浓度的二氧化碳采用化学或物理方法选择性富集
优势	相对成本较低,效率较高	CO_2捕获能耗相对较低	对原有系统变动较少,仅需在现有燃烧系统后增设CO_2捕集装置
劣势	应用场景有局限性,此技术局限于基于煤气化联合发电装置	需采用纯氧或者富氧燃烧,对操作环境有要求	烟气中CO_2分压较低,使得CO_2捕获能耗和成本较高
成本	约为20美元/吨	/	约为40美元/吨
适用范围	一般适用于煤气化联合发电装置与部分化工过程	可用于部分燃煤电厂的改造和新建燃煤电厂	适用于各类改造和新建的CO_2排放源

三、碳运输

碳运输,作为CCUS技术链中的重要环节,承担着将捕获的二氧化碳(CO_2)安全高效运至指定利用或封存地点的重任。这一环节涉及多种运输方式的选择,包括罐车、船舶和管道运输,每种方式都有其独特的优势和适用场景。通常小规模和短距离运输考虑选用罐车,长距离规模化运输或CCUS产业集群优先考虑管道运输。罐车和船舶运输技术较为主流,在我国已经开展了商业应用,与国际先进水平同步,但管道运输技术处于示范阶段,与国际先进水平存在一定的差距。

（一）罐车运输

罐车运输作为陆地上的主流运输方式,通过铁路或公路进行。罐车通过压缩技术将二氧化碳转化为液态运输,每辆罐车可装载约10吨二氧化碳。罐车运输灵活便捷,尤其适用于短途运输和小规模项目。对于长距离运输,罐车运输的成本相对较高,且在经济效益上不占优势。罐车运输的计费通常基于运输距离和货物重量,大致在1元/千米/吨。

（二）船舶运输

船舶运输则成为液态二氧化碳远距离运输的首选。利用现有的液化天然气载运船进行改装,每艘船可运载数万吨二氧化碳。船舶运输具有成本低廉的优势,在0.1～0.5元/千米/吨,使其成为跨洋运输和离岸存储的理想选择。

（三）管道运输

管道运输通过构建庞大的管道网络将气态或液态的二氧化碳输送到指定地点。管道运输分为气态、液态、超临界态输送,由于输送介质的相态不同,其输送工艺也有一定的差别。管道运输具有运输量大、适合远距离运输等显著优势，是目前广泛应用的二氧化碳输送方式之一。然而，管道运输的一次性投资成本较高，且在国内尚缺乏商业应用案例。相较于陆上管道，海底管道运输的成本更高，技术在国内尚处于研究探索阶段。

就当前的二氧化碳输送技术发展现状而言，罐车运输和船舶运输技术已相对成熟，并广泛应用于规模10万吨/年以下的二氧化碳输送项目。在中国，已有的CCUS示范项目规模相对较小，因此多采用罐车运输。例如，华东油气田和丽水气田的部分二氧化碳就是通过船舶运输处理的。虽然管道输送技术在国内尚处于中试阶段，但吉林油田和齐鲁石化已经率先采用陆上管道输送二氧化碳的方式。至于海底管道输送二氧化碳的技术，虽然在国内尚处于研究阶段，但随着技术的不断进步和成本的降低，未来有望成为大规模二氧化碳输送的重要选择。

四、碳利用

CCUS-EOR(Enhanced Oil Recovery，强化采油)技术通过巧妙地运用二氧化碳，成功地将煤化工或天然气化工产生的碳源与油田相连接，实现了较好的收益。如图10—3所示，该技术的核心在于将捕集到的二氧化碳注入油田，不仅使得即将枯竭的油田重新焕发生机，采出更多的石油，而且将二氧化碳永久性地储存在地下，有效避免了其排放到大气中带来的环境问题。二氧化碳驱油的主要原理在于其能够降低原油的黏度，增加原油的内能，从而提升原油的流动性并增加油层的压力。这种技术不仅延长了油田的使用寿命，还实现了碳的循环利用，降低了碳排放，对于应对全球气候变化具有重要意义。

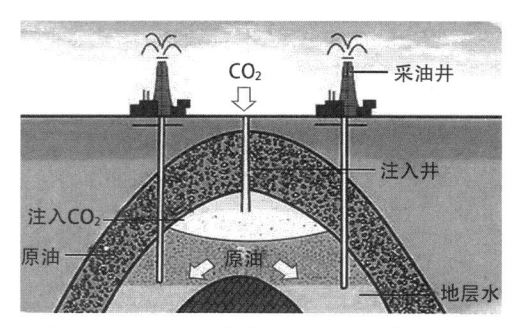

图10—3 二氧化碳驱油技术示意图

除了二氧化碳驱油技术外，二氧化碳制化肥和食品级二氧化碳商业利用也是目前较为成熟的碳利用项目。这些项目通过将二氧化碳转化为有用的化学品和食品原料，不仅减少了碳的排放，还创造了经济价值，推动了绿色产业的发展。

在国际上，近年来碳利用领域涌现出许多新兴的利用方向。例如，荷兰和日本都开展了大规模将工业产生的二氧化碳送到园林作为温室气体的项目，以促进植物的生长。同时，二氧化碳制聚合物、二氧化碳甲烷化重整、二氧化碳加制甲醇、海藻培育、动力循环等方向也正处于发展阶段。而二氧化碳制碳纤维和乙酸等则尚处于理论研究阶段，未来有望为碳利用领域带来更多的创新和突破。在国内，新兴的碳利用方向也层出不穷。其中，二氧化碳加氢制甲醇、二氧化碳加氢制异构烷烃、二氧化碳加氢制芳烃、二氧化碳甲烷化重整等技术备受关注。这些技术不仅有助于减少碳排放，还能为化工、能源等领域提供新的原料和工艺，推动相关产业的转型升级。

五、碳封存

碳封存技术，其核心在于将捕获的二氧化碳安全、稳定地储存在地质结构中，从而避免其直接排放至大气进一步加剧温室效应。这项技术主要分为地质封存、海洋封存、矿石碳化三种方式。

（一）地质封存

地质封存是一种成熟且广泛应用的方法，通过将二氧化碳注入盐穴、油气层、煤井等深层地质体中,可以确保二氧化碳处于超临界状态,进而防止其逃逸至大气中。利用全球范围内已经衰竭的油气田封存,是一个具有潜力的方向。这些油气田已经配备了完善的注入和监测设施,可以方便地封存二氧化碳。此外,不含碳氢化合物的圈闭结构也是地质封存的有力选择,可以有效地聚集并固定二氧化碳,防止其在地层中流动。当然,地质封存也面临一些风险和挑战,如地质结构的稳定性问题、封存容量的有限性,以及长期监测的需求等。

(二)海洋封存

海洋封存指通过管道或船舶将二氧化碳运输至深海储存,利用海洋的巨大容量来吸收和固定大量的二氧化碳。其中,"溶解型"海洋封存是将二氧化碳直接送至深海中,使其自然溶解于海水中,这种方式虽然相对简单,但储存量有限。而"湖泊型"海洋封存则是将二氧化碳注入地下3 000米的深海底部,形成液态二氧化碳湖。尽管这种方式具有较大的储存潜力,但由于技术风险较大且可能对海洋生态系统造成潜在影响,因此目前尚未得到广泛应用。

(三)矿石碳化

矿石碳化也是一种备受关注的碳封存技术。该技术利用二氧化碳与金属氧化物(如氧化镁、氧化钙等)反应,生成稳定的碳酸盐(如碳酸镁、碳酸钙等),从而实现二氧化碳的永久固定。这些反应物质广泛存在于硅酸盐岩中,为矿石碳化提供了丰富的原料来源。然而,矿石碳化技术也面临一些挑战,如自然反应过程相对缓慢、需要耗能进行预处理以及受硅酸盐储量限制等,这些因素在一定程度上限制了其在实际应用中的潜力和可行性。

综上所述,碳封存技术作为应对全球气候变化的重要手段之一,具有广阔的应用前景和巨大的发展潜力。然而,在实际应用中仍需克服诸多技术、经济和环境方面的挑战。通过不断研究和探索新的碳封存技术和方法才可以实现安全、高效、可持续的碳封存目标。

任务四　了解低碳材料

低碳采购的一个关键策略是选择低碳产品。低碳产品不仅包括本身具有低碳特性的产品,也涉及这些产品在生产过程中的低碳性。企业在实施低碳采购时,应将产品是否符合低碳标准作为决策的重要参考。低碳材料是指在其生产、使用和废弃处理阶段均能减少二氧化碳排放和环境污染的材料。这类材料包括可回收材料、生物基材料、高性能复合物、低碳水泥和环保建筑材料等。

一、再生材料

再生材料是指通过回收和再利用废弃材料制成的材料。例如,再生纸、再生塑料、再生金属等。耐克公司使用再生聚酯纤维(Recycled Polyester)制造运动服装和鞋类产品。这种再生聚酯纤维是由废旧塑料瓶制成的,能够减少对环境的影响。特斯拉公司使用再生铝制造车身和其他零部件。这种再生铝是由回收铝制品制成的,节约了能源和资源。帕塔高尼亚(Patagonia)公司则使用由废弃物或废弃纺织品回收再生而成的再生棉、再生羊毛、再生聚酯纤维等材料制造户外服装和装备。

二、生物质材料

生物质材料来源于生物质资源,主要是指通过光合作用自然生成的有机物质。这包括各种植物及其残余物,如农作物的秸秆、稻壳、玉米芯、废旧木材以及城市有机垃圾等;同时也涵盖了通过光合作用产生的有机物质，例如动物粪便、甲壳类动物的壳和海洋生物的贝壳等，以及能够通过光能自养的微生物，如藻类。生物质材料可以在大自然中自然降解成无害有机物质被土壤吸收利用，不会对环境造成二次污染，同时生物质材料资源丰富，来源广泛，未来的开发和利用将对保护环境和资源节约产生巨大作用。生物质材料目前在制造业和建筑业开始广泛使用。如福特和丰田公司使用生物质材料制造汽车零部件、包装材料、制造汽车内饰和其他零部件，福特 Mustang 房车就采用了生物塑料制造的门板和座椅，丰田 Prius 混合动力汽车使用了生物塑料制造的仪表板和门板内饰。可口可乐公司使用生物质材料制造瓶盖和瓶标，这些材料是由植物原料制成的，具有很好的生物可降解性。

尽管生物质材料的应用前景广阔，但在其全面走向实际应用的过程中，仍面临一系列挑战。目前，迫切需要解决的关键问题包括：确定哪些类型的生物质材料具有开发潜力、如何有效地收集这些生物质原料、如何实现生物质材料的大规模与多元化利用，以及探索生物质材料制备的新方法等。在筛选可制备生物质材料的原料时，必须综合考虑多种因素，如储量是否充足、成本是否合理、性能是否优越、工艺是否简便等。目前，已有多种生物质原料得到广泛应用，例如稻草、秸秆、锯末、废弃木材、粪肥、餐厨垃圾以及废旧包装纸盒等。这些原料的共同特点包括储量丰富、碳含量高以及制备材料工艺相对简单。然而，为了更好地推动生物质材料的应用，仍需深入研究这些原料，探索其更多的潜在应用价值。同时，我们还需要不断创新，研发新的生物质材料制备技术，以满足不同领域的需求，推动生物质材料产业的可持续发展。

三、高性能复合材料

高性能复合材料是指由两种或两种以上材料组成的复合材料，具有高强度、高韧性、轻质化等特点。例如，碳纤维复合材料、玻璃纤维复合材料等。这些材料既能提高产品的性能和质量，又能减少产品的重量和能耗，从而降低二氧化碳排放和环境污染。C919 大型客机是国内首个大胆采用 T800 级高强碳纤维复合材料的民用飞机型号。T800 级碳纤维凭借其卓越的强度、模量和韧性，为 C919 提供了更好的抗冲击性能，特别是在受力较大的部件，如后机身和平垂尾等部件得到了广泛应用。值得注意的是，在 C919 的设计中，除了关键的受力部件，还有一些受力相对较小的部件，如襟翼，则选用了成本更为经济的玻璃纤维复合材料。这种选择不仅满足了设计需求，而且有效地控制了制造成本。通过这样的材料组合应用，C919 成功实现了性能与成本的双重优化，展现了复合材料在航空工业中的巨大潜力和应用价值。

四、低碳水泥

低碳水泥是指在生产过程中采用低碳技术和方法，减少二氧化碳排放和环境污染的水泥。传统水泥生产过程中需要高温煅烧石灰石和黏土等原材料，这个过程会释放大量的二氧化碳，对环境造成严重污染。据统计，全球每年生产 35 亿吨普通硅酸盐水泥，每生产 1 吨水泥，排放 561～622 千克二氧化碳，水泥工业整体贡献了全球约 8% 的二氧化碳排放，水泥传统工业的低碳转型对于全球减少碳排放具有重大意义。低碳水泥的生产过程中采用了新型原材料和新型技术，例如使用工业废渣、粉煤灰、矿渣等替代部分水泥原材料，采用新型煅烧技术等，从而减少了二氧化碳的排放。低碳水泥的优点除了减少二氧化碳排放外，还能节约能源、提高产品质量和降低生产成本。采用新型原材料和新型技术，可以降低生产过程中的能耗，新型材料的特性提高了产品的强度、耐久性和稳定性，废物利用也降低了企业生产成本，提升了竞争力。目前，国内外已经有一些企业开始研发和生产低碳水泥，例如中国建材集团、海螺水泥等。

五、绿色建材

绿色建材是指在建筑物的设计、建造、使用和拆除过程中,对环境和人体健康无害、具有可持续性、能减少碳排放、节约能源的建材和产品。绿色建材的应用范围非常广泛,如墙体材料:石膏板、轻钢龙骨、木质板材、环保涂料等;地面材料:竹木地板、环保地毯、橡胶地板等;屋顶材料:太阳能板、绿色屋顶、防水材料等;窗户和门的材料:节能窗户、环保门窗等;厨卫用品:环保水龙头、环保马桶、环保浴室柜等;室内装饰材料:环保墙纸、环保窗帘、环保装饰灯等。绿色建材的应用可以有效地减少建筑物的碳排放、降低室内环境污染和能源消耗,提高房屋的舒适性和健康性,对于建筑节能和环保具有重要的意义。

参考文献

[1] 兰忠成. 中国风能资源的地理分布及风电开发利用初步评价[D]. 兰州大学,2016.
[2] 辛培裕. 太阳能发电技术的综合评价及应用前景研究[D]. 华北电力大学,2016.
[3] 贺仁飞. 中国生物质能的地区分布及开发利用评价[D]. 兰州大学,2013.
[4] 罗少文. 我国新能源汽车产业发展战略研究[D]. 复旦大学,2009.
[5] 马建,刘晓东,陈轶嵩等. 中国新能源汽车产业与技术发展现状及对策[J]. 中国公路学报,2018,31(8):1-19.
[6] 张玉香. 电动工程机械的现状及展望[J]. 内燃机与配件,2023(10):107-109.
[7] 林元正,林添良,陈其怀等. 电动工程机械关键技术研究进展[J]. 液压与气动,2021,45(12):1-12.
[8] 潘一,梁景玉,吴芳芳等. 二氧化碳捕捉与封存技术的研究与展望[J]. 当代化工,2012,41(10):1072-1075,1078.
[9] 张军,李桂菊. 二氧化碳封存技术及研究现状[J]. 能源与环境,2007(2):33-35.
[10] 米剑锋,马晓芳. 中国CCUS技术发展趋势分析[J]. 中国电机工程学报,2019,39(9):2537-2544.
[11] 赵志强,张贺,焦畅等. 全球CCUS技术和应用现状分析[J]. 现代化工,2021,41(4):5-10.
[12] 孟宪锁. 基于低碳供应链的企业采购物流成本控制探讨[J]. 现代商业,2018(24):88-89.
[13] 张波,魏栋. 基于供应链协同管理的大型生产企业信息化建设与研究[J]. 科技管理研究,2009,29(4):146-148.
[14] 杨立娜. 信息化背景下供应链协同管理的探索[J]. 电子测试,2013(12):213-214.
[15] 张志恒. 2021年我国新能源汽车产业发展情况简要分析[J]. 新能源科技,2020(6):3-5.

思维导图　　课后习题

项目十